KB189564

# 명유학안 역주明儒學案譯註

## An Annotated Translation of "Records of the Ming Scholars"

## 【7권】

# 명유학안 역주 【7권】 明儒學案譯註 七
An Annotated Translation of "Records of the Ming Scholars"

—

1판 1쇄 발행  2025년  5월  15일

—

저   자 ㅣ 황종희黃宗羲
역주자 ㅣ 이봉규
발행인 ㅣ 이방원
발행처 ㅣ 세창출판사
　　　　　신고번호 · 제1990-000013호
　　　　　주소 · 서울 서대문구 경기대로 58 경기빌딩 602호
　　　　　전화 · 02-723-8660  팩스 · 02-720-4579
　　　　　http://www.sechangpub.co.kr ㅣ e-mail: edit@sechangpub.co.kr

—

ISBN  979-11-6684-245-0  94150
　　　979-11-6684-238-2 (세트)

—

이 역주서는 2018년 대한민국 교육부와 한국연구재단의 지원을 받아 수행된 연구임.
(NRF-2018S1A5A7032306)

—

# 명유학안 역주明儒學案譯註

## An Annotated Translation of "Records of the Ming Scholars"

### 【7권】

황종희黃宗羲 저

이봉규 역주

세창출판사

# ● 명유학안 7권 차례

# • 명유학안 역주 전체 차례

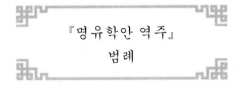

# 『명유학안 역주』
## 범례

## 1. 역주 저본

❶ 참고 저본: 황종희(黃宗羲) 저, 심지영(沈芝盈) 점교(點校), 『명유학안(明儒學案)』 상하(上下) 수정본(修訂本), 북경: 중화서국(中華書局), 2008.

❷ 대조본: 사고전서본『명유학안』과 해당 개별 문집.

## 2. 표점과 교감

❶ 저본의 표점을 사용하고, 일부 부호를 변경하였다. 판본에 따라 글자가 다른 경우 역자의 판단에 따라 교감을 가하고 필요하다고 생각되는 경우 저본의 표점에 변경을 가하였다.

❷ 저본의 인용부호 (「」), (『』)를 (" "), (' ')으로 표기하였다.

❸ 저본의 종지부호 (。)를 (.)로 표기하였다.

❹ 저본의 책명부호 (『』)를 (『』)와 (「」)로 표기하였다.

❺ 저본에서 작은 글자로 표기한 황종희의 원주는 원문과 번역문에서 모두 (【 】)로 변경하였다.

## 3. 역주 원칙

❶ 저본의 편제에 따라 단락마다 권-단락을 숫자로 표시하였다. 예컨대 "25-7"은 "제25권 南中學案 7번째 단락"을 의미한다.

❷ 저본의 한 단락이 길 경우, 역자의 판단에 따라 단락을 나누고 숫자를 붙이지 않았다. 따라서 숫자 표기가 없는 단락은 앞의 숫자 표기 단락의 한 부분임을 의미한다.

❸ 유종주(劉宗周)의 평어는 번역문에서 '[유종주평어]'의 표제어를 부가하였다.

명유학안 권25,
남중왕문학안1

明儒學案 卷二十五,
南中王門學案 一

|25-1| 남중에서 왕양명 문하의 학자로 이름을 올린 이들 가운데 양명이 생존해 있을 때 왕심재(王心齋: 王艮), 황오악(黃五岳: 黃省曾), 주득지(朱得之), 척남현(戚南玄: 戚賢), 주도통(周道通: 周衡), 풍남강(馮南江: 馮恩)이 저명하였다. 양명이 별세한 뒤 서산(緒山: 錢德洪)과 용계(龍溪: 王畿)가 머무는 곳에서 강학하였는데, 그로 인해 경현涇縣에 수서회水西會, 영국寧國에 동선회同善會, 강음江陰에 군산회君山會, 귀지貴池에 광악회光岳會, 태평太平에 구룡회九龍會, 광덕廣德에 복초회復初會, 강북江北에 남초정사南譙精舍, 신안新安에 정씨세묘회程氏世廟會가 있었고, 태주泰州에도 심재강당心齋講堂이 있었다. 거의 모든 곳이 학문에 힘썼다고 말할 만하다. 또한 동곽(東廓: 鄒守益), 남야(南野: 歐陽德), 그리고 선산(善山: 何廷仁)이 앞뒤로 남경에서 관직생활을 하였는데, 흥기한 이가 매우 많았다. 이 흥기

|25-1| 南中之名王氏學者, 陽明在時, 王心齋, 黃五岳, 朱得之, 戚南玄, 周道通, 馮南江, 其著也. 陽明歿後, 緒山, 龍溪所在講學, 於是涇縣有水西會, 寧國有同善會, 江陰有君山會, 貴池有光岳會, 太平有九龍會, 廣德有復初會, 江北有南譙精舍, 新安有程氏世廟會, 泰州復有心齋講堂, 幾乎比戶可封矣. 而又東廓, 南野, 善山先後

하였던 이들이 학문을 논한 말을 뒤쪽에 간략히 싣고, 살펴볼 만한 어록이 없는 이들은 여기에 부기한다.

|25-2| 척현(戚賢: 1492~1553)은 자는 수부秀夫, 호는 남현南玄이다. 강북江北의 전숙全椒 사람이다. 가정嘉靖 병술(1526)년 진사에 급제하였다. 벼슬이 형과도급사중刑科都給事中에 이르러, 용계(龍溪: 王畿)를 천거한 일로 귀계(貴谿: 夏言)의 뜻을 잃어 좌천되자 치사하였다. 양명이 저주(滁州: 안휘성 저주시)에 있었을 때, 척현은 제생으로 다른 학생들과 함께 만났지만, 양명의 가르침에 대하여 아직 신뢰하지 못하였다. 그 뒤 귀안歸安의 수령이 되었을 때, 공부를 논한 양명의 여러 글을 읽다가 비로소 마음에 계합하였고, 드디어 서신을 통해서 가르침을 받았다. 안정서원安定書院에서 모임을 가졌을 때, 척현은 학생들에게 "모든 성인의 학문은 마음에서 벗어나지 않는다. 자신의 생각에 갇히고, 기욕에 가려지면서 비로소 잘못이 생긴다. 한 생각에서 스스로 돌이키면 곧 본심을 얻는다."라고 하였다. 서울에서 모임이 있었을 때, 불교와 도가를 논하는 이가 있었는데, 척현은 정색을 하고 제지하였다. 용계(龍溪: 王畿)가 우연히 '누런 잎새로 아이의 울음을 그치게 한 것'[1]이라는 공안을 거론하자 척현이 얼굴색이 변하여 "그대는 우리 당의 종주이다. 한마디라도 이단

官留都, 興起者甚衆. 略載其論學語於後. 其無語錄可考見者附此.

|25-2| 戚賢字秀夫, 號南玄. 江北之全椒人. 嘉靖丙戌進士. 仕至刑科都給事中, 以薦龍溪, 失貴谿指,❶ 謫官致仕. 陽明在滁州, 南玄以諸生旅見, 未知信向. 其後爲歸安令, 讀論學諸書, 始契於心, 遂通書受學. 爲會於安定書院, 語學者"千聖之學, 不外於心, 惟梏於意見, 蔽於嗜欲, 始有所失. 一念自反, 卽得本心." 在京師會中, 有談二氏者, 卽正色阻之. 龍溪偶舉黃葉止兒啼公案, 南玄勃然曰: "君是吾黨宗盟, 一言假借, 便爲害不

에 의탁해 말하면 곧 해가 되는 것이 작지 않다."라고 하였다. 용계가 그 때문에 부끄러워하고 감사하였다. 척현이 학문을 논한 것은 양지良知를 벗어나지 않았지만, 기개가 드높아 사람들을 감발시키기 충분하였다.

淺." 龍溪爲之愧謝. 南玄談學, 不離良知, 而意氣激昂, 足以發之.

|25-3| 풍은(馮恩: 1496~1576)은 자가 자인子仁, 호가 남강南江이며 화정[華亭: 현재 상해시 송강(松江)구] 사람이다. 가정嘉靖 병진(1556)년 진사에 급제하였다. 양명이 사은思恩과 전주田州의 반란을 진압할 때, 풍은은 행인行人으로 군사를 지휘하였는데, 그 기회로 예를 갖추어 제자가 되었다.[2] 남도어사로 발탁되어 어사 왕횡汪鋐, 태학사大學士 장부경張孚敬을 탄핵하였다가 금부에 하옥되었다. 심문할 때 왕횡이 기록하고, 풍은은 선 채로 조정에서 변론하였는데, 사형이 언도되었다. 뒤에 변방의 수자리를 서는 것으로 감형되었다가 사면되어 귀향하였다.

|25-3| 馮恩字子仁, 號南江, 華亭人. 嘉靖丙戌進士. 陽明征思, 田, 南江以行人使其軍, 因束脩爲弟子. 擢爲南道御史, 劾都御史汪鋐, 大學士張孚敬, 下詔獄. 會審, 鋐執筆, 南江立而庭辯, 論死. 其後減戌赦歸.

---

1  누런 잎새로 … 한 것: 이 말은 『金剛經五家解』 「法會因由分」에 나온다. 불타가 49년간 설법한 법화경의 내용이 누런 잎새를 가지고 황금이라 하며 철모르는 어린아이의 울음을 그치게 한 방편에 불과하다는 뜻이다. 곧 경전의 가르침은 깨달음 자체가 아니고 깨달음에 도달하는 방편이라는 뜻이다.

❶  谿指: 사고전서본에는 '溪旨'로 되어 있다.

2  양명이 사은(思恩)과 … 제자가 되었다: 1527년 盧蘇와 王受가 思恩과 田州 지역에서 일으킨 반란을 진압하기 위하여 양명이 왕명으로 출병하자, 盧蘇와 王受가 곧 투항하였다. 1526년 진사에 급제한 풍은은 이때 行人에 제수되어 양명의 휘하에서 출병에 같이 참여하였다. 『明史』 열전 83, 「王守仁傳」 참조.

|25-4| 공안국(貢安國: ?~?)은 자가 원략元略, 호가 수헌受軒으로 선주(宣州: 安徽 宣城) 사람이다. 남야(南野: 歐陽德)와 용계(龍溪: 王畿)를 스승으로 모셨고, 수서水西강회3와 동선同善강회4를 주도하였다. 서산(緖山: 錢德洪)은 그에게 편지를 보내 "옛사람은 '원앙 자수 뛰어난 것 그대로부터 보네만, 금침(金鍼: 자수의 기술)을 남에게 건네주지 마시게'5라고 말하였습니다. 우리 당의 금침은 이전 사람이 전해 준 것이지만, 실로 아직 원앙을 수놓지는 못합니다. 시끄럽게 떠들며 금침을 헛되이 가지고서 남에게 전수해 주려 하면, 남은 원앙은 보지 못하고 금침만 보기에 한갓 불신만 가지게 할 뿐만 아닙니다. 원앙을 수놓고자 하였던 마음까지도 또한 막히게 할 것입니다."라고 하였다. 뒤에 산동의 주수州守를 지내면서 지학서원志學書院에서 강학하였다.

|25-5| 사탁(查鐸: 1516~1589)은 자가 자경子警,

|25-4| 貢安國字元略, 號受軒, 宣州人. 師南野, 龍溪, 主水西, 同善之會. 緖山與之書曰: "昔人言鴛鴦繡出從君看, 莫把金鍼度與人. 吾黨金鍼是前人所傳, 實未繡得鴛鴦, 卽曉曉然空持金鍼, 欲以度人, 人不見鴛鴦, 而見金鍼, 非徒使之不信, 倂願繡鴛鴦之心, 亦阻之矣." 後官山東州守, 講學於志學書院.

|25-5| 查鐸字子

---

3  수서(水西)강회: 1548(嘉靖 戊申)년 鄒守益의 발기로 水西[安徽省 涇縣] 寶勝寺에서 강회가 열린 이래, 王畿, 錢德洪 등 왕수인 문하의 학자들이 주도하여 봄 가을로 강회가 열렸다. 처음에는 보승사에서 열렸으나 이후 보승사 옆에 수서정사(水西精舍)를 건립하여 진행하였다. 1552년 수서정사는 수서서원으로 다시 개창되었다. 1549년 王畿는 강회를 주관하고「水西會約題詞」를 남겼다.
4  동선(同善)강회: 명대 安徽 寧國縣에서 있었던 講會. 王畿와 錢德洪 등이 참여하여 강의하였다.
5  원앙 자수 … 건네주지 마시게: 이 구절은 金나라 시인 元好問의「論詩」의 일부이다.

호가 의재毅齋로 경현涇縣 사람이다. 가정 을축 (1565)년에 진사에 급제하였다. 형과급사중刑科給事中이 되었다가 신정(新鄭: 高魁)에게 미움을 사, 외직을 전전하다 광서부사廣西副使에 이르렀다. 용계(龍溪: 王畿)와 서산(緒山: 錢德洪)에게 배웠다. "양지良知는 간단하고 명백하다. 다른 종지들은 이 양지에서 벗어나지 않는다. 보이는 것에 집착하지 않으면 곧 비어 있음[虛]이요, 욕구에 물들지 않으면 곧 고요함[寂]이요, 외물에 얽매이지 않으면 곧 즐거움[樂]이다. 있거나 없거나 하지 않고 시작과 끝이 없이 차이를 두지 않고 힘쓰기를 날마다 부지런히 하면서 몸을 마칠 뿐이다."라고 하였다.

**|25-6|** 심총(沈寵: ?~1571)은 자가 사외思畏, 호가 고림古林으로, 선성(宣城: 安徽 宣城市) 사람이다. 가정嘉靖 정유(1537)년 향시에 합격하였고, 관직은 광서참의廣西參議까지 이르렀다. 수헌(受軒: 孔安國)을 선생으로 모셨다. 수헌은 남야(南野: 歐陽德)와 용계(龍溪: 王畿)에게 배우고 돌아와 고림에게 "양명학파의 학문이 남야와 용계에게 있으니 어찌 가서 배우지 않는가?"라고 하였다. 그리하여 고림은 또 남야와 용계를 스승으로 모셨다. 민閩에서는 양정서원養正書院을 창건하였고, 기황蘄黃에서는 숭정서원崇正書院을 창건하였다. 근계(近溪: 羅汝芳)가 개원開元 강회를 선주(宣州: 宣城縣)에서 개최하자 고림과

警, 號毅齋, 涇縣人. 嘉靖乙丑進士. 爲 刑科給事中. 不悅 於新鄭, 外轉至廣西 副使. 學於龍溪, 緒 山, 謂"良知簡易直 截, 其他宗旨, 無出 於是. 不執於見卽 曰虛, 不染於欲卽曰 寂, 不累於物卽曰 樂, 無有無, 無始終, 無階級, 俛焉日有孶 孶, 終其身而已."

**|25-6|** 沈寵字思 畏, 號古林, 宣城人. 登嘉靖丁酉鄉書. 官至廣西參議. 師 事受軒. 受軒學於 南野, 龍溪而返, 謂 古林曰: "王門之學 在南畿, 盍往從之?" 於是古林又師南野, 龍溪. 在閩建養正 書院, 在蘄黃建崇正 書院. 近溪立開元 之會於宣州, 古林與

매완계梅宛溪가 강석을 주관하였다. 임종에 가까웠을 때 누군가 마음이 어떠하냐고 묻자 "마음에 이미 둔 것이 없다."라고 하였다. 완계는 이름이 수덕守德이고 자는 순보純甫이다. 관직은 운남좌참정雲南左參政에 이르렀다. 소흥紹興의 태수로 있을 때 양명강당陽明講堂을 중수하고 용계를 초빙하여 강석을 주관하게 하였고, 비도祕圖 양가楊珂[6]의 집을 방문하였다. 속리俗吏가 아니다.

|25-7| 소언蕭彦은 호가 염거念渠로 호부시랑戶部侍郎을 지냈다. 시호는 정숙定肅이고 경현涇縣 사람이다. 서산(緒山: 전덕홍)을 스승으로 모셨다.

|25-8| 소양간蕭良榦은 자가 이녕以寧, 호가 졸재拙齋이다. 벼슬은 섬서포정사陝西布政使에 이르렀다. 서산(緒山: 錢德洪)과 용계(龍溪: 王畿)를 스승으로 모셨다. 수서水西의 강학이 성행한 것은 소씨의 힘이다.

|25-9| 척곤戚袞은 자가 보지補之, 호가 죽파竹坡로 선성(宣城: 安徽 宣城市) 사람이다. 항성項

---

梅宛溪主其席. 疾革, 有問其胸次如何? 曰: "已無物矣." 宛溪名守德, 字純甫. 官至雲南左參政. 其守紹興時, 重修陽明講堂, 延龍溪主之, 式祕圖楊珂之閭, 非俗吏也.

|25-7| 蕭彦號念渠, 戶部侍郎. 諡定肅. 涇縣人. 師事緒山.

|25-8| 蕭良榦字以寧, 號拙齋. 仕至陝西布政使. 師緒山, 龍溪. 水西講學之盛, 蕭氏之力也.

|25-9| 戚袞字補之, 號竹坡, 宣城人.

---

6    양가(楊珂): 자는 汝鳴, 호는 祕圖로 餘姚 사람이다. 왕양명에게 수학하고 祕圖山에 은거하여 모친을 봉양하며 살았다. 효행으로 알려졌고, 王羲之와 王獻之의 필법을 익혀 南路體에 능하였다.

城의 지현知縣을 지냈다. 처음에 동곽(東廓: 鄒守益)과 남야(南野: 歐陽德)의 문하에 나아가 공부하다 용계(龍溪: 王畿)에게 배웠다.

용계가 척곤에게 말하였다. "이른바 뜻[志]이라고 함은 빼앗을 수 없기 때문이다. 그러나 의기(意氣: 사적인 기개)는 때때로 쇠퇴함이 있다. 양지는 배우거나 생각하지 않아도 자연히 밝게 지각하는 것으로, 사욕이 없는 본체이다. 사람은 사욕이 없기를 순수하게 하지 못하기 때문에 양지를 지극하게 발휘하는 공부를 한다. 배운다는 것은 배우지 않아도 능히 하는 본체를 회복하는 것이다. 헤아린다는 것은 헤아리지 않아도 아는 본체를 회복하는 것이다. 그러므로 배우기를 넓게 하지만 지키는 것이 간략하고, 헤아리는 것은 각자 다르지만 이르는 것이 같다. 외부에 의탁하는 것이 아니기 때문이다. 보고 듣거나 추측해서 아는 지식은 문을 통해서 들어가는 것이어서 본래부터 갖추어져서 아는 양지가 아니다. 사람이 걷고 달리는 것[步趨]에 삼가[7] 법도에 맞게 따르고 지키면, '법도가 있고 요령을 얻었다[典要]'고 말한다. 치지致知의 학문은 변화에 두루 행하면서 오직 변화에 따라 잘 맞춘다. 왜냐하면 그 기

項城知縣. 初及東廓, 南野之門, 已受業龍溪.

龍溪語之曰: "所謂志者, 以其不可奪也. 至於意氣, 則有時而衰. 良知者, 不學不慮, 自然之明覺, 無欲之體也. 吾人不能純於無欲, 故有致知之功. 學也者, 復其不學之體也; 慮也者, 復其不慮之體也. 故學雖博而守則約, 慮雖百而致則一, 非有假於外也. 若見聞測識之知, 從門而入, 非良知之本然矣. 吾人謹於步趨, 循守方圓, 謂之典要, 致知之學, 變動周流, 惟變所適. 蓋規矩在

---

7　걷고 달리는 것[步趨]에 삼가: 『莊子』「田子方」에 「夫子步亦步, 夫子趨亦趨, 夫子馳亦馳, 夫子奔逸絶塵, 而回瞠若乎後矣.」라고 하였다. 步趨는 상황에 따라 처신하는 것을 뜻한다.

19

준이 나에게 주어져 있기 때문에 기준에 맞게 하는 것은 자연히 얼마든지 할 수 있다. 이것은 사실 미세한 곳에서 옳고 그름이 달라지는 것을 밝히는 문제이다."

죽파竹坡는 왕래하며 스승과 붕우에게 나아가 자신을 바로잡기를 무릇 7~8년을 하였다. 그러자 의기意氣를 뜻[志]으로 삼을 수 없고, 보고 들어서 아는 지식을 양지로 삼을 수 없고, 틀에 맞추는 것을 법도를 지키는 것으로 삼을 수 없음을 비로소 알았다. 뜻은 더욱 안정되고 학업은 더욱 정밀해져, 다른 사람에게 영향을 준 것이 더욱 넓어졌다.

| **25-10** | 장계張棨는 자가 사의士儀, 호가 본정本靜이고, 경현涇縣 사람이다. 5세에 여러 책을 읽으며 곧장 이해하였다. 밤에 닭이 우는 소리를 듣고 어머니를 부르며 『소학小學』에 '부모를 섬김에, 첫 닭이 울면 모두 일어나 세수하고 양치한다'[8]라고 하였습니다. 지금 닭이 울었는데 어째서 일어나지 않습니까?"라고 하였다. 어머니가 웃으며 "너는 책을 읽으면 바로 그 뜻을 아는가?"라고 하자, 장계는 "응당 실천해야죠. 어찌 그저 알기만 하고 말겠습니까?"라고 대답하였다.

---

8    부모를 섬김에 … 세수하고 양치한다: 『禮記』「內則」.

我, 而方圓自不可勝用,　此實毫釐之辯也."

竹坡往來出入, 就正於師友者, 凡七八年, 於是始知意氣不可以爲志, 聞識不可以爲知, 格式不可以爲守. 志益定, 業益精, 其及人益廣也.

| **25-10** | 張棨字士儀, 號本靜, 涇縣人. 五歲口授諸書, 卽能了了. 夜聞雞聲, 呼其母曰: "『小學』云: '事父母, 雞初鳴, 咸盥漱' 今雞鳴矣, 何不起?" 母笑曰: "汝纔讀書, 便曉其義耶?" 曰: "便當爲之, 豈徒曉焉而已?"

남야(南野: 歐陽德)가 사성司成9이 되자 그 기회에 찾아가서 수학하고 여러 해 동안 집에 돌아오지 않았다. 이어서 동곽(東廓: 鄒守益), 서산(緒山: 錢德洪), 용계(龍溪: 王畿)에게서 배웠고, 귀향해서 학생들을 모아 강학하였다. 정신을 수렴收斂하는 것을 절실한 요체로 삼고, 외물을 대하여 양지가 더욱 밝아지도록 강마하는 것을 실질적인 공부로 삼고, 만물과 일체가 되는 것에 뜻을 두어도, 의기(意氣: 사적인 기개)가 순식간에 사람의 마음을 변화시킬 수 있다.

**|25-11|** 장시란(章時鸞, 1511~1580)은 호가 맹천孟泉이고 청양(青陽: 安徽 青陽縣) 사람이다. 하남안찰사부사(河南按察司副使)를 지냈고, 동곽(東廓: 鄒守益)에게 배웠다.

**|25-12|** 정대빈程大賓은 자가 여견汝見, 호가 심천心泉이고, 흡현(歙縣: 安徽 歙縣) 사람이다. 귀주참정(貴州參政)을 지냈고, 서산(緒山: 錢德洪)에게 수학하였다. 서산은 정대빈에게 "옛사람의 학문은 칠정七情을 떠나지 않고 힘썼으니, 병통은 또한 칠정 중에서 발생하는 것이 많다."

南野爲司成, 因往從之, 累年不歸. 繼從東廓, 緒山, 龍溪, 歸而聚徒講學. 以收斂精神爲切要, 以對景磨瑩爲實功, 以萬物一體爲志願, 意氣眉睫之間能轉移人心.

**|25-11|** 章時鸞號孟泉, 青陽人. 河南副吏. 學於東廓.

**|25-12|** 程大賓字汝見, 號心泉, 歙人. 貴州參政, 受學緒山. 緒山謂之曰: "古人學問, 不離七情中用功, 而病痛亦多由七情中作."

---

9    사성(司成): 세자 교육을 담당한 관원. 歐陽德은 南京國子監司業을 지낸 적이 있다.

**| 25-13 |** 정묵(程默: 1496~1554)은 자가 자목子木이고, 휴녕(休寧: 安徽 休寧) 사람이다. 광주부동지廣州府同知를 지냈다. 책을 지고 천리 먼 길을 찾아와 양명陽明에게 수학하였다. 임종시에 육경을 가리키면서 자식에게 "이 책들 속에서 나를 찾아야 한다. 진부한 말들이라고 여겨서는 안 된다."라고 하였다.

**| 25-14 |** 정촉鄭燭은 자가 경명景明이고 흡현歙縣 사람이다. 하간부통판(河間府通判)을 지냈다. 동곽(東廓: 鄒守益)의 문하에 나아가 수학하였다. 사람들은 그의 옷차림이 질박한 것을 보고 진솔한 사람이라고 여겼는데, 그는 "진솔하다는 것은 말하기 쉽지 않다. 먼저 참된 것을 알아야 한다."라고 하였다.

**| 25-15 |** 요여순姚汝循은 자가 서경敍卿이고, 호가 봉록鳳麓으로 남경 사람이다. 가정嘉靖 병진(1556)년에 진사에 급제하였다. 관직은 가정지주嘉定知州를 마지막에 지냈다. 근계(近溪: 羅汝芳)가 명덕明德의 학문에 대하여 논한 적이 있는데, 봉록鳳麓이 『일설日說』의 말을 들어서 "덕은 거울과 같다. 가리지 않으면 어둡지 않고, 갈고 닦지 않으면 밝지 않다."라고 하였다. 근계가 웃으며 "명덕은 일정한 형체가 없어 비유로 파악되는 것이 아니다. 또한 공은 한 사람인데 거울이 되었다가 가리는 것이 되고 다시

**| 25-13 |** 程默字子木, 休寧人. 廣州府同知. 負笈千里, 從學陽明. 疾革, 指『六經』謂其子曰: "當從此中尋我, 莫視爲陳言也."

**| 25-14 |** 鄭燭字景明, 歙人. 河間府通判. 及東廓之門. 人見其衣冠質朴, 以爲率眞者, 曰: "率眞未易言, 先須識眞耳."

**| 25-15 |** 姚汝循字敍卿, 號鳳麓, 南京人. 嘉靖丙辰進士. 官終嘉定知州. 近溪嘗論明德之學, 鳳麓擧『日說』云: "德猶鑑也, 匪翳弗昏, 匪磨弗明." 近溪笑曰: "明德無體, 非喻所及. 且公一人耳, 爲鑑爲翳, 復爲磨

갈고 닦는 것이 되니 가능하겠는가?"라고 하였다. 봉록이 듣고 드디어 반성하는 바가 있었는데 어느덧 점차 깨닫게 되었다.

한 무지한 사람이 양명에 대하여 비난하였다. 봉록이 "무엇을 그의 병통으로 여기는가?"라고 하자 "그의 양지설을 미워하는 것이다."라고 하였다. 봉록이 "세상에서 성인은 하늘이 내는 것이라고 하여 배울 수 없게 된 것이 오래였다. 양지의 설이 나오고부터 사람마다 양지를 본래 가지고 있음을 알았고, 곧 평범한 사람이나 어린 사람도 모두 돌이켜 자신에서 찾아 도에 들어갈 수 있게 되었다. 이것은 만세의 공로이다. 당신은 어째서 병통으로 여기는가?"라고 하였다.

**|25-16|** 은매(殷邁: 1512~1581)는 자가 시훈時訓이고, 호가 추명秋溟, 유수위留守衛[10] 사람이다. 예부시랑禮部侍郞을 역임하였다. 선산(善山: 何廷仁)과 교류하였고, 함께 양명이 남긴 학문을 공부하였다. 저서에 『징분질욕편懲忿窒慾編』이 있다.

**|25-17|** 강보(姜寶: 1513~1593)는 자가 정선廷善

者, 可乎?" 聞之遂有省, 浸浸窹入.

有妄子以陽明爲詬病, 鳳麓曰: "何病?" 曰: "惡其良知之說也." 曰: "世以聖人爲天授, 不可學久矣. 自良知之說出, 乃知人人固有之, 卽庸夫小童, 皆可反求以入道, 此萬世功也, 子曷病?"

**|25-16|** 殷邁字時訓, 號秋溟, 留守衛人. 歷官禮部侍郞. 與何善山遊, 與聞緒言, 所著有『懲忿窒慾編』.

**|25-17|** 姜寶字廷

---

10　　유수위(留守衛): 『弇山堂別集』卷56 '殷邁' 조목에 南京府留守右衛 출신으로 되어 있다. 『江南通志』권163 '殷邁' 조목에 江寧 출신이라고 하였는데, 留守衛는 南京府留守右衛로 현재 南京市 江寧區 일대를 가리킨다.

이고 단양(丹陽: 江蘇 丹陽) 사람이다. 남경예부
상서南京禮部尙書를 지냈다. 형천(荊川: 唐順之)의
문하에서 수학하였다.

善, 丹陽人. 歷官南
禮部尙書.　受業荊
川之門.

# 효렴 오악 황성증 선생

**|25-18|** 황성증黃省曾은 자가 면지勉之이고 호가 오악五岳으로 소주(蘇州: 江蘇 蘇州) 사람이다. 젊어서 고문사古文辭를 좋아하여 『이아爾雅』에 능통하였으며, 제지(濟之: 王鏊)와 군겸(君謙: 楊循吉)에게 인정을 받았다. 백암(白岩: 喬宇)이 남경을 방비할 때 황성증을 초빙하여 『유산기遊山記』[1]를 편찬하게 하였다. 공동(公同: 李夢陽)이 경구(京口: 江蘇 鎭江市)에서 의사에게 병을 치료할 때, 선생이 문병하였는데 공동이 전집을 선생에게 주었다.

가정嘉靖 신묘(1531)년 『춘추春秋』로 향시에서 1등을 하였다. 모친이 연로하여 결국 회시會試를 포기하였다. 양명이 월越지역에서 강의하였을 때 선생이 예를 갖추어 제자가 되었다. 당시 사방에서 와서 배우는 학생이 많았다. 아

**|25-18|** 黃省曾字勉之, 號五岳, 蘇州人也. 少好古文辭, 通『爾雅』, 爲王濟之, 楊君謙所知. 喬白岩參贊南都, 聘纂『遊山記』. 李空同就醫京口, 先生問疾, 空同以全集授之.

嘉靖辛卯, 以『春秋』魁鄕榜. 母老, 遂罷南宮. 陽明講道於越, 先生執贄爲弟子. 時四方從學

---

1    『유산기(遊山記)』: 남경 지역에 대한 유기(遊記)를 모아서 편찬한 것이다.

침마다 열을 지어 앉아 차례대로 의심나는 것을 질문하면, 질문을 받는 즉시 답하였는데 답변이 두루 합당하지 않음이 없었다. 선생이 하루는 옷깃을 걷었는데 땀이 옷마다 흠뻑 젖어 있었다. '문인들은 모두 성현의 반열에 이르렀다고 융숭하게 칭송하지만, 공 자신은 마음을 쏟아 잘못을 다스리느라 항상 난처한 경우를 대면하고 있음을 모른다. 문인들은 정체되고 자취가 남은 곳에서 헤아리지만, 공 자신은 상황마다 일신해서 대응하고 있어 고정된 지평이 전혀 없다는 것을 모르고 있다'라고 말하였다.

『회계문도록會稽問道錄』 10권을 저술하였다. 동곽(東廓: 鄒守益), 남야(南野: 歐陽德), 심재(心齋: 王艮), 그리고 용계(龍溪: 王畿)는 모두 서로 공명하며 막역하였다. 양명은 선생의 필치가 웅건하고 견지가 명료하다고 여기고 왕학의 『논어論語』를 선생에게 부탁하고자 하였으나, 선생이 출사하는 바람에 실행하지 못하였다. 얼마 안 되어 모친이 별세하고 선생도 별세하였다.

목재(牧齋: 錢謙益)가 공동(空同: 李夢陽)과 알력이 있었는데, 선생이 북학(北學: 이몽양의 학문)에 경도되었다고 말하였지만, 식자들은 비웃었다. 선생은 논의가 공동과 엇비슷하지만, 문체는 끝내 스스로 일가를 이루었고, 본래 유행을 타거나 영향을 받은 적이 없다. 어떻게 마음이 경도되었다고 말할 수 있겠는가?

者衆, 每晨班坐, 次第請疑, 問至即答, 無不圓中. 先生一日徹領, 汗洽重襟, 謂門人咸隆頌陟聖, 而不知公方蓙理過, 恒視坎途; 門人擬滯度迹, 而不知公隨新酬應, 了無定景.

作『會稽問道錄』十卷. 東廓, 南野, 心齋, 龍溪, 皆相視而莫逆也. 陽明以先生筆雄見朗, 欲以王氏『論語』屬之, 出山不果, 未幾母死, 先生亦卒.

錢牧齋抵轢空同, 謂先生傾心北學, 識者哂之. 先生雖與空同上下其論, 然文體竟自成一家, 固未嘗承流接響也, 豈可謂之傾心哉?

『전습후록傳習後錄』에 선생이 기록한 것이 수십 조목이 있다. 『문도록問道錄』에서 채록한 것들이겠으나, 양명의 취지를 놓친 말이 많다. 그렇지만 장의張儀와 소진蘇秦을 논한 한 조목보다 더 잘못된 곳이 없는데 이렇게 말하고 있다. "소진과 장의의 지혜는 성인의 자질이다. 후세의 사업과 문장에서 허다한 호걸과 이름난 이들은 단지 장의와 소진을 배웠기 때문에 지혜로운 것이다. 장의와 소진의 학술은 사람의 마음을 잘 파악하여 사람들의 아킬레스건에 적중하지 않은 것이 조금도 없었다. 그렇기 때문에 그 주장을 막을 수 없었다. 장의와 소진 또한 양지의 묘용(妙用: 막힘없이 대응함)처를 알았지만 다만 좋지 않은 곳에 사용하였다."

양지는 미발未發의 중(中: 치우침이 없음)이요, 본체가 맑은 것이어서 작위가 섞인 것이 없다. 그 묘용 또한 저절로 감응하는 것이어서 모두 천기(天機: 자연적 기미에 따라 감응함)이다. 장의와 소진은 사람의 마음을 틀에 맞추어 이해하기 때문에 한쪽으로만 알고 두루 파악하지 못한다. 순전히 작위를 일삼기 때문에 좋지 않은 곳에 이용한 것은 물론이고 좋은 곳에 이용하였다고 해도 밖에서 엄습하여 취한 것이어서 천기天機에서 나오는 것이 말라 버렸으니 양지가 아니다. 어떻게 말단 용처에서 다르고 근본

『傳習後錄』有先生所記數十條, 當是探之『問道錄』中, 往往失陽明之意. 然無如儀, 秦一條云: "蘇秦, 張儀之智也, 是聖人之資, 後世事業文章, 許多豪傑名家, 只是學得儀, 秦故智. 儀, 秦學術, 善揣摸人情, 無一些不中人肯綮, 故其說不能窮. 儀, 秦亦是窺見得良知妙用處, 但用之於不善耳."

夫良知爲未發之中, 本體澄然, 而無人僞之雜, 其妙用亦是感應之自然, 皆天機也. 儀, 秦打入情識窠臼, 一往不返, 純以人僞爲事, 無論用之於不善, 卽用之於善, 亦是襲取於外, 生機槁滅, 非良知也. 安得謂其未

은 같다고 말할 수 있겠는가? 정식(情識: 욕심이 들어간 마음으로 아는 것)을 양지라고 여기고 있으니 양명의 취지를 잃은 것이 심하다.

## 진효가 성에 대하여 묻다[2]

|25-19| 진효陳曉가 물었다. "성性에 대해 선이나 악으로 명칭을 붙일 수 있는가?" 대답하였다. "안 된다. 성性은 명命과 같고 도道와 같다.[3] 명命이라고 하였으면 명命이 곧 그 명칭이 된다. 선이나 악으로 명命을 대신할 수 없다. 성性이라고 하였으면 성이 그 명칭이 된다. 선이나 악으로 성을 대신할 수 없다. 도道라고 하였으면 도가 곧 그 명칭이 된다. 선이나 악으로 도를 대신할 수 없다. '도는 잠시도 떨어질 수 없다. 떨어질 수 있다면 도가 아니다.' 공자는 다만 도를 떨어질 수 없다는 것으로 말하였지 선하다거나 악하다는 것으로 말한 적이 없다. '그러므로 군자는 보이지 않는 곳에서 경계하고 조심하고 들리지 않는 곳에서 염려하고 두려워한다.' 눈을 밝게 뜨고 귀를 기울여도 보거나 들을 수 없는데 이름을 붙일 수 있겠는가? '하늘이 하는 것은 소리도 없고 냄새도 없

異而本同哉？ 以情識爲良知, 其失陽明之旨甚矣.

## 陳曉問性

|25-19| 陳曉問曰: "性可以善惡名乎?" 曰: "不可. 性猶命也, 道也. 謂之命也, 命卽其名矣, 不可以善惡言命也; 謂之性也, 性卽其名矣, 不可以善惡言性也; 謂之道也, 道卽其名矣, 不可以善惡言道也. 道也者, 不可須臾離也, 可離非道也. 孔子但以不可離言道, 而未嘗以善惡也. 是故君子戒愼乎其所不睹, 恐懼乎其所不聞, 明目傾

---

2  진효(陳曉)가 성(性)에 대하여 묻다: 이 글은 賈本에 없다.
3  성(性)은 명(命)과 … 도(道)와 같다: 『중용』 1장의 "天命之謂性, 率性之謂道, 修道之謂教."에 의거한 말이다.

다'라고 하였으니 이것은 진실로 보고 듣는 것이 미칠 수 있는 것이 아니다. 그러므로 '선생(공자)께서 성과 천도를 말씀하는 것을 포착하여 들을 수 없다'라고 한 것이다. 공자가 말한 것이 '지극히 정미하여 올려다볼수록 높고 뚫을수록 단단하며 앞에 있는 것을 보았는데 어느새 뒤에 있으니' 따르고자 하여도 방법이 없음을 말한 것이다. 들을 수 없다는 것이 이와 같은 의미이다. 문장文章처럼 위의(威儀: 위엄이 있는 모습)가 있어 바라볼 수 있고 문사(文詞: 언어 표현)가 있어 들을 수 있어서 포착하여 들을 수 있는 것이 아니다. 공자가 성과 천도를 말한 것을 포착하여 들을 수 없는데 유가의 학자들은 다투어서 선과 악, 본원과 기질 등 각양의 여러 명칭으로 비견해서 논의하였다. 그러나 도심道心은 은미하여 비록 듣고자 해도 포착하여 들을 수 없다. 그럼으로 (보고 들을 수 있는) 인심人心으로 비견하여 논한 것이다."

진효가 물었다. "그렇다면 성은 선함도 악함도 없는 것인가?" 대답하였다. "선과 악이 있는 것은 성의 용(用: 발용된 곳)이다. 어찌 선악뿐이겠는가? 선의 용에 수만 가지 다른 것이 있고, 악의 용에 수만 가지 다른 것이 있는데 모두

耳, 不可得而睹聞者也, 而可名言之乎? 上天之載, 無聲無臭, 是誠非睹聞可及也. 故曰: '夫子之言性與天道, 不可得而聞也.' 言其所言, 至精至微, 仰高鑽堅, 瞻前忽後, 雖欲從之, 末由也已. 其不可得而聞者如此. 非若文章然, 威儀可瞻, 文詞可聆, 可得而聞者也. 孔子之言性與天道, 且不可得而聞, 而儒家者流, 兢兢然以善惡本原氣質種種諸名而擬議也, 然而道心惟微, 雖欲聞之, 不可得而聞也, 是以人心擬議之也."

曰: "然則性無善惡乎?" 曰: "有善者, 性之用也, 豈特善惡而已矣. 善之用, 有萬殊焉, 惡之

효렴 오악 황성증 선생

성의 용이지만, 그것들로 성의 명칭을 삼을 수 없다. 그것은 음양의 용이 수만 가지로 모두 천도天道의 용이고, 강유(剛柔: 견고함과 부드러움)의 용이 수만 가지로 모두 지도地道의 용이지만, 음양으로 천天의 명칭으로 삼을 수 없고, 강유로 지地의 명칭을 삼을 수 없는 것과 같다. 인의仁義의 용이 수만 가지로 모두 인도人道의 용이지만 인의로 인人의 명칭을 삼을 수 없다. 선하고 악함은 용이 아니면 포착할 수 없다. 천도에서 춥고 더우며 비오고 맑은 것이 엇나가고, 지도에서 산이 무너지고 강물이 넘치는 재앙이 모두 작용하는 가운데에서 드러나는 것이다. 어떻게 하여 이런 일이 일어나는가? 순응하면 선하고 거스르면 악하며, 상대를 살게 하면 선하고 상대를 이겨 죽게 하면 악하니, 이 양단을 벗어나지 않는다. 모두 대면하는 상황에서 나오는 것으로 미리 정할 수 없다. 예를 들면, 두 사람이 서로 대화할 때 그 말이 서로 부합하면 금새 덕으로 여기다가도 혹 말이 서로 어긋나면 또 금새 원수로 여긴다.

백성의 도는 항산(恒産: 일정한 재산)이 있는 사람은 항심(恒心: 변치 않는 마음)이 있지만 항산

用, 有萬殊焉, 皆性之用也, 而不可以名性也. 猶之陰陽之用, 萬殊焉, 皆天道之用也. 剛柔之用, 萬殊焉, 皆地道之用也, 而陰陽不可以名天, 剛柔不可以名地也. 仁義之用, 萬殊焉, 皆人道之用也, 而仁義不可以名人也. 善惡者, 非用而不可得見者也, 如天道寒暑雨暘之愆, 地道山崩水溢之患也, 皆用之而見焉者. 何以有是也? 順則善, 逆則惡, 生則善, 剋則惡, 不外二端而已, 皆出乎所遭, 不可以前定也. 如二人之相語也, 其語之相契也, 頃刻而德之; 其或語之相戾也, 又頃刻而讐之.

民之爲道, 有恒產者, 有恒心, 無恒產

이 없는 사람은 항심이 없는 것이어서 일정할 수 없다. 그러므로 군자는 공부가 죽음에 이른 뒤에 끝나는 것을 중시한다. 몸에 배게 익힌 것이 성性을 이루면 공로는 익힌 것에 있지 성에 있지 않다. 만일 성性이 이루어진 것만 믿는다면, 어째서 공자는 '성은 서로 비슷하지만, 몸에 배게 익히는 것으로 인해 서로 먼 차이가 난다'라고 말하였겠는가? 성인은 항상 경계하며 두려워하였으니, 익히는 것을 중시하였다. 선한 것을 익히면 선해지고 악한 것을 익히면 악해짐을 말한 것이다. 세상의 유자들은 인간의 본성이 선하다고 평생 논하면서도 선한 것에 한 번도 발을 담지 않고, 본성에 악함은 없다고 평생 논하면서도 잠시도 악한 것에서 벗어난 적이 없다. 이것은 성이 월나라 남쪽에 있는데 익주冀州의 북쪽에서 익히는 꼴이다. 세상이 이것에 어두워진 것이 오래되어서 내가 중니의 설을 말하지 않을 수 없다."

者, 無恒心, 不可得而定者, 故君子貴習至於死而後已者也. 習與性成, 功在習, 不在性也. 若徒恃性所成也, 何孔子曰 '性相近也, 習相遠也'? 聖人兢兢焉, 其重習也, 言習善則善, 習否則否也. 世儒終身談性之善, 而未嘗一措足於善, 終身談性之無惡, 而未嘗一時有離於惡, 是性越南而習冀北也. 天下之昧是久矣, 予不得不申乎仲尼之說."

**|25-20|** 주충周衝은 자가 도통道通, 호가 정암 靜菴으로 상주常州 의흥(宜興: 江蘇 宜興) 사람이 다. 정덕正德 경오(1510)년 향시에 합격하였다. 만안훈도(萬安訓導)에 임명되었고, 응성현(應城 縣: 湖北 應城)의 지현知縣이 되었으나 귓병으로 소무교수邵武教授로 직책을 옮겼다가, 당부기선 唐府紀善[1]으로 승진하였고, 장사長史에 오른 뒤 사망하였다. 향년 47세였다. 양명이 건주(虔州: 江西 贛州)에서 강의할 때 선생이 가서 수업을 받았다. 이어서 감천(甘泉: 湛若水)을 따라 배웠 는데 "담 선생의 '천리를 체인하는 학문[體認天 理]'은 왕 선생의 '양지를 지극하게 발휘하는 학 문[致良知]'이다."라고 하였다. 도림(道林: 蔣信)

**|25-20|** 周衝字道 通, 號靜菴, 常之宜 興人. 正德庚午鄉舉. 授萬安訓導, 知應城 縣, 以耳疾改邵武教 授, 陞唐府紀善, 進 長史而卒, 年四十 七. 陽明講道於虔, 先生往受業. 繼又 從於甘泉, 謂"湛師 之體認天理, 卽王師 之致良知也." 與蔣 道林集師說, 爲『新

---

1   당부기선(唐府紀善): 唐府는 遼寧省 莊河市 大鄭鎭의 지명이다. 당태종이 이 지역을 수복하고 唐의 王府로 편입한 데에서 생긴 명칭이다. 紀善은 明代 親王 휘하에 속한 正八品의 관직으로 강의 관련 업무를 담당하였다.

과 더불어 스승의 설을 모아서 『신천문변록新泉問辨錄』을 편찬하였다. 한가해지면, 향사鄕射와 투호投壺의 예를 행하였는데, 사士들이 모두 몸가짐을 단정히 하고 겸양하였다. 경야(涇野: 呂柟), 동곽(東廓: 鄒守益)이 모두 선생의 순박하고 고상한 기상을 칭찬하였다. 당시 왕수인과 담약수 두 학파의 문인과 제자들이 서로 우열을 비교하곤 하였는데, 선생만은 그 논지들을 소통시켰다. 따라서 선생이 별세하자 감천甘泉이 "도통은 진심으로 수업을 들어 실제로 진보가 있기를 추구하였다. 문호를 고수하여 서로 비난하면서 깨닫지 못하는 이들과는 차원이 현격하게 다르다."라고 탄식하였다.

## 『정암 주충이 학문을 논한 말』

|25-21| 존심(存心: 본심을 견지함)은 공부의 요체이고, 부끄러움을 아는 것[知恥]은 도로 들어가는 관건[機]이다.

|25-22| 학문은 자신을 이루기 위함이다. 그 요체는 신독(愼獨: 혼자 알고 있을 때에 조심함)에 있을 뿐이다. 널리 배우고 예로 단속하는 것과, 알고 실천하는 것이 모두 신독 공부 내부의 절목이다.

|25-23| 무릇 배움에는 반드시 먼저 지식을

泉問辨錄』. 暇則行鄉射投壺禮, 士皆斂衽推讓. 呂涇野, 鄒東廓咸稱其有淳雅氣象. 當時王, 湛二家門人弟子, 未免互相短長, 先生獨疏通其旨. 故先生死而甘泉歎曰: "道通眞心聽受, 以求實益, 其異於死守門戶以相訾而不悟者遠矣?"

## 『周靜菴論學語』

|25-21| 存心爲爲學之要, 知恥爲入道之機.

|25-22| 學以成身而已, 其要只在愼獨. 博約知行, 皆愼獨功夫內事目也.

|25-23| 凡學須先

장사 정암 주충 선생

가져야 한다. 그런 뒤에 힘써 실천하여 지극하게 하면 거의 완전하다.

**| 25-24 |** 강학은 견실하게 실천하면서 경敬과 의義를 함께 견지해야 한다. 이것이 자신의 성숙을 위해서 강학하는 틀의 대략이다. 군자의 공부는 종일 그리고 평생 단지 이 한 가지이다. 대개 리理는 중(中: 중정함) 한 가지에서 벗어나지 않으니, 곧 나의 중정한 마음이 그것이다. 일이 없을 때 경계하고 조심하여 나의 중정한 마음을 살펴서 항상 견지하고, 일이 있을 때도 또한 경계하고 조심하여, 모든 일에서 나의 중정한 마음을 따르고 사욕을 섞지 않는 것 이것이 경敬과 의義를 함께 견지하는 것이다. 마음 밖에 리理가 없고, 리理 이외에 별도의 일이 없다. 공부하는 사람이 도道에서 잠시도 떨어질 수 없다는 것을 안다면 실천이 견실하지 못함을 또 어찌 걱정하겠는가?

**| 25-25 |** 일용에서의 공부는 단지 뜻을 세우는 것[立志]이다. 그러나 붕우와 함께 강학하고 익혀야 이 뜻이 정밀하고 튼튼해지고 넓고 커지며, 생의(生意: 생명감)가 생긴다. 며칠 동안 붕우와 함께 강학하지 못하면 곧 미약해진 느낌이 들고, 일을 만나면 궁색해질 수 있고, 또 때로는 잊어버릴 수 있다. 이제 붕우와 함께 강학하는 일이 없을 때, 여전히 정좌를 하거나

有知識, 然後力行以至之, 則幾矣.

**| 25-24 |** 講學須脚踏實地, 敬義夾持, 此爲己規模大略. 夫君子之學, 終日終身, 只此一事. 蓋理不外乎一中, 卽吾中正之心是已. 無事時戒愼, 照管吾中正之心而常存, 有事時亦只戒愼, 凡事循吾中正之心而不雜, 是謂敬義夾持. 心外無理, 理外無事, 學者知不可須臾離, 又何患脚踏不實乎?

**| 25-25 |** 日用功夫, 只是立志. 然須朋友講習, 則此意纔精健闊大, 纔有生意. 若三五日不得朋友相講, 便覺微弱, 遇事便會困, 亦時會忘. 今於無朋友相

독서를 하거나 활동을 하면서 눈을 두고 몸을 두는 모든 처신에서 하나하나 취하여 이 뜻을 배양하여 생각이 화평하고 편안해짐을 자못 느낀다. 그러나 결국 붕우와 강학할 때 생의가 더욱 많아지는 것보다는 못하다.

**┃25-26┃** 상채(上蔡: 謝良佐)가 일찍이 "'천하에 무엇을 생각하고 무엇을 염려하겠는가!'라는 말이 있습니다."라고 물었다. 이천(伊川: 程頤)이 말했다. "그런 이치가 있다. 다만 (그런 기상이) 너무 일찍 나왔다."[2] 배우는 사람의 공부는 물론 일삼으면서 잊지 말아야 한다. 그러나 또한 '무엇을 생각하고 무엇을 염려하겠는가'[3]라고 하는 기상을 알아야 한다. 이 기상을 모르면 곧 단정하고 조장하는 병통이 생긴다. 그러나 '무엇을 생각하고 무엇을 염려하겠는가'라고 하는 기상을 알아도, 반드시 일삼음이 있어야 하는 것을 잊으면, 아마도 무(無: 마음을 두지 않는 것)에 떨어질 것이다. 반드시 유(有: 집착함이 있는 것)에도 매이지 않고 무에도 떨어지지 않아야 비로소 옳다. 배우는 사람은 어떻게 공부하는지 알면 곧 성인의 기상을 알 수 있다. 대개 성인의 기상을 이해하고 확실한 기준을 가지고서 실제의 현장에서 공부해 가면 곧 어긋

講之時, 還只靜坐, 或看書, 或行動, 凡寓目措身, 悉取以培養此志, 頗覺意思和適. 然終不如講學時, 生意更多也.

**┃25-26┃** 上蔡嘗問 "天下何思何慮?" 伊川云: "有此理, 只是發得太早在." 學者功夫, 固是必有事焉而勿忘, 然亦須識得何思何慮底氣象. 若不識得這氣象, 便有正與助長之病. 若認得何思何慮, 而忘必有事焉工夫, 恐又墜於無也. 須是不滯於有, 不墜於無方得. 學者纔曉得做功夫, 便要識認得聖人氣象. 蓋認得聖人氣象, 把作準的, 乃就實地做功夫

---

2 　상채(上蔡: 謝良佐)가 일찍이 … 일찍 나왔다: 『二程外書』 권12.
3 　『周易』「繫辭下」 제5장에 "天下同歸而殊塗, 一致而百慮, 天下何思何慮!"라고 하였다.

장사 정암 주충 선생

날 수 없다.

| 25-27 | 일에서 강마하고 단련하여[事上磨鍊] 하루 동안에도 일이 있건 없건 간에 오직 한결 같은 마음으로 본원을 배양한다. 일을 만나 느끼거나 또는 자기 스스로 느낌이 있어 마음에 이미 지각함이 있다면, 어떻게 일이 없다고 말할 수 있겠는가? 다만 일로 인해 한번 마음을 다잡고 일의 이치가 응당 이렇게 해야 한다고 명확히 인지하였으면, 일이 없을 때 처신하던 것과 같이 하여 마음을 다할 뿐이다.[4]

| 25-28 | 올바른 학문이 밝혀지지 않은 것이 이미 오래되었다. 마음을 공연히 소모해서 주자와 육상산을 대신해[5] 시비를 논쟁할 필요가 없다. 만일 어떤 사람이 실제로 뜻을 세워서 이렇게 공부하기로 결심하였다면 이미 스스로는 매우 명확해진다. 주륙의 논쟁은 변석하지 않아도 스스로 시비를 간파할 수 있다.

去, 纔不會差.

| 25-27 | 事上磨鍊, 一日之內, 不管有事無事, 只一意培養本原. 若遇事來感, 或自己有感, 心上旣有覺, 安可謂無事? 但因事凝心一會, 大段覺得事理當如此, 只如無事處之, 盡吾心而已.

| 25-28 | 正學不明已久, 不須枉費心力, 爲朱‧陸爭是非. 若其人果能立志, 決意要如此學, 已自大段明白了, 朱‧陸雖不辨, 彼自能覺得.

---

4    일에서 강마하고 … 다할 뿐이다: 양명에게 보낸 편지에서 한 말로 보인다. 『王文成公集』 권2 「啓問道通書」에는 이 뒤에 다음의 구절이 더 있다: "然乃有處得善與未善, 何也? 又或事來得多, 須要次第與處, 每因才力不足, 輒爲所困, 雖極力扶起, 而精神已覺衰弱. 遇此未免要十分退省, 寧不了事, 不可不加培養. 如何?"

5    주자와 육상산을 대신해: 朱熹와 陸九淵이 공부방법에 대하여 논쟁하였던 것을 가리킨다. 공부의 착수처에 관해, 주희는 독서하고 스승과 문답하는 등 사태에서 도리를 이해하고 체인하는 道問學 공부를 중시하였지만, 육구연은 먼저 本心을 각성하여 大體를 확립하는 尊德性 공부를 중시하였다.

# 명경 근재 주득지 선생

明經朱近齋先生得之

| 25-29 | 주득지朱得之는 자가 본사本思, 호가 근재近齋로 직예直隸[1] 정강(靖江: 江蘇 靖江) 사람이다. 공생貢生[2]으로 강서신성승江西新城丞을 지냈는데 신성 사람들이 칭송하였다. 양명에게 수학하였고 저서에 『참현삼어參玄三語』가 있다. 학문이 노자에 매우 가깝다. 대개 수학하여 자신의 성품에 가까운 것을 얻은 경우이다. 서천(西川: 尤時熙, 1503~1580)에게 한 말에 "격물格物을 통해 얻은 식견에서도 자득하는 것이 많지만, 보고 들은 지식에 여전히 얽매이는 병폐를 벗어나지 못한다. 비록 학생으로 배울 때 보고 듣는 지식에서 벗어나도, 수학 이후에도

| 25-29 | 朱得之字本思, 號近齋, 直隸靖江人. 貢爲江西新城丞, 邑人稱之. 從學於陽明, 所著有『參玄三語』. 其學頗近於老氏. 蓋學焉而得其性之所近者也. 其語尤西川云: "格物之見, 雖多自得, 未免尚爲見聞所梏, 雖脫聞見於童

---

1   직예(直隸): 明 초기, 수도 남경에 직속된 應天府(현재의 남경), 蘇州府, 鳳陽府 등 14개 府를 포괄하는 행정지역을 直隸라고 불렀다. 永樂 18년(1420), 聖祖가 北京으로 천도한 뒤에 남경 직속 지역은 南直隸로, 北京 직속 지역은 北直隸로 불리었다. 여기서는 南直隸를 가리킨다.
2   공생(貢生): 生員이나 秀才 중 선발되어 國子監에 들어간 학생을 가리킨다.

여전히 보고 들은 지식에 얽매이는 것은 스승을 독실하게 믿기 때문이다. 이것은 예전에 익힌 것을 모두 씻어 버리고 자신의 안을 텅 비워서 감촉하는 바에 따라서 지각하여, 그렇게 체득하는 것이 더 진실한 것만 못하다. 자하子夏는 공자를 독실하게 믿었지만 증자曾子는 자신에게 돌이켜서 찾았으니, 당堂에 오르는 것과 방에 들어가는 것의 차이가 만세에 분명하다." 이 말에서 근재가 자득한 것을 살펴볼 수 있다.

## 어록

| 25-30 | 나석(蘿石: 董澐, 1457~1533)은 평소 선한 것을 좋아하고 악한 것을 싫어함이 매우 엄격하였다. 나석은 자천으로 양명 선생에게 찾아갔다. 양명 선생은 "호(好, 좋다)라는 글자는 본래부터 호好자였고, 악(惡, 나쁘다)이라는 글자는 원래부터 악惡자였다."라고 하였다. 동운은 그 말이 나오는 즉시 생동하게 알아차렸다.

| 25-31 | 동실부董實夫가 물었다. "'마음이 곧 리로, 마음 이외에 리가 따로 없다'는 말에 대해서 의심이 없을 수 없습니다." 양명 선생이 말하였다. "도는 형체가 없지만, 만상이 모두 도의 형체이다. 도에는 드러나고 어둡고 그런 것이 없다. 사람이 아는 바에 드러나고 어두운

習, 尙滯聞見於聞學之後, 此篤信先師之故也. 不若盡滌舊聞, 空洞其中, 聽其有觸而覺, 如此得者尤爲眞實. 子夏篤信聖人, 曾子反求諸己, 途徑堂室, 萬世昭然." 卽此可以觀其自得矣.

## 語錄

| 25-30 | 董蘿石平生好善惡惡甚嚴, 自擧以問陽明先生, 曰: "好字原是好字, 惡字原是惡字." 董於言下躍然.

| 25-31 | 董實夫問: "心卽理, 心外無理, 不能無疑." 陽明先生曰: "道無形體, 萬象皆是形體; 道無顯晦, 人所見有顯晦.

것이 있다. 형체로 말하면 천지도 하나의 사물이고, 드러나고 어두운 것으로 말하면 사람의 마음이 그 기미처[機]이다.

'마음이 곧 리[理]이다'라는 말은 가득 차서 엉켜 있는 측면에서 기[氣]라고 하고, 조리가 분명한 측면에서 리[理]라고 하고, 유행하여 부여된 측면에서 명[命]이라고 하고, 품수받아 일정한 측면에서 성[性]이라고 하고, 어떤 사물도 따르지 않음이 없는 측면에서 도[道]라고 하고, 걸림 없이 작용하여 헤아릴 수 없는 측면에서 신[神]이라고 하고, 응결되어 있는 측면에서 정[精]이라고 하고, 주재하는 측면에서 심[心]이라고 하고, 속임이 없는 측면에서 성[誠]이라고 하고, 기울거나 의지함이 없는 측면에서 중[中]이라고 하고, 어떤 것으로 더 더할 수 없는 측면에서 극[極]이라고 하고, 굽히고 펴고 시들고 성장하고 가고 오는 측면에서 역[易]이라고 하지만, 그 실제 내용은 하나이다.

이제 아득히 펼쳐진 천지에 하늘의 광막히 푸른 기와 땅의 하강하는 기는 가장 거친 기이다. 조금 순정해지면 해와 달, 여러 별들, 바람과 비, 산과 강이 된다. 또 조금 더 순정해지면 번개와 우레, 귀신과 요괴, 초목과 화초가 된다. 또 더 순정해져서 새와 짐승, 물고기와 자라, 벌레와 곤충의 무리가 된다. 지극히 순정하면 사람이 되고, 지극히 영명해지면 마음[心]

以形體言, 天地一物也; 以顯晦言, 人心其機也.

所謂心卽理者, 以其充塞氤氳, 謂之氣; 以其脈絡分明, 謂之理; 以其流行賦畀, 謂之命; 以其稟受一定, 謂之性; 以其物無不由, 謂之道; 以其妙用不測, 謂之神; 以其凝聚, 謂之精; 以其主宰, 謂之心; 以其無妄, 謂之誠; 以其無所倚著, 謂之中; 以其無物可加, 謂之極; 以其屈伸消息往來, 謂之易, 其實則一而已.

今夫茫茫堪輿, 蒼然隤然, 其氣之最粗者歟. 稍精則爲日月星宿風雨山川, 又稍精則爲雷電鬼怪草木花蘤, 又精而爲鳥獸魚鼈昆虫之屬, 至精而爲人, 至靈至

이 된다. 그러므로 만상이 없으면 천지가 없고, 내 마음이 없으면 만상도 없다. 그러므로 만상은 내 마음이 하는 바요, 천지는 만상이 하는 바이다. 천지와 만상은 내 마음의 껍데기[糟粕]이다. 요컨대, 그 궁극에 이르면 천지에 다른 마음이 없고 사람이 그 마음이 됨을 안다.

마음이 바름을 잃어버리면 나 또한 만상일 뿐이다. 그러나 마음이 그 바름을 얻으면 곧 사람이라고 한다. 이것이 '천지를 위해서 마음을 세우고, 백성을 위해서 천명을 세우는 것'[3]이 오직 내 마음에 있는 이유이다. 여기에서 마음 밖에 리理가 없고 마음 밖에 사물이 없음을 알 수 있다. 이른바 마음이란 지금 한 덩어리 피와 살의 기관이 아니요, 곧 지극히 영명하여 능히 활동하고 능히 아는 것을 가리킨다. 이것이 이른바 양지良知이다. 그러나 본래 소리도 냄새도 장소도 형체도 없으니 이것이 이른바 '도심은 오직 은미하다'[4]라는 것이다. 이것은 대인의 학문이 천지만물과 더불어 일체가 되는 이유이다. 한 사물이라도 마음 밖에

明而爲心. 故無萬象則無天地, 無吾心則無萬象矣. 故萬象者, 吾心之所爲也, 天地者, 萬象之所爲也. 天地萬象, 吾心之糟粕也. 要其極致, 乃見天地無心, 而人爲之心.

心失其正, 則吾亦萬象而已; 心得其正, 乃謂之人. 此所以爲天地立心, 爲生民立命, 惟在於吾心. 此可見心外無理, 心外無物. 所謂心者, 非今一團血肉之具也, 乃指其至靈至明能作能知, 此所謂良知也. 然本無聲無臭無方無體, 此所謂道心惟微也. 此大人之學, 所以與

---

3    천지를 위해서 … 세우는 것: 『張子全書』 卷14, 「性理拾遺」.
4    도심은 오직 은미하다: 『尙書』 「大禹謨」.

있으면 곧 내 마음이 다 발휘되지 못한 것으로 학문이라고 말하기에 부족하다."

天地萬物一體也.
一物有外, 便是吾心
未盡處, 不足謂之
學."

| 25-32 | 기뻐하고, 분노하고, 슬퍼하고, 즐거워함에 대하여 물었다. 양명 선생이 답하였다. "즐거워함은 마음의 본체이다. 즐거운 바를 얻으면 기쁘고, 즐거운 바와 상반되면 분노하고, 즐거운 바를 잃어버리면 슬프다. 기뻐하지 않고 분노하지 않고 슬프지 않은 때, 이것이 참된 즐거움이다."

| 25-32 | 問'喜怒哀樂'. 陽明先生曰: "樂者心之本體也, 得所樂則喜, 反所樂則怒, 失所樂則哀. 不喜不怒不哀時, 此眞樂也."

| 25-33 | 양문징楊文澄이 물었다. "의(意: 생각)에 선하고 악함이 있는데, 생각을 진실하게 하려면 어떻게 살핍니까?"

양명 선생이 대답하였다. "선함도 악함도 없는 것이 격물(格物: 이치를 궁구하는 것)이다."

"생각에 본래 선하고 악함이 있습니까?"

"생각은 마음이 발동하는 것으로 본래 선함만 있고 악함은 없다. 마음이 사욕에 따라 움직인 이후에 악함이 생긴다. 양지는 스스로 안다. 그러므로 학문의 요령이란 '양지를 남김없이 발휘하는 것[致良知]'이다."

| 25-33 | 楊文澄問: "意有善惡, 誠之將何稽?"

曰: "無善無惡者, 格物也."

曰: "意固有善惡乎?"

曰: "意者心之發, 本自有善而無惡, 惟動於私欲而後有惡也. 惟良知自知之, 故學問之要, 曰'致良知'."

| 25-34 | 어떤 이가 객기(客氣: 자신의 본 모습이 아닌 허위로 처신하는 의기)에 대하여 물었다. 양

| 25-34 | 或問客氣. 陽明先生曰: "客與

명경 근재 주득지 선생

명 선생이 대답하였다: "빈객과 주인이 상대할 때, 상대하는 빈객에게 충분히 양보하면서 마음이 낮고 말단이 되는 곳에 머무는 것을 편하게 여긴다. 그리고 또 마음과 힘을 다 쏟아서 여러 빈객들을 공양한다. 빈객이 잘못하는 것이 있으면 또한 포용한다. 이것이 주기(主氣: 자신의 본모습으로 처신하는 의기)이다. 오직 남이 나에게 해를 가할까 염려하고, 남이 나를 소홀히 대할까 걱정하는 것, 이것이 객기이다."

主對,　讓盡所對之賓,　而安心居於卑末, 又能盡心盡力供養諸賓,　賓有失錯, 又能包容,　此主氣也.　惟恐人加於吾之上,　惟恐人怠慢我, 此是客氣."

| 25-35 | 사람이 살면서 강마하지 않으면 안 되는 것이 학문이요, 잠시라도 붙들어 둘 수 없는 것이 시간이다. 시간은 잠시도 붙들어 둘 수 없으니 참으로 아까운 것이다. 학문을 강마하지 않으면 자연히 사람이 되는 계기를 놓친다. 참으로 부끄러운 일이다. 스스로 부끄러움을 가지지 않는 것을 달게 여기고, 스스로 아까워할 줄 모르면서 늙어서야 후회하니 슬퍼하지 않을 수 있겠는가? 공자는 "학문을 할 때는 따라잡지 못한 듯이 하고, 잃어버릴까 염려하듯이 한다"[5], "아침에 도를 들으면 저녁에 죽어도 좋다."[6]라고 말씀하였다. 적실한 말이다.

| 25-35 | 人生不可不講者學也, 不可暫留者光陰也.　光陰不能暫留,　甚爲可惜! 學不講, 自失爲人之機,　誠爲可恥! 自甘無恥,　自不知惜, 老至而悔, 不可哀乎! 孔子曰: "學如不及,　猶恐失之." "朝聞道,　夕死可矣." 旨哉!

| 25-36 | 어떤 이가 삼교三教의 차이에 대하여

| 25-36 | 或問三教

---

5　학문을 할 … 염려하듯이 한다: 『論語』「泰伯」.
6　아침에 도를 … 죽어도 좋다: 『論語』「里仁」.

물었다.

양명 선생이 대답하였다. "도道는 커서 이름이 없다. 만약 도를 도라고 이름을 붙일 수 있으면 이것은 그 도를 작게 만드는 것이다. 심학心學이 순수하고 밝았을 때는 천하가 풍도를 함께하면서 각자 자신을 다하기 위해 노력하였다. 비유해서 말해 보면, 이 집은 원래 전체 한 칸으로 되어 있었다가, 그 뒤 자손이 분가하면서 안채와 곁채가 생기고, 또 자손에게 전해지면서 점차로 울타리를 치게 되었지만, 그래도 왕래하면서 서로 협조할 수 있었다. 더 오래 지나자 점차 서로 알력을 일으키고 다투었고 심지어는 서로 대적하는 지경에 이르렀다. 처음에 한 집이었으니 그 울타리들을 제거하면 여전히 예전의 한 집이다. 삼교로 나뉜 것도 또한 이와 같다. 애초에는 각자 자질이 유사한 측면을 따라 학문이 형태를 이루다가 재전되고 다시 사대로 오대로 전승되면서 그 뿌리가 같았던 것을 잃어버렸고 추종하는 이들도 또한 각자 자질에 맞는 것에 따라가니 그 때문에 결국 서로 통하지 않게 되었다. 명분과 이익이 있는 곳에서 서로 다투고 대적하는 지경에 이른 것은 또한 그 형세가 그러한 것이다. 그러므로 '어진 사람은 보고 어질다고 하고, 지혜로운 사람은 보고 지혜롭다고 한다'[7]고 말하는 것이다. 보는 바가 있으면 곧 그 보는 것에 치우치는 병폐가 생긴다."

同異.

陽明先生曰: "道大無名, 若曰各道其道, 是小其道矣. 心學純明之時, 天下同風, 各求自盡. 就如此廳事, 元是統成一間, 其後子孫分居, 便有中有傍, 又傳, 漸設藩籬, 猶能往來相助. 再久來, 漸有相較相爭, 甚而至於相敵. 其初只是一家, 去其藩籬, 仍舊是一家. 三教之分, 亦只如此, 其初各以資質相近處, 學成片段, 再傳至四五, 則失其本之同, 而從之者亦各以資質之近者而往, 是以遂不相通. 名利所在, 至於相爭相敵, 亦其勢然也. 故曰: '仁者見之謂之仁, 知者見之謂之知.' 纔有所見便有所偏."

| 25-37 | 천지와 만물이 생겨나는 기미처[機]가 쉬지 않고 활동하는 것은 단지 수렴하는 것이다. 끝없이 수렴하기 때문에 발산함이 있다. 발산함은 어쩔 수 없이 하는 것이다. 예컨대, 태아는 어머니의 뱃속에서 아직 분화되지 않은 태 안에서 두 줄기 수유의 단서가 있어 태아의 입 가까이에서 생겨난다. 이것이 태아가 태 안에서 흡취하여 자라는 것이다. 그러므로 태에서 나오면 곧 젖을 빨아들일 수 있다.

| 25-38 | 사람의 양생은 의(意: 생각)의 화火 성질을 내리는 것일 뿐이다. 의의 화 성질은 내리기를 계속할 수 있으면, 점차 여유롭게 흘러나와 저절로 상승하고, 그저 내리기만 하는데 그럴수록 자연히 상승한다. 한 번 상승하고 한 번 하강하는 것이 서로 대등한 짝을 이루는 것이 아니다. 하강하는 것은 곧 수水이고, 상승하는 것은 화火이니, 『주역참동계周易參同契』에서 "진인眞人은 항상 심연에 잠복해 있으면서 부유浮游하는 가운데 규중規中을 지킨다."[8]라고 하였는데, 이 말이 바로 그 취지이다.

| 25-37 | 天地萬物之機, 生生不息者, 只是翕聚, 翕聚不已, 故有發散, 發散是其不得已. 且如嬰兒在母腹中, 其混沌皮內有兩乳端, 生近兒口, 是兒在胎中翕而成者也, 故出胎便能吸乳.

| 25-38 | 人之養生, 只是降意火. 意火降得不已, 漸有餘溢, 自然上升, 只管降, 只管自然升, 非是一升一降相對也. 降便是水, 升便是火, 『參同契』"眞人潛深淵, 浮游守規中", 此其指也.

---

7  어진 사람은 … 지혜롭다고 한다: 『周易』「繫辭上」.

8  진인(眞人)은 항상 … 규중(規中)을 지킨다: 『周易參同契』 가운데 '關鍵三寶'로 일컬어지는 장의 일부 구절이다. 眞人은 無位眞人으로 불리기도 한다. 도교의 수련에서 한 몸의 주인, 곧 형태와 머무는 곳이 고정되어 있지 않은 참된 자신을 가리킨다. 深淵과 規中은 '造化窟'로도 불리는 丹田의 다른 명칭이다. 浮游는 상황에 따라 여유롭게 응대하는 것을 말한다. 俞琰(宋), 『周易參同契發揮』(四庫全書本) 참조.

**│25-39│** 어떤 이가 금단金丹에 대하여 물었다. 내가 대답하였다. "금(金: 쇠)은 지극히 단단하고 날카로운 것의 상象이다. 단丹은 붉은색으로 내가 적자(赤子: 갓난아이)임을 말한다. 연(煉: 단련)은 희로애락이 발동하는 곳이 화(火: 불)이다. 희로애락이 발동하는 것은 외물이 유도하고 당기는 것이 있기 때문인데, 이때 무겁고 가볍게, 차갑고 뜨겁게, 단련하여 이 마음이 단정하게 여기에 있어서 출입하지 않게 할 수 있으면 적자의 마음은 상실되지 않고 오래도록 순숙하게 된다. 이것이 곧 단이 이루어지는 것이다. 그러므로 '가난하고 비천한 처지와 근심스런 걱정거리들은 너를 옥玉으로 삼아 단련시켜서 완성하는 것이다'**9**, '마음을 경동시키고 성을 단련시켜서 해내지 못하던 역량을 늘린다'**10**라고 하였던 것이다. 이것이 곧 속세를 벗어나는 것이요, 이것이 신선으로 변하는 것의 실질이다. 그 이로운 점을 말하면, 모든 대응처에서 대상을 접하는 즉시 해결이 되고, 만고에 변하지 않고 만물이 떨어지지 않으며, 대인의 마음이 항상 갓난아이와 같아서 지식을 좇지 않고 순수한 기가 흩어지지 않는다. 따라서 수명을 늘리는 것이 여기에 있고, 성인으로 되

**│25-39│** 或問'金丹'. 曰: "金者至堅至利之象, 丹者赤也, 言吾赤子之人也. 煉者, 喜怒哀樂, 發動處是火也. 喜怒哀樂之發, 是有物牽引, 重重輕輕, 冷冷熱熱, 煆煉得此心端然在此, 不出不入, 則赤子之心不失, 久久純熟, 此便是丹成也. 故曰: '貧賤憂戚, 玉汝於成. 動心忍性, 增益不能.' 此便是出世, 此是飛昇冲擧之實. 謂其利者, 百凡應處, 迎之而解, 萬古不變, 萬物不離, 大人之心, 常如嬰兒, 知識不逐, 純氣不散, 則所以延年者在是, 所以

---

9 　가난하고 비천한 … 완성하는 것이다.:『近思錄』권2,「西銘」(張載).
10 　마음을 경동시키고 … 역량을 늘린다:『孟子』「告子下」.

는 것이 여기에 있다. 그러므로 '기를 전일하게 하여 유순함에 이르게 하기를 갓난아이와 같게 하고',[11] '청명한 덕이 몸에 있고, 지기志氣는 신령과 같아, 바라던 일이 장차 이르려 하면, 반드시 먼저 열어 줌이 있다'[12]라고 하였다. 기미를 아는 것이 여기에 있고, 하늘을 아는 것이 여기에 있다."

作聖者在是.  故曰: '專氣致柔如嬰兒, 淸明在躬,  志氣如神, 嗜欲將至, 有開必先.'  所以知幾者在是, 所以知天者在是."

**| 25-40 |** 태허 가운데 한 점 구름 같은 공적[13]은 과화過化이다. 쉬지 않고 힘써 진실한 상태를 견지함은 존신存神이다.[14] 자신이 마음을 두는 것에 사람들이 감화되어 변화되면, 그가 일을 행하는 곳도 교화된다. 일을 행한 곳이 교화되지 않았다면, 자신의 마음을 둠이 다른 사람들이 그로부터 감발을 받아 변화할 수 있는 상태가 아니기 때문이다. 마음을 두면 다른 사람들이 감발을 받아 변화하고, 일을 행하면 그곳 사람들이 교화되는 것은 천지의 교화와 같

**| 25-40 |** 太虛浮雲, 過化也.  乾乾不息於誠, 存神也. 存神則過化矣,  所過不化, 不存神也. 存神而過化, 所以與天地同流.

---

11  기를 전일하게 … 같게 하고: 『老子』(王弼本) 10장, "專氣致柔, 能嬰兒乎?"
12  청명한 덕이 … 열어 줌이 있다: 『禮記』「孔子閒居」.
13  태허 가운데 … 같은 공적: 『二程遺書』卷3에 "太山爲高矣, 然太山頂上已不屬太山; 雖堯舜之事, 亦只是如太虛中一點浮雲過目."이라고 하였다. 사회에서 태산처럼 큰 공적을 행하는 것이 천지의 차원에서 보면 눈에 스치고 지나가는 한 점 구름처럼 작은 일에 불과함을 뜻한다.
14  과화(過化)와 존신(存神): 『孟子』「盡心上」에 "夫君子, 所過者化, 所存者神, 上下與天地同流, 豈曰小補之哉?"라고 하였다. 過化는 성인이 사업을 행하여 교화시키면 그곳의 사람들이 교화되는 것을 말한다. 存神은 성인이 사업을 직접 행하지 않더라도 자신의 마음을 쓰는 것에 따라 사람들이 감화받아 교화되는 것을 말한다.

이하는 것이다.

|25-41| 이 몸 이외에 한 올 한 가닥 모두 장식물이다. 그러므로 몸에 밀접하게 붙어 있어 잠시도 떨어질 수 없는 것은 빈천이다. 얻기도 하고 잃기도 하는 것은 부귀이다. 떨어질 수 없는 것에 대하여 반드시 떨어지기를 구하고, 보전할 수 없는 것에 대하여 반드시 얻고자 하는 것, 이것이 평생 힘들게 골몰하면서 결국 악에 귀착되는 이유이다.

|25-42| 삼대에 사람들을 교화할 때, 50세가 안 된 사람은 비단옷을 입을 수 없고, 70세가 안 된 사람은 고기를 먹을 수 없었다.[15] 이 때문에 천하 사람들이 누구도 흰 관[素縞]을 쓰지 않는 사람이 없었던 것이다.[16] 지금은 갓난아이 때부터 맛있는 음식을 먹고 화려한 옷을 입게 한다. 어찌 옛사람들이 생명을 아끼고 보양하던 도리를 알겠는가? 불교에서 살생을 금지하여 그 무리들이 고기를 쓰지 않고 비단 옷을 입지 않는 것은 취지가 바로 이와 같다. 천하

|25-41| 此身之外, 一絲一縷皆裝綴. 故緊隨身不可須臾離者, 貧賤也. 或得或失者, 富貴也. 於其不可離者, 必求離之, 於其不可保者, 必欲得之, 此所以終身役役, 卒歸於惡也.

|25-42| 三代教人, 年未五十者, 不可衣帛, 未七十者, 不得食肉, 是天下莫非素縞也. 今自嬰兒時便厚味華衣, 豈知古人愛養生命之道. 佛法戒殺, 其徒不腥不錦, 意正如此. 若得天下如此風味, 便

---

15  50세가 안 된 … 수 없었다: 『孟子』「梁惠王上」, "五畝之宅, 樹之以桑, 五十者可以衣帛矣; 雞豚狗彘之畜, 無失其時, 七十者可以食肉矣."
16  이 때문에 … 없었던 것이다: 素縞는 大祥 때 쓰는 누이지 않은 베로 짠 관이다.(『禮記』「間傳」) 곧 슬픔의 도리를 다하여 喪을 마친 것을 말한다.

명경 근재 주득지 선생

가 이러한 기풍의 맛을 알 수 있게만 한다면, 허다한 재화를 줄이고 여러 풍요를 가져서 욕심내고 다투는 것을 그쳐 한량없이 좋은 것과 화락하고 화평한 기풍을 금방 볼 수 있을 것이다. 그러나 애석하게도 욕정이 무겁고 성하여 따르지 못한다.

**| 25-43 |** 고대의 성인이 설을 세우고 가르침을 준 내용들은 종지가 같지 않고 상황에 맞추어 가르침을 세운 것이지만, 이 성性을 정밀하게 밝힌 것이다. 요와 순이 '중(中: 치우침이 없음)'이라고 한 것에 대하여, 탕과 문왕은 '경(敬: 전일함)'을 말하였다. 대개 중中은 모호한 부분이 있어 양쪽 다 옳게 여기는 병폐를 낳을 수 있기 때문에 경敬으로 중中을 삼아서 사람들을 환기시켜 항상 깨어 있게 한 것이다. 경敬은 의도를 가지는 것에 빠지기 쉽기 때문에 공자는 '인(仁: 친애함)'을 말하였다. 인仁은 절제함이 없기 쉽기 때문에 맹자는 '인의(仁義: 친애하고 공경함)'를 말하였다. 인의仁義는 가장하기 쉽기 때문에 주자(周子: 周敦頤)는 '성(誠: 진실함)'을 말하였다. 성誠의 상태는 곧 본체로 사려와 작위가 없는 것이다. 사람들이 알기 쉽지 않으면 함부로 거리낌 없이 말하는 폐단에 빠지기 때문에 정자는 다시 경敬으로 종지를 삼았다. 경敬이 점차 지식이 얕아지는 폐단에 빠졌기 때문에 주자가 치지(致知: 앎을 철저히 함)로 보충하였

省許多貨財, 便有許多豊裕, 息貪息爭, 無限好處, 雍熙之風, 指日可見. 惜乎欲重情勝, 而不能從也.

**| 25-43 |** 往古聖人, 立言垂訓, 宗旨不同, 只是因時立教, 精明此性耳. 堯, 舜曰'中', 湯·文曰'敬', 蓋以中有糊塗之景, 將生兩可之病, 故以敬爲中, 提省人, 使之常惺惺也. 敬則易流於有意, 故孔子曰'仁'. 仁易無斷, 故孟子曰'仁義'. 仁義流而爲假仁襲義, 故周子曰'誠'. 誠之景, 乃本體無思無爲者也. 人不易明, 將流於評直, 故程子復以敬爲宗. 敬漸流於孤陋, 故朱子以致知補之. 致知漸流

다. 치지(致知)가 점차 번쇄한 병폐에 빠졌기 때문에 선사(先師: 양명)가 문견(聞見: 외부에서 얻은 지식)과 양지(良知: 본래 갖추어진 지식)를 구별하여 밝혀서 오직 양지良知를 들어 종지로 삼았다. 천고 성학聖學의 요지와, 천지귀신의 관건은 양지良知 두 글자가 다 담고 있다.

| 25-44 | 세계가 분화되지 않은 혼돈에서 개벽하였다는 설은 역시 억측이다. 하루 주야의 어둠과 밝음이 바뀌는 사이에서도 곧 알 수 있다. 술해(戌亥: 하루가 끝나는 7~11시)의 때에 과연 사람이 사라지고 만물이 다 소멸하는가? 다만 옛날부터 지금에 이르기까지 생기生氣가 점점 촉급해져 순수한 기가 줄어들고 술수가 깊어져서 끝내 옛날에 비할 바가 아니다.

| 25-45 | 어떤 이가 물었다. "사물에 크고 작은 차이가 있어 응대할 때 취하고 버리는 일이 없을 수 없다."

이것은 바로 이익을 추구하는 마음이다. 4천 필의 말과 만종萬鍾의 봉록을 받거나 주는 것이 한 생각에 있다. 대중은 일에서 파악하기 때문에 크고 작은 것이 있다. 성인은 도리어 생각을 일으키는 곳에서 파악하기 때문에 일이 크고 작은 것은 따지지 않고 한 생각이라도 불안하면 곧 차마 행하지 않는다. 남에게 내가 행할 만한 선이 없으면, 악을 행해서 안 될 뿐

於支離, 故先師辨明聞見與良知, 特揭良知爲宗. 千古聖學之要, 天地鬼神之機, 良知二字盡之矣.

| 25-44 | 混沌開闢之說, 亦是懸度, 只是就一日晝夜昏明之間, 便可見戌亥時, 果人消物盡乎? 但自古至今, 生氣漸促, 其醇氣之耗, 智巧之深, 終非古比.

| 25-45 | 或問"事物有大小, 應之不能無取舍".

此正是功利之心, 千駟萬鍾之取予, 一念也. 衆人在事上見, 故有大小; 聖人却只在發念處見, 故不論事物之大小, 一念不安, 卽不忍爲. 人無善可爲, 只不可

이다. 사심을 가지고 선을 행하면, 선 또한 악이다. 爲惡, 有心爲善, 善亦惡也.

## 『서천(西川: 尤时熙)이 들은 것을 기록한 것』

『尤西川紀聞』

| 25-46 | 근재近齋가 설명하였다. "양명이 처음에 사람들에게 천리를 보존하고 인욕을 제거할 것을 가르쳤다. 다른 날 문인에게 '천리가 무엇인가?'라고 물었다. 문인이 그 뜻을 묻기를 청하자, '마음의 양지가 이것이다'라고 하였다. 다른 날 또 양명이 '무엇이 양지인가?'라고 물었다. 문인이 그 뜻을 묻기를 청하자, 양명은 '시비를 가리는 마음이 이것이다'라고 하였다."

| 25-46 | 近齋說: "陽明始敎人存天理, 去人欲. 他日謂門人曰: '何謂天理?' 門人請問, 曰: '心之良知是也.' 他日又曰: '何謂良知?' 門人請問, 曰: '是非之心是也.'"

| 25-47 | 근재近齋가 말하였다. "양명은 '여러 붕우들이 수천 리 밖에서 오니, 사람들은 모두 붕우들에게 보탬이 되는 것이 나에게 있다고 여기지만, 나는 스스로 내가 붕우들로부터 이익을 얻는 것이 많음을 느낀다'라고 하였다. 양명은 또 '나는 붕우들이 강구하고 집취하는 것을 전부 얻는다. 이곳에서 날마다 정밀해지고 밝아짐을 느끼는 이유이다. 만일 하루나 이틀이라도 붕우가 없으면 지기志氣가 곧 만족해하여 곧 게으르고 태만해지는 습관이 도로 생겨남을 느낀다'라고 하였다."

| 25-47 | 近齋言: "陽明云: '諸友皆數千里外來, 人皆謂我有益於朋友, 我自覺我取朋友之益爲多.' 又云: '我全得朋友講聚, 所以此中日覺精明, 若一二日無朋友, 志氣便覺自滿, 便覺怠惰之習復生.'"

근재가 또 설명하였다. "양명은 사람을 만나기만 하면 곧 강학하였는데 문인이 의심하였다. 양명은 탄식하면서 '나는 지금 비유하면 식당과 비슷하다. 손님이 들르면 음식을 먹고 안 먹고는 모두 손님에게 맡기지만, 응당 먹는 사람이 있을 것이다'라고 하였다."

**｜25-48｜** 근재近齋가 말하였다. "양명이 남경에 머물 때, 양명과 사적으로 원한이 있는 사람이 있었다. 무고하여 관에 고발하였는데 극도로 양명을 비난하였다. 양명이 처음에 상당히 화를 내었지만 곧바로 반성하여 '이것은 지나칠 수 없다'라고 말하였다. 책을 덮고 자신을 돌이켜 보면서 심기가 화평해지기를 기다려 다시 펼쳐 보았다. 또 화가 나자 다시 책을 덮고 자신을 돌이켜 보았다. 오래 그렇게 하자 참으로 회오리바람이나 이슬처럼 조금도 쌓인 것이 없었다. 그 뒤로 비록 크게 훼방하는 일이나 큰 이해다툼이 있어도 모두 동요되지 않았다. 학생들에게 일찍이 일러 주기를 '군자의 학문은 자신에게 있는 것을 힘써 구하는 것일 뿐이다. 훼방과 칭찬, 영예와 모욕이 찾아오는 것은 마음을 동요시키는 것이 아닐 뿐만 아니라, 그것을 이용하여 자신을 단련하는 기회로 삼는다. 그러므로 군자는 어디를 가도 얻지 않음이 없다. 바로 어디를 가도 학문이 아님이 없기 때문이다'라고 하였다."

又說: "陽明逢人便與講學, 門人疑之. 歎曰: '我如今譬如一箇食館相似, 有客過此, 喫與不喫, 都讓他一讓, 當有喫者.'"

**｜25-48｜** 近齋曰: "陽明在南都時, 有私怨陽明者, 誣奏極其醜詆. 始見頗怒, 旋自省曰: '此不得放過.' 掩卷自反, 俟其心平氣和再展看. 又怒, 又掩卷自反. 久之眞如飄風浮靄, 略無芥帶. 是後雖有大毁謗, 大利害, 皆不爲動. 嘗告學者曰: '君子之學, 務求在己而已, 毁譽榮辱之來, 非惟不以動其心, 且資之以爲切磋砥礪之地, 故君子無入而不自得, 正以無入而非學也.'"

| 25-49 | 근재近齋가 설명하였다. "양명은 자신의 생각대로 하지 않고 다른 사람을 잘 쓴다. 다른 사람에게 조금의 재주만 있어도 놓치지 않고 쓴다. 그러므로 기도하는 것마다 공을 이룬다."

| 25-49 | 近齋說: "陽明不自用, 善用人. 人有一分才也, 用了再不錯, 故所向成功."

| 25-50 | 근재近齋가 말하였다. "예전에 선생을 모시고 있을 때, 한 친구가 스스로 '공부가 끝이 나지 않음을 느낍니다. 인욕이 천리를 단절시키는데 어쩔 도리가 없습니다'라고 말하였다. 선생은 '너의 말대로라면 공부가 참으로 잘 되고 있는 것이다. 어떻게 끝이 나지 않는다고 말하는가? 나는 네가 천리로 인욕을 단절시킬까 염려된다'라고 하였다. 그 친구는 망연자실하였다."

| 25-50 | 近齋曰: "昔侍先師, 一友自言: '覺功夫不濟, 無奈人欲間斷天理何?' 師曰: '若如汝言, 功夫儘好了, 如何說不濟, 我只怕你是天理間斷人欲耳.' 其友茫然."

| 25-51 | 근재近齋가 '격물格物'의 '격格'에 대하여 해명하였는데, 양명의 설과 큰 뜻에서는 다르지 않았지만 글자에 대한 설명에서 조금 달랐다. 내가 물었다. "양명에게 나아가 질정해 보았습니까?" 근재가 탄식하며 말하였다. "질정하지 못한 것은 평생 아쉬운 부분입니다."

| 25-51 | 近齋解格物之格, 與陽明大指不殊, 而字說稍異. 予問: "曾就正否?" 近齋歎曰: "此終天之恨也."

| 25-52 | 하루는 근재近齋와 더불어 밤에 앉아 있었는데, 내가 "양명 선생의 설을 따르는 것이 별다른 것이 없습니다."라고 하자, 근재가 말하였다. "별다른 것이 없지요."

| 25-52 | 一日與近齋夜坐, 予曰: "由先生說沒有甚麼." 曰: "沒有甚麼呀!"

| 25-53 | 근재近齋가 말하였다. "정미한 부분이나 추솔한 부분이 하나의 리理이다. 정미한 부분에서 노력을 가한다." 다른 날 비슷한 말을 하자 "본래 정미한 것과 추솔한 것이 없다."라고 하였다.

| 25-54 | 근재가 말하였다. "삼 년 전 머무를 곳을 아는 것이 근저를 통투하게 하는 것이 되고, 성학 공부의 법도가 됨을 깨달았다. 근래 6월 중에 병으로 앓아누워 있으면서, 선배들이 지나치고 모자란 것과 중(中: 적절함)을 말한 것이 모두 한가한 말로, 본분의 소재에 대하여 반드시 알아야만 그런 뒤에 지나치고 모자란 것과 중의 지점을 살필 수 있음을 알았다. 본분에서 응당 중이 되는 것을 행하는 것이 무위(無爲: 작위가 없는 것)이다. 해서는 안 되는 것을 하는 것은 지나친 것이요, 유위(有爲: 작위로 하는 것)이다. 해야 하는데 하지 않는 것이 곧 모자란 것이요, 곧 유위이다."

| 25-53 | 近齋曰: "精粗一理, 精上用功." 他日舉似, 則曰: "本無精粗."

| 25-54 | 近齋曰: "三年前悟知止爲徹底, 爲聖功之準. 近六月中病臥, 忽覺前輩言過不及與中, 皆是汗浸之言, 必須知分之所在, 然後可以考其過不及與中之所在. 爲其分之所當爲中也, 無爲也. 不當爲而爲者, 便是過, 便是有爲; 至於當爲而不爲, 便是不及, 便是有爲."

# 공절 눌계 주이 선생

| 25-55 | 주이周怡는 자가 순지順之, 호가 눌계訥谿로 선주(宣州: 安徽 宣城) 태평太平 사람이다. 가정嘉靖 무술(1538)년에 진사에 급제하였다. 순덕順德추관推官에 임명되었다가 조정에 들어가 이과급사중吏科給事中이 되었다. 소를 올려 재상 엄숭嚴嵩을 탄핵하고, 또 "폐하께서 날마다 기도하는 제사에 힘쓰지만 사방에 홍수와 가뭄이 더욱 심합니다."라고 하였다. 정장廷杖을 당하고 금의위錦衣衛 옥에 갇혀 3년을 지냈다. 황제가 기신箕神의 말을 듣고 선생과 곡산(斛山: 楊爵), 청천(晴川: 劉魁) 등 세 사람을 석방하였다. 한 달이 안 되어 황제가 기신을 위해 대臺를 조성하자, 태재太宰 웅협熊浹이 조성해서는 안 됨을 극력 간언하였다. 황제가 노하여 웅협을 파직하고, 세 사람을 다시 체포하여 하옥시켰다. 그렇게 2년이 지나서 내전內殿에 화재가 발생하였는데 황제가 불 속에서 귀신이

| 25-55 | 周怡字順之, 號訥谿, 宣州太平人. 嘉靖戊戌進士. 授順德推官, 入爲吏科給事中. 上疏劾相嵩, 且言: "陛下日事禱祀, 而四方水旱愈甚." 杖闕下, 繫錦衣衛獄, 歷三年. 上用箕神之言, 釋先生與楊斛山, 劉晴川三人. 未彌月, 上爲箕神造臺, 太宰熊浹極言不可, 上怒, 罷浹, 而復逮三人獄中. 又歷兩年, 內殿災, 上於火光

명유학안 권25, 남중왕문학안 1

세 사람을 석방하라고 말하는 것을 어렴풋이 들었다. 이 때문에 석방될 수 있었다. 집에서 19년을 지냈다. 목종穆宗이 즉위하자 태상소경太常少卿에 기용되었다. 황제에게 올린 봉사에서 비판이 내시에 미치자 산동첨사山東僉事로 좌천되었다가 남경사업南京司業으로 전직되었고, 다시 태상소경으로 복직되었다. 융경隆慶 3년(1569) 10월 집에서 생을 마쳤다. 향년 64세였다. 일찍부터 동곽(東廓: 鄒守益), 용계(龍溪: 王畿)를 스승으로 모셨고, 『전습록傳習錄』으로부터 몸소 체인하여 힘써 실천하였다. 해내에 무릇 왕양명의 학자로 이름을 올린 사람들이 천 리 먼 길을 꺼리지 않고 선생에게 인증을 받기를 청하였다. 실질이 없는 담론을 펴는 것을 좋아하지 않았다. 이른바 절의節義를 지켜 도에 이른 사람이다.

## 『서천(西川: 尤时熙)이 들은 것을 기록한 것』

| 25-56 | 눌계가 설명하였다. "양명이 하루는 일찍 일어나 하늘을 보고 일을 벌이려고 하였다가 곧바로 깨닫고 말하기를 '사람들이 비를 바라고 있는데 나는 하늘이 맑기를 바랐구나'라고 하였다. 그 반성하는 것이 이와 같았다."

中, 恍惚聞神語令釋三人者, 於是得釋. 家居十九年. 穆宗登極, 起太常少卿. 所上封事, 刺及內侍, 出爲山東僉事, 轉南京司業, 復入爲太常. 隆慶三年十月, 卒於家. 年六十四. 早歲師事東廓, 龍溪, 於『傳習錄』身體而力行之. 海內凡名王氏學者, 不遠千里, 求其印證. 不喜爲無實之談, 所謂節義而至於道者也.

## 『尤西川紀聞』

| 25-56 | 訥谿說: "陽明一日早起看天, 欲有事, 卽自覺曰: '人方望雨, 我乃欲天晴.' 其省如此."

| 25-57 | 눌계가 설명하였다. "동곽(東廓: 鄒守益)이 서울(남경)에서 강학할 때 한 선비가 그를 꾸짖어 '지금 강학하는 사람들은 모두 요堯의 복장을 하고 요의 말을 외우면서 행동은 걸桀의 행동을 하는 사람들이다'라고 하였다. 동곽이 '당신의 말대로 하는 사람이 물론 있다. 그러나 걸의 옷을 입고 걸의 말을 외면서 요의 행동을 하는 사람은 이제껏 들어 보지 못하였다. 만일 요의 행동을 하는 사람을 얻고자 한다면 반드시 요의 옷을 입고 요의 말을 외는 사람 중에서 찾아야 한다. 게다가 요의 옷을 입지 않고 요의 말을 외지 않는데, 요의 행동을 하는 사람이 어디 있겠는가?'라고 하였다. 선비가 부끄러워하며 받아들였다."

| 25-58 | 눌계가 사훈司訓 소서림邵西林에게 말했다. "당신은 선비들이 가르침에 따르지 않는 것이 화나는가? 강을 건너는 것에 비유하면, 여행객이 건너고자 소리치면 뱃사공이 배를 나루에 대고 뱃삯을 받고 가능한 사람을 택해서 싣는다. 만일 강기슭에 배가 멋대로 있고 여행객을 돌아보지 않는다면, 뱃사공을 찾는 것을 어찌 그만둘 수 있겠는가? 무릇 가르치는 것에 게으르면 배우는 것을 싫어하는 것이네."

| 25-57 | 訥谿說: "東廓講學京師, 一士人誚之曰: '今之講學者, 皆服堯之服, 誦堯之言, 行桀之行者也.' 東廓曰: '如子所言, 固亦有之. 然未聞服桀之服, 誦桀之言, 而行堯之行者也. 如欲得行堯之行者, 須於服堯之服, 誦堯之言者求之. 且不服堯之服, 不誦堯之言, 又惡在其行堯之行也?' 士人愧服."

| 25-58 | 訥谿謂司訓邵西林曰: "子憤士之不率教乎? 譬諸津濟, 遊人喧渡, 則長年三老, 艤舟受直, 擇可而載. 若野岸舟橫, 客行不顧, 則招招舟子, 豈容自已? 凡教倦卽是學厭."

|25-59| 서천西川이 공부하는 것에 대해 묻자, "마음을 신실하게 하라."라고 하였다.

|25-60| 생각하는 것이 자신의 지위를 벗어나지 않는 것은 그 법도를 넘지 않는 것이다.

|25-61| 선비 중에 잘못된 행동을 고친 사람이 있었다. 서천이 "처음 생각에 미처 진실하지 못했던 것이다."라고 하자, (눌계가) "그렇지 않다. '성인도 선을 행하는 것에 생각을 두지 않으면 어긋난 일을 행한다.'[1] 군자와 소인이 어떻게 항상 고정됨이 있겠는가?"라고 하였다.

|25-62| 이 세상에서 여러분이 없었다면 무리가 없이 홀로 됨을 면치 못하였을 것이다.

## 옥중에서의 대화

|25-63| 주이 선생이 죄로 하옥되었다. 손에는 수갑을, 다리에는 족쇄를 차고 지내며, 날마다 여러 사람이 감시하였다. 선생이 탄식하며 "내가 지금에야 비로소 검속하는 것에 대하

|25-59| 西川問學, 曰: "信心."

|25-60| 思不出位, 是不過其則.

|25-61| 士有改行者, 西川謂"初念未眞". 曰: "不然, 惟聖罔念作狂, 君子小人, 何常之有?"

|25-62| 當此世界, 若無二三子, 未免孤立無徒.

## 囚對

|25-63| 周子被罪下獄, 手有梏, 足有鐐, 坐臥有匣, 日有數人監之, 喟然曰:

---

1  성인도 선을 … 일을 행한다:『尙書』「多方」.

여 알겠다. 손에 수갑이 있으니 공손해지고 다리에 족쇄가 있으니 진중해진다. 눕거나 앉거나 감옥에 있으니 감히 함부로 행동하지 않는다. 감시하는 사람이 많으니 감히 함부로 말을 하지 않는다. 다닐 때 족쇄가 있으니 빠르고 느린 것이 절도에 맞는다. 내가 지금에야 비로소 검속할 줄 알겠다."라고 하였다.

"余今而始知檢也. 手有梏則恭, 足有鐐則重, 臥坐有匣則不敢以妄動, 監之衆則不敢以妄言, 行有鐐則疾徐有節, 余今而始知檢也."

# 제학 방산 설응기 선생

提學薛方山先生應旂

| 25-64 | 설응기薛應旂는 호가 방산方山으로 무진(武進: 江蘇 常州) 사람이다. 가정嘉靖 을미(1535)년에 진사에 급제하였다. 지자계현知慈谿縣을 지내다, 남경고공낭중南京考功郎中으로 옮겼고, 절강제학부사浙江提學副使로 승진하였다. 감식안이 매우 정밀하였다. 자계慈谿 사람들을 시험하면서, 상정向程의 답안지를 보고서 "이번에 장원이 될 것이다."라고 하였다. 그러나 여요餘姚 사람들을 시험하면서 제대규諸大圭의 답안지를 보고 상정向程에게 말하였다. "당신이 장원이 아닐 것이다. 대규가 있다." 과연 그 말대로 되었다.

선생이 남경고공낭중南京考功郎中을 지낼 때, 용계(龍溪: 王畿)를 찰전察典[1]에 두었다. 논하는 이들은 귀계(貴溪: 夏言)를 맞이할 것을 주장하

| 25-64 | 薛應旂號方山, 武進人. 嘉靖乙未進士. 知慈谿縣, 轉南考功, 陞浙江提學副使. 其鑒識甚精, 試慈谿, 得向程卷曰: "今科元也." 及試餘姚, 得諸大圭卷, 謂向程曰:"子非元矣, 有大圭在." 已果如其言.

先生爲考功時, 實龍溪於察典, 論者以爲逢迎貴溪. 其實

---

1    찰전(察典): 관리의 행실을 고핵하는 규정 또는 직위.

였다. 사실 용계는 언행이 일치하지 않았기 때문에 선생이 대개 용계를 빌려서 학술을 바로 잡고자 한 것이다. 선생은 남야(南野: 歐陽德)의 문하에 나아간 적이 있지만, 당시 여러 학자들이 선생을 양명 계열의 학자로 거론하는 것을 용인하지 않았던 것은 이 사안 때문이다. 그러나 동림東林의 학문은 돌아보면 여기에서 발원한다. 어찌 덮어 없앨 수 있겠는가?

## 『방산(方山) 설응기(薛應旂)의 기술』

**|25-65|** 옛날의 학자는 지(知: 아는 것)가 곧 행(行: 실행하는 것)이 되었고, 일이 곧 공부였다. 지금의 학자는 행을 떠나서 지를 말하고, 일을 떠나서 공부를 말한다. 한 생각에서도 감히 자신을 용서하지 않는 것 이것을 수양이 되었다[修]라고 하고, 한마디 말도 감히 임의로 기준 없이 말하지 않는 것 이것을 정직하다[直]라고 하고, 조그만 사안에서도 함부로 자신을 더럽히지 않는 것 이것을 청렴하다[廉]라고 한다.

**|25-66|** 기氣는 천지와 만물을 운행하는 것이다. 맑은 것이 있으면 탁한 것이 있고, 짙은 것이 있으면 옅은 것이 있다. 막히면 변하고, 변하면 통한다. 그러므로 한 번 다스려지고 한 번 어지러워지는 것은 모두 하루에 쌓인 것이 아니다.

龍溪言行不掩, 先生蓋借龍溪以正學術也. 先生嘗及南野之門, 而一時諸儒, 不許其名王氏學者, 以此節也. 然東林之學, 顧導源於此, 豈可沒哉!

## 『薛方山紀述』

**|25-65|** 古之學者, 知即爲行, 事即爲學. 今之學者, 離行言知, 外事言學. 一念不敢自恕, 斯可謂之修; 一語不敢苟徇, 斯可謂之直; 一介不敢自汙, 斯可謂之廉.

**|25-66|** 氣者所以運乎天地萬物者也. 有淸則有濁, 有厚則有薄, 窮則變, 變則通, 故一治一亂, 皆非一日之積也.

| 25-67 | 성인이 천명을 제어하고, 현자는 천명을 편안히 여기며, 어리석은 사람들은 천명을 거스른다.

| 25-68 | 만물이 모두 나에게 갖추어져 있다. 사물을 내가 아니라고 여겨서는 안 된다. 그러나 나에 대한 의식을 가지고 있으면 사(私: 사사로움)가 된다. 만물은 모두 마음에 갖추어져 있다. 마음에 사물이 없다고 여겨서는 안 된다. 그러나 마음에 사물에 대한 의식이 있으면 얽매인다.

| 25-69 | 음양의 기는 응결되는 것은 암석이 되고 흐르는 것은 물이 된다. 응결되는 것은 변하는 것이 없으니 오상五常 가운데 신(信: 신실함)이다. 흐르는 것은 막힘이 없으니 지(智: 지혜로움)이다. 공자는 완고하여 막힌 것을 미워하였고, 맹자는 막아서 거스르는 것을 비난하였다. 신信이 확립되어 통하면 막히지 않고, 지智가 운용되어 바르면 거스르지 않는다.

| 25-70 | 음양의 획은 상象이다. 그 획을 만나는 것은 변(變: 변화)이다. '잠룡물용(潛龍勿用: 물에 잠겨 있는 용이니 쓰지 말라)'[2]은 (효와 괘의) 사

| 25-67 | 聖人制命, 賢者安焉, 不肖者逆焉.

| 25-68 | 萬物皆備於我, 不可以物爲非我也, 然而有我則私矣. 萬物皆具於心, 不可以心爲無物也, 然而有物則滯矣.

| 25-69 | 陰陽之氣, 凝者爲石, 流者爲水. 凝者無變, 信也; 流者無滯, 智也. 孔惡其硜窒也, 孟非其激逆也. 信立而通則不窒矣, 智運而正則不逆矣.

| 25-70 | 畫者象也, 值其畫者變也. 潛龍勿用者辭也, 用其

---

2    잠룡물용(潛龍勿用): 乾卦 初九의 爻辭.

(辭: 말)이다. 그 사辭를 사용하는 것은 점占이다. 이 뜻이 명확하지 않으면 견강부회함이 이르지 않는 것이 없다.

辭者占也. 斯義不明, 附會無不至矣.

|25-71| 시대가 융성하고 타락하는 것과 백성이 편안하고 근심하는 것은 그 기미처가 어디에 있는가? 사풍士風이 바른가 바르지 않은가에 있다.

|25-71| 時之汙隆, 民之休戚, 其幾安在哉? 存乎士風之直與佞耳.

|25-72| 잘못을 고치면 잘하는 것을 길러 주게 된다. 가난을 달게 여기면 쓰는 것이 넉넉해진다.

|25-72| 改過則長善矣, 甘貧則足用矣.

|25-73| 잘 다스려지는 시대의 교육은 위에서 주관하기 때문에 덕이 하나가 되고 풍속이 같아진다. 혼란한 시대의 교육은 아래에서 주관하기 때문에 덕이 여럿이 되고 풍속도 달라진다.

|25-73| 治世之教也, 上主之, 故德一而俗同. 季世之教也, 下主之, 故德二三而俗異.

|25-74| 의리에 부합하면 예禮마다 모두 세상을 다스릴 수 있어, 예가 반드시 선왕에서 나올 필요는 없다. 이치에 통달하면 말마다 모두 사물을 설명할 수 있어, 반드시 전고를 대서 설명할 필요가 없다.

|25-74| 義協則禮皆可以經世, 不必出於先王; 理達則言皆可以喻物, 不必授之故典.

|25-75| 설문청(薛文淸: 薛瑄)이 대리시소경大理寺少卿을 맡은 것은 왕진王振이 끌어들인 것이

|25-75| 薛文淸之佐大理, 王振引之

다. 당시에 사양하고 맡지 않았다면 왕진과 맞서다 화를 당한 것보다 어찌 더 낫지 않았겠는가?[3] 이것은 최후거(崔後渠: 崔銑)가 꿈속에서 들은 말이다.

| 25-76 | 옛날 제후들에는 천자의 별자(別子: 적장자가 아닌 衆子)를 계승하는 후손이 많았다. 그러므로 천자에게 위반하면서 시조始祖를 제사할 수 없었다. 대부는 제후의 예(禰: 선친)를 계승하는 후손이 많았다. 그러므로 제후에게 위반하면서 선조를 제사할 수 없었다. 한漢과 당唐 이래 이런 일이 없어졌다. 제도가 없어 의리로 예禮를 설치할 때, 조상에 대한 보답은 두텁게 하는 쪽을 따라서 해야 옳다. 오늘날 사대부의 가묘에서 미루어 시조를 제사하여도 무방하다.

| 25-77 | 옛날에는 간쟁에 전담하는 관직을 두지 않고, 천하의 공의(公議: 공공의 논의)를 천하 사람들에게 맡겨 천하의 누구도 말하게 하

也. 當時若辭而不往, 豈不愈於抗而得禍乎? 此崔後渠夢中所得之言.

| 25-76 | 古諸侯多天子繼別之支子, 故不得犯天子以祭始祖; 大夫多諸侯繼禰之支子, 故不得犯諸侯以祭先祖. 漢, 唐以來, 則無是矣. 禮以義起, 報宜從厚, 今士大夫之家廟, 雖推以祭始祖亦可也.

| 25-77 | 古者諫無官, 以天下之公議, 寄之天下之人, 使天

---

3　설문청(薛文淸)이 대리시소경(大理寺少卿)을 … 낫지 않았겠는가: 薛瑄은 1441년 大理寺少卿에 임명되었을 때, 司禮監이었던 王振이 자신의 세력을 부식시키기 위해 설선을 끌어들이고자 몇 차례 만나고자 하였지만, 설선이 모두 거절하였다. 또한 다른 관리들과 달리 王振을 만나면 跪拜를 하지 않고 拱手의 예만 갖추었다. 이후 王振의 조카인 王山과 관련된 獄案을 처리하다 탄핵당하여 하옥되었다가, 관직이 삭탈되어 귀향하였다. 1449년 獄案이 설선이 지적한 대로 해결되고 1450년 복관되었다. 『明史』 권282, 「儒林列傳·薛瑄」에 관련 내용이 나온다.

제학 방산 설응기 선생

였다. 이것이 융성하였던 이유이다.

下之人言之, 此其爲
盛也.

# 부사 외재 설갑 선생

副使薛畏齋先生甲

| 25-78 | 설갑(薛甲, 1498~1572)은 자가 응등應登, 호가 외재畏齋로 강음(江陰: 江蘇 江陰) 사람이다. 가정嘉靖 을축(乙丑: 1565)년 진사에 급제하여, 병과급사중兵科給事中에 임명되었다. 방사方士 소원절(邵元節, 1459~1539)을 탄핵하였다가, 호광포정사조마湖廣布政司照磨로 좌천되었다. 영파통판寧波通判, 보정동지保定同知, 그리고 사천四川과 공주贛州의 첨사僉事와 부사副使를 역임하였다. 재상 엄숭嚴嵩을 거슬렀다가 습유拾遺에서 면직되었다.

선생은 상산(象山: 陸九淵)과 양명陽明의 학문을 독실하게 신뢰하였다. 이치를 궁구하는 것[格物]은 앎을 다하는 것[致知]이고, 홀로 있을 때를 삼가는 것[愼獨]은 본심을 보존하여 기르는 것[存養]이고, 남을 이루어 주는 것[成物]은 자신을 이루는 것[成己]이고, 성질을 함부로 부리지 않는 것[無暴]은 동요하지 않고 뜻을 견지하는

| 25-78 | 薛甲字應登, 號畏齋, 江陰人也. 嘉靖乙丑進士. 授兵科給事中. 劾方士邵元節, 降湖廣布政司照磨. 歷寧波通判, 保定同知, 四川, 贛州僉事, 副使. 以忤相嵩, 拾遺免.

先生篤信象山陽明之學, 其言格物卽所以致知, 愼獨卽所以存養, 成物卽所以成己, 無暴卽所以持志, 與夫一在精中, 貫在一中, 約在博

것[持志]이라고 말한 것과, 전일하게 하는 것[一]이 정밀하게 살피는 것[精] 속에 있고, 관통하는 것[貫]이 하나로 삼는 것[一] 속에 있고, 요약하여 단속하는 것[約]이 널리 배우는 것[博] 속에 있고, 나의 생각을 미루어 남에게 똑같이 행하는 것[恕]이 자신을 진실하게 하는 것[忠] 속에 있다고 말한 것은 모두 지행합일知行合一의 취지로 이 학문이 평이하면서도 핵심을 쥐는 이유이다.

선생이 말하였다. "고금의 학술은 양명에 이르러 점차 밝아지고 명석해졌다. 다만 하늘이 수명을 늘려 주지 않아 이 양명공이 하나하나 분석하여 훈고訓詁의 의혹을 타파시킬 수 없었다. 그 때문에 학자들이 대략 알고 이해하였지만, 이 학문에 진입하려고 해도 들어갈 방도가 없었다. 내가 역량이 모자란 것을 생각하지 않고 망령되게 그 약점을 보완하고자 뜻을 두어, 들은 바를 모아서 한 책을 이루고 『심학연원心學淵源』이라고 이름을 붙였다. 바라건대 후대에 전해서 이 학문을 아는 사람이 판단해 주기를 기다린다."

내(황종희)가 살펴보건대, 양명의 격물은 내 마음이 본래부터 알고 있는 천리를 모든 일과 모든 사물에서 다 발휘하면, 모든 일과 사물이 그 천리를 얻는다는 것이다. 생각이 부모를 섬기는 것에 있으면, 내가 부모를 섬기는 것에 대하여 본래부터 알고 있는 것을 다 발휘하여,

中, 恕在忠中, 皆合一之旨, 此學之所以易簡也.

先生曰: "古今學術, 至於陽明漸爾昭融. 天不假年, 不能使此公縷析條分, 以破訓詁之惑, 用是學者雖略知領悟, 而入之無從. 區區不自量, 妄意欲補其缺, 會集所聞, 總成一書, 名曰『心學淵源』. 冀傳之來世, 以俟知者."

羲按, 陽明之格物, 謂致吾心良知之天理於事事物物, 則事事物物皆得其理. 意在於事親, 則致吾良知於事親之物, 去

부모를 섬기는 데 바르지 않은 것을 제거하고 바른 데로 귀결되게 한다. 부모를 섬길 때의 일들이 바르게 된 이후에 부모를 섬기는 양지가 지극해진다. 설선생의 격물은 사물과 '감통하는 것[感]'으로 '격格'의 의미를 삼았다. 사물과 감통하지 못하면 양지가 다 발휘되지 않은 것이다. 양명은 '바르게 한다[正]'로 '격格'을 풀이하고, 선생은 '감통한다[感]'로 풀이하였는데, 똑같이 문제점이 있다. 어째서 다른 경전을 가지고 논증하지 않는가?

생각[意]은 아는 것[知]으로 체(體: 중심)를 삼고 아는 것[知]은 사물을 체로 삼는다. 자신을 속임이 없는 것이 양지(良知)이다. 좋아하고 싫어하는 것이 사물이다. 좋아하고 싫어함이 자신에게 흡족하면, 양지를 남김없이 발휘하는 것이 사물에 이른다. 당 아래 지나가는 소를 차마 죽게 하지 못하는 것은 양지良知이다. 이 마음을 들어서 상대에게 적용하는 것은 지극히 발휘하는 것이 사물에 이르는 것이다. 대개 사물에 이르게 되면 이 양지는 전광석화電光石火에 비할 정도가 아니다. 이른바 "천하에 통용한다."는 것이다. 이것이 바로 남김 없이 발휘한다는 것의 방법으로 확충(擴充: 확대하여 가득 채움)과 같은 의미이다. '격格'은 '이른다[至]'의 뜻으로 풀이해야 한다. '신이 이른다'와 같은 의미이다. 두 선생이 '바르게 한다[正]'와 '감통한다[感]'라고 풀이한 것은 이것보다 하나 더 나

其事親之不正者, 以歸於正. 事親之物格, 而後事親之知至. 先生之格物, 以感物爲格, 不能感物, 是知之不致. 陽明以正訓格, 先生以感訓格, 均爲有病. 何不以他經證之?

意以知爲體, 知以物爲體. 毋自欺, 良知也; 好惡, 物也. 好惡至於自慊, 則致之至於物矣. 不忍堂下之牛, 良知也, 擧斯心而加諸彼, 則致之至於物矣. 蓋至於物, 則此知纔非石火電光, 所謂達之天下也. 此正致之之法, 與擴充同一義耳. 格當訓之爲至, 與神之格思同. 二先生言正言感, 反覺多此一轉. 所致者旣是良知, 又何患乎

부사 외재 설갑 선생

아간 것이다. 남김 없이 발휘하는 것이 이미 양지良知인데 바르지 못하거나 감통하지 못할 것을 어찌 걱정하겠는가?

## 문집

| 25-79 | 육자(陸子: 陸九淵)의 학문은 '먼저 그 대체를 확립한다'는 것에 있다. 주자의 학문은 '경을 견지하면서 리理를 궁구한다'는 것에 있다. 학자가 먼저 그 대체를 확립하는 마음을 보존하면서 주자의 공부에 힘쓴다면, 이른바 '경을 견지한다[居敬]'는 것은 본심에서 견지하는 것이 되고, 이른바 '리理를 궁구한다[窮理]'는 것은 마음에서 궁구하는 것이 된다. 따라서 주자와 육자는 합일되어 있다.

| 25-80 | 도를 논하는 사람은 정밀하고 상세해야 한다. 정밀하면 리理가 투명해지고, 상세하면 의미가 완전해진다. 예컨대, "오직 정밀하게 살피고 오직 전일하게 한다."는 한 구절은 거기에 다시 중(中: 치우침이 없음)을 세운다[1]는 것과 극(極: 표준)을 세운다[2]는 것, 하나로 관통한다[3]는 것과 본성은 선하다[4]는 것 등 여러

## 文集

| 25-79 | 陸子之學, 在'先立其大'; 朱子之學在, '居敬窮理'. 學者苟能存先立其大之心, 而務朱子之功, 則所謂居敬者, 居之心也, 所謂窮理者, 窮之心也, 則朱·陸合一矣.

| 25-80 | 論道者, 須精且詳. 精則理透, 詳則意完. 如惟精惟一之語, 更建中建極, 一貫性善, 數聖賢發明, 而理始徹. 豈非精耶?

不正不感乎?

---

1 　중(中: 치우침이 없음)을 세운다: 『中庸』 1장, "喜怒哀樂之未發謂之中, 發而皆中節謂之和. 中也者天下之大本也, 和也者天下之達道也. 致中和, 天地位焉, 萬物育焉."
2 　극(極: 표준)을 세운다: 『尙書』 「洪範」, '皇極' 부분.

성현이 밝혀서 명확히 하면서 리理가 철두철미해졌다. 어찌 정밀하게 살피는 것이 아니겠는가?

또한 육경六經에 근본을 두면서 사서四書로 보완하면 의미가 비로소 완전해진다. 따라서 정밀한 것과 상세한 것은 진실로 한쪽을 뺄 수 없다. 맹자 이후 천년이 지나서 상산(象山: 陸九淵)이 나왔고, 양명이 나왔으니 정밀해졌다고 할 수 있다. 그러나 수명이 길지 않아 저술을 통해 후대 사람들에게 보여 줄 시간을 가지지 못하였다. 비록 상세하게 설명하고 싶어도 할 수 없었다. 주자에 이르러 글자마다 논의하고 구절마다 따졌으니 상세하다고 할 수 있다. 그러나 『대학』을 고쳐서 '격물格物'을 사물의 리理를 궁구한다고 풀이하고, '집의集義'를 일마다 의(義: 옳은 것)에 부합하기를 구한다고 풀이하였다. 의義를 외부에서 엄습하여 취하는 것과 어찌 다르겠는가? 이 방식을 따라 구한다면, 비록 정밀하게 살피고자 하여도 될 수가 없다.

又本之以『六經』, 輔之以『四子』, 而意始完. 然則精與詳, 信乎不可缺一也. 若孟氏以後, 歷千年而有象山, 有陽明, 可爲精矣, 而享年不永, 不獲有所著述以示後人, 雖欲詳, 不可得也. 至於朱子, 字字而議, 句句而論, 可詳矣, 然改易『大學』, 而以格物爲窮物之理, 集義爲事事求合於義, 則與義襲而取者, 何以異耶? 循此而求之, 雖欲精亦不可得也.

---

3 하나로 관통한다: 『論語』「里仁」, "子曰: '參乎, 吾道一以貫之.' 曾子曰: '唯.' 子出, 門人問曰: '何謂也?' 曾子曰: '夫子之道, 忠恕而已矣.'"

4 본성은 선하다: 『孟子』「告子上」, "孟子曰: '乃若其情, 則可以爲善矣, 乃所謂善也. 若夫爲不善, 非才之罪也. 惻隱之心, 人皆有之; 羞惡之心, 人皆有之; 恭敬之心, 人皆有之; 是非之心, 人皆有之. 惻隱之心, 仁也; 羞惡之心, 義也; 恭敬之心, 禮也; 是非之心, 智也. 仁義禮智, 非由外鑠我也, 我固有之也. …'"

| 25-81 | 치지致知와 격물格物의 설은 부자가 증자에게 전하였는데, 증자가 자사子思에게 전하면서 '명선(明善: 선을 밝힘)'과 '성신(誠身: 자신을 진실하게 함)'의 논의가 나왔다. 이른바 명선明善은 곧 치지致知이다. 이른바 성신誠身은 곧 성의(誠意: 생각을 진실하게 함)이다. 비록 사물과 감통한다고 말하지 않았지만, 임금의 신임을 받아 백성을 다스리고, 부모가 기뻐하게 하고 붕우가 신뢰하게 하는 것이 그 징험된 곳이니 곧 격물格物이다.

자사가 맹자에게 전함에 이르러 맹자는 스승이 전한 것을 조술하면서 갖추어 말하였는데, "지극히 진실한데도 감동하지 않은 경우는 이제껏 없었다."라고 하였다. 격물이 사물과 감통한다는 뜻임이 환히 드러나 분명하다.【사물과 감통하지 못하는 것은 반드시 그 양지의 앎이 지극하지 못해, 발휘함에 미진한 바가 있기 때문이다. 따라서 맹자는 "남을 사랑하였는데 나를 친애하지 않는다면 나의 인(仁)을 되돌아보고, 남을 다스렸는데 다스려지지 않는다면 나의 지(智)를 되돌아보고, 남에게 예(禮)로 대하였는데 응답하지 않는다면 나의 공경함을 되돌아본다."라고 하였다. 되돌아보는 것은 남김 없이 다 발휘하는 것이다. 이것을 일러 "치지(致知)가 격물(格物)에 있다."고 하는 것이다.】

| 25-82 | 불교의 설은 사람들이 번뇌의 허물을 벗고 본심을 밝히게 하려는 것으로 그 의도

| 25-81 | 致知格物之說, 夫子傳之曾子, 曾子傳之子思, 而有'明善誠身' 之論. 所謂明善, 卽致知也; 所謂誠身, 卽誠意也. 雖不言感物, 然獲上治民, 悅親信友, 乃其驗處, 卽格物也.

至子思傳之孟子, 則述師傳而備言之, 而曰"至誠而不動, 未之有也." 則格物之爲感物, 彰彰明矣.【夫不能感物者, 必其知有未致, 致有未盡也. 故孟子曰: "愛人不親, 反其仁; 治人不治, 反其智; 禮人不答, 反其敬." 反之者, 致之也. 此之謂致知在格物.】

| 25-82 | 釋氏之說, 欲使人離垢明心, 其

가 선하지 않은 적이 없다. 그러나 마음이 곧 리理이고 리理가 일과 떨어져 있지 않다는 것을 모르고, 그 의도를 지나치게 적용해서 사물과 멀리 떨어져 본심을 찾으려 하기에 이르면, 형세상 반드시 성정性情을 위반하고 인륜人倫을 없애며 외부에서 엄습해서 취하는 모든 불법佛法을 행하게 될 것이요, 막연히 정情을 두지 않는 것을 본심으로 여기고, 중용中庸의 정미한 묘리에 대해서는 아득하여 아는 바가 없이 천지를 환망의 세계로 오인하며 인도(人道: 사람의 도리)를 끊는 것을 일삼을 것이다. 지혜로운 자는 그 취지를 근저에서 파악하여 통하게 하고 지나침이 심한 부분은 단속해서 중도에 귀결되게 해야 한다. 또한 돌아오면 곧 받아들인다는 취지이다.

**25-83** 어떤 이가 물었다. "존심(存心: 본심을 견지함)과 치지(致知: 양지를 남김없이 발휘함)는 구분이 있습니까?" 설갑이 대답하였다. "치지致知가 곧 그렇게 하여 존심存心하는 것이다."

意未嘗不善也. 然不知心卽是理, 理不離事, 而過用其意, 至欲遠離事物以求心, 則其勢必至於反性情, 滅人倫, 爲一切襲取之法, 認其所謂漠然無情者爲心, 至於中庸精微之妙, 茫無所知, 而誤以幻天地, 絶人道者爲事. 知者所宜原其意以通之, 而約其過甚者以歸於中, 亦歸斯受之之意也.

**25-83** 或問: "存心致知, 有分乎?" 曰: "致知乃以存心也."

# 명유학안 권26,
# 남중왕문학안2
明儒學案 卷二十六,
南中王門學案 二

# 양문 형천 당순지 선생

襄文唐荆川先生順之

|26-1| 당순지唐順之는 자가 응덕應德, 호가 형천荆川으로 무진(武進: 江蘇 常州) 사람이다. 가정嘉靖 기축년(1529) 회시에서 장원하였고, 무선주사武選主事에 임명되었다. 모친상을 치르고 기복되어 이부계훈사吏部稽勳司에 보임되고, 고공考功에 조용되었다가 『실록實錄』을 교정하는 일로 한림편수翰林編修로 옮겼다. 나봉(羅峰: 張璁)과 더불어 연을 쌓고 싶지 않아 물러나길 고하고 집에 돌아왔다. 나봉이 유감스럽게 여기자 이부의 원래 직책에서 치사(致仕: 완전히 퇴직함)하였다.

황태자가 세워져 태자의, 속관을, 선발하면서 춘방사간春坊司諫으로 기용되었다. 임금이 늘상 조회를 주관하지 않자, 선생이 염암(念菴: 羅洪先), 준곡(凌谷: 趙時春)과 더불어 정월 초하루에 황태자가 문화전文華殿으로 나와 백관들이 조현朝見하기를 요청하였다. 임금이 크게

|26-1| 唐順之字應德, 號荆川, 武進人也. 嘉靖己丑會試第一. 授武選主事. 丁內艱. 起補稽勳, 調考功, 以校對 『實錄』, 改翰林編修. 不欲與羅峰爲緣, 告歸. 羅峰恨之, 用吏部原職致仕.

皇太子立, 選宮僚, 起爲春坊司諫. 上常不御朝, 先生與念菴, 凌谷請於元日皇太子出文華殿, 百官朝見. 上大怒, 奪

분노하여 관직을 삭탈하고 평민이 되게 하였다.

동남 지역에 왜구가 난리를 피우자 선생이 시대의 고충에 통분하고, 담당자에게 방략을 일러 주었다. 담당자가 병법에 능한 사람으로 추천하여 남부거가주사南部車駕主事로 기용되었다가, 서울에 당도하기 전에 북부직방원외랑北部職方員外郎으로 바뀌었다. 선생이 서울에 이르자 곧 병부낭중兵部郎中으로 승진하여 변방의 국방 사무를 실사하고 이어서 절강浙江과 직예直隷를 시찰하였다. 선생은 '왜구를 막는 것은 응당 바다에서 대책을 세워야 한다, 국토 내륙에서 실없는 억측으로 대비해서 되겠는가?'라고 하고, 직접 대양에 배를 띄워 해로를 익힌 뒤, 숭명사(崇明沙: 上海 崇明)에서 적을 패퇴시켰다.

태복소경太僕少卿으로 승진하고, 우통정右通政이 되었다. 서울에 이르기 전에 첨도어사僉都御史에 발탁되어 회수淮水와 장강長江 일대를 순무하였다. 선생이 삼사三沙의 왜구를 공격하고 있었는데, 강북江北에서 급보를 알려오자 삼사를 총병摠兵 노당盧鐺에게 맡기고, 자신은 강북에서 적을 공격하여 요가탕(姚家蕩: 湖北 天門)에서 적을 패퇴시키고, 다시 묘만(廟灣: 廣東 珠海)에서 패퇴시켜, 적이 거의 준동할 수 없게 되

職爲民.

東南倭亂, 先生痛憤時艱, 指畫方略於當事, 當事以知兵薦之, 起南部車駕主事. 未上, 改北部職方員外. 先生至京, 卽陞本司郎中, 查勘邊務, 繼而視師浙, 直. 以爲禦島寇❶當在海外, 鯨背機宜, 豈可懸斷華屋之下? 身泛大洋, 以習海路, 敗賊於崇明沙.

陞太僕少卿, 右通政. 未上, 擢僉都御史, 巡撫淮, 揚. 先生方勦三沙賊, 江北告急, 乃以三沙付總兵盧鐺, 而擊賊於江北, 敗賊姚家蕩, 又敗賊廟灣, 幾不能軍. 先生復向三沙,

---

❶ 寇: 賈本에 '奋'로 되어 있다.

었다. 선생이 다시 삼사를 향하자, 적이 달아나 강북에 이르렀다. 선생이 급히 병사를 독려하여 장강을 건너 추격하자 왜적이 거의 평정되었다. 마침 회수와 장강 지역에 크게 흉년이 들어 수십만의 기민을 진휼하였다. 순행하는 휘하 일행이 태주에 이르러 배 안에서 별세하니, 경신년(1560) 4월 1일이었다. 향년 54세였다.

선생이 만년에 다시 출사한 것은 분의(分宜: 嚴嵩)의 요청에 따른 것이어서 비판하는 사람들이 많다. 선생은 본래 염암念菴과 상의한 적이 있었는데, 염암은 "이전에 관원 명부에 이름을 올린 적이 있으니, 당신의 몸은 이미 자신의 것이 아니다. 군사의 일로 나라의 어려움을 사양할 수 없는 때에 직면해서, 징사徵士,[1] 처사處士와 진퇴를 논하는 것은 공적인 자신을 사적으로 여기는 것이다. 형이 공부한 역량은 어디로 간 것인가?"라고 일러 주었다. 그러자 드디어 출사를 결단하였다. 귀산(龜山: 楊時)이 채경蔡京의 부름에 응하였을 때, 귀산은 징사徵士요 처사處士였다. 출처를 논하는 이들은 양시도 비판의 전거로 드는데, 하물며 선생에 대해서는 어떠하겠는가?

賊遁至江北. 先生急督兵過江蘗之, 賊漸平. 會淮, 揚大祲, 賑饑民數十萬. 行部至泰州, 卒於舟中, 庚申四月一日也. 年五十四.

先生晩年之出, 由於分宜, 故人多議之. 先生固嘗謀之念菴, 念菴謂: "向嘗隸名仕籍, 此身已非己有, 當軍旅不得辭難之日, 與徵士處士論進止, 是私此身也. 兄之學力安在?" 於是遂決. 龜山應蔡京之召, 龜山徵士處士也, 論者尙且原之, 況於先生乎?

---

1    징사(徵士): 조정의 부름을 받았지만 출사를 거절하고 布衣로 살아가는 선비를 말한다.

|26-2| 처음에 공동(空同: 李夢陽)의 시문을 좋아하여 편마다 외우고, 글을 쓰면 공동을 본떠 조탁하였다. 왕도사(王道思: 王愼中)²가 이를 보고 탄식하며 "문장에는 문장대로 정법안장正法眼藏³이 있는데, 어째서 표피적인 것을 모방하여 취하는가?"라고 하였다. 이로부터 태도를 바꾸어 구양수歐陽脩와 증공曾鞏에게서 문장의 법도를 취하고 사마천 문장의 신리(神理: 신묘한 이치)를 터득하였다. 그렇게 오래 하자 넓은 가슴에서 상황에 따라 솟아나와 문장을 엮고자 의도하지 않아도 문장이 저절로 되었다. 그러나 도사道思와 비교해 보면, 여전히 좋은 글을 쓰려는 마음이 들어가 있다. 저술로 주요한 것이 5편 있는데, 『유편儒編』, 『좌편左編』, 『우편右編』, 『문편文編』, 『패편稗編』이 그들이다.

선생의 학문은 용계(龍溪: 王畿)에게서 얻은 것이 많다. 그러므로 용계에게 직접 인사드리는 것을 빠뜨렸을 뿐이라고 말하였다. 천기天機를 종지로 삼고 무욕無欲을 공부법으로 삼아,

|26-2|❷ 初喜空同詩文, 篇篇成誦, 下筆卽刻畫之. 王道思見而歎曰: "文章自有正法眼藏, 奈何襲其皮毛哉!"自此幡然取道歐, 曾, 得史遷之神理, 久之從廣大胸中隨地涌出, 無意爲文自至. 較之道思, 尙是有意欲爲好文者也. 其著述之大者爲五編: 『儒編』・『左編』・『右編』・『文編』・『稗編』是也.

先生之學, 得之龍溪者爲多, 故言於龍溪, 只少一拜. 以天機爲宗, 無欲爲工

---

2  왕도사(王道思): 王愼中. 1509~1559. 字는 道思, 호는 遵巖 또는 南江으로, 晋江(福建 晉江) 사람이다. 嘉靖 丙戌년(1526) 진사에 급제하였고, 관직은 河南布政使, 河南參政을 지냈다. 문장에서 唐順之와 함께 唐宋派를 열었다. 저서에 『遵岩集』 25권이 있고, 「海上平寇記」 등 산문이 있다.

3  정법안장(正法眼藏): 본래 불타가 가섭에게 전한 우주를 비추고 만물을 포괄하는 불법을 뜻한다. 어떤 것의 핵심 종지나 정통을 가리키는 말로 사용된다.

❷  26-2: 이 부분이 賈本에서는 26-1에 합해져 있다. 당순지의 생애와 활동을 서술하는 것으로 보면, 賈本이 옳지만, 본 역주의 저본 체제에 따라 둘로 나누었다.

"이 마음은 천기天機가 활발하게 작동하여 저절로 고요하고 저절로 감응해서 작위적인 노력이 필요 없다. 나는 오직 이 천기에 따를 뿐이다. 천기에 장애가 되는 것으로 사욕만 한 것이 없다. 사욕의 뿌리를 깨끗이 소제하면, 천기는 붙들지 않아도 저절로 활동한다. 탕湯과 주공周公은 앉아서 새벽이 오기를 기다렸고,[4] 고종高宗은 3년 동안 공손히 말을 하지 않았고,[5] 공자는 종일 먹지 않고 밤새 자지 않았고, 석달 동안 고기 맛을 잊었다.[6] 무릇 마른 나무처럼 정좌 수행하는 가운데서 천기의 상태를 찾으면서 그처럼 어렵게 노력하였던 것은 비록 성인이라도 또한 이 마음이 순전히 천기가 유행하는 것이 되지 못하기 때문이니, 그처럼 힘을 쓰지 않을 수 없었던 것이다."라고 하였다.

선생은 유교와 불교의 차이를 변석하여, "유

夫. 謂"此心天機活潑, 自寂自感, 不容人力, 吾惟順此天機而已, 障天機者莫如欲, 欲根洗淨, 機不握而自運矣. 成, 湯, 周公坐以待旦, 高宗恭默三年, 孔子不食不寢, 不知肉味. 凡求之枯寂之中, 如是艱苦者, 雖聖人亦自覺此心未能純是天機流行, 不得不如此著力也."

先生之辨儒釋, 言

---

4    탕(湯)과 주공(周公)은 … 오기를 기다렸고: 탕이 자신의 덕을 밝혀 동이 트기를 기다렸고, 주공이 생각을 얻으면 역시 그대로 동이 트기를 기다렸던 것을 가리킨다. 『尚書』「太甲上」: "先王昧爽, 丕顯, 坐以待旦." 선왕은 湯을 가리킨다. 『孟子』「離婁下」: "周公思兼三王以施四事, 其有不合者, 仰而思之, 夜以繼日, 幸而得之, 坐以待旦."

5    고종(高宗)은 3년 … 하지 않았고: 商의 武丁이 상을 당해 3년 동안 冢宰에게 정사를 위임하였던 것을 가리킨다. 『論語』「憲問」, "子張曰: '書云: "高宗諒陰, 三年不言", 何謂也?' 子曰: '何必高宗, 古之人皆然. 君薨, 百官總己以聽於冢宰三年.'"

6    공자는 종일 … 맛을 잊었다: 공자가 골똘히 생각에 잠겨 밥도 먹지 않고 밤새 궁리한 것이 남에게 배우는 것만 못하다고 말한 것과, 순의 음악을 듣고 그 음악의 맛에 빠져 고기 맛을 3개월이나 잊었다고 한 말을 가리킨다. 『논어』「衛靈公」: "吾嘗終日不食, 終夜不寢, 以思無益, 不如學也."; 「述而」: "子在齊聞韶, 三月不知肉味, 曰: '不圖爲樂之至於斯也.'"

양문 형천 당순지 선생

교는 희로애락(喜怒哀樂: 기뻐하고 분노하고 슬퍼하고 즐거워함)이 발동하는 것에서, 순응하여 이르고자 하지 않은 적이 없다. 순응하여 이르는 것으로 말하면, 천지와 만물에 이르기까지 모두 나의 희로애락이 원융하게 관통하는 바이다. 불교는 희로애락이 발동하는 것에서, 거슬러 올라가 녹여 없애고자 하지 않은 적이 없다. 거슬러 올라가 녹여 없애는 것으로 말하면, 천지와 만물에 이르기까지 담박하게 일체 희로애락이 관련됨이 없다."라고 하였다.

그러므로 유교와 불교가 갈라지는 것은 단지 천기에 순응하는가 거스르는가에 있다. 이른바 천기는 심체가 유행하여 그치지 않는 것 그것이다. 불씨가 '머무름이 없이 그 마음을 낸다'고 한 것이 천기에 순응하는 것이 어찌 아닌 적이 있던가? 거슬러 올라가는 것은 유행(流行: 물길을 따라서 흐름)과 정반대이다. 유행하였으면 거스르지 않음을 알 수 있다. 불교는 희로애락과 천지만물이 모두 실상이 없는 가운데 생겼다 소멸하는 것이어서 내가 유행流行하는 것에 장애가 되지 않는 것으로 생각하는데, 녹여 없앨 필요가 어디 있겠는가? 다만 불교의 유행은 한 번 가고 돌아오지 않는 것으로 일본(一本: 근본이 하나임)은 있지만 만수(萬殊: 각양각색으로 다름)가 없고 사람을 삼키고 높이 산을 넘는 (홍수 같은) 물길이다. 유교의 유행은

"儒者於喜怒哀樂之發, 未嘗不欲其順而達之, 其順而達之也, 至於天地萬物, 皆吾喜怒哀樂之所融貫. 佛者於喜怒哀樂之發, 未嘗不欲其逆而銷之, 其逆而銷之也, 至於天地萬物, 澹然無一喜怒哀樂之交."

故儒佛分途, 只在天機之順逆耳. 夫所謂天機者, 卽心體之流行不息者是也. 佛氏無所住而生其心, 何嘗不順? 逆與流行, 正是相反, 既已流行, 則不逆可知. 佛氏以喜怒哀樂, 天地萬物, 皆是空中起滅, 不礙吾流行, 何所用銷? 但佛氏之流行, 一往不返, 有一本而無萬殊, 懷人襄陵之水也. 儒者之流行, 盈

웅덩이를 채우고 흘러 맥락이 분명하며 근본은 하나이면서 각양각색으로 다른 먼저 강물이 되고 뒤에 바다에 이르는 물길이다. 그 순응하는 것은 본래 같지 않은 적이 없다.

어떤 이는 불교의 삼천 가지 세세한 의절과 팔만 가지 세세한 계율 속에 구족하고 있으니 불교도 각양각색으로 다르지 않은 적이 없다고 말한다. 그러나 불교에서는 심체와 행위가 매번 둘로 분리되어, 선종과 율종이 법문을 달리하여 서로 화회하지 못하고, 의절과 계율이 본체와 서로 관련되지 못한다. 역시 의절과 계율이 있는 이것으로 유교와 비견하여 동일시할 수 없다. 숭정 초에 양문襄文의 시호가 내려졌다.

## 『형천이 공부에 대해 논한 말』

|26-3| 근래 공부에 대해 논하는 이들은 본체를 체인할 때, 단번에 곧바로 핵심에 들어가며 단계를 빌릴 필요가 없다고 말합니다. 그러나 내가 생각건대 비록 중간 수준의 사람[中人] 이상이라고 해도 그렇게 할 수 없는 부분이 있어, 결국 하나의 논의나 의견일 뿐입니다. 천리는 궁구하면 할수록 그 정미한 부분에 대해

科而行,　脈絡分明,
一本而萬殊, 先河後
海之水也.　其順固
未嘗不同也.

或言三千威儀, 八
萬細行,　靡不具足,
佛氏未嘗不萬殊.
然佛氏心體事爲, 每
分兩截,　禪律殊門,
不相和會,　威儀細
行,　與本體了不相
干, 亦不可以此比而
同之也. 崇禎初, 諡
襄文.

## 『荊川論學語』

|26-3|　近來談學,
謂認得本體, 一超直
入, 不假階級. 竊恐
雖中人以上, 有所不
能,　竟成一番議論,
一番意見而已.　天
理愈見,❸ 則愈見其

---

❸　見:『荊川集』에는 '窮'으로 되어 있다.

서는 다 간파하기 어렵다는 것을 더 잘 알게 됩니다. 인욕에 대해서는 극복하면 할수록 그 뿌리가 참으로 깊다는 것을 더욱 잘 알게 됩니다. 저 쉽게 여기는 사람들은 어쩌면 모두 한 번도 실제로 착수해서 힘써 본 적이 없는 사람이거나, 노력했어도 절실하게 한 적이 없는 사람입니다. 【「장사의(張士宜)에게 보내는 편지」】

精微之難致, 人欲愈克, 則愈見其植根之甚深. 彼其易之者, 或皆未嘗實下手用力, 與用力未嘗懇切者也. 【「與張士宜」】

**|26-4|** 고인이 말하는 유자儒者는 규율을 다 지켜 몸을 괴롭게 하고 속박하기를 시동처럼 하고 재계하듯 하여, 말과 용모가 흙이나 나무로 만든 인형처럼 동요되지 않았으니 그런 정도가 되어야 공부하는 것이라고, 어찌 말할 수 있겠습니까? 천기天機는 모두 원융하게 활동하고 성지(性地: 본성 자체)는 모두 쇄락합니다. 다만 사람의 심리가 소탈하고 쉬운 것을 좋아하고 구속되는 것을 괴로워합니다. 그렇지만 사람들은 마음대로 하는 것을 소탈하고 쉬운 것이라고 알기만 하고, 천기를 간취하면 더욱 소탈하고 쉽다는 것은 모르고 있습니다. 사람들은 제멋대로 하여 방탕한 것을 구속됨이 없는 것이라고 알 뿐, 성지性地에 나아가는 것이 더 구속되지 않는 것임을 모르고 있습니다. 【「진량호(陳雨湖)[7]에게 보내는 편지」】

**|26-4|** 古之所謂儒者, 豈盡律以苦身縛體, 如尸如齋, 言貌如土木人, 不得搖動, 而後可謂之學也哉! 天機儘是圓活, 性地儘是灑落, 顧人情樂率易而苦拘束. 然人知恣睢者之爲率易矣, 而不知見天機者之尤爲率易也; 人知任情宕佚之爲無拘束矣, 而不知造性地者之尤爲無拘束也. 【「與陳雨湖」】

---

7    진량호(陳雨湖): 陳昌積. 생졸년 미상. 1551년 전후로 활동. 자는 子虛, 호는 雨湖로

|26-5| 소심(小心: 조심함) 두 글자는 참으로 공부하는 이에게 병을 치료하는 영약입니다. 세밀히 살피고 낱낱이 씻어 내어 조그만 사견(私見)의 습기(習氣)도 마음에 종자를 남기지 않게 하는 것이 바로 소심입니다. 소심은 자긍심을 가지고 장악함을 의미하지 않습니다. 자긍심을 가지고 장악한다면 곧 연비어약(鳶飛魚躍)의 취지[8]와 서로 방해가 됩니다. 강좌(江左)의 여러 사람들은 마음이 하고 싶은 대로 멋대로 하면서 규범을 돌아보지 않고 그것을 쇄락(灑落: 얽매임이 없이 깨끗함)이라고 말합니다. 성현은 가슴에 한 사물도 지장을 주지 않아 또한 쇄락하지만 변별하고 있을 뿐입니다. 형께서는 쇄락과 소심을 서로 방해가 된다고 여기십니까? 오직 소심의 상태에 있어야 천리가 유행하는 실상을 꿰뚫어 볼 수 있고, 그런 뒤에 쇄락하고 얽매임이 없을 수 있습니다. 두 가지 다른 길이 아닙니다.【「채자목(蔡子木: 蔡汝楠)[9]에

|26-5| 小心兩字, 誠是學者對病靈藥, 細細照察, 細細洗滌, 使一些私見習氣, 不留下種子在心, 便是小心矣. 小心非矜持把捉之謂也, 若以爲矜持把捉, 則便與鳶飛魚躍意思相妨矣. 江左諸人, 任情恣肆, 不顧名檢, 謂之灑脫, 聖賢胸中, 一物不礙, 亦是灑脫, 在辨之而已, 兄以爲灑脫與小心相妨耶? 惟小心, 而後能洞見天理流行之實, 惟洞見

泰和 사람이다. 嘉靖 17년(1538) 진사에 급제하고, 尙寶司少卿兼翰林院學士를 지냈다.『兩湖集』34권,『松風軒藏稿』8권이 '四庫全書總目'에 올라 있다. '四庫全書總目' 가운데『兩湖集』항목 참조.

8  연비어약(鳶飛魚躍)의 취지:『禮記』「中庸」에 「「詩」云‘鳶飛戾天, 魚躍于淵’, 言其上下察也.」라고 하였다.『詩』「大雅・旱麓」의 "솔개가 날아올라 하늘에 이르고, 물고기가 연못에서 뛰어오른다.[鳶飛戾天, 魚躍於淵]"에 대하여 "중용"에서 "위와 아래로 밝게 드러남"을 뜻한다고 하였다. 주희는『中庸章句』에서 "화육이 두루 행해져서 위와 아래로 밝게 드러남이 어느 것도 理의 用이 아님이 없는 것[化育流行, 上下昭著, 莫非此理之用]"을 말한다고 풀이하였다. 곧 만물의 활동에 理의 用이 밝게 드러난 것으로, 사욕과 작위가 없이 만물이 리에 따라 활동하는 것을 상징한다.

게 보내는 편지」】

**|26-6|** 근래 고통스럽고 절박한 상태에서, 죽어 가는 가운데 활로를 찾아 40년 전의 기량을 모조리 놓아 버리고 40년 전의 견해를 모조리 없애 버렸습니다. 그러자 맑고 밝은 가운데 일말의 그림자나마 조금 보았는데, 원래부터 천지를 관통하는 영명하고 혼연한 물건이었습니다. 태어날 때 한 가지도 가지고 오지 않았지만 이 물건은 도리어 원래부터 스스로 왔고, 죽을 때 한 가지도 가져가지 않지만 이 물건은 도리어 온전하게 되돌려줍니다. 그러나 어떤 것이 있다고 하자니 보이고 들리는 것이 어디 있습니까? 없다고 하자니 서 있을 때는 앞에 있고 수레에 있을 때는 가로장[衡]에 있으며[10] 앞에 있는 것을 보았는데 어느새 뒤에 있습니다. 가슴속에 세간의 한 가지라도 머물러 있지 않게 하지 않는 한, 이 물건을 볼 수 없습니다. 마음이 생각마다 밤낮없이 쉬지 않고 진주를 키우듯 알을 품듯 하여, 수십 년 물샐틈없는

天理流行之實, 而後能灑脫, 非二致也.
【「與蔡子木」】

**|26-6|** 近來痛苦心切, 死中求活, 將四十年前伎倆, 頭頭放舍. 四十年前見解, 種種抹摋, 於淸明中稍見得些影子, 原是徹天徹地, 靈明渾成的東西. 生時一物帶不來, 此物却原自帶來, 死時一物帶不去, 此物却要完全還他去. 然以爲有物, 則何睹何聞? 以爲無物, 則參前倚衡, 瞻前忽後. 非胸中不停❹世間一物, 則不能見得此物, 非心心念念, 晝夜不

---

9    채자목(蔡子木): 권40「甘泉學案」에 올라 있다.

10   서 있을 … 가로장[衡]에 있으며: 『論語』「衛靈公」: "言忠信, 行篤敬, 雖蠻貊之邦, 行矣; 言不忠信, 行不篤敬, 雖州里, 行乎哉? 立則見其參於前也, 在輿則見其倚於衡也. 夫然後行." 忠信과 篤敬의 자세를 항상 견지함을 의미한다.

❹   停: 『荊川集』에는 '掛'로 되어 있다.

공부를 하지 않는 한, 이 물건을 거두어들이고 길러 낼 수 없습니다. 옛날부터 이 세상에 호걸이 얼마나 많았습니까? 그러나 도를 듣는 것이 끊어졌으니, 그 어려움을 한탄하게 됩니다.

|26-7| 내 마음에서 징험한 바 있습니다만, 천기天機는 활발하여 그 고요하고 감응하는 것이 자체로 고요하고 자체로 감응하며 사람의 힘을 용납하지 않습니다. 나는 천기와 함께 고요하고 감응하는데, 단지 이 천기에 따를 뿐이요, 이 천기를 방해하지 않을 뿐입니다. 천기를 방해하는 것으로 사욕보다 더한 것이 없습니다. 사욕의 뿌리를 다 씻어 내면, 천기는 잡지 않아도 저절로 운행하여 감응하는 것이 되고 고요한 것이 됩니다. 천기는 곧 천명天命입니다. 천명이란 하늘이 시키는 것입니다. 명을 세우는 것이 사람에게 있지만, 사람은 그저 이 하늘이 명령하는 것을 세울 뿐입니다. 백사(白沙: 陳獻章)의 "형형색색이 진실로 그것의 본래 모습이다."라는 한마디가 천기를 가장 잘 형용한 대목입니다. 만일 고요하기를 구하면 곧 고요하지 않게 됩니다. 감응하고자 마음을 두면 진실한 감응이 아닙니다.【이상「왕도사(王道思: 王愼中)에게 보내는 편지」】

舍, 如養珠抱卵, 下數十年無滲漏的工夫, 則不能收攝此物, 完養此物. 自古宇宙間豪傑經多少人, 而聞道者絕, 歎其難也.

|26-7| 嘗驗得此心, 天機活潑, 其寂與感, 自寂自感, 不容人力. 吾與之寂, 與之感, 只是順此天機而已, 不障此天機而已. 障天機者莫如欲. 若使欲根洗盡, 則機不握而自運, 所以爲感也, 所以爲寂也. 天機卽天命也, 天命者, 天之所使也. 立命在人, 人只立此天之所命者而已. 白沙"色色信他本來"一語, 最是形容天機好處. 若欲求寂, 便不寂矣, 若有意於感, 非眞感矣.【以上「與王

|26-8| 나가고 들어옴이 정해진 때가 없고 아무도 어디로 향하는지 모르는 것,[11] 이것은 진실한 마음이요, 망령된 마음을 가리키는 것이 아닙니다. 마음이 나가고 들어옴은 본래 정해진 때가 없습니다. 그때를 정해 두고자 하면 강제로 장악하는 것입니다. 마음이 어디를 향하는지 본래 모릅니다. 그 향하는 곳을 알고자 한다면 강제로 억측하는 것입니다. 때가 없는 것이 곧 이 마음의 때이고, 방향이 없는 것이 이 마음의 방향입니다. 정해진 방향이 없는 것이 이 마음의 정해진 모습입니다. 【「쌍강(雙江: 聶豹)에게 답함」】

|26-9| 『중용中庸』에 이른바 "소리도 없고 냄새도 없다."[12]는 것은 실제로는 보이지 않는 곳에서 경계하고 조심하며 들리지 않는 곳에서 염려하고 두려워하는 가운데에서 얻습니다. 본체가 소리나고 냄새나는 가운데로 떨어지지 않고, 공부가 보고 듣는 지식으로 떨어지지 않지만, 그 구별은 단지 사욕이 있는가 없는가 하는 사이에 있습니다. 사욕의 뿌리가 다 없어

|26-8| 出入無時, 莫知其嚮, 此眞心也, 非妄心之謂也. 出入本無時, 欲有其時, 則強把捉矣. 其嚮本無知, 欲知其嚮, 則強猜度矣. 無時卽此心之時, 無嚮卽此心之嚮, 無定嚮者, 卽此心之定體也. 【「答雙江」】

|26-9| 『中庸』所謂無聲無臭, 實自戒愼不睹, 恐懼不聞中之得. 本體不落聲臭, 功夫不落聞見, 然其辨只在有欲無欲之間. 欲根銷盡, 便是戒愼恐懼, 雖終

---

11   나가고 들어옴이 … 모르는 것: 『孟子』「告子上」: "操則存, 舍則亡, 出入無時, 莫知其鄕, 惟心之謂與."
12   소리도 없고 냄새도 없다: 『中庸』33장, "『詩』云: '予懷明德, 不大聲以色.' 子曰: '聲色之於以化民, 末也.' 「詩」云'德輶如毛', 毛猶有倫, '上天之載, 無聲無臭', 至矣."

지면 곧 경계하고 조심하며 염려하고 두려워하게 되니 종일토록 응대하고 말하고 행위하는 것이 신명의 묘용이 아님이 없지만 소리나 냄새에 연루되지 않습니다. 사욕의 뿌리를 털 끝만큼이라도 완전히 없애지 않으면 곧 경계하고 조심하며 염려하고 두려워하는 것이 아니어서, 비록 마음을 텅 빈 그리고 고요한 경지에 깃들게 하더라도 또한 소리와 냄새로부터 아직 벗어나지 못한 것입니다. 【「장용천(張甬川)[13]에게 답하는 편지」】

| 26-10 | 백사의 "고요한 가운데 단예(端倪: 싹)를 길러 낸다."는 이 말은 반드시 활간해야 한다. 대개 세상 사람들의 병통은 물결을 좇다가 참된 근원을 놓치는 것에 기인합니다. 그러므로 이 말을 한 것입니다. 만일 사욕이 없는 것이 고요함이 된다는 것을 체득하면, 참된 근원과 물결이 본래 다른 것이 없어 구태여 물결을 싫어하고 참된 근원을 구할 필요가 없습니다. 형께서는 "산중에서도 고요함의 맛이 없지만 문을 닫고 혼자 누워 마음[心志]이 안정되기를 기다리려고 한다."고 하였습니다. 이것이 곧 애호하고 취사함이 있는 것입니다. 청컨대 고

日酬酢云爲, 莫非神明妙用, 而未嘗涉於聲臭也. 欲根絲忽不盡, 便不是戒愼恐懼, 雖使棲心虛寂, 亦是未離乎聲臭也. 【「答張甬川」】

| 26-10 | 白沙"靜中養出端倪", 此語須是活看. 蓋世人病痛, 多緣隨波逐浪, 迷失眞源, 故發此耳. 若識得無欲爲靜,❺ 則眞源波浪, 本來無二, 正不必厭此而求彼也. 兄云"山中無靜味, 而欲閉關獨臥, 以待心志之定", 卽此便有欣

---

13  장용천(張甬川: 張邦奇): 권52 「諸儒學案中6」.
❺  無欲爲靜: 『荊川集』에는 '無欲種子'로 되어 있다.

양문 형천 당순지 선생

요함의 맛을 찾지 말고 고요함의 맛이 없는 가운데에서 찾으시고, 문을 닫을 필요 없이 문을 열어 두고 응대하는 사이에서 찾으십시오. 어지럽게 얽혀 왕래가 끊이지 않는 속에서 시험 삼아 이 마음이 어떤지 살펴보십시오. 응대하며 어지러울 때와 문을 닫고 혼자 누워 있을 때, 자신에게 여전히 다른 견지가 있습니까? 만일 다른 견지가 있다면 아직도 나 자체가 장애가 되는 것이 아니겠습니까? 그 장애는 사욕의 뿌리가 여전히 끊어지지 않았기 때문이 아니겠습니까? 형께서는 여기에 다시 한번 힘을 써 보시고 얻음이 있거나 의심스런 바가 있으면 아끼지 말고 가르침을 주시기 바랍니다. 【「여옥주(呂沃州)¹⁴에게 답하는 편지」¹⁵】

|26-11| 근래 한 방외(方外: 유학이 아닌 다른 길)의 사람을 만났습니다. 그들은 마음 쓰기를 매우 전일하게 하고 노력을 최고로 힘들게 하면

羨畔援在矣. 請且無求靜味, 只於無靜味中尋討, 毋必閉關, 只於開門應酬時尋討. 至於紛紜轇轕往來不窮之中, 試觀此心如何.❻ 其應酬轇轕, 與閉關獨臥時, 自還有二見否? 若有二見, 還是我自爲障礙否? 其障礙還是欲根不斷否? 兄更力一番, 有得有疑, 不惜見教也.【「答呂沃州」】

|26-11| 近會一二方外人, 見其用心甚專, 用工最苦, 慨然

---

14　여옥주(呂沃州): 呂光洵. 1508~1580. 字는 信卿 호는 沃洲로, 新昌(浙江 紹興) 사람이다. 관은 兵部尚書에 이르렀다. 蘇州, 松江, 常州, 鎭江 등 4府를 순무하면서 三吳水利圖를 작성하고 水利시설을 구축하여 水害 방지에 크게 기여하였다. 薛瑄과 陳獻章의 문묘종사를 건의하였다. 저서로『元史正要』,『詩易箋 』,『三巡奏議』,『可園詩鈔』등이 있다.『大淸一統志』卷227, 呂光洵 항목 등 참조.

15　「여옥주(呂沃州)에게 답하는 편지」:『荊川集』권4 "答呂沃洲御史書"에 나온다.

❻　只於開門應酬時尋討. 至於紛紜轇轕往來不窮之中, 試觀此心如何:『荊川集』에는 이 부분이 "只於開門應酬時, 至於紛紜轇轕往來不窮之中, 更試觀此心何如?"로 되어 있다.

서 도가 쇠퇴한 것에 대하여 개연히 탄식하였습니다. 대개 선가禪家는 반드시 부처가 되고자 하여 앉은 채로 열반에 들어 생사에서 초탈하지 않으면 성과가 없습니다. 도사는 모습을 남겨 세상에 머물지 못하면 성과가 없습니다. 둘 다 남의 힘을 빌려서 할 수 없습니다. 오직 유학의 성현만이 다른 사람과 같으면서 다릅니다. 그러므로 유학의 도를 행하는 사람은 모두 가탁해서 엉뚱한 소리를 해대고 자신과 다른 사람을 그르칠 수 있습니다. 내가 생각건대 성현이 당시에 마음 쓰기를 전일하게 하고 노력을 힘들게 한 것이 방외의 사람들이 수련하는 것에 비해서 어찌 백 배뿐이겠습니까? 남에게 말 못할, 벙어리가 쓴 채소를 먹는 고행[16]이 있었을 것입니다. 그러나 세상 사람들은 편안히 앉아서 체득하고자 하고 세간의 부귀공명을 추구하는 습심(習心: 습기에 물든 마음)으로 성명性命의 학문을 고상하게 논하고 있으니, 또한 동떨어진 것이 아니겠습니까? 【「염암(念菴: 羅洪先)에게 보내는 편지」】

有歎於吾道之衰. 蓋禪家必欲作佛, 不坐化超脫, 則無功; 道人必欲成仙, 不留形住世, 則無功. 兩者皆假不得. 惟聖賢與人同而與人異, 故爲其道者皆可假托溷帳, 自誤誤人. 竊意當時聖賢用心專而用工苦者, 豈特百倍方外人之修鍊而已? 必有啞子吃苦瓜, 與你說不得者. 而世人乃欲安坐而得之, 以其世間功名富貴之習心, 而高談性命之學, 不亦遠乎! 【「與念菴」】

| 26-12 | 당시 시해하여 찬탈한 사람은 반드시

| 26-12 | 當時篡弑

---

16 벙어리가 쓴 … 먹는 고행: 마음을 내지 않고 묵묵히 고행을 수행하는 것을 뜻한다. 普濟(宋) 編, 『五燈會元』 卷14, "靑原下十二世 · 芙蓉楷禪師法嗣": "瑞州洞山微禪師「上堂」: '日暖風和柳眼靑; 冰消魚躍浪花生. 當鋒妙得空王印, 半夜崑崙戴雪行.' 僧問: '如何是黙黙相應底事?' 師曰: '瘂子喫苦瓜.'"

양문 형천 당순지 선생

스스로는 자신이 옳고 군부君父가 매우 옳지 않음을 본 바가 있었고, 또한 사설(邪說: 그릇된 주장)이 다리를 놓는 것이 있었다. 이른바 사설이 일어나자 군주를 시해하고 부친을 시해하는 화란이 시작되었다는 것과 같은 경우는 『춘추春秋』에서 특별히 구별해 제목을 달아서 (정상적인 승계가 아니라) 시해한 것이라고 바로잡았다. 예컨대, "주우州吁가 완(完: 위환공)을 시해하였다."[17]는 한 구절은 그 구절 자체로 곧장 곡직이 절로 분명하다. 곡직이 분명하니 시비도 절로 분명하다. 난신적자는 처음에 기氣의 부림을 받아, 시비에 어둡고 본래 군부로서 인륜을 견지하는 마음에 의혹을 품는다. 그러므로 그때는 악한 힘이 매우 강경하다. 그러나 한 사람이 시비를 지적해 주어 그의 골수에 들어오면 자신도 모르는 사이에 마음을 돌리고, 한 번 마음을 돌린 뒤에는 곧 절로 감동하여 꺼리지 않는다. 대개 진심은 이와 같으니, 이른바 두려워한다는 것이다.

구설에 난신적자는 자신의 행위가 글에 나

之人, 必有自見己之爲是, 而見君父之甚不是處, 又必有邪說以階之. 如所謂邪說作而弑君弑父之禍起者, 『春秋』特與辨別題目, 正其爲弑. 如"州吁弑完"一句, 卽曲直便自了然, 曲直了然, 卽是非便自分曉. 亂臣賊子, 其初爲氣所使, 昧了是非, 迷了本來君父秉彝之心, 是以其時惡力甚勁. 有人一與指點是非, 中其骨髓, 則不覺回心, 一回心後, 便自動憚❼不得, 蓋其眞心如此, 所謂懼也.

舊說以爲亂臣賊

---

**17** 　주우(州吁)가 완(完: 衛桓公)을 시해하였다: 『春秋左氏傳』과 『春秋公羊傳』「隱公 4년」: 「衞州吁弑其君完」. 州吁는 衛莊公의 아들이고, 衛桓公의 이복동생이다. 장공의 뒤를 환공이 이었는데 주우가 환공을 시해하고 찬탈하였다. 즉위한 해에 衛의 大臣인 石碏이 陳과 연합하여 주우를 죽이고 환공의 동생 晉(宣公)이 승계하게 하였다.

❼ 　憚: 賈本에는 彈으로 되어 있다.

타나는 것이 두려워서 두려워할 줄 안다고 말하였는데, 그렇다면 두려워하는 것이 목적을 가지게 되며 진심에서 두려워하는 것이 아니다. 게다가 그 두려워하는 것이 이름나기를 좋아하는 사람에게는 미칠 수 있지만 순간 부끄러워하고 명예는 생각하지 않는 사람에게는 미치지 못한다. 『춘추春秋』에서 그 이름을 써서 드러낸 것이 사람들을 위협하고 공갈하여 두려워하게 하는 것이라면 이것은 동호董狐[18]나 남사南史[19]의 효과를 말하는 것이지 성인이 인심을 돌리게 하는 묘용妙用에 대하여 말하는 것이 아니다. 【「질손(姪孫: 형제의 손자)에게 답하는 편지」】

子懼於見書而知懼, 則所懼者, 旣是有所爲而非眞心, 且其所懼, 能及於好名之人, 而不及於勃然不顧名義之人. 以爲『春秋』書其名, 脅持恐動人而使之懼, 此又只說得董孤, 南史之作用, 而非所以語於聖人撥轉人心之妙用也. 【「答姪孫」】

| 26-13 | 자호(慈湖: 楊簡)[20]의 학문은 의념(意念:

| 26-13 | 慈湖之學,

---

**18** 동호(董狐): 春秋시대 晉의 太史. 史狐라고도 불린다. 趙盾이 대신으로 있을 때 趙穿이 靈公을 시해하고 찬탈하자 동호가 "趙盾弑其君"이라고 기록하여, 趙盾이 執政大臣으로서 책임을 방기한 것을 드러냈다. 『春秋左氏傳』「宣公 2년」「趙穿殺晉靈公」조목에 관련 내용이 나온다.

**19** 남사(南史): 춘추시대 齊나라 사관. 崔杼가 莊公을 시해한 것에 대해 太史가 "崔杼弑其君"이라고 直書하였다가 세 형제가 죽고, 막내 역시 직서하였다. 南史가 太史氏 형제가 다 죽었다는 소식을 듣고, 기록할 죽간을 들고 갔으나, 막내가 직서하고 살아남은 것을 알고서 돌아왔다는 고사가 전한다. 『春秋左氏傳』「襄公25년」: "大史書曰: '崔杼弑其君.' 崔子殺之. 其弟嗣書而死者二人. 其弟又書, 乃舍之. 南史氏聞大史盡死, 執簡以往, 聞旣書矣, 乃還."

**20** 자호(慈湖): 楊簡. 1141~1226. 자는 敬仲, 호는 慈湖, 시호는 文元으로, 慈溪(浙江 寧波) 사람이다. 乾道 5년(1169) 진사에 급제하고, 富陽縣主簿, 樂平知縣, 溫州知府, 耆宿大儒膺寶謨閣學士 등을 역임하였다. 陸九淵의 제자로 『慈湖遺書』, 『慈湖詩傳』, 『楊氏易傳』, 『五誥解』 등의 저서가 전한다.

양문 형천 당순지 선생

생각)을 내지 않는 것을 종지로 삼습니다. 내가 생각건대, 학자가 본심을 깨닫기만 하면 의념이 오고 가는 것은 구름과 같습니다. 사물이 태허太虛에서 서로 동탕거리며 움직여도 태허의 장애가 되기에 부족할 뿐 아니라 오고 가며 서로 동탕하는 것이 곧 태어의 본체입니다. 어찌 의념을 병통으로 여겨 제거하려고 하겠습니까? 본심을 깨닫지 못하면 의념을 내지 않는 것이 곧 의념이 될 것입니다. 마음은 본래 살아 있는 것이어서 사람이 묵묵히 체인하는 것이 어떤가에 달려 있습니다. 그렇지 않으면 힘을 얻는 것이 곧 병통을 얻는 것이 됩니다. 【「남야(南野: 歐陽德)에 답하는 편지」】

| 26-14 | 세간의 기량과 호사를 마음에 담아서는 안 됩니다. 공부할 때 새어 나가는 것이 많은 이유는 바로 끌어들이는 것이 많기 때문입니다. 옛날 사람들이 이익을 끊고 … 근원을 하나로 하였던 이유는 그렇게 하지 않으면 정신을 수렴해서 이 도를 응취할 수 없었기 때문입니다. 【「호청애(胡青崖)에 답하는 편지」】

| 26-15 | 근래 학인의 병통은 본시 힘을 들여 색출해서 욕구의 장애를 씻어 없애지 않고 현묘한 말로 감추고 있는 마음을 문식하는 것이니, 곧 공화空華[21]처럼 결국 자신을 그르치게 됩니다. 요컨대 선가禪家에서 기봉機鋒[22]을 다

以無意爲宗. 竊以學者能自悟本心, 則意念往來如雲, 物相盪於太虛, 不惟不足爲太虛之障, 而其往來相盪, 乃卽太虛之本體也. 何病於意而欲掃除之? 苟未悟本心, 則其無意者, 乃卽所以爲意也. 心本活物, 在人默自體認處何如. 不然, 則得力處卽受病處矣. 【「答南野」】

| 26-14 | 世間伎倆, 世間好事, 不可挂在胸中. 學之滲漏多, 正兜攬多耳. 昔人所以絕利□□□□一原, 不如是則不足以收斂精神, 而凝聚此道也. 【「答胡青崖」】

| 26-15 | 近來學者病痛, 本不刻苦搜剔, 洗空欲障, 以玄妙之語, 文夾帶之心, 直如空花竟成自

투는 것과 비슷해서, 호걸의 선비들에게 하나의 장막을 또 이루게 합니다. 이러한 기풍은 어디에나 있지만, 학인이라고 불리는 이들 사이에 거기에 안주하는 이가 많아, 그 기풍이 더욱 기승입니다. 오직 묵묵히 수행하며 언설을 내지 않고, 말로 나타내는 의념의 길을 장악하여 끊어 내서, 학인들이 궁구하여 근본으로 되돌아감이 있게 한다면, 학인들이 참된 실상으로 거의 되돌아갈 것입니다. 역행(力行: 힘써 노력하는 것) 한 가지가 곧 급한 불을 끄는 한 첩 좋은 처방입니다. 【「장사의(張士宜)에게 답하는 편지」】

┃26-16┃ 유교는 희로애락(喜怒哀樂: 기뻐하고 분노하고 슬퍼하고 즐거워함)이 발동하는 것에서 순응하여 이르기를 바라지 않은 적이 없다. 순응하여 이르면 천지와 만물에 이르기까지 모두 나의 희로애락이 원융하게 관통하는 바가 된다. 그런 뒤에 근원이 같고 간격이 없는 것을 알 수 있다. 불교는 희로애락이 발동하는 것에

誤. 要之與禪家鬥機鋒相似, 使豪傑之士, 又成一番塗塞. 此風在處有之, 而號爲學者多處, 則此風尤甚. 惟默然無說, 坐斷言語意見路頭, 使學者有窮而反本處, 庶幾挽歸眞實. 力行一路, 乃是一帖救急良方. 【「答張士宜」】

┃26-16┃ 儒者於喜怒哀樂之發, 未嘗不欲其順而達之. 其順而達之也, 至於天地萬物, 皆吾喜怒哀樂之所融貫, 而後一原無間者可識也.

---

21 공화(空華): 눈병이 난 사람에게 보이는 허상으로, 불교에서 집착으로 인해 실재하지 않는 것을 실재하는 것으로 여기는 것을 지칭할 때 사용한다. 여기서는 사욕으로 인해 가지는 意念을 가리킨다.

22 기봉(機鋒): 機鋒은 선종에서 의념(意念)을 내거나 형적에 떨어지지 않고 깨달음에 직접 들어가게 유도하는 기술이나 문답을 가리킨다. 그렇게 문답한 말을 機鋒語라고 한다. 唐順之는 그러한 행위나 말을 감추어진 마음을 문식하는 사례로 들어 비판한 것이다.

93
양문 형천 당순지 선생

서 거슬러 올라가 녹여 없애는 것을 바라지 않은 적이 없다. 거슬러 올라가 녹여 없애면 천지와 만물에 이르기까지 담백해져 일말의 희로애락도 주고받음이 없다. 그런 뒤에 근원이 같고 간격이 없는 것을 알 수 있다.

(불교에서는) 그 마음의 활동[機]이 항상 거슬러 올라가는 것에 중점을 둔다. 따라서 이른바 듣고 보는 것을 되돌리는 것과 소리와 색과 냄새와 촉각에 머무르지 않는 것이 곧 소리와 색, 냄새와 촉각의 밖에 있다. (유교에서는) 그 마음의 활동[機]이 항상 순응하는 것에 중점을 둔다. 따라서 이른바 보지 않고 듣지 않는 것과 소리도 냄새도 없는 것이 곧 보고 듣는 가운데, 소리와 냄새 가운데 있다. 그러므로 불교가 마음 안에서 구하는 것이 지극히 깊고 정미하여 우리 유교의 성인과 거의 다르지 않지만 그 천기에서 순응하는 것과 거슬러 올라가는 것은 반드시 억지로 동일시할 수 없는 점이 있다. 【「중용집략(中庸輯略) 서문」】

|26-17| 건乾괘와 곤坤괘의 마음을 볼 수 없지만, 「복復」괘에서 본다. 학인은 그 움직임을 묵묵히 알아서 보존하면 된다. 그러므로 성인은 건괘에서 "그 움직임이 곧다."라고 하였고, 곤괘에서 "경敬을 견지하여 안을 곧게 한다."라고

佛者於喜怒樂之發, 未嘗不欲其逆而銷之. 其逆而銷之也, 至於天地萬物, 泊然無一喜怒哀樂之交, 而後一原無間者可識也.

其機常主於逆, 故其所謂旋聞反見, 與其不住聲色香觸, 乃在於聞見聲色香觸之外. 其機常主於順, 故其所謂不睹不聞, 與其無聲無臭者, 乃卽在於睹聞聲臭之中. 是以雖其求之於內者, 窮深極微, 幾與吾聖人不異, 而其天機之順與逆, 有必不可得而強同者. 【「中庸輯略序」】

|26-17| 「乾」, 「坤」之心不可見, 而見之於「復」, 學默識其動而存之可矣. 是以聖人於「乾」則曰

하였다. 건괘와 곤괘는 곧은 것에서 같다. 움직임이 본래 곧고, 안이 본래 곧은 것이다. 곧게 만든 뒤에 곧아진 것이 아니다. 대개 온양(醞釀: 온축하여 숙성시킴)하고 유행(流行: 발산하여 두루 행함)하는 활동에 끊어지거나 이어짐이 없으니, 곧 내 마음의 천기天機가 저절로 묘응하는 것이며 인력으로 할 수 있는 것이 아니다. 이른바 묵묵히 알아서 보존한다는 것 또한 천기가 저절로 묘응하는 것으로, 그 사이에 털끝만큼이라도 인위적 노력을 개입시킬 수 없다.

공부하는 이들은 종종 사적인 지혜를 내서 찾으려고 한다. 그 때문에 사려(思慮: 이리저리 생각함)를 그치는 것으로 이 마음이 고요해지기를 추구하는 이가 있는데, 사려가 곧 마음임을 모르고 있다. 외물의 유혹을 끊어서 오로지 마음 안에서 찾는 이가 있는데, 외물을 떠나서는 마음도 없다는 것을 모르고 있다. 이 마음이 정착됨이 없음을 걱정하여 하나의 중中자를 보존하여 정착시키는 이가 있는데, 마음이 본래 안착함이 없고 중中이 본래 일정한 체가 없음을 모른다. 이와 같은 것에 대하여, 저쪽에서도 또한 스스로는 마음에서 구하는 것이 상세하다고 여긴다. 그러나 그 폐단이 따로 하나의 마음을 내서 이 한 마음을 붙잡아 마음과

"其動也直", 於「坤」則曰 "敬以直內". 「乾」, 「坤」 一於直也, 動本直也, 內本直也, 非直之而後直也. 蓋其醞釀流行, 無斷無續, 乃吾心天機自然之妙, 而非人力之可爲. 其所謂默識而存之者, 則亦順其天機自然之妙, 而不容纖毫人力參予其間也.

學者往往欲以自私用智求之, 故有欲息思慮以求此心之靜者矣, 而不知思慮卽心也; 有欲絕去外物之誘, 而專求諸內者矣, 而不知離物無心也; 有患此心之無著, 而每存一中字以著之者矣, 不知心本無著, 中本無體也. 若此者, 彼亦自以爲求之於心者詳矣, 而不知其弊乃至於別

마음이 서로 잡아끌고, 그 때문에 고요하기를 구할수록 더욱 얽히고 어지러워짐만 경험하는 지경에 이른다는 것을 모르고 있다. 【「명도어략(明道語略) 서문」】

以一心操此一心, 心心相捽, 是以欲求乎靜而愈見其紛擾也. 【「明道語略序」】

# 태상 응암 당학징 선생

太常凝菴唐先生鶴徵

**|26-18|** 당학징(唐鶴徵, 1538~1619)은 자가 원경元卿, 호가 응암凝菴으로 형천(荊川: 唐順之)의 아들이다. 융경隆慶 신미년(1571) 진사에 급제하였다. 예부주사禮部主事에 선발되었으나 강릉(江陵: 張居正)과 맞지 않아 경학하다는 죄목에 걸렸다. 장거정이 패퇴하자 기용되어 공부시랑工部侍郎을 거쳐 상보사승尙寶司丞으로 옮기고, 광록시소경光祿寺少卿으로 승진하였다가 다시 태상시소경太常寺少卿으로 승진하였다. 귀향하였다가 남경태상시경南京太常寺卿으로 기용되어, 사마司馬 손월봉孫月峰[1]과 함께 요인妖人 유천서劉天緖의 변[2]을 평정하였다. 병으로 사직하

**|26-18|** 唐鶴徵字元卿, 號凝菴, 荊川之子也. 隆慶辛未進士, 選禮部主事, 與江陵不合, 中以浮躁. 江陵敗, 起歷工部郎, 遷尙寶司丞, 陞光祿寺少卿, 又陞太常寺少卿. 歸, 起南京太常, 與司馬孫月峰定妖人劉天緖之變. 謝病歸. 萬曆

---

1   손월봉(孫月峰): : 孫鑛. 1543~1613. 자는 문융(文融), 호는 월봉(月峯)으로 浙江 餘姚 사람이다. 萬曆 갑술년(1574) 진사에 급제하고, 관직은 남경병부상서(南京兵部尙書)까지 지냈다. 張元忭과 함께 『紹興府志』를 편찬하였고, 『書畫題跋』, 『今文選』, 『評史記』, 『評漢書』, 『評韓非子』, 『評荀子』, 『評公羊傳』, 『評詩經』 등 다수의 저작을 남겼다.

2   유천서(劉天緖)의 변: 劉天緖는 河南 永城 사람으로 白蓮敎 일종인 無爲敎로 선동하

고 귀향하여 만력 기미년(1619) 82세로 별세하였다.

선생은 처음에 의기意氣를 숭상하였고, 이어 전원의 풍류로 지내다, 이후로 담담하게 도술道術에 귀의하였다. 그 도에 구류九流[3]와 제자백가, 천문지리, 패관(稗官: 소설)과 야사 등 궁구하지 않은 것이 없었다. 이어서 장자의 소요逍遙와 제물濟物에 귀의하였고, 또 이어서 호남(湖南: 楊時)이 인仁을 추구한 것,[4] 염계(濂溪: 周敦頤)가 공자와 안연의 즐거움을 추구한 것[5]에 귀의하였다. 그런 뒤에 건원乾元이 행하는 바 천지를 낳고, 사람과 사물을 낳고, 하나를 낳고 만물을 낳아, 낳고 낳는 것이 끊이지 않는 이치가 참으로 태화太和의 정미한 곳임을 어렴

已未, 年八十二卒.

先生始尙意氣, 繼之以園林絲竹, 而後泊然歸之道術. 其道自九流, 百氏, 天文, 地理, 稗官野史, 無不究極, 而繼乃歸之莊生逍遙, 齊物, 又繼乃歸之湖南之求仁, 濂溪之尋樂, 而後恍然悟乾元所爲生天地, 生人物, 生一生萬, 生生不已

---

여 사람들을 모으고, 龍華帝主로 자칭하면서 萬曆 34년(1606) 南京에서 난을 일으킬 것을 모의하였다가 발각되어 처벌되었다. 『東林列傳』「宋燾傳」 참조.

**3**  구류(九流): 儒家, 道家, 陰陽家, 法家, 名家, 墨家, 縱橫家, 雜家, 農家 등을 함께 지칭하는 말이다.

**4**  호남(湖南: 楊時)이 인(仁)을 추구한 것: 북송 유학자 楊時(1044~1130)는 "君子之學, 求仁而已"라고 하여, 仁을 체행하는 것을 학문의 중심으로 삼았다. 그가 지은 『論語解』는 산실되어 전하지 않지만, 주희의 『論語精義』에 일부가 인용되어 전한다.

**5**  염계(濂溪: 周敦頤)가 공자와 … 추구한 것: 周敦頤(1017~1073)는 二程에게 공자와 안연이 즐거움으로 삼았던 것을 찾게 하였다. 정호는 주돈이를 만나고 나서, 沂水에서 목욕하고 舞雩에서 바람을 맞으며 읊다가 돌아오겠다고 말한 曾點의 포부와 같이하는 기상을 가지게 되었다고 한다. 주희는 제자들과의 문답에서 공자와 안연이 즐거워하였던 것은 私意를 가지지 않는 것이라고 밝히고 있다. 『宋史』 권427, "道學·周敦頤"; 『어류』 31-72 "問: '程子云: "周茂叔令尋顔子仲尼樂處, 所樂何事." 竊意孔顔之學, 固非若世俗之著於物者. 但以爲孔顔之樂在於樂道, 則是孔顔與道終爲二物. 要之孔顔之樂, 只是私意淨盡, 天理照融, 自然無一毫繫累耳.' 曰: '然. 但今人說樂道, 說得來淺了. 要之說樂道, 亦無害.' …."

풋이 깨달았다. 물욕은 물리치지 않아도 저절로 조절되고, 세간의 정리는 제거하지 않아도 저절로 없어지고, 총명하고 기량이 뛰어난 것이 승해지고 곁가지와 샛길로 달려가는 것을 거두어들이지 않아도 깨끗이 없어졌다.

조카 손문개(孫文介: 孫愼行)[6]에게 "사람이 죽고 사는 것에 어지럽혀지지 않으면 비로소 순조롭다. 평상시 정신을 한곳으로 모아야 하고 새나가게 해서는 안 된다."라고 하였다.

선생은 말하였다. "마음[心]과 본성[性]에 대한 변론은 옛날이나 지금이나 분분하다. 그 연원에 대하여 밝지 못하기 때문에 '의리의 본성'과 '기질의 본성'을 말하는 이가 있고, '의리의 마음'과 '혈기의 마음'을 말하는 이가 있다. 모두 잘못이다. 본성[性]은 이 기[氣]가 지극히 조리 있는 것에 불과하다. 기를 버려두고 어떻게 본성이 있을 수 있겠는가? 마음[心]은 오장의 심장에 지나지 않는다. 오장을 버려두고 어떻게 마음이 있겠는가? 마음이 묘응하는 곳은 심장의 빈 곳에 있으니, 본성이 머무르는 바이다." 이 몇 마디는 종래에 마음과 본성에 대하여 논

之理, 眞太和奧窔也. 物欲不排而自調, 世情不除而自盡, 聰明才伎之昭灼, 旁蹊曲徑之奔馳, 不收攝而瑩然無有矣.

語其甥孫文介曰: "人到生死不亂, 方是得手. 居常當歸倂精神一路, 毋令漏洩."

先生言: "心性之辨, 今古紛然, 不明其所自來, 故有謂義理之性, 氣質之性, 有謂義理之心, 血氣之心, 皆非也. 性不過是此氣之極有條理處, 舍氣之外, 安得有性? 心不過五臟之心, 舍五臟之外, 安得有心? 心之妙處在方寸之虛, 則

---

6    손문개(孫文介: 孫愼行):「東林學案二」에 올라 있다.

하던 이들이 미치지 못한 것이다.

선생은 또 "천지 사이에 단지 일기一氣가 있음을 안다면, 건원乾元이 낳고 낳는 것이 모두 이 기임을 안다. 건원의 조리는 비록 맑지 않은 것이 없지만, 사람이 건원에서 기를 받음은 바다에서 물을 취하는 것과 같다. 바닷물은 짠 것도 있고 싱거운 것도 있다. 혹 한 국자 뜰 때, 반드시 짠 것과 싱거운 것을 겸해서 취하지는 않는다. 중간에 짜고 싱거운 것이 교차하여 중도에 맞는 경우도 있는데, 그렇게 되면 건원의 조리를 모두 얻게 되어 성인이나 현인이 되는 것은 의심할 여지가 없다. 본래 본성이라고 하지만, 어떤 경우 짠 것을 취하기도 하고 어떤 경우 싱거운 것을 취하기도 한다. 그러면 딱딱함과 부드러움, 강함과 약함, 어두움과 밝음이 만 가지로 다르게 된다. 그렇지만 모두 본성이라고 말하지 않을 수 없다."라고 하였다. 이 말은 여전히 불투명한 점이 있다. 대개 이 기는 조리가 있지만 오고 가고 굽히고 펴는 과정에 지나치거나 모자라는 것이 없을 수 없다. 성현은 그 중도의 기를 얻었지만, 일반 사람들이 받은 것에는 혹 지나친 것을 얻기도 하고 혹 모자란 것을 얻기도 하여 수만 가지로 다르게 된다. 선생은 성을 기가 지극히 조리가 있는 것이라고 말하였으니, 지나치거

性之所宅也." 此數言者, 從來言心性者所不及也.

乃先生又曰: "知天地之間只有一氣, 則知乾元之生生, 皆是此氣. 乾元之條理, 雖無不清, 人之受氣於乾元, 猶其取水於海也, 海水有鹹有淡, 或取其一勺, 未必鹹淡之兼取, 未必鹹淡之適中也. 間有取其鹹淡之交而適中, 則盡得乾元之條理, 而爲聖爲賢無疑也. 固謂之性, 或取其鹹, 或取其淡, 則剛柔強弱昏明萬有不同矣, 皆不可不謂之性也." 則此言尚有未瑩, 蓋此氣雖有條理, 而其往來屈伸, 不能無過不及, 聖賢得其中氣, 常人所受, 或得其過, 或得其不及, 以

나 모자라는 것은 곧 조리가 아니다. 그러므로 사람이 이 지나치거나 모자란 기를 받으면 기질이라고 말할 수 있을 뿐 본성이라고 말할 수 없게 된다. 따라서 기는 본성이라고 하면 충분하고, 기가 극히 조리 있는 것이 본성이라고 말할 필요는 없다. 스스로 자신의 주장을 무너뜨리는 것이 아니겠는가?

그렇다면 보통 사람들은 기질만 있고 본성은 없는가? 대개 기가 오고 가며 굽히고 펴는 사이에 지나치거나 모자람이 있어도 결국 조리로 돌아가는 것은 기 가운데 있는 주재主宰이다. 그러므로 비오고 맑고 춥고 더운 것에서 지속하는 것은 잠시이고 일시적인 것이 정상이다. 오직 이 기 가운데 하나 주재는 매몰될 수 없다. 따라서 보통 사람도 모두 남을 차마 해치지 못하는 마음을 가지고 있고, 그 헤아리는 것은 배움의 과정으로 귀착한다.

『도계차기』

|26-19| 【내[당학징]가 도계桃溪에서 피서를 할 때, 우연히 선친이 편찬한 『제유어요諸儒語要』를 교정하고 시어侍御 오숙행吳叔行[7]에게 보

至萬有不齊. 先生既言性是氣之極有條理處, 過不及便非條理矣, 故人受此過不及之氣, 但可謂之氣質, 不可謂之性. 則只言氣是性足矣, 不必言氣之極有條理處是性也, 無乃自墮其說乎?

然則常人有氣質而無性乎? 蓋氣之往來屈伸, 雖有過不及, 而終歸於條理者, 則是氣中之主宰, 故雨暘寒燠, 恒者暫而時者常也. 惟此氣中一點主宰, 不可埋沒, 所以常人皆有不忍人之心, 而其權歸之學矣.

『桃溪剳記』

|26-19| 【鶴徵避暑於桃溪, 偶校先君子所纂『諸儒語要』,

냈다. 판각에 들어갈 때  촉발되는 바가 있어 생각나는 대로 기록하고 동지에게 요청하였다. 바로잡아줄 수 있다면 다행이겠다.】

| 26-20 | 건원乾元이 낳은 세 가지는 하늘이요, 사람이요, 땅이다. 사람은 어째서 땅보다 먼저인가? 땅은 곤坤의 도이다. 하늘의 때를 받들어 행하니 하늘보다 앞설 수 없다. 그러므로 하늘보다 뒤이면 주재를 얻고 앞서면 미혹된다. 사람은 도리어 앞설 수도 있고 뒤에 있을 수도 있다. 그러므로 "하늘을 통어한다."고 하고, "하늘보다 앞서 하지만 하늘이 어긋나지 않고, 하늘보다 뒤에 하여 하늘의 때를 받든다."[8]라고 한다. 세상 사람들은 하늘이 사람을 낳는다고 말하고, 사람을 낳는 것이 하늘을 통어하는 건원乾元임을 모른다. 사람은 건원에서 생겨나고 하늘과 땅 역시 건원에서 생겨난다. 그러므로 함께 일컬어 삼재三才라고 부른다.

| 26-21 | 『중용』의 첫머리에 "하늘이 부여한 것을 성性이라 한다."고 말하였고 뒤에 또 "사람을 알고자 하면 하늘을 알지 않으면 안 된

寄吳侍御叔行.  入梓時, 有觸發處, 隨筆記之, 以請於同志, 幸有以正之也.】

| 26-20 | 乾元所生三子, 曰天, 曰人, 曰地. 人何以先於地也? 地, 坤道也, 承天時行, 不得先天也. 故後則得主, 先則迷矣.  人却可先可後者, 故曰"御天", 故曰"先天而天弗違, 後天而奉天時". 世人皆謂天能生人, 不知生人者却是統天之乾元耳.  人生於乾元, 天地亦生於乾元, 故並稱之曰三才.

| 26-21 | 『中庸』首言"天命之謂性", 後又言"思知人, 不可

---

7    시어(侍御) 오숙행(吳叔行): 미상.

8    "하늘을 통어한다 … 때를 받든다": 『周易』「乾卦 · 象傳」; 「乾卦 · 文言」.

다."[9]라고 하였다. 왜 그런가? 사람과 하늘은 함께 건원乾元에서 생겨났다. 건원은 한 사물을 낳을 때마다 반드시 전체全體로서 부여해 준다. 하늘은 한 개 건원을 얻고, 사람도 하나 한 개 건원을 얻는다. 건원으로부터 얻은 것은 크고 작음과 두텁고 엷음의 차이가 전혀 없다.

『중용』의 뒷쪽에서 "『시詩』에 '하늘의 명령이여, 아 심원하여 그침이 없다'라고 하였는데 대개 하늘이 되는 소이所以를 말한 것이요, '아, 어찌 현저顯著하지 않겠는가? 문왕文王의 덕이 순일함이여!'라고 하였는데, 대개 문왕이 되는 소이가 순일하고 또 그침이 없음에 있음을 말한 것이다."[10]라고 하였다. 하늘과 문왕은 조금도 차이가 없다. 단지 하늘에 있을 때는 "그침이 없다."라고 하였고 문왕에 있을 때는 "순수하다."라고 하였다. 본래 문왕의 "순수함"과 같은 것이 아니라면 어떻게 하늘의 "그침이 없는 것"과 같을 수 있겠는가?

그러나 하늘은 만고에 변하지 않지만, 사람은 모두가 문왕과 같지는 못하다. 사람이 모두

以不知天". 何也? 人與天並生於乾元, 乾元每生一物, 必以全體付之, 天得一箇乾元, 人也得一箇乾元, 其所得於乾元, 絕無大小厚薄之差殊.

『中庸』後面言: "『詩』云: '維天之命, 於穆不已.' 蓋曰天之所以爲天也. '於乎不顯, 文王之德之純.' 蓋曰文王之所以爲文也, 純亦不已." 天與文王, 毫爽不差, 特在天名之曰"不已", 在文名之曰"純"耳. 非其本來之同文王之"純", 安能同天之"不已"哉?

然惟天則萬古不變, 而人不皆文也,

---

9 　사람을 알고자 … 안 된다:『중용장구』20장.
10 　『시(詩)』에 '하늘의 … 말한 것이다:『중용장구』26장.

문왕과 같지는 못하며 게다가 하늘은 문왕이 미칠 수 있는 바가 아니라고 한다. 그러므로 고하여 "하늘에서는 명령[命]이 되고, 사람에서는 본성이라고 한다."[11]라고 하였다. 그러나 실제로는 하나이기 때문에 "하늘이 명령한 것을 본성이라고 부른다."라고 한 것이다. 사람의 본성을 알고 싶다면 하늘의 명령을 알지 않으면 본성의 크기를 알 수 없다. 그러므로 "사람을 알고자 하면 하늘을 알지 않으면 안 된다."라고 하여 사람들에게 본성을 다 발휘하는 법을 보인 것이다. 『상서』「태갑太甲」에 "이 하늘의 밝은 명령을 돌아보았다."고 하였다. 때때로 이러한 것을 살펴본 것이다. 맹자 또한 "그 본성을 알면 하늘을 안다."[12]라고 하였다. 이것은 이른바 "리를 궁구하고 본성을 다 발휘하여 천명에 이른다."[13]는 것이다.

| 26-22 | 천지 사이에 가득찬 것이 일기一氣일 뿐이다. 낳고 낳아 끊임없는 것이 모두 이것이다. 건원乾元, 태극太極, 태화太和가 모두 기의 별명이다. 음과 양으로 나뉘어 전개되는 수천수만의 변화가 조리가 정치하고 상세하여 끝내

人不皆文, 且以爲天非文之所可及矣, 故告之曰"在天爲命, 在人則謂之性", 其實一也, 故曰"天命之謂性". 欲知人之性, 非知天之命, 不能知性之大也, 故曰"思知人, 不可以不知天", 示人以盡性之則也. 太甲曰: "顧諟天之明命." 時時看此樣子也. 孟子亦曰: "知其性則知天矣." 斯所謂窮理盡性以至於命也.

| 26-22 | 盈天地間一氣而已, 生生不已, 皆此也. 乾元也, 太極也, 太和也, 皆氣之別名也. 自其

---

11   하늘에서는 명령[命]이 … 본성이라고 한다: 『二程遺書』권18: "問: '心有善惡否?' 曰: '在天爲命, 在義爲理, 在人爲性, 主於身爲心, 其實一也. ….'"
12   그 본성을 알면 하늘을 안다: 『孟子』「盡心上」.
13   리를 궁구하고 … 천명에 이른다: 『周易』「說卦」.

어지럽게 될 수 없기 때문에 리理라고 부르니, 기 이외에 별도로 리가 있는 것이 아니다. 그 조리를 어지럽힐 수 없는 것이 마치 주재자가 있는 것 같기 때문에 제帝라고 한다. 낳는 것에서 하늘이면 명령이라고 말하는 것은 천지가 그에 따르고 훼방하지 않는 점으로 말한 것이다. 낳는 것이 사람이면 본성이라고 말하는 것은 내 마음이 이 생기生機[14]에 머무르는 점으로 말한 것이다. 하늘은 이 명령을 따라 운행하므로 천도天道라 부르고 사람은 이 본성을 따라 행하므로 인도人道라 부른다. 도로의 도를 빌려서 이름을 붙인 것이다. 사람들은 이 리理, 이 도道, 이 성性, 이 명命이 천하에서 최고의 영명한 것으로 기가 할 수 있는 것이 아니라고 말하지만, 기를 버리고 이런 영명함을 가질 수 없음은 모르고 있다. 시험삼아 사람이 죽어 기가 흩어지는 것을 보라, 여전히 영명함이 있던가?

分陰分陽, 千變萬化, 條理精詳, 卒不可亂, 故謂之理, 非氣外別有理也. 自其條理之不可亂, 若有宰之者, 故謂之帝. 生之爲天, 則謂之命, 以乾坤之所由不毀言也. 生之爲人, 則謂之性, 以吾心舍此生機言也. 天率是命而運, 則謂之天道, 人率是性而行, 則謂之人道, 借道路之道以名之也. 人以爲斯理斯道斯性斯命, 極天下之至靈, 非氣之所能爲, 不知舍氣則無有此靈矣. 試觀人死而氣散, 尚有靈否?

| 26-23 | 마음[心]과 본성[性]에 대한 변론은 옛날이나 지금이나 분분하다. 그 연원에 대하여

| 26-23 | 心性之辨, 今古紛然, 不明其所

---

**14** 생기(生機): 당학징(唐鶴徵)이 乾元, 天機 등으로 표현하는 내용과 같다. 만물을 낳고, 생명을 주는 一氣가 조리가 있고 정미하게 활동하는 것을 의미한다.

밝지 못하기 때문에 '의리의 본성'과 '기질의 본성'을 말하는 이가 있고, '의리의 마음'과 '혈기의 마음'을 말하는 이가 있다. 모두 잘못이다. 본성[性]은 이 기氣가 지극히 조리 있는 것에 불과하다. 기를 버려두고 어떻게 본성이 있을 수 있겠는가? 마음[心]은 오장의 심장에 지나지 않는다. 오장을 버려두고 어떻게 마음이 있겠는가? 마음이 묘응하는 곳은 심장의 빈 곳에 있으니, 본성이 머무르는 바이다. 심心자가 만들어진 뜻을 보면 안다. 마음 가운데에서 생겨나는 것이 본성[性]이다. 대개 완전무결하게 한 개 건원乾元이 이 심장에 몸을 의탁하고 있기 때문에 이 심장의 빈 곳은 실로 태허太虛와 한 몸이다. 그러므로 무릇 태허가 포괄하고 있는 것을 내 마음이 갖추고 있지 않음이 없다. 이 마음의 영명함이 곧 본성이다.

『시詩』와 『서書』에서 마음을 말하면서 본성을 말하지 않거나 본성을 말하면서 마음을 말하지 않은 것은 한쪽만 뜻하는 것이 아니다. 마음을 거론하면 본성이 그 속에 있고, 본성을 거론하면 마음이 그 속에 담겨 있다.

마음을 버리면 본성이 의탁할 곳이 없다. 본성을 버리면 마음이 어떻게 영명할 수 있겠는가? 맹자는 "자신의 마음을 다 발휘하는 사람

自來, 故有謂義理之性氣質之性, 有謂義理之心血氣之心, 皆非也. 性不過是此氣之極有條理處, 舍氣之外, 安得有性? 心不過五臟之心, 舍五臟之外, 安得有心? 心之妙處在方寸之虛, 則性之所宅也. 觀製字之義, 則知之矣. 心中之生, 則性也, 蓋完完全全是一箇乾元托體於此, 故此方寸之虛, 實與太虛同體. 故凡太虛之所包涵, 吾心無不備焉, 是心之靈, 卽性也.

『詩』, 『書』言心不言性, 言性不言心, 非偏也, 舉心而性在其中, 舉性而心在其中矣.

蓋舍心則性無所於宅, 舍性則心安得而靈哉? 孟子曰:

은 자신의 본성을 안다."[15]라고 하여 처음으로 마음과 본성을 함께 들어서 말하였다. 사실은 마음 가운데 지닌 본성을 알아서 다 발휘하는 것이 곧 마음을 다 발휘하는 것이라고 말한 것이다. 본성을 알지 않고 마음을 또한 어디에서 다 발휘하겠는가? 마음과 본성을 나누어 말할 수 없는 것이 한층 더 분명하다. 시험삼아 담미심규痰迷心竅[16]를 앓는 사람들을 살펴보면, 정신이 불안정하다. 역시 하나의 증거가 된다.

┃26-24┃ 천지 사이에 단지 일기一氣가 있음을 안다면, 건원乾元이 낳고 낳는 것이 모두 이 기임을 안다. 건원이 낳고 낳는 것이 모두 이 기라는 것을 안 이후에 본성에 대하여 말할 수 있다. 건원의 조리는 비록 맑지 않은 것이 없지만, 사람이 건원에서 기를 받음은 바다에서 물을 취하는 것과 같다. 바닷물은 짠 것도 있고 싱거운 것도 있다. 혹 한 국자 뜰 때, 반드시 짠 것과 싱거운 것을 겸해서 취하지는 않는다. 중간에 짜고 싱거운 것이 교차하여 중도에 맞는 경우도 있는데, 그렇게 되면 건원의 조리

"盡其心者知其性也." 始兼擧而言之, 實謂知得心中所藏之性而盡之, 乃所以盡心也. 非知性則心又何所盡耶? 其不可分言益明矣. 試觀人病痰迷心竅, 則神不守舍, 亦一驗也.

┃26-24┃ 知天地之間, 只有一氣, 則知乾元之生生, 皆是此氣. 知乾元之生生皆此氣, 而後可言性矣. 乾元之條理, 雖無不淸, 人之受氣於乾元, 猶其取水於海也. 海水有鹹有淡, 或取其一勺, 未必鹹淡之兼取, 未必鹹淡

---

**15**  자신의 마음을 … 본성을 안다: 『孟子』 「盡心上」.

**16**  담미심규(痰迷心竅): 한의학에서 濕痰이 心竅를 막아 의식에 장애가 발생한 증세를 가리킨다. 정신이 혼미해지고 목구멍에서 가래 끓는 소리가 나며 가슴이 답답해진다. 중풍, 조현증, 치매 등에 걸린 환자들에서 의식이 일정하지 않은 경우도 관련된 증상으로 설명한다. 『한의학대사전』 참조.

태상 응암 당학징 선생

를 모두 얻게 되어 성인이나 현인이 되는 것은 의심할 여지가 없다. 본래 본성이라고 하지만, 어떤 경우 짠 것을 취하기도 하고 어떤 경우 싱거운 것을 취하기도 한다. 그러면 딱딱함과 부드러움, 강함과 약함, 어두움과 밝음이 만 가지로 다르게 된다. 그렇지만 모두 본성이라고 말하지 않을 수 없다.

무릇 배움을 통해 교정할 수 있는 것은 그 기가 모두 아직 심하게 치우치지 않았기 때문이다. 하우下愚로 바뀌지 않는 것에 이르면 치우침이 극에 이른 것이다. 온전히 그 곤색한 상태로 살며 끝내 배우지 못한다. 공자는 본성이 서로 비슷하다고 하였는데, 또한 중인中人 이상을 말한 것이고, 상지上智와 하우는 포함되지 않는다. 그러나 요약하면 하우 이하는 금수가 되고 초목이 된다. 건원이 낳고 낳는 천기는 없는 곳이 없다. 그들이 같을 수 없지만 생명을 좋아하고 죽음을 싫어하는 마음은 같다. 대개 건원의 기가 생명이 아님이 없기 때문이다.

**| 26-25 |** 「건괘」의 「단사象辭」에 "각각 성명性命을 바르게 한다."라고 하였다. 건괘 구오九五 효의 「문언文言」에 "하늘에 근본을 둔 것은 위로 친하고, 땅에 근본을 둔 것은 아래로 친하

之適中也. 間有取其鹹淡之交而適中, 則盡得乾元之條理, 而爲聖爲賢無疑也. 固謂之性, 或取其鹹, 或取其淡, 則剛柔強弱昏明萬有不同矣, 皆不可不謂之性也.

凡可以學而矯之者, 其氣皆未甚偏. 至於下愚不移, 斯偏之極矣. 全以其困, 而終不能學也. 孔子謂之相近, 亦自中人言之耳, 上智下愚不與也. 然要之下愚而下, 則爲禽獸爲草木. 乾元生生之機, 則無不在也, 他不能同, 好生惡死之心同也, 蓋以乾元之氣無非生也.

**| 26-25 |** 「乾」之「象」曰: "各正性命." 九五之「文言」曰: "本乎天者親上, 本

다."라고 하였다. 이것이 이른바 "각각 바르게 한다."는 것이다. 그렇다면 성인이 위에 있어, 지나는 곳이 교화가 되고, 마음을 두는 곳이 신묘하게 변화되는 것에서도, 또한 금수와 초목의 영명함이 어찌 사람과 같아지게 할 수 있겠는가? 또한 하우를 상지와 어찌 같아지게 할 수 있겠는가? 따라서 성인은 스스로 만물이 각자 자신의 성명을 바르게 함에 지장을 주지 않을 뿐이다.

**| 26-26 |** 세상의 유학자들은 만물이 일체임을, 다른 사람의 본성을 다 발휘하게 하고 사물의 본성을 다 발휘하게 하는 것을, 천지의 화육에 참여하여 돕는 것을 경쟁적으로 말한다. 그러나 그 이유에 대하여 명확히 알지 못하기 때문에 끝내 남은 남이고, 사물은 사물이고 천지는 천지이고 나는 나이면서 억지로 부합시키니, 어찌 마음을 따라 행함에 간격이 없을 수 없겠는가? 나의 본성 전체가 건원乾元으로, 하늘과 땅을 낳고 사람과 사물을 낳은 것이 이 본성이 아님이 없음을 반드시 알아야 한다. 다른 사람과 사물의 본성에 조금이라도 천지의 화육을 다 발휘하지 못한 곳이 있다면, 조금이라도 천지의 화육에 참여하여 돕지 못한 곳이 있다면, 곧 나의 본성에 미세하게 흠결이 있는 것이다. 따라서 사람과 사물의 본성을 다하고 천지의 화육을 돕는 일을 그만둘 수

乎地者親下." 此則所謂各正矣. 然則雖聖人在上, 所過者化, 所存者神, 亦豈能使禽獸草木之靈同於人? 亦豈能使下愚之同於上智哉? 則己不害其爲各正矣.

**| 26-26 |** 世儒爭言萬物一體, 盡人性盡物性, 參贊化育. 不明其所以然, 終是人自人, 物自物, 天地自天地, 我自我, 勉強湊合, 豈能由中而無間? 須知我之性, 全體是乾元, 生天生地生人生物, 無不是這性. 人物之性, 有一毫不盡天地之化育, 有一毫參贊不來, 卽是吾性之纖毫欠缺矣, 則知盡人物, 贊化育之不容已也.

없음을 안다.

| 26-27 | 사람들은 『중용』에서 자신의 본성을
다 발휘하는 것, 다른 사람의 본성을 다 발휘
하게 하는 것, 사물의 본성을 다 발휘하게 하
는 것, 천지의 화육을 돕는 것, 천지의 화육에
참여하는 것을 번갈아 언급하는 것을 보고, 자
신의 본성을 다 발휘하는 것 이외에 별도로 다
른 사람과 사물의 본성을 다 발휘하게 하는 것
이 있고, 다른 사람과 사물의 본성을 다 발휘
하게 하는 것 이외에 천지의 화육에 참여하여
돕는 일이 있는 것처럼 여기고, 다른 사람과
사물의 본성을 다 발휘하게 하는 것이 곧 스스
로 자신의 본성을 다 발휘하는 것이요, 다른
사람과 사물의 본성을 다 발휘하게 하는 것이
곧 천지의 화육에 참여하여 돕는 것임을 모른
다. 대개 우리 사람은 다른 사람을 살리고 사
물을 살리는 것을 빼고는 별도로 자신의 본성
이 없고, 천지는 사람을 살리고 사물을 살리는
것을 제외하고는 별도로 화육함이 없기 때문
에, 지극한 성실함으로 다른 사람과 사물의 본
성을 다 발휘하게 하는 것이 비로소 자신의 본
성을 다 발휘하는 것이고, 곧 천지의 화육을
돕는 것이다.

| 26-28 | 무엇을 일러 다른 사람의 본성을 다
발휘하게 하고, 사물의 본성을 다 발휘하게 한

| 26-27 | 人見『中
庸』遞言盡己性，盡
人性，盡物性，贊化
育，參天地，似是盡
己性外，別有盡人物
之性，而盡人物之性
外，仍有參贊之功。
不知盡人物之性，乃
所以自盡其性，而盡
人物之性，卽所以參
贊化育。蓋緣吾人
除却生人生物，別無
己性；天地除却生人
生物，別無化育。故
至誠盡得人物之性，
方是自盡其性，卽是
贊化育矣。

| 26-28 | 何謂盡人
性，盡物性？俾各不

다고 하는가? 각자 자신의 생기生機를 잃지 않게 하는 것일 뿐이다. 그러므로 "각각 성명을 바르게 하고, 태화를 보존하고 태화에 화합하니, 곧 바르면 이롭다."[17]라고 한 것이다.

**| 26-29 |** 성인은 다른 사람과 사물의 본성을 다 발휘하게 하여 스스로 자신의 본성을 다 발휘하는 일에서 잠시도 방심하지 않는다. 그러나 자공子貢이 널리 베풀어 대중을 구제하는 것을 언급하자 성인은 도리어 또한 유추하여 깨우쳐 주면서 "요와 순 그들도 오히려 자신의 병통으로 여겼다."[18]라고 하였다. 대개 성인은 자신이 다 발휘할 수 있는 것은 반드시 얻기를 잘하지만, 기필할 수 없는 시대와 자리를 반드시 얻는 것은 잘하지 못한다. 널리 베풀어 대중을 구제하는 것은 자리에 오르고 싶고 영달하고 싶어하는 마음 이외에 더 더해서 하는 것이 있는 것은 아니다. 그러나 시대와 지위를 반드시 얻어야만 행할 수 있다. 본래는 다른 사람을 세워 주고 다른 사람을 영달하게 해 주는 한 가지 마음이 있을 뿐이다.

**| 26-30 |** 오직 『주역』에서 한 개 건원乾元을

失其生機而已. 故曰: "各正性命, 保合太和, 乃利貞."

**| 26-29 |** 聖人於盡人物之性, 以自盡其性, 未嘗時刻放過. 然子貢說起博施濟衆, 聖人却又推開了, 曰: "堯, 舜其猶病諸." 蓋聖人能必得己所可盡處, 而不能必得時位之不可必, 博施濟衆非有加於欲立欲達之外也, 但必須得時得位, 乃可爲之, 合下只有一箇立人達人之心而已.

**| 26-30 |** 惟『易』標

---

17    각각 성명을 … 바르면 이롭다: 『周易』「乾卦·象傳」.
18    자공(子貢)이 널리 … 병통으로 여겼다: 『論語』「雍也」: "子貢曰: '如有博施於民而能濟衆, 何如? 可謂仁乎?' 子曰: '何事於仁? 必也聖乎! 堯舜其猶病諸.'"

제시하여 하늘을 통섭하고, 하늘의 낳고 낳는 것에 한 가지 본래적인 것이 있음을 드러냈다. 그 밖의 경서들은 천지의 화육을 말했을 뿐이다. 대개 천지天地가 있는 것부터는 건원을 드러낼 수 없다. 그러나 공부하는 사람들은 건원을 알지 않으면 결국 학문에 두서가 없다.

|26-31| 공자는 『주역』을 찬술하는 것 외에 사람들을 가르칠 때 건원乾元으로부터 설명하지 않았다. 그러므로 자공은 "선생께서 성과 천도에 대하여 말하는 것을 얻어들을 수 없었다."[19]라고 하였다. 공자는 기타 문하의 제자에 미쳐서도 여전히 해설할 수 없었고, 단지 말을 하지 않고자 하였다.[20] 공자는 결국 유도하기를 잘하였고, 설명한 것은 단지 공자였지만, 학인들과 함께할 때는 절대로 사용한 곳이 없었다. 그러므로 맹자는 "군자가 도를 따라 깊이 나아가는 것은 자득하려는 것이다."[21]라고 하였다. 그 가르침에 대해서는 "위로하고 위무하고, 바로잡고 곧게 하고, 보조하고 도와주라."[22] 하였으니 이 모두 자득하게 하기 위한

出一箇乾元來統天, 見天之生生有箇本來. 其餘經書, 只說到天地之化育而已, 蓋自有天地而乾元不可見矣. 然學者不見乾元, 總是無頭學問.

|26-31| 孔子舍贊『易』之外, 教人更不從乾元說起, 故子貢曰: "夫子之言性與天道, 不可得而聞也." 及諸門弟子, 猶不能解, 直欲無言. 孔子總是善誘, 說來只是孔子的, 與學者絕無用處, 故孟子曰: "君子深造之以道, 欲其自得之也." 其教也, 曰 "勞之來之, 匡之直之, 輔之

---

19  선생께서 성과 … 수 없었다: 『論語』「公冶長」.
20  공자는 기타 … 않고자 하였다: 『論語』「陽貨」: "子曰: '予欲無言.' 子貢曰: '子如不言, 則小子何述焉?' 子曰: '天何言哉? 四時行焉, 百物生焉, 天何言哉?'"
21  군자가 도를 … 자득하려는 것이다: 『孟子』「離婁下」.

것이다. 배우고 가르치는 것은 자득하는 것 이외에 별도의 다른 길이 없다. 자득하기를 바란다면 깨닫는 것 이외에 별도의 얻을 길이 없다. 공자가 말이 없었던 것은 곧 깊이 말한 것이다.

회암(晦菴: 朱熹) 선생은 "깨달음을 방법으로 삼는 것은 곧 불교의 방법으로 우리 유교에는 없는 것이다."[23]라고 하였다. 글자의 쓰임이 다른 것을 모른 것이다. 이천伊川이 말한 선각先覺과 후각後覺[24]에서 각覺은 곧 깨닫는다는 뜻이다. 공자 문하의 생지生知, 학지學知, 곤지困知[25]에서 지知는 곧 깨닫는다는 뜻이다. 후대의 유학자들이 말하는 찰식察識도 또한 깨닫는다는 뜻이다. 씀이 같지 않은 것을 두고 있고 없음을 논하는 것이 어찌 옳겠는가?

| 26-32 | 성인이 태화를 보존하고 태화太和에 화합함[26]에 이르는 것은 온전히 한 개 건원乾元

翼之", 皆所以使之自得耳. 爲學爲教, 舍自得別無入路. 欲自得, 舍悟別無得路. 孔子之無言, 乃所以深言之也.

晦菴先生謂: "以悟爲則, 乃釋氏之法, 而吾儒所無有." 不知其用字不同耳. 伊尹之先覺後覺, 則覺卽悟也. 聖門之生知, 學知, 困知, 則知卽悟也. 卽後儒之所謂察識, 亦悟也. 豈可以用之不同而論其有無哉?

| 26-32 | 聖人到保合太和, 全是一箇乾

---

22    위로하고 위무하고 … 보조하고 도와주라: 『孟子』 「滕文公上」.
23    깨달음을 방법으로 … 없는 것이다: 『晦菴集』 권72, 「呂氏大學解」.
24    이천(伊川)이 말한 선각(先覺)과 후각(後覺): 『二程遺書』 권14: "伊尹曰: '天地生斯民也, 使先知覺後知, 使先覺覺後覺. 予天民之先覺者也, 予將以斯道覺斯民也. 釋氏之云覺, 甚底是覺斯道? 甚底是覺斯民.'"
25    공자 문하의 … 학지(學知), 곤지(困知): 『中庸』 20장: "或生而知之, 或學而知之, 或困而知之, 及其知之一也."
26    각각 성명을 … 태화에 화합함: 『周易』 「乾卦・象傳」.

태상 응암 당학징 선생

이다. 대개 천하의 사물은 화합하면 생겨나고 어긋나면 생겨나지 않는 것, 이것은 의심의 여지가 없다. 건원이 낳고 낳는 것은 또한 이 한 덩어리 태화의 기일 뿐이다. 사람마다 이 태화의 기를 가지고 있지만 다만 어긋남으로 인해 잃는다. 『중용』에 "발동하여 모두 절도에 맞으면 화(和: 화합함)라고 한다."[27]라고 말하였다. 맹자는 "새벽의 맑은 기일 때 좋아하고 싫어하는 것이 다른 사람과 서로 비슷한 것이 얼마 안 된다."[28]라고 하였다. 그렇다면 절도에 맞음이 화합이요, 다른 사람과 같이하는 것이 절도에 맞는 것이다. 『대학』에서 "백성들이 좋아하는 것을 좋아하고, 백성들이 싫어하는 것을 싫어하는 것, 이것을 일러 백성의 부모라고 한다."라고 하였다. 이것이 이른바 다른 사람과 같이하는 것이요, 이른바 절도에 맞는 것이다. 그렇다면 태화의 기를 회복하고자 바란다면 어찌 먼 곳에 있겠는가? 또한 다른 사람과 서로 비슷한 것으로부터 살필 뿐이다.

**| 26-33 |** 옛날부터 성인이 학문을 논할 때 오직 심心, 성性, 명命을 말하고, 일체 기氣를 논한

元矣, 蓋天下之物, 和則生, 乖戾則不生, 此無疑也. 乾元之生生, 亦只此一團太和之氣而已. 人人有此太和之氣, 特以乖戾失之. 『中庸』曰: "發而皆中節謂之和." 孟子曰: "其平旦之氣, 好惡與人相近也者幾希." 然則中節卽是和, 與人同卽是中節. 『大學』曰: "民之所好好之, 民之所惡惡之, 此之謂民之父母." 此所謂與人同, 所謂中節也.―然則求復其太和之氣, 豈在遠哉? 亦自其與人相近者察之而已.

**| 26-33 |** 自古聖人論學, 惟曰心, 曰性,

---

27    발동하여 모두 … 화(和: 화합함)라고 한다: 『중용』 1장.
28    새벽의 맑은 … 안 된다: 『孟子』 「告子上」.

경우가 없었다. 맹자에 이르러 비로소 양기(養氣: 호연지기를 기름)의 설이 나오면서, 천지간에 단지 일기一氣가 있음을 참되게 알았다. 이른바 리理, 성性, 신神은 총괄하면 이 기가 가장 맑은 것이다. 맑으면 비고, 밝고, 영명하고, 지각한다. 기의 맑은 것을 기르면 비고, 밝고, 영명하고, 지각하는 종종의 것이 모두 갖추어진다. 그러나 이른바 기른다는 것은 또한 양생가들이 기르는 것과 같은 것이 아니라 직(直: 곧음)으로 기르는 것이다. 반드시 일삼음이 있는 것이 이른바 기르는 것이다. 미리 확정하지 않거나, 잊거나, 조장하는 것은 모두 난폭하고 해치는 것이다. 마음을 미리 확정하지 않고, 잊지 않고, 조장하지 않는 것이 이른바 직直이다. 그러나 기르는 것을 산만하게 말할 수 있는 것이 아니다. 모름지기 잘 이해한 뒤에 기를 수 있다. 이해하는 법은 새벽의 맑은 기가 그것이다. 대개 기는 이 비고 맑고 영명하고 지각하는 것을 원래부터 싣고 있다. 기른다는 것은 기가 비고 맑고 영명하고 지각하는 것을 예전 그대로 혼연히 하나가 되게 하여 그 본래의 상태를 잃지 않게 하는 것이다.

**| 26-34 |** 천지간에 단지 이 기가 있다. 따라서 내 기가 곧 천지와 만물의 기이다. 내 성性이

曰命, 並未有言氣者. 至孟子始有養氣之說, 眞見得盈天地只有一氣. 其所謂理, 所謂性, 所謂神, 總之是此氣之最淸處. 淸便虛, 便明, 便靈, 便覺, 只是養得氣淸, 虛明靈覺種種皆具矣. 然所謂養者, 又非如養生家之養也, 以直養之而已. 必有事焉, 所謂養也, 正, 忘, 助皆暴也害也. 勿正心, 勿忘, 勿助長所謂直也, 然非可漫然言養也, 須要識得, 然後養得. 其識法則平旦之氣是也. 蓋氣原載此虛明靈覺而來, 養之所以使氣虛明靈覺, 仍舊混然爲一, 不失其本來而已.

**| 26-34 |** 盈天地間, 只有此氣, 則吾之

115

태상 응암 당학징 선생

곧 천지의 명命이요 만물의 성性이다. 천지는 저대로 천지가 되고, 나는 따로 내가 되고, 사물도 따로 사물이 되는 것은 내가 스스로 어긋나서 유행하고 통하는 기(機: 천기)를 막기 때문이다. 곧음으로 기르면 미발에서는 중(中: 치우침이 없음)이 되고 이발에서는 화(和: 지나치거나 모자람이 없음)가 되며, 나의 기와 성은 그대로 천지만물과 하나가 된다. 그러므로 "천지 사이를 가득 채운다."[29]고 하고, "태화를 보존하고 태화에 화합한다."고 말한 것이다. 이것이 이른바 "순수하고 또한 그침이 없다."는 것이다. 그런데도 어찌 신선과 부처가 언급할 만하겠는가? 공부가 여기에 이르지 않으면 배우지 않는 것만도 못하다.

| 26-35 | 인仁은 생기生機이다. '극기복례克己復禮'의 '기己'는 신체 곧 이목구비와 사지이다. 예는 사물의 법칙이다. 『중용』에 "인仁은 사람이다."라고 하였고, 『맹자』에 "인이란 사람이다."[30]라고 하였다. 따라서 사람의 신체, 이목

氣, 卽天地萬物之氣也, 吾之性, 卽天地之命, 萬物之性也. 所以天地自天地, 我自我, 物自物者, 我自以乖戾塞其流通之機耳. 以直養則未發卽是中, 已發卽是和, 吾之氣, 吾之性, 仍與天地萬物爲一矣, 故曰"塞乎天地之間", 故曰"保合太和". 吾之氣, 吾之性, 至與天地萬物爲一, 此所謂純亦不已, 尙何仙佛之足言! 學不至此, 不若不學也.

| 26-35 | 仁生機也, 己者形骸, 卽耳目口鼻四肢也, 禮則物之則也. 『中庸』曰: "仁者人也." 孟子曰:

---

29    천지 사이를 가득 채운다: 『孟子』「公孫丑上」.
30    인이란 사람이다: 『孟子』「盡心下」.

구비와 사지 어느 것이 이 생기가 아니겠는가? 그리고 나를 낳는 것은 곧 하늘과 땅을 낳고 사람과 사물을 낳는 것이다. 그런데 어째서 유행하여 통하지 못하고 반드시 극기복례(克己復禮: 자신을 이기고 예로 돌아감)가 필요한가? 사람은 오직 신체, 곧 이목구비와 사지가 그 법칙을 잃으면 간격이 생긴다. 남과 나, 천지가 서로 유행하여 통하지 못할 뿐 아니라 자신 한 몸의 생기도 또한 잘 통하지 못한다. 그러므로 "속여서 살아남은 것은 운이 좋아 면한 것이다."[31]라고 하였다. 예가 아닌 것을 보지 않을 수 있으면 눈은 그 법칙을 얻는다. 예가 아닌 것을 듣지 않을 수 있으면 귀는 그 법칙을 얻는다. 예가 아닌 것을 말하지 않으면 입은 그 법칙을 얻는다. 예가 아닌 것에 움직이지 않으면 사지는 그 법칙을 얻는다. 이목구비와 사지가 각각 그 법칙을 얻으면 내 한 몸은 어디를 가나 생기가 통하지 않음이 없으니, 천지만물과 서로 유행하여 통하지 못함이 있겠는가? 생기와 천지만물이 서로 유통하면 천지만물이 모두 내가 낳고 낳는 것이다. 그러므로 "천하가 인으로 돌아간다."[32]라고 하였다. 『중용』

"仁也者人也." 則人之形骸, 耳目口鼻四肢, 何莫非此生機? 而生我者, 卽是生天, 生地, 生人, 生物者也, 何以不相流通, 必待於克己復禮也? 人惟形骸, 耳目口鼻四肢之失其則, 斯有所間隔, 非特人我天地不相流通, 雖其一身生機, 亦不貫徹矣, 故曰: "罔之生也幸而免". 苟能非禮勿視, 目得其則矣; 非禮勿聽, 耳得其則矣; 非禮勿言, 口得其則矣; 非禮勿動, 四肢得其則矣. 耳目口鼻四肢各得其則, 則吾一身無往非生機之所貫徹, 其

---

**31**  속여서 살아남은 … 면한 것이다: 『논어』 「옹야」.

**32**  천하가 인으로 돌아간다: 『論語』 「顔淵」. '歸'를 주자는 '與'로 해석하여 천하 사람들이 그가 어진 것을 인정한다는 뜻으로 해석하였다. 공영달은 군주가 인을 행하면, 그 인을 행하는 군주에게 백성들이 귀부한다는 뜻으로 해석하였다.

(31장)에서 "무릇 혈기血氣를 가진 것은 어느 것이나 존중하면서 친애하지 않음이 없다."라고 한 말은 인으로 돌아가는 징험이다.

| 26-36 | '치지(致知: 앎을 미루어 다함)'와 '치곡(致曲: 한쪽을 미루어 다함)'[33]의 '치(致: 미루어 다함)'는 곧 맹자가 이른바 '확대해서 충만하게 한다'는 것이다. 그러나 반드시 알아야 모두 확대해서 충만하게 한다. 모르면 확충한 것이 어떤 것이겠는가? 그러므로 치지가 득得과 지止 이후에 놓여 있고, 치곡이 명선明善 뒤에 놓인 것이다. 모두 먼저 아는 바가 있은 뒤에 미루어 다하는 것이다. 지(知: 앎)은 명덕이다. 이 지知를 어찌 사람이 본래 지니지 않은 것이라고 말하겠는가? 정식情識[34]이 용사하면서 진지眞知가 어두워져, 그 사이에 진지가 발현되어도 알 길이 없다. 그러므로 "행하면서도 밝지 못하고,

有不與天地萬物相流通者乎? 生機與天地萬物相流通, 則天地萬物皆吾之所生生者矣, 故曰"天下歸仁". 『中庸』曰: "凡有血氣者, 莫不尊親." 則歸仁之驗也.

| 26-36 | 致知致曲之致, 卽孟子所謂'擴而充之'矣. 然必知皆擴而充之, 不知, 則所擴充者是何物? 故致知在得止之後, 致曲在明善之後, 皆先有所知而後致也. 知卽明德也, 此知豈曰人所本無哉! 情識用事, 而眞知晦矣, 卽有眞知發見於其間, 無由識

---

**33** 치곡(致曲: 한쪽을 미루어 다함): 『중용』 23장. '曲'을 주희는 '한쪽[一偏]'으로, 정현은 '작은 일[小小之事]'로 해석하였다.

**34** 정식(情識): 불교에서 욕구와 정념을 가지고 분별하는 의식을 가리킨다. 理學者들 역시 사욕을 투영하여 사물을 분별하고 이해하는 의식을 뜻한다.

익숙하면서도 자세히 살피지 못하고, 평생 따라 행하지만 그 도를 알지 못하는 자가 대중이다."[35]라고 하였다. 깨닫는 것이 아니고, 자득하는 것이 아니라면 어떤 방법으로 알겠는가? 그러나 한갓 "양지를 남김없이 다 발휘한다[致良知]."고 말만 하고 양지가 어떤 모양인지 모른다면 어떻게 적을 자식으로 오인하지 않을 수 있겠는가?

**| 26-37 |** 동래씨(東萊氏: 呂祖謙)는 "치지와 격물은 수신의 근본이다. 지知는 양지이다."[36]라고 하였다. 따라서 양명 선생의 치량지는 이전 사람이 이미 말한 것이다. 다만 격물에 대한 설은 참으로 분분한 송사처럼 만세토록 결론이 나지 않았다. 왜 그랬을까? 또한 경문을 깊이 탐구하지 않았기 때문이다. 격물 논의가 서로 어긋나는 것으로는 회암(晦菴: 주희)과 양명(陽明: 왕수인) 두 선생만 한 경우가 없다. 그러나 명덕이 본래 밝음을 논한 것에서는 끝내 다를 수 없다. 사욕에 가려 그 밝음을 잃기 때문에 대인大人이 그 밝음을 밝게 하려고 생각한 것 역시 다를 수 없다. 따라서 격물은 명덕을 밝히는 첫 번째 일이고 또한 명덕을 밝히는 실

矣, 故曰"行之而不著, 習矣而不察, 終身由之而不知其道者衆也." 非悟, 非自得, 何由知哉! 然徒曰"致良知", 而未識所謂良知者何狀, 幾何不認賊作子也!

**| 26-37 |** 東萊氏曰: "致知格物, 修身之本也. 知者, 良知也." 則陽明先生之致良知, 前人旣言之矣. 特格物之說, 眞如聚訟, 萬世不決, 何歟? 亦未深求之經文耳. 論格物之相左, 無如晦菴, 陽明二先生, 然其論明德之本明, 卒不可以異也. 私欲之蔽, 而失其明, 故大人思以

---

35 행하면서도 밝지 … 자가 대중이다: 『孟子』「盡心上」.
36 치지와 격물은 … 지(知)는 양지이다: 『晦菴集』 권72 「呂氏大學解」.

태상 응암 당학징 선생

질적인 노력이다.


　양명은 심心, 의意, 지知를 물物로 여기고 이들을 격(格, 바르게 함)하였지만, 심心, 의意, 지知를 물(物, 대상)이라고 할 수 없다. 회암(晦庵, 주회)은 사물에서 격(格, 궁구)한다고 주장하였지만, 이것은 덕성의 참된 지(知, 양지)에 대하여 모른 채, 보고 듣는 것으로서의 지식에서 찾은 것이다. 외물에 대한 욕구를 막아 제거한다는 속수(涑水, 사마광)의 주장은 물物이 욕구가 아님을 모른 것이다. 근세 태주泰州[37] 쪽에서는 격물의 물物이 "물(物, 사물)에는 본과 말이 있다."라고 할 때의 물(物, 사물)이라고 주장하였는데, 이것은 단지 자신이 근본이 되고 천하와 국가가 말단이 됨을 아는 주장일 뿐이다. 이들 주장들을 모두 격물格物하였다고 말할 수 있는가? 모두 명덕明德을 밝혔다고 말할 수 있는가? 결단코 그렇지 않다.

　『시詩』에 "하늘이 백성을 낳음에, 사물마다 법칙[則]이 있다."[38]라고 하였다. 맹자는 "물(物:

明其明, 亦不可以異也. 則格物者, 明明德之首務, 亦明明德之實功也.

　陽明以心意知爲物而格之, 則心意知不可謂物也. 晦菴謂事事物物而格之, 則是昧其德性之眞知, 而求之聞見之知也. 涑水有格去物欲之說, 不知物非欲也. 近世泰州謂物物有本末之物, 則但知身爲本, 天下國家爲末之說, 皆可謂之格物, 皆可謂之明明德乎? 必不然矣.

　『詩』云: "天生蒸民, 有物有則." 孟

---

**37** 태주(泰州): 태주학파에 속하는 王良은 格物의 物을 『대학』의 "물(物, 사물)에는 본과 말이 있다."는 物과 같은 뜻으로, 格은 格式 또는 契矩 곧 기준을 가지고 헤아리고 판단한다는 뜻으로 설명하였다.

**38** 하늘이 백성을 … 법칙[則]이 있다: 『詩』「大雅 · 烝民」.

외물)이 물(物: 감각기관)과 교접하면 유인할 뿐이다."<sup>39</sup>라고 하였다. 따라서 무릇 물物이라고 하면 반드시 오관(五官: 감각기관)이 있다. 법칙[則]은 곧 격格, 격格자의 뜻은 격식格式으로 풀이하는 것이 맞다. 격식이 법칙이 아니고 무엇인가? 사물이 그 법칙을 잃으면 사물마다 모두 명덕이 가려지고, 사물이 그 법칙을 얻으면 사물마다 모두 명덕의 작용함을 알아야 한다. 이른바 명덕을 이미 명확히 알고서 미루어 다해서 그 밝음을 온전하게 하고자 한다면 사물마다 법칙을 얻지 않으면 무엇으로 미루어 다 발휘하겠는가? 공자가 안자(顏子: 顏淵)에게 인仁을 행하는 것에 대해 일러 주면서 "예가 아니면 보지 말고, 예가 아니면 듣지 말고, 예가 아니면 말하지 말고, 예가 아니면 움직이지 마라."<sup>40</sup>라고 하였다. 다름 아닌 격물의 공부이다. 보고 듣고 말하고 움직이는데 모두 예가 아님이 없다면 오관은 각각 그 밝음으로 나아갈 것이다. 명덕이 어찌 밝지 않겠는가? 이것이 이른바 사물이 격格해져서 지知가 지극해진다는 것이다.

『중용』에서 "어떤 경우는 태어나면서부터 알고[或生而知之]" 이하의 6개 '지之'<sup>41</sup>는 모두 성

子曰: "物交物, 則引之而已." 則凡言物, 必有五官矣. 則卽格也. 格字之義, 以格式之訓爲正, 格式非則而何? 要知物失其則, 則物物皆明德之蔽; 物得其則, 則物物皆明德之用. 旣灼見其所謂明德, 而欲致之以全其明, 非物物得則, 何以致之? 孔子告顏子之爲仁曰: "非禮勿視, 非禮勿聽, 非禮勿言, 非禮勿動." 格物之功也. 視聽言動, 悉無非禮, 則五官各就其明矣. 明德尙何弗明哉! 此所謂物格而知至也.

『中庸』"或生而知之"以下六之字, 皆

---

**39** 물(物: 외물)로 물(物: 감각기관)과 … 유인할 뿐이다:『孟子』「告子上」.

**40** 예가 아니면 … 움직이지 마라:『論語』「顏淵」.

**41** 어떤 경우는 … 6개 '지(之)':『中庸』20장: "或生而知之, 或學而知之, 或困而知之, 及

性을 가리킨다. 태어나면서부터 알고 편안하여 행하는 것, 이것은 "성性을 따르는 것을 도道라고 한다."는 것에 해당한다. 배워서 알고, 곤경을 경험하여 아는 것은 이 성을 알아서 따르기를 찾는 것이다. 성을 따를 것 이외에 별도로 도道가 없다. 성을 아는 것 이외에 별도로 배움이 없다. 배워서 알고 곤경을 경험하여 아는 이는 태어나면서 아는 이와 비교하여 알기 전에 한 배 더 공부를 하는 것일 뿐이다. 알게 된 이후에는 태어나면서부터 아는 이와 더불어 각각 완전하게 갖춘다. 그러므로 "그 앎에 이르면 하나이다."라고 하였다. 세간에서는 태어나면서부터 아는 이는 배울 필요가 없다고 여긴다. 따라서 주자는 무릇 성인이 옛것을 좋아하여 민활하게 구하고, 배우기를 좋아하여 분발하는 것에 대하여 모두 자신을 겸손하게 낮추어 다른 사람을 가르치는 뜻이라고 말했지만, 옳지 않다. 알면서 행하지 않는 것은 알지 못하는 것과 같다. 곧 "편안히 행한다."고 하지만, 성인은 자신을 볼 때는 언제나 "도를 내다보면서도 보지 못한 듯이 한다."[42]라고 말하였고, "배우기를 미치지 못한 듯이 한다."[43]라고 하였다. 순이 한 가지 선한 말을 듣고 한 가지

指性也. 生而知, 安而行, 是率性之謂道也. 學而知, 困而知, 求知此性而率之也. 舍率性之外別無道, 舍知性之外別無學. 學知困知者, 較之生知, 只是多費一倍功夫於未知之先耳, 及旣知之後, 與生知各各具足矣, 故曰"及其知之一也." 世謂生知不待學, 故朱夫子於凡聖人好古敏求, 好學發憤, 皆以爲謙己誨人, 非也. 知而勿行, 猶勿知也. 卽曰"安行", 在聖人自視, 未嘗不曰"望道未見", 未嘗不曰"學如不及". 卽舜之聞一善言, 見一善行, 沛然若決江河,

---

其知之一也. 或安而行之, 或利而行之, 或勉强而行之, 及其成功一也."

**42** 도를 내다보면서도 … 듯이 한다: 『孟子』「離婁下」.

**43** 배우기를 미치지 … 듯이 한다: 『論語』「泰伯」.

선행을 보면 강물을 뚫은 것처럼 거침없이 행하여 아무도 막을 수 없었던 것도 또한 배우는 것이다. 대개 실행하는 곳이 곧 배우는 곳이다. 이익을 살피고 억지로 노력하는 자들에 비하여, 자연적으로 나올 수 있었을 뿐이다. 배워서 하는 것이 아니라고 말해서는 안 된다.

| 26-38 | "도를 따라서 행함"[44]은 곧 군자가 "도를 따라 깊이 나아가는 것"[45]이지만, 자득함에 이르지 못하면 이른바 "중도에 폐하는 것"[46]이다. 그러나 자득은 역시 말로 설명하기는 어렵다. 도를 따라 깊이 나아가는 것은 노력으로 할 수 있지만, 자득은 노력으로만 되지 않는다. 밝은 스승이 있다 해도 또한 위로하고 위무하고 바로잡고 곧게 하고 돕고 보조하여 하게 시킬 뿐이요, 기필할 수는 없다. 말하는 즉시 터득하는 이가 있는가 하면, 몇 년을 지나서 터득하는 자가 있고, 평생 터득하지 못하는 자가 있다. 감촉하는 것에 마음을 두지 않아서 터득하는 이가 있는가 하면 체험하여 구하는 데 마음을 두어 터득하는 이가 있고, 마음을 두든 안 두든 모두 터득하지 못하는 이도 있다. 터득함과 관련해서는 스승도 그 때와 일을

莫之能禦,亦學也.蓋行處卽是學處,特視利與勉強者,能出於自然耳,不可謂非學也.

| 26-38 | "遵道而行",卽是"君子深造之以道",不至於自得,卽所謂"半塗而廢"也.然自得亦難言矣.深造以道,可以力爲,自得不可以力爲也.卽有明師,亦惟爲勞來匡直,輔翼以使之而已,不能必之也.有言下卽得者,有俟之數年而得者,有終身不得者,有無心於感觸而得者,有有心於參求而得者,有有心無心

---

**44** 도를 따라서 행함:『中庸』11장.

**45** 도를 따라 … 나아가는 것:『孟子』「離婁下」.

**46** 중도에 폐하는 것:『中庸』11장.

기필할 수 없고, 자신도 그 때와 일을 기필할 수 없다. 공부하는 이는 하면 반드시 터득하겠다는 뜻을 가지고 일생동안 터득하지 못하면 다음 생에서 또한 반드시 얻기를 기필하면 터득하지 못하는 이가 없다.

| 26-39 | 어떤 이는 깨닫기 이전의 고된 노력은 모두 허비한 것이라고 말하지만, 이것은 그렇지 않다. 깨닫기 전이든 후이든 무릇 실질적인 노력이 있으면 모두 실제이다. 안자(顏子: 顏淵)가 깨달은 뒤에 예가 아니면 보지도 듣지도 말하지도 움직이지도 않는 것은 본시 참된 수행이다. 원헌原憲에게 벼슬을 시켰는데 원헌이 깨달음이 있었으니, 남을 이기고 자랑하고 원망하고 욕심내는 것을 행하지 않은 것[47] 역시 참된 수행이다.

| 26-40 | 천지 사이에 단지 일기가 있음을 오

俱不得者, 及其得之也, 師不能必其時必其事, 己亦不能必其時必其事也. 學者須是辨必得之志, 一生不得, 他生亦必期得之,❶ 則無不得者矣.

| 26-39 | ❷ 或謂未悟以前之苦功, 皆是虛費之力. 此不然也. 悟前悟後, 凡有實功, 皆實際也. 顏子悟後而非禮勿視聽言動, 固眞修也, 使原憲而有悟, 則其克伐怨欲之不行, 亦眞修也.

| 26-40 | 盈天地之

---

47 　원헌(原憲)에게 벼슬을 … 않은 것: 『論語』 「雍也」에 "原思爲之宰, 與之粟九百, 辭. 子曰: '毋. 以與爾鄰里鄕黨乎!'"라고 하였고, 「憲問」에 "克伐怨欲不行焉, 可以爲仁矣? 子曰: '可以爲難矣, 仁則吾不知也.'"라고 하였다. 원헌이 공자의 가신이 되어 녹봉을 너무 많다고 사양한 것을 깨달음이 있었던 것으로, 克伐怨慾을 행하지 않은 것은 깨닫기 이전에 원헌이 수행하였던 것으로 해석한 것이다.
❶　一生不得, 他生亦必期得之: 賈本에는 이 부분이 없다.
❷　29-39: 이 단락이 賈本에는 없다.

직 횡거(橫渠: 張載) 선생이 알았다. 그러므로 그의 말에 "태화는 이른바 도이다."라고 하였고, 또 "허공이 기임을 알면 있고 없음, 숨고 드러남, 귀신과 변화, 성과 명이 하나로 통하고 다름이 없다. 기가 모이고 흩어짐, 나가고 들어옴, 형태를 가지고 안 가짐을 살펴보면서 근본이 어디서 오는지를 미루어 알 수 있다면 『주역』에 깊이 조예가 있는 자이다."[48]라고 하였다.

| 26-41 | 송대 학자는 성인이 배우기를 좋아하는 것에 대하여 자신을 겸손하게 낮추고 다른 사람을 가르치기 위한 것이라고 여기면서 태어나면서부터 아는 사람은 배우는 것이 없다고 말하였다. 후대의 문파들은 다시 하나의 주장을 내세워 한번 깨닫고 나면 핵심을 알아 모든 것이 해결되는 것이라고 말하였다. 이로부터 사람들이 조금도 간파한 것이 없으면서 곧 자신을 충분하다고 여겨서 유자는 광유(狂儒: 뜻만 높고 실행이 뒤따르지 않는 유자)가 선사는 광선狂禪이 되게 하였다. 범부의 수준에서 보면 따르게 하는 것은 가능하지만 알게 하는 것은 어려워 실행하는 것은 쉬워 보이고 아는 것이 어렵지만, 성인의 견지에서 보면 아는 것은 그

間, 只有一氣, 惟橫渠先生知之. 故其言曰: "太和所謂道." 又曰: "知虛空卽氣, 則有無, 隱顯, 神化, 性命通一無二. 顧聚散出入, 形不形, 能推本所從來, 則深於『易』者也."

| 26-41 | 宋人惟以人之好學爲謙己誨人, 遂謂生知無學. 後來宗門更生出一種議論, 謂一悟便一了百當, 從此使人未少有見, 輒以自足, 儒爲狂儒, 禪爲狂禪. 不知自凡民視之, 可使由不可使知, 行似易而知難; 自聖人視之, 則知猶易, 而行之未有能盡者也, 故曰: "堯, 舜

---

48 태화는 이른바 … 있는 자이다: 두 인용문은 모두 『正蒙』「太和」에 나온다.

래도 쉽지만 실행을 다 할 수 있는 이가 없다는 것을 이들은 모르고 있다. 그러므로 "요와 순도 오히려 자신들이 잘 하지 못하는 병통으로 여긴다."라고 한 것이다.

대개 이 도의 외연은 비록 도의 밖이 없어 지극하지만, 도의 안은 매우 치밀하여 조금도 새는 것이 없다. 아직도 밖으로 새는 것이 있다면 비어 있으면서 가득 차지 않은 곳이 있어 크다고 하기에 부족하다. 그러므로 『중용』(27장)에 "넉넉하고 넉넉하여 크도다."라고 하였다. 충족시킴이 큼을 말한 것이다. 학문에서 그 공부를 치밀하게 하고 더불어 새어 나감이 없게 하는 것이 아니라면 나의 큼을 어떻게 이루겠는가? 성인이 "오로지 날마다 부지런히 노력하여 죽고 나서야 그만둔다."[49]라고 하고, "이것 이상은 아직 모른다."[50]라고 한 것이 모두 이 뜻이다. 배움에 멈추고 쉬는 것이 있겠는가? 이것은 자공이 (배움에 피로하여) 쉬기를 청하자, 공자가 (쉬는 것을) 죽음으로 알려 준 것이다.[51]

其猶病諸."

蓋斯道之大, 雖極於無外, 而中則甚密, 無纖毫滲漏. 倘有滲漏, 則是有虛而不滿之處, 不足以爲大矣. 故『中庸』曰: "優優乎❸大哉!" 言其充足之爲大也. 非學之密其功, 與之俱無滲漏, 何以完吾之大乎? 聖人之"俛焉日有孳孳, 死❹而後已", "過此以往, 未之或知", 皆此意也, 學其有止息乎? 此子貢請息, 而孔子

---

**49** 오로지 날마다 … 나서야 그만둔다:『禮記』「表記」.
**50** 이것 이상은 아직 모른다:『周易』「繫辭下」.
**51** 자공이 쉬기를 … 알려 준 것이다:『列子』권1「天瑞」에 관련 내용이 나온다. "子貢倦於學, 告仲尼曰: '願有所息.' 仲尼曰: '生無所息.' 子貢曰: '然則賜息無所乎?' 仲尼曰: '有焉耳. 望其壙, 睾如也宰如也, 墳如也鬲如也, 則知所息矣.'"
**❸** 乎:『中庸』에는 '乎'가 없다.
**❹** 死:『禮記』「表記」에는 '斃'로 되어 있다.

告之以死也.

**| 26-42 |** 맹자는 "그 뜻을 견지한다."라고 말하고 또 "그 기를 함부로 행사하지 않는다."[52]라고 하였다. 이것은 성종性宗의 학설을 일소시킴에 가깝다.[53] 맹자는 "잊지 마라."라고 하고 또 "조장하지 마라."라고 하였다. 이것은 명종命宗의 학설을 일소시킴에 가깝다.[54] 맹자 시기에 불교가 중국에 아직 들어오지 않았지만, 맹자는 미리 그 여지를 막았다. 조장하지 마라는 말에 대하여 사람들은 모두 의습義襲[55]을 경계한 것이라고 말한다. 그러나 맹자가 스스로 해명하여 "싹이 자라기를 돕는다고 한 짓이 싹을 뽑는 것이다."라고 하였다. 싹을 뽑는 것은 그 뿌리를 끊는 것이다. 의습이 참으로 해가 되기는 하지만, 그러나 어찌 뿌리를 끊는 지경에 이르겠는가? 얼른 알아차리고 얼른 고치면 뿌리는 그대로 있다. 유독 싹을 뽑는 것으로 비유를 한 것은 노자의 기를 통어하는 설로부터 도교의 도인술에 이르기까지 모두 이 싹을

**| 26-42 |** 孟子旣曰: "持其志", 又曰"無暴其氣", 似掃性宗之學; 旣曰"勿忘", 又曰"勿助長", 似掃命宗之學. 孟子時, 佛法未入中國, 已豫爲塞其寶矣. 至於勿助長, 人皆謂卽是義襲, 然孟子之自解曰: "助之長者, 揠苗者也." 揠苗者, 斷其根也. 夫義襲誠有害, 然何至斷根? 憬然悟, 憣然改, 則根本在矣. 獨以揠苗爲喻者, 自老氏御氣之說, 以至玄門之

---

52 그 뜻을 … 행사하지 않는다: 『孟子』「公孫丑上」浩然之氣章.

53 성종(性宗)의 학설을 일소시킴에 가깝다: 性宗은 본성이 주어져 있어, 그 본성을 깨닫기만 하면 공부와 수행을 필요치 않다는 頓悟의 사상을 가리킨다. 뜻을 견지하고 기를 함부로 행사하지 않는 것은 곧 공부요 수행이다. 따라서 당학징은 맹자의 발언이 頓悟를 주장하는 性宗을 비판하고 교정하는 것이 된다고 여긴 것이다.

54 명종(命宗)의 학설을 일소시킴에 가깝다: 命宗은 氣가 命數 또는 氣數를 이룬다고 여기고 氣 또는 命을 닦는 것을 종지로 삼는 사상, 곧 道敎를 가리킨다.

55 의습(義襲): 의로운 일을 계속해서 부지런히 행하지 않고 우연히 한 번 행한 것을 가지고 획득한 것으로 자처하는 행태를 가리킨다. 『孟子』「公孫丑上」.

뽑는 짓이다. 왜냐하면 이렇게 수행하면 기를 작위적으로 조작하여 본래의 모습을 모두 잃어버리게 된다. 비록 다른 사람이 곧음으로 기르는 도리를 설파해 주어도, 생각하는 것이 여전히 익숙한 길로 나아갈 것이다. 어떻게 다시 곧음으로 기를 수 있겠는가? 이것이 뿌리를 끊게 되는 이유이다.

**| 26-43 |** 관등지(管登之: 管志道)[56]는 일찍이 학문에 건원乾元을 투득한 이가 있고 곤원坤元을 투득한 이가 있다고 분별하였다. 이것은 역대 유자가 하지 못한 말이며 또한 모든 시대 유자가 알지 않으면 안 되는 말이다. 곤원을 투득하면 사람과 사물의 본성을 다 발휘하는 것이 사람이라면 응당 해야 하는 일임을 알지만, 여전히 남을 대신해서 일하는 것과 같다. 오직 건원乾元을 투득하면 곧바로 사람과 사물의 본성을 다 발휘하는 것이 사람으로서 하지 않을 수 없는 일임을 알며, 곧 자신의 일을 하는 것이 된다.

煉氣, 皆是也. 蓋惟是則將氣矯揉造作, 盡失本來, 雖有人與說破直養之道, 念頭到處, 依然走過熟路矣, 奚復能直養哉? 此所以爲斷根也.

**| 26-43 |** 管登之嘗分別學有透得乾元者, 有只透得坤元者, 此千古儒者所不能道語, 亦千古學者所不可不知語. 透得坤元, 只見得盡人物之性, 是人當爲之事, 猶似替人了事; 惟透得乾元, 纔知盡人物之性, 是人不容不爲之事, 直是了自己事.

---

56    관등지(管登之): : 管志道. 1536~1608. 자는 登之, 호는 東溟으로 太倉(江蘇 蘇州) 사람이다. 隆慶 5년(1571) 진사에 급제하였고, 南京兵部主事를 지내면서 소를 올려 張居正의 국정 운영을 비판하는 등 張居正과 맞지 않아 사직하고 귀향하여 학문에 몰두 『問辨錄』, 『續問辨錄』, 『師門求正牘』, 『續師門求正牘』, 『惕若齋集』 등 많은 저작을 남겼다. 권32 泰州學案 해설 부분에 소개되어 있다.

| 26-44 | 젊은 시절에 맹자가 제선왕에게 고한 재화를 좋아하고 미색을 좋아하는 것에 대한 설명[57]을 읽고 성현이 사람들을 가르침에 쇳덩이를 금으로 변환시키는 기막힌 기술이라고 생각하였다. 이제 생각해 보니, 단칼에 곧장 들어가 흔적을 남기지 않은 것으로, 공자가 자신이 서고 싶으면 남도 서게 해 주고 출세하고 싶으면 남도 출세하게 해 주는 것이 인仁이라고 하였던 것에 단지 표현만 바꾼 것임을 알았다. 왜냐하면, 백성과 함께한다는 한 생각만 일으키면 곧 백성이 좋아하는 것을 좋아하는 것이 되기 때문이다.

| 26-45 | 공부는 사이비를 변별하는 것보다 더 엄정한 것이 없다. 그러므로 『중용』 경문 다음에 군자와 소인의 중용을 먼저 구별하였다.[58] 『맹자』 거의 마지막 부분에 향원鄕原이 덕을 어지럽힘을 극도로 말하였다.[59] 공자가 소정묘少正卯를 주벌하면서 한 "행실이 사적으로 편벽되면서 주장이 굳세다."[60]는 등의 말은

| 26-44 | 少時讀孟子告齊宣好貨好色之說, 以爲聖賢教人點鐵成金手段. 及今思之, 乃知是單刀直入, 不著絲毫處, 與孔子欲立欲達, 只換得一箇名目. 蓋擧得箇與百姓同之一念, 便是民之所好好之矣.

| 26-45 | 學莫嚴於似是之辨, 故『中庸』聖經之下, 首別君子小人之中庸. 『孟子』七篇之將終, 極稱鄕愿之亂德. 則夫孔子誅少正卯之"行僻

---

57  맹자가 제선왕에게 … 대한 설명: 관련 내용은 『孟子』「梁惠王下」에 나온다. "王曰: '寡人有疾, 寡人好貨.' 對曰: '…王如好貨, 與百姓同之, 於王何有?' 王曰: '寡人有疾, 寡人好色.' 對曰: '…王如好色, 與百姓同之, 於王何有?'"

58  군자와 소인의 중용을 먼저 구별하였다: 『중용』 2장에 "仲尼曰: '君子中庸, 小人反中庸. 君子之中庸也, 君子而時中; 小人之中庸也, 小人而無忌憚也.'"라고 하였다.

59  『맹자』 거의 … 극도로 말하였다: 『孟子』「盡心下」 끝 부분에 나온다.

60  행실이 사적으로 … 주장이 굳세다: 『孔子家語』 권1「始誅」.

오히려 꾸짖을 수 있고 비난할 수 있는 경우여서 '사(似: 비슷하여 구분이 안 됨)'가 되기엔 미흡하다. 곧바로 비난하려고 해도 비난할 것이 없고, 꾸짖으려 해도 꾸짖을 것이 없는 경우, 그 비슷한 것이 참으로 말이나 형상으로 분별할 수 없는 것이 있으니, 어떻게 세상을 현혹시키고 백성을 속이지 않을 수 있겠는가? 그러므로 공자는 노자에 대해서 '같다[猶]'라고 하였고[61] 맹자는 향원에 대하여 '비슷하다[似]'라고 하였다. 모두 『춘추』에서 한 글자로 준엄하게 평가를 내리는 것이다. 그러나 진실하게 자신을 도모하는 사람이라면 자신의 마음에 돌이켜 볼 때 저절로 명확하여 어두울 수 없는 것이 있다.

| 26-46 | 옛날에 이단異端이라고 불리었던 것은 우리 성性 이외에 이른바 별도의 다른 것이 있는 것은 아니다. 단(端: 단서, 실마리)은 곧 우리 유교의 사단四端이다. 대개 우리 유교의 사단은 쪼개서 도道가 될 수 있는 것이 아니다. 그 단端이 나오는 것은 동일한 근원에 뿌리를 두고 있고, 그 도는 실로 서로 용用이 된다. 이해가 정밀하지 못하여 한 가지를 붙들고 우리

而堅"等語, 猶是可刺可非, 未足爲似也. 直至非之無非, 刺之無刺, 則其似處, 眞有不可以言語名狀分別者, 焉得不惑世誣民也? 故孔子於老子謂之曰'猶', 孟子於鄕愿謂之曰'似', 皆『春秋』一字之斧鉞也. 然眞實自爲之人, 反之吾心, 自有炯然不可昧者.

| 26-46 | 古稱異端者, 非於吾性之外, 別有所謂異也, 端卽吾之四端耳. 蓋吾之四端, 非可分而爲道者也, 其出本於一源, 其道實相爲用. 見之未審, 執其一曰

---

**61**　공자는 노자에 … '같다[猶]'라고 하였고: 『史記』 권63 「老莊申韓列傳」: "孔子去謂弟子曰: '至於龍, 吾不能知其乘風雲而上天, 吾今日見老子, 其猶龍邪.'"

성性은 이와 같고, 우리 도道는 여기에 있다고 주장하면, 그 세 가지가 부족한 상태임에도 아무도 알지 못하고 있을 뿐 아니라, 그 알고 있는 하나도 또한 우리가 말하는 하나가 아니다. 어떻게 다르지 않다고 말하지 않을 수 있겠는가? 양주楊朱도 처음에는 어찌 스스로 인을 주장하지 않았겠는가? 결국 아버지를 없는 것으로 여겨 인을 해침에 더 심한 것이 없는 지경에 이르렀다.[62] 오직 우리 사단이 쪼개서 도로 삼을 수 없음을 몰랐기 때문이다. 거리낌이 없는 소인에 이르러서도 군자와 마찬가지로 그 본성이 온전한 것을 똑같이 살핀다. 그 온전한 것만 엿보고 우리 본성이 이와 같고 우리 도가 여기에 있다고 하면서 더 이상 돌아보고 꺼리는 바가 없다. 천지가 오직 내가 높이고 낮추는 것이 되고, 백성과 사물이 오직 내가 전도시키는 것이 되지만, 세세하게 단속하는 견지로 규율할 수 없어 결국 군자와 등을 돌리고 질주하여 달려가는 바람에, 마침내 군자와 소인의 구별이 생겼다. 그렇게 된 것은 바로 마음이 미세하게 활동하는, 남은 알아보지 못하지만 오히려 더 잘 드러나는 때부터 신독愼獨의 공부가 필요하다는 것을 모르기 때문이다.

吾性如是, 吾道在是矣, 則非惟其三者缺焉而莫知, 卽其所見之一, 亦非吾之所謂一矣, 焉得不謂之異乎? 楊氏之始, 豈不自以爲仁? 卒至無父而賊仁莫大焉. 惟其不知吾之四端, 不可分而爲道也. 至於無忌憚之小人, 則與君子均窺其全矣. 惟窺其全, 則以吾性如是, 吾道在是, 無復顧忌. 天地惟吾所上下, 民物惟吾所顚倒, 而不得以拘曲之見繩之, 卒之與君子分背而馳, 遂有君子小人之別, 正由不知莫見莫顯之後, 有愼獨之功也.

---

**62** 양주(楊朱)도 처음에는 … 지경에 이르렀다:『孟子』「滕文公下」: "楊氏爲我, 是無君也, 墨氏兼愛, 是無父也. 無父無君, 是禽獸也."

증자曾子는 "『시詩』에 '조심조심하면서 깊은 못에 다가가듯이 얇은 얼음 위를 밟듯이 한다'라고 하였다. 내가 이제야 허물을 짓는 것에서 벗어났음을 알겠다, 애들아!"라고 하였다.[63] 이 것이 성학聖學의 진정한 핵심이다. 『대학』은 정심(正心: 마음을 바르게 함)에서 취하였지만, 맹자는 "마음을 미리 획정하지 말라."라고 하였다. 왜 그런가? 바로 기를 기르면 스스로 그 근원을 바르게 하기 때문이다. 『대학』에 "그 마음을 바르게 하고자 하면, 반드시 그 생각[意]을 바르게 한다."라고 하였다. 생각은 저절로 진실하게 되는 것이 아니다. 미색을 좋아하듯이 하고 악취를 싫어하듯이 하는 것이 진실하게 하는 것이다. 마음을 바르게 한다는 것은 좋아하고 싫어함이 바른 것이다. 맹자는 "새벽의 맑은 기일 때 좋아하고 싫어하는 것이 다른 사람과 서로 비슷한 것이 얼마 안 된다."라고 하였다. 다른 사람과 서로 비슷하다면 곧 좋아하고 싫어하는 것이 바른 것에 가까운 것이다. 기가 그 기름을 얻으면 새벽의 맑은 기가 아닌 때가 없고, 좋아하고 싫어하는 것이 바르지 않은 때가 없다. 그런데 어찌 마음을 바르게 하는 공부에 어려움이 있겠는가? 이것이 이른바 그 근원을 바르게 하는 것이다. 기가 기름을

曾子曰: "『詩』云: '戰戰兢兢, 如臨深淵, 如履薄冰.' 而今而後, 吾知免夫, 小子!" 此聖學之眞血脈也. 『大學』取於正心, 孟子曰 "勿正心", 何也? 正謂養氣則己正其源矣. 『大學』曰: "欲正其心者, 必誠其意." 意非自誠也. 如好好色, 如惡惡臭, 誠之也. 是正心者, 好惡之正也. 孟子曰: "平旦之氣, 其好惡與人相近也者幾希!" 與人相近, 則好惡幾於正矣. 氣得其養, 則無時非平旦之氣, 無時非好惡之正矣, 尚何有正心之功也? 此所謂正其源也. 苟氣之失養,

---

**63**   증자(曾子)는 "『시(詩)』에 … 애들아!"라고 하였다: 『論語』 「泰伯」.

잃은 채 한갓 마음을 바르게 하고자 하면 도리어 힘들고 번잡함만 많아진다. 마음이 어떻게 바르게 될 수 있겠는가?

| 26-47 | 나는 '신독愼獨'의 '독獨'이 만법과 짝이 되지 않는, 대등한 상대가 없는 지존至尊을 의미하며, 세간의 유자들이 말하는 '독지(獨知: 자신만 혼자 알고 있다)'의 상태가 아니라고 풀이한다. 어떤 이는 "남은 모르지만 자신은 홀로 알고 있는 상태라는 설[64] 역시 폐기할 수 없다."라고 한다. 내가 이어서 거듭 생각해 보았지만 끝내 그렇지 않다는 것을 알았다. 전傳을 쓴 이는 증자가 열 사람의 눈이 보고 열 사람의 손이 지적한다는 말을 인용하였으니, 이미 이 견해를 분명하게 타파한 것이다. 소인은 생각이 처음 시작될 때 남은 아직 모르고 있어 감추고 변명할 수 있다고 생각하기 때문에 혼자 거처할 때 불선을 행하다가 군자를 보면 감춘다. 그러나 생각이 일어날 때 이미 열 사람의 눈이 보고 열 사람의 손이 가리키는 상태여서 군자는 그 속을 이미 알고 있다는 것을 모른다. 설령 한 생각이 일어날 때 선을 좋아하기를 미색을 좋아하듯이 하지 못하고 악을 미워하기를 악취를 싫어하듯이 하지 못하면, 이

---

**64** 남은 모르지만 … 상태라는 설: 주자의 설을 가리킨다.

而徒欲正心, 則以心操心, 反滋勞擾, 心安可得而正哉!

| 26-47 | 余訓愼獨之獨, 爲不與萬法爲侶, 至尊無對, 非世儒所謂獨知之地. 或曰: "人所不知, 己所獨知之說, 亦不可廢." 余因反復思惟, 乃知終不然也. 傳者引曾子十目十手之云, 則旣喫緊破此見矣. 小人正謂念之初發, 人不及知, 可爲掩飾, 故閒居爲不善, 見君子而掩之, 不知其念發時, 已是十目十手之所指視, 君子已見其肺肝矣. 藉令一念之發, 好善不如好好色, 惡惡不如惡惡

미 열 사람의 눈이 보고 열 사람의 손이 또한 지적하고 있어, 되돌리고자 해도 분명 불가능하다. 게다가 이미 되돌리고 싶어하면, (그 행위가) 소인이 선함을 드러내는 것과 비교해서 차이가 얼마나 되겠는가? 내 마음에 돌이켜 생각해 보아도 또한 분명 만족스럽지 않다. 그러므로 이른바 독獨은 틀림없이 온갖 감촉이 이르기 전 하나의 영명함이 밝게 빛나는 것으로, 『대학』에서는 명덕明德이 밝은 상태이고, 『중용』에서는 희로애락이 아직 일어나지 않은 중(中: 치우침이 없음)의 상태이다. 여기에서 삼감[愼]을 더하면, 생각이 진실해지지 않음이 없고, 생각의 발동마다 절도에 맞지 않음이 없다. 그러나 여기에서 삼가지 않으면 한 생각이 발동하자마자 쇠뇌의 화살이 시위를 떠난 것과 같아 그 절도에 맞고 맞지 않는 천기가 어찌 나로부터 나올 수 있겠는가?

| 26-48 | 일체의 희로애락이 함께 이 생기生機의 작용이다. 희로애락을 빼면 따로 생기를 알 곳이 없다.

| 26-49 | 일체의 희로애락이 바로 내가 천지를 제자리에 있게 하고 만물을 양육하는 바탕이다. 그러므로 "대본大本"이라고 한 것이다. 『대학』은 좋아하고 싫어하는 것으로 효孝제弟자慈를 일관하여 설명하였다. 그러므로 "위에서 싫

臭, 則十目十手亦已指視, 卽欲挽回, 必不可得. 且既欲挽回, 則較之小人之著善, 相去幾何! 反之此心, 亦必不慊. 故所稱獨者, 必是萬感未至, 一靈炯然, 在『大學』卽明德之明, 在『中庸』正喜怒哀樂未發之中也. 於此加愼, 乃可意無不誠, 發無不中節耳; 於此而不愼, 一念之發, 如弩箭既已離弦, 其中不中之機, 安得復由乎我也?

| 26-48 | 一切喜怒哀樂, 俱是此生機作用, 除却喜怒哀樂, 別無見生機處.

| 26-49 | 一切喜怒哀樂, 正是我位天地育萬物的本子, 故曰"大本". 『大學』以好惡貫孝弟慈, 故以

어하는 것을 아래 사람에게 시키지 말라."는 등의 말로 징험하였다. 『중용』에서는 희로애락으로 자식과 신하 동생과 벗을 일관하여 설명하였다. 그러므로 "자신이 싫어하는 것을 남에게 시행하지 말라."는 말로 징험하였다.

|26-50| 『중용』한 책은 성의 본체를 통합해 논해서 크게 포함하지 않은 것이 없는데다 그 실질적인 부분에서도 온전하게 세밀한 것이 충만하지 않음이 없다. 그래서 그 큼을 이룬다. 크게 포함하지 않은 것이 없다는 것은 "하늘이 부여한 명령을 성이라고 한다."(1장)라고 하고, "사람을 알고자 하면 하늘을 알지 않으면 안 된다."(20장)라고 한 말이 그것이다. 성의 본체를 알면 공부는 세밀한 것이 충만하지 않음이 없는 곳에서 하기 때문에 "군자의 도는 광대하면서도 은미하다."(12장)라고 하였다. 평범한 부부도 함께 알고 할 수 있는 것으로부터 천지와 성인도 모르고 할 수 없는 것에 이르기까지 성의 본체가 관철되어 있지 않은 것이 없다. 그러므로 무릇 달덕(達德: 천하에 통용되는 덕)과 달도(達道: 천하에 통용되는 도), 구경九經[65]

"所惡於上, 毋以使下"等語證之.『中庸』以喜怒哀樂貫子臣弟友, 故以"己所不欲, 勿施於人"爲證.

|26-50| 『中庸』一書, 統論性體, 大無不包, 其實際處, 全是細無不滿, 所以成其大.　　大無不包, "天命之謂性", "思知人, 不可以不知天", 是也. 旣已知得時, 功夫却在細無不滿處做, 故云"君子之道費而隱". 自夫婦之與知與能, 以至天地聖人之所不知不能, 莫非性體之所貫徹, 故凡達德達道, 九經三重, 以至

---

**65**　9가지 기본 법도[九經]: 자신을 수양하는 것[修身], 현능한 이를 존중하는 것[尊賢], 친한 이를 친애하는 것[親親], 대신을 공경하는 것[敬大臣], 여러 신하들을 자기 몸처럼 보는 것[體群臣], 백성을 자애하는 것[子庶民], 工人들이 모여들게 하는 것[來百工], 먼 지역의 사람을 안무하는 것[柔遠人], 제후를 懷柔하는 것[懷諸侯] 등 국가를 다스리는

과 삼중三重[66]에서부터 초목과 짐승, 그리고 천지와 귀신의 지극히 복잡하고 지극히 깊은 곳에 이르기까지 우리 성체 가운데 한 터럭도 새어 나갈 수 없는 것이 아님이 없다.

왜냐하면 일체 건원에 의지해서 시작하는 것은 내 성性이 두루 해당하는 것이 아님이 없기 때문이다. 그 큼은 공연히 큰 것이 아니다. 충실하게 가득 차 있어 조그만 틈도 없는 것이 비로소 참되게 큰 것이다. 그러므로 "성대하구나, 만물을 발육하고, 높이 하늘 끝까지 다하였다."(27장)라고 하였고, 또 "넉넉하고 넉넉하게 성대하구나, 예의(禮儀: 근간이 되는 예)가 삼백 가지요, 위의(威儀: 세부적인 예)가 삼천 가지이다."(27장)라고 하였다. '넉넉하고 넉넉하다'라고 한 말을 보면 대개 충족하고도 남음이 있는 것이다. 그 큼이 곧 한 터럭의 결핍도 없는 것이다. 그렇지 않고 조금이라도 결핍된 곳이 있다면 곧 대체大體는 온전하지 않게 된다. 공부하는 사람의 견지에는 여전히 도달할 곳이 있어 발원하여 수행하는 것이 충만시키기가 참으로 어려우니, 성현이 평생 두려워하고 조

草木禽獸, 與夫天地鬼神, 至繁至賾, 莫非吾性體中一毫滲漏不得者.

蓋凡爲乾元之所資始, 則莫非吾性之所兼該. 其大非是空大, 實實塡滿, 無有纖微空隙, 方是眞大. 故旣曰"洋洋乎! 發育萬物, 峻極於天", 又曰"優優乎大哉, 禮儀三百, 威儀三千". 觀優優, 蓋充足而且有餘, 其大斯無一毫虧欠耳. 不然, 少有虧欠處, 便是大體不全矣. 始知學人見地, 尚有到處行願, 眞難得滿, 聖賢一生兢兢業

---

9가지 기본 법도를 가리킨다. 『중용』 20장: "凡爲天下國家有九經. 曰修身也, 尊賢也, 親親也, 敬大臣也, 體群臣也, 子庶民也, 來百工也, 柔遠人也, 懷諸侯也."

**66**  삼중(三重): 『중용』 29장, "王天下有三重焉, 其寡過矣乎."에 나온다. 삼중(三重: 세 가지 중요한 것)에 대하여 鄭玄은 夏, 殷, 周 三王의 禮를 가리키는 것으로 풀이하였고, 呂大臨은 예를 議定하는 것[議禮], 度數를 제정하는 것[制度], 문자를 考定하는 것[考文]으로 풀이하였다. 이정은 정현의 설을 따랐고, 주희는 여대림의 설을 따랐다.

심하면서 얇은 얼음 위를 걷듯이 깊은 못에 다가가듯이 하였던 것도 모두 이 때문이었음을 비로소 알게 된다. 저들이 한번 깨닫기만 하면 모든 일이 절로 해결된다고 말하는 것은 참으로 성인 문하에서 첫째 가는 죄안이다.

**┃26-51┃** 공자가 공부를 말하면서 '예禮로 단속한다'고 하고, '예로 돌아간다'고 하였는데 예는 어떤 것인가? 곧 『주역』에서 이른바 '천칙(天則: 하늘의 법칙)'(건괘), 『시』에서 이른바 '물칙(物則: 사물이 따라야 할 법칙)'(「증민(烝民)」)이다. 대개 예가 명칭을 가지게 되는 것은 바로 일과 개체마다 모두 하나의 흡족하게 합당한 곳이 있어, 정연하게 질서가 있어 어지럽힐 수 없기 때문이다. 이른바 칙(則: 법칙)이다. 흡족하게 합당한 곳은 바로 천리와 인심의 지극한 곳이다. 천리와 인심의 지극한 곳을 가지고 어찌 단속하지 않고, 거기로 어찌 돌아가지 않겠는가? 이것이 어찌 인仁이 아닐 수 있겠는가?

**┃26-52┃** 글로 넓히고 예로 단속한다는 설을 잘 풀이한 이로 맹자만 한 이가 없다. 그 말에 "넓게 공부하면서 상세히 해설하는 것은 장차 돌이켜 요약하여 설명하려는 것이다."(「이루하(離婁下)」)라고 하였다. '상설(詳說: 상세히 설명한다)' 두 글자를 덧붙인 것은 곧 요약하는 것으로 돌아가는 방법이다. 왜 그런가? 설명이 상

業, 履薄臨深, 皆只爲此. 彼謂一悟便了百當, 眞聖門中第一罪案也.

**┃26-51┃** 孔子語學, 曰'約禮', 曰'復禮', 禮是何物? 卽『易』所謂天則, 『詩』所言物則也. 蓋禮之所由名, 正謂事事物物, 皆有一箇恰好至當處, 秩然有序, 而不可亂, 所謂則也. 恰好至當之處, 便是天理人心之至. 天理人心之至處, 安得不約, 復? 此安得非仁?

**┃26-52┃** 善解博文約禮之說, 無如孟子. 其言曰: "博學而詳說之, 將以反說約也." 添却'詳說'二字, 便有歸約之路矣. 何者? 說之不

세하지 않으면 한 사물은 저대로 한 사물이 되고 한 가지 일은 저대로 한 가지 일이 되어, 뚜렷이 각자가 되어 서로 통하지 않는다. 오직 그 합당하게 흡족한 곳을 자세히 궁구하면 어찌 다시 따로 노는 둘이 있겠는가? 세간에서는 넓게 하는 것이 곧 요약하는 것이며 리理에는 선후가 없다고 하는데, 철저히 궁구하지 않은 말인 듯싶다.

| 26-53 | 『중용』의 "안으로 반성하여 병통이 없고, 생각하는 뜻에 악함이 없다."(33장)는 것이 바로 [신독(愼獨)의] 독獨에 해당하는 지점이요, 바로 미발未發이다. 그러므로 "남이 보지 못하는 곳"(33장)이라고 말하였다. 살핀다는 생각이 일어날 때라면 '열 사람의 눈이 보는 바'이다. 어떻게 그래도 남이 보지 않는다고 말할 수 있겠는가? "은미한 것이 (도리어 현저하게 드러남을) 안다."(33장)는 '은미한 것'은 바로 "어느 것도 은미한 것보다 더 잘 드러남이 없다."(1장)고 할 때의 '은미한 것'으로, 여전히 '독獨'의 체가 아니다. 대개 은미한 것에서는 감출 수 없음을 알기 때문에, 악이 없는 것은 은미한 것 이전에서 구해야 한다.

| 26-54 | 맹자는 "반드시 종사하는 것이 있지만, 미리 마음을 획정하지 말고, 잊지 말며 조장하지 말아야 한다."(「公孫丑上」)라고 하였다.

詳, 則一物自有一物, 一事自有一事, 判然各不相通, 惟詳究其至當恰好處, 寧復有二乎哉! 世謂博卽是約, 理無後先, 恐未究竟.

| 26-53 | 『中庸』"內省不疚, 無惡於志", 正是獨處, 正是未發. 故曰'人所不見', 若省之念發時, 則'十目所視'矣. 安得尙言不見也? '知微'之微, 正是'莫顯乎微'之微, 猶非獨體. 蓋惟其知微之不可掩, 故於微之先求無惡耳.

| 26-54 | 孟子言"必有事焉, 而勿正心, 勿忘, 勿助長也".

명도(明道: 程顥) 선생은 "솔개가 하늘에서 날고 물고기가 연못에서 뛰어오르는 기상이다."라고 하고, 또 "알면 활발하게 정신이 살아 있고, 알지 못하면 정신을 희롱하는 것에 지나지 않는다."라고 하였다. 백사(白沙: 陳獻章) 선생은 "무우에서 둘 셋씩 어정거리니, 획정하지도 잊지도 않는 즈음이네. 증점曾點의 활달한 포부, 맹자가 단숨에 쏟아내었지."[67]라고 하였다. 천고에 사람들은 상승을 직접 말한 신묘한 말이라고 하지만, 자세히 풀어 보면, 여전히 활달하고 쇄락하다는 공적함에 그리고 깨끗하고 정결하다는 틀에 머물러 있으니 아직 맹자의 혈맥이나 건원乾元의 체단이 되지 못한다.

**| 26-55 |** 새벽의 맑은 기의 상태로 아직 한 생각도 일어나지 않았을 때, 좋아하고 싫어하는 것이 다른 사람과 어떻게 서로 비슷할 수 있겠는가? 바로 독獨의 체를 밝히는 것을 가리키기 위함이다. 다만 한 생각도 좋아하고 싫어함을 드러내지 않고 명덕明德의 밝음이 환히 잠시 드러난다. 곧 『대학』의 [치지(致知)에서] 지知의 체이고 『중용』에서 성性의 체로서 좋아하고 싫어할 수 있고 슬퍼하고 즐거워할 수 있고 기뻐하고 분노할 수 있는 근본이다. 여기에서 바름

明道先生謂: "卽是鳶飛魚躍氣象." 又云: "會得活潑潑地, 會不得只是弄精魂." 白沙先生云: "舞雩三三兩兩, 正在勿忘勿助之間. 曾點些兒活計, 被孟子一口打倂出來." 千古以爲直道上乘妙語, 細繹之, 猶在活潑瀟灑赤地, 潔潔淨淨窠臼, 未是孟子血脈, 乾元體段也.

**| 26-55 |** 平旦之氣, 一念未起, 何以好惡與人相近? 正所以指明獨體也. 但是一念未著好惡, 明德之明, 炯然暫露, 乃是『大學』知體, 『中庸』性體, 能好能惡能哀樂能喜怒之本, 於此得正, 所以好惡

---

67    무우에서 둘 … 단숨에 쏟아 내었지:『白沙集』권3, 「與林郡博」.

을 얻기 때문에 좋아하고 싫어함이 다른 사람과 비슷한 것이다.

| 26-56 | 사람의 기가 하늘과 통하지 않은 적이 없다. 단지 사람의 희로애락이 중절하지 못하기 때문에 어긋나고 화합하지 못하여 결국 태화太和의 기와 간격이 생긴다. 실로 맹자가 말한 대로 곧음으로 길러 본래의 것에서 조금도 더하거나 덜지 않는다면, 한 몸의 기는 곧 건원乾元 처음의 낳고 낳는 기가 되어 만물이 나로 인해서 각각 성명性命을 바르게 하고 태화를 보존하여 태화에 화합하고, 천지는 내가 참여하여 돕는 것에 따른다. 기가 여기에 이르면, 죽고 사는 것은 밤낮이 바뀌는 것과 같아, 한 번 닫히고 한 번 열릴 뿐이다.

與人近.

| 26-56 | 人身之氣, 未嘗不與天通, 只爲人之喜怒哀樂不能中節, 則乖戾而不和, 遂與太和之氣有間隔. 果如孟子所謂直養, 於本分上不加一分, 不減一分, 則一身之氣, 卽元始生生之氣, 萬物且由我而各正保合, 天地且由我參贊矣. 氣至於此, 死生猶晝夜, 一闔一闢而已.

명유학안 권27,
남중왕문학안3

明儒學案 卷二十七,
南中王門學案 三

# 문정 존재 서계 선생

文貞徐存齋先生階

**|27-1|** 서계(徐階: 1503~1583)는 자가 자승子升, 호가 존재存齋이며 송강(松江) 화정(華亭: 上海 松江) 사람이다. 태어나서 겨우 한 돌이 되었을 때 여자 노비가 폐기된 우물에 떨어뜨렸다. 하급 관원의 아내가 소리치며 꺼내 보니 숨이 끊어져 있었다. 뒤에 3일 만에 소생하였다. 5세가 되어 아버지의 임지를 따라가다가 도중에 괄창령括蒼嶺에서 떨어졌는데 옷이 나무에 걸려 죽지 않을 수 있었다. 가정嘉靖 계미년(1523) 진사에 3등으로 급제하여 한림편수(翰林編修)에 임명되었다. 장라봉(張羅峰: 張璁)이 공자의 왕호王號를 제거하고 공자상을 목주(木主: 신주)로 바꾸어 설치하려고 하자, 장총과 다투었으나 이루지 못하고 연평추관延平推官으로 좌천되었다. 절강제학첨사浙江提學僉事로 자리를 옮겼다가 부사副使로 승진하여 강서에서 교육을 시찰하였다. 제생의 글에 "안자가 공자의 탁월함에

**|27-1|** 徐階字子升, 號存齋, 松江華亭人. 生甫周歲, 女奴墮之眢井, 小吏之婦號而出之, 則絶矣. 後三日蘇. 五歲, 從父之任, 道墮括蒼嶺, 衣絓於樹, 得不死. 登嘉靖癸未進士第三人, 授翰林編修. 張羅峰欲去孔子王號, 變像設爲木主. 爭之不得, 黜爲延平推官. 移浙江提學僉事, 晉副使, 視學江西. 諸生文有"顏苦孔之卓"

괴로워하였다."[1]라는 말이 있었다. 선생이 삭제표시를 가하자, 학생은 이 구절이 양웅揚雄의 『법언法言』에 나오는 구절이고 지어낸 것이 아니라고 보고하였다. 선생이 즉시 자리에서 나와 학생에게 읍揖을 하고 "제가 젊은 나이에 급제하는 바람에 학문을 하지 못하였습니다. 가르침에 삼가 감사드립니다."라고 하였다. 듣는 사람들이 그의 겸손함에 감복하였다. 징소되어 사경국세마겸시강司經局洗馬兼侍講에 임명되었다. 모친상을 치르고 상복을 벗은 뒤 국자좨주國子祭酒에 기용되고 예부시랑에 발탁되었다가 이부시랑으로 옮겼다. 오래 있다가 한림학사의 신분으로 한림원의 일을 관장하였고, 예부상서로 승진하였다. 징소로 무일전無逸殿 거처에 입직하면서 청사(靑詞: 도교 제사의 제문)를 찬술하였다. 서울에 계엄령이 내려지고 소대召對할 때 분의(分宜: 嚴嵩)와 자못 의견을 달리하였다. 황제가 선생의 말을 채택하는 경우가 많자, 분의가 원한을 품고 중상하였다. 선생이 교묘히 도우며 공손히 삼가자 황제의 노여움도 점차 풀렸다. 태자소보太子少保로 품계가 높아지고 문연각대학사文淵閣大學士를 겸직하면서 주요한 정사에 참여하였다. 인사고과의 만기가 되자 무영전대학사武英殿大學士로 승진하고

語, 先生加以橫筆, 生白此出楊子『法言』, 非杜撰也. 先生卽離席向生揖曰: "僕少年科第, 未嘗學問, 謹謝教矣." 聞者服其虛懷. 召拜司經局洗馬兼侍講. 居憂. 除服, 起國子祭酒, 擢禮部侍郎, 改吏部. 久之, 以學士掌翰林院事, 進禮部尙書. 召入直無逸殿廬, 撰靑詞. 京師戒嚴, 召對, 頗枝柱分宜口. 上多用其言, 分宜恨之, 中於上. 先生贊玄恭謹, 上怒亦漸解. 加少保, 兼文淵閣大學士, 參預機務. 滿考, 進武英殿大學士, 兼吏部尙書, 加少傅. 上所居永壽宮災, 徙

---

1    안자가 공자의 탁월함에 괴로워하였다: 『法言』「學行」.

이부상서를 겸하면서 태자소부가 가자되었다. 황제가 거처하던 영수궁永壽宮에 화재가 나 옥희전玉熙殿으로 옮겨 거처하였는데 매우 좁았다. 분의는 남성南城으로 옮겨 임시로 거처할 것으로 청하였다. 남성은 영종英宗이 제위를 상실하였을 때 머물렀던 곳이어서 황제가 좋아하지 않았다. 선생이 주도하여 만수궁萬壽宮을 건축하고, 아들 서번(徐璠: 1529~1592)에게 감독하게 하였다. 황제의 뜻에 맞아, 태자소사太子少師에 승진하였다. 엄숭의 세력은 상당히 꺾였고 얼마 되지 않아 패망하였다. 선생은 건극전대학사建極殿大學士로 승진하였다.

엄숭이 패망한 뒤 선생의 국정 주도가 이루어졌다. 안으로 인주의 숨은 뜻을 헤아리고 밖으로 사대부의 인심을 수습하면서 더욱 펼치는 바가 있었고, 천하 역시 자못 안정되었다. 그러나 같은 관직의 신정(新鄭: 高拱)과 서로 잘 지내지 못하였다. 세종이 사망하자 선생은 폐단을 낱낱이 되돌리고 유명遺命을 행하여, 사방이 감동하였고 눈물을 흘렸다. 고공은 '선제의 시신이 아직 식지도 않았는데 신자가 어떻게 차마 배반하는가'라고 말하면서 여러 사람들이 있는 가운데 면전에서 비판하였다. 조정 신료들은 모두 고공을 정직하다고 여기지 않았고, 고공은 결국 파직되었다. 목종穆宗 초기, 거동이 조금이라도 인심에 부합하지 않는 자들은 선생이 모두 그 싹을 잘라 버렸다. 환관들

居玉熙殿, 隘甚. 分宜請幸南城. 南城者, 英宗失國時所居, 上不悅. 先生主建萬壽宮, 令其子璠閱視, 當於上意, 進少師. 分宜之勢頗絀, 亡何而敗. 進階建極殿.

自分宜敗後, 先生秉國成, 內以揣摩人主之隱, 外以收拾士大夫之心, 益有所發舒, 天下亦頗安之. 而與同官新鄭不相能. 世宗崩, 先生悉反其疵政, 而以末命行之, 四方感動, 爲之泣下. 新鄭以爲帝骨肉未寒, 臣子何忍倍之, 衆中面折之. 在朝皆不直新鄭, 新鄭遂罷. 穆宗初政, 舉動稍不厭人

이 자신들의 뜻을 펴지 못하자 모두 좋아하지 않았다. 그러나 강릉(江陵: 장거정)도 내심 선생을 꺼려서 환관과 공모하여 선생을 축출하였다. 선생이 떠나자 고공이 재상으로 복귀하여 보복을 꾀하였는데, 죄를 엮어 죽이려고 자신의 문인 춘대春臺 채국희蔡國熙를 소송부사蘇松副使가 되게 하여 선생의 집안을 조사시키고, 선생의 세 아들을 모두 하옥시켰다. 그러자 선생이 고공에게 편지를 보냈는데, 그 말들이 심히 고통을 토로하는 것이어서, 고공도 마음이 움직였다. 얼마 안 되어 고공이 파직되자 세 아들이 모두 복관되었다. 천자가 사람을 보내 위문하였는데 선생은 80세였다. 다음 해 별세하였다. 태사太師에 추증되고, 문정文貞의 시호가 내려졌다.

**|27-2|** 섭쌍강(攝雙江: 聶豹)이 처음에 화정華亭현령에 있을 때, 선생이 그 문하에서 수학하였다. 그러므로 왕씨의 학문[양명학]을 한 사람으로 불리었다. 재상의 자리에 있을 때 영제궁靈濟宮[2]에서 강회를 열어 남야(南野: 歐陽德), 쌍

心者, 先生皆爲之杜漸. 宮奴不得伸其志, 皆不悅. 而江陵亦意忌先生, 以宮奴爲內主而去先生. 先生去而新鄭復相, 修報復, 欲曲殺之, 使其門人蔡春臺國熙爲蘇松副使, 批其室家, 三子皆在縲絏. 先生乃上書新鄭, 辭甚苦, 新鄭亦心動. 未幾新鄭罷, 三子皆復官. 天子使行人存問, 先生年八十矣. 明年卒. 贈太師, 諡文貞.

**|27-2|** 聶雙江初令華亭, 先生受業其門, 故得名王氏學. 及在政府, 爲講會於靈濟宮, 使南野・雙

---

강, 송계松溪 정문덕(程文德: 1497~1559)[3]이 나누어 맡아서 주관하게 하였다. 학생들이 운집하여 천여 명에 이르렀다. 당시 계축(1553)년과 갑인(1554)년 시기에 전례 없는 성황을 이루었고, 병진(1556)년 이후로 여러 공들이 별세하거나 떠나는 바람에 강단은 비게 되었다. 무오(1558)년에 하길양(何吉陽: 何遷)[4]이 남경에서 와서 다시 선생을 추대하여 맹주로 삼고 영제靈濟의 강회를 행하였지만 이전만 못하였다. 선생이 엄숭을 제거한 것은 진실로 천하에 공로가 있다. 그러나 순전히 기교로 일을 주도하였다. 경재(敬齋: 胡居仁)[5]는 "일을 처리함에 지모와 계략을 쓰지 않고 단지 천리에 따라 하는 것이 유자儒者의 기상이다."[6]라고 하였다. 선생이 광대한 토지를 가졌고 향론의 평판이 분분하였던 것과 상관없이, 조정에서 처신한 대절을 가지고 보면, 결코 유자의 기상이 없이 패도의 술수에 빠져 있으면서도 자각하지 못하였다. 여러 유자들은 한갓 그가 강학을 주장하였던 것만 가지고 도를 아는 사람이었다고 인정하지만, 이것은 체면을 세워 주기 위해 비

江·松溪程文德分主之, 學徒雲集, 至千人. 其時癸丑甲寅, 爲自來未有之盛. 丙辰以後, 諸公或歿, 或去, 講壇爲之一空. 戊午, 何吉陽自南京來, 復推先生爲主盟, 仍爲靈濟之會, 然不能及前矣. 先生之去分宜, 誠有功於天下, 然純以機巧用事. 敬齋曰: "處事不用智計, 只循天理, 便是儒者氣象." 故無論先生田連阡陌, 鄕論雌黃, 卽其立朝大節觀之, 絕無儒者氣象, 陷於霸術而不自知者也. 諸儒徒以其

---

뒤 북경에 영제궁을 짓게 하고, 복주의 영제궁을 중건하게 하였다고 한다.

3    정문덕(程文德): 권14「浙中相傳學案四」에 올라 있다.

4    하길양(何吉陽: 何遷): 권37「甘泉學案」에 올라 있다.

5    경재(敬齋: 胡居仁): 권5「崇仁學案二」에 올라 있다.

6    일을 처리함에 … 유자의 기상이다: 권5「崇仁學案二」;『居業錄』권2「學問第二」.

호하는 의견이다.

## 『존재가 학문을 논한 말』

**|27-3|** '친한 이를 친애하고 백성을 어질게 대하고 사물을 소중히 여기는 것'[7]은 천리의 자연스런 모습이요, 성인이 강제로 차등을 둔 것이 아니다. 사람의 몸이 어느 조그만 부분이라도 절실히 소중하게 여기지 않는 부분이 없지만, 머리와 목, 배와 심장이 중요한 것에 비하여 손과 다리, 피부와 털, 손톱과 치아는 점차 가볍게 여겨지고, 급한 경우에는 손발을 물에 젖게 하고 모발을 태우며 배와 심장, 머리와 목을 보호하는 것과 같다. 이것은 자연스런 이치이다. 그러나 또한 이 말로 인해 사람들이 본래 손발과 모발을 소중히 여기지 않는다고 말해서는 안 된다. 그러므로 '친한 이를 친애하고 백성을 어질게 대하며 사물을 소중히 여긴다'는 것은 총괄해서 말하면 또한 한 가지 어질게 대하고 소중히 여기는 것일 뿐이다.

主張講學, 許之知道, 此是回護門面之見也.

## 『存齋論學語』

**|27-3|** 親親仁民愛物, 是天理自然, 非聖人強爲之差等. 只如人身, 雖無尺寸之膚不愛, 然却於頭目腹心重, 於手足皮毛爪齒覺漸輕, 遇有急時, 却濡手足, 焦毛髮, 以衛腹心頭目. 此是自然之理, 然又不可因此就說人原不愛手足毛髮. 故親親仁民愛物, 總言之又只是一個仁愛也.

---

7    친한 이를 … 여기는 것: 『孟子』「告子下」: "君子之於物也, 愛之而弗仁, 於民也, 仁之而弗親. 親親而仁民, 仁民而愛物."

**|27-4|** 사람은 모름지기 스스로 주인이 되어야 외물에 빼앗기는 바가 되지 않는다. 지금 사람들이 부유하면 교만하고 가난하면 아첨하는 것은 스스로 주인이 되지 못하였기 때문이다.

**|27-5|** 정자가 말하였다. "사려가 있으면 곧 이발己發이다." 그러므로 경계하고 조심하며 염려하고 두려워하는 것에 대하여 사람들은 모두 고요할 때의 일이라고 말하지만, 이것이 활동할 때의 일임을 모르는 것이다. 이것을 안다면 힘쓸 바를 안다.

**|27-6|** 공부하는 것은 뜻을 확고하게 세우는 것에 달려 있다. 뜻이 일단 풀어지면 어떤 일도 전혀 해내지 못한다. 밤에 앉아서 책을 읽을 때도 뜻이 확고하면 절로 졸지 않지만, 뜻을 놓아 버리면 곧 자기도 모르게 잠이 든다. 이것은 두 사람이 있는 것이 아니다. 뜻은 비유하면 나무의 뿌리와 같다. 나무가 땅속으로 뿌리를 확고하게 내리고 있으면 북돋아 주고 물을 줄 수 있다. 모든 공부가 전부 북돋고 물을 주는 일이다. 뿌리를 확고하게 내리고 있지 못하면 북돋아 주고 물을 줄 곳이 없게 된다.

**|27-7|** 무릇 선을 행할 때 남이 비난하거나 비웃는 것이 두려워 멈추는 것은 선을 행하는

**|27-4|** 人須自做得主起, 方不爲物所奪. 今人富便驕, 貧便諂者, 只爲自做主不起.

**|27-5|** 程子云: "旣思卽是已發." 故戒愼恐懼, 人都說是靜, 不知此乃是動處也. 知此則知所用力矣.

**|27-6|** 爲學只在立志, 志一放倒, 百事都做不成. 且如夜坐讀書, 若志立得住, 自不要睡, 放倒下去, 便自睡著. 此非有兩人也. 志譬如樹根, 樹根旣立, 纔可加培漑. 百凡問學, 都是培漑底事, 若根不立, 卽培漑無處施耳.

**|27-7|** 凡爲善, 畏人非笑而止者, 只是

마음이 아직 진실하지 않은 것이다. 진실하다면 저절로 멈추지 못한다. 또한 세간에서 재물을 탐내고 미색을 좋아하는 무리들은 비난하고 비웃는 것을 두려워하지 않을 뿐만 아니라 곧바로 형률에 저촉되는 것을 무릅쓰고 감행한다. 이것은 왜 그런가? 재물을 탐하고 미색을 좋아하는 것에서는 진실하기 때문이다. 우리가 선을 행할 때 이렇게 마음을 길러야만 매일 진보할 수 있다.

|27-8| 마음을 놓으면 안 된다는 것은 마음을 완고하게 움직이지 않게 하려는 것이 아니라, 움직이는 것을 어떻게 하는지 살필 뿐이다. 움직임이 천리天理에 있다면, 생각이 사해에 미치고 염려가 만세에 두루 미쳐도 보존할 뿐이다. 움직임이 인욕에 있다면 생각을 떠올리자마자 마음을 놓는 것이 된다. 사람의 마음은 비어 있으면서도 영명하여 감응함에 일정한 장소가 없다. 그러므로 마음은 움직이는 것일 뿐이다. 성인의 마음은 고요하다고 말하는 것은 항상 비어 있고 항상 영명함하여 사욕에 동요됨이 없음을 형용하는 것이요, 마른 나무나 불꺼진 재와 같은 상태를 말하는 것이 아니다. 오늘날 우리의 주정(主靜: 마음이 동요됨이 없게 함) 공부는 극기(克己: 인욕을 극복함)에서 힘써야 한다. 세간의 유자들은 깊은 곳에서 정좌하기를 바라는데 스스로 주정主靜이라고 여기

爲善之心未誠, 若誠, 自止不得. 且如世間貪財好色之徒, 不獨不畏非笑, 直至冒刑辟而爲之, 此其故何哉? 只爲於貪財好色上誠耳. 吾輩爲善, 須有此樣心, 乃能日進也.

|27-8| 心不可放者, 不是要使頑然不動, 只看動處如何. 若動在天理, 雖思及四海, 慮周萬世, 只是存; 若動在人欲, 一擧念便是放也. 人心之虛靈, 應感無方, 故心只是動物. 所以說聖人之心靜者, 乃形容其常虛常靈, 無私欲之擾耳, 非謂如槁木死灰也. 吾輩今日靜功, 正須於克己上着力. 世儒乃欲深居默坐, 自謂主靜乎? 今人見

는가? 오늘날 사람들은 상관을 만나면 매우 공경히 대하여 비오는 진흙에 포복해도 굴욕으로 생각하지 않는다. 그러나 부형을 섬김에는 도리어 소홀히 하고 달가워하지 않는 마음이 있다. 인욕과 사익이 마음을 훈습시켰기 때문이다.

**|27-9|** 사람이 아직 술을 마시지 않았을 때는 일마다 정신이 또렷하다. 그러나 술에 취한 뒤에는 일마다 혼몽하고 잊는다. 술에서 깬 뒤에는 다시 예전처럼 또렷하다. 곧 혼몽하고 잊는 것은 술 때문이고, 또렷한 것은 정신의 본래 모습임을 안다. 사람이 이욕으로 자신의 본심을 미혹시키지 않으면 일에서 결코 혼몽하고 잊는 걱정은 없다. 극기克己 두 글자는 술에서 깨는 묘방이다.

**|27-10|** 지知와 행行은 하나의 일로 지는 행 가운데에서 작동된다. 지라는 것은 행을 주재하는 것이다. 행이라는 것은 지를 채우는 것이다. 근래에 지를 하늘과 기에 배속시키고, 행을 땅과 질質에 배속시키는 것만 말고 하늘의 기가 본래 땅에서 행해지는 것을 모르는 이들이 있다. 무릇 땅이 장구하게 만물을 싣고도 빠지지 않고 길을 떠나 사방을 다녀도 막히지 않는 것은 어느 것인들 기가 하는 바가 아니겠는가?

**|27-9|** 上官甚敬, 雖匍匐泥雨中, 不以爲辱. 及事父兄, 却反有怠惰不甘之意, 欲利薰心故也.

**|27-9|** 人未飮酒時, 事事淸楚; 到醉後, 事事昏忘; 及酒醒後, 照舊淸楚. 乃知昏忘是酒, 淸楚是心之本然. 人苟不以利欲迷其本心, 則於事斷無昏忘之患. 克己二字, 此醒酒方也.

**|27-10|** 知行只是一事, 知運於行之中. 知也者, 以主其行者也; 行也者, 以實其知者也. 近有以知配天屬氣, 行配地屬質, 分而爲二, 不知天之氣固行乎地之中, 凡地之久載而不陷, 發行而不窮

者,　孰非氣之所爲
乎?

**|27-11|** 默識是主
本, 講學是工夫. 今
人親師觀書冊等, 是
講學事.　然非於心
上切實理會, 而泛然
從事口耳, 必不能
得,　得亦不能不忘.
故孔子直指用功主
本處言之, 非欲其兀
然高坐,　以求冥契
也.

**|27-12|** 道者器之
主, 器者道之迹. 以
人事言,　朝廷之上,
家庭之間, 許多禮文
是器, 其尊尊親親之
理是道.　以草木言,
許多枝葉花實是器,
其生生之理是道.
原不是兩物, 故只說
形而上下, 不說在上
在下也.

**|27-13|** 有言學只
力行, 不必談說性命
道德者, 譬如登萬仞

**|27-11|** 묵식默識은 근본을 확립하는 것이고, 강학은 공부이다. 지금 사람들이 스승에게 직접 배우고, 독서하는 것 등은 강학의 일이다. 그러나 마음에서 절실하게 이해하지 않고 범범히 듣고 말하는 정도에 종사한다면 얻음은 반드시 불가능하다. 얻었다고 해도 또한 잊어버리지 않을 수 없다. 그러므로 공자는 곧바로 힘써 노력하고 근본을 확립하는 곳을 가리켜 말하였다. 홀로 오똑하게 앉아서 우연히 계합하기만 추구하기를 바란 것이 아니다.

**|27-12|** 도道는 기器를 주재하는 것이고, 기器는 도道의 자취이다. 인사로 말하면, 조정이나 가정에서 행하는 여러 예문(禮文: 의절)이 기이고, 그 존귀한 이를 존귀하게 여기고 친한 이를 친하게 여기는 리理가 도이다. 초목으로 말하면, 여러 가지와 잎새 그리고 꽃과 열매가 기이고, 그 낳고 낳는 리理가 도이다. 본래 별개의 것이 아니기 때문에 형이상과 형이하로 설명하고 위에 있는 것과 아래에 있는 것으로는 말하지 않는다.

**|27-13|** 공부는 역행(力行: 힘써 실행하는 것)뿐이고 성명과 도덕은 논할 필요가 없다고 말하는 이가 있다. 비유하면 만인(萬仞)이 되는 높은

산을 오를 때는 반드시 산봉우리가 있는 곳을 보아야 진보함이 있지, 전진하기를 눈을 감고 바랄 수 있는 일이 아닌 것과 같다. 성명과 도덕을 제외하면 어떤 것을 실행한다는 것인가?

**|27-14|** 사람은 하나의 마음이요, 마음은 하나의 리理이다. 부모를 대할 때는 '효孝', 군주를 대할 때는 '충忠'이라고 하여, 그 용用이 다를 뿐이다. 그러므로 공부할 때는 먼저 마음을 다스린다. 마음을 잘 다스리면 이른바 충과 효는 상황에 맞게 행해져 합당하게 된다.

**|27-15|** 사람들은 수많은 샛길이 모두 국도로 갈 수 있다고 말한다. 그러나 샛길이라고 하면 정로가 아니다. 그 길을 따라가면, 샛길로 빠져드는 것이 더 멀리 가고 미혹되는 것이 더욱 깊어져서, 더러 잡목과 가시덤불 속에 점점 궁벽진 산, 빈 계곡 안으로 빠져들어 국도로부터는 멀어진다. 그런데 하물며 국도에 이를 수 있겠는가? 그러므로 공부할 때는 샛길을 변별해 내야 한다. 샛길이 명확해지면 가서 이르지 못할지라도 오히려 매일 대로에 있기를 놓치지 않는다.

**|27-16|** 『대학』의 혈구(絜矩: 행위의 지침)는 한 가지 어진 마음이다. 대개 어질면 다른 사람에 대하여 소중히 여기지 않음이 없고, 상하, 전

之山, 必見山頭所在, 乃有進步處, 非可瞑目求前也. 除性命道德, 行個甚麼?

**|27-14|** 人只是一個心, 心只是一個理, 但對父則曰'孝', 對君則曰'忠', 其用殊耳. 故學先治心, 苟能治心, 則所謂忠孝, 時措而宜矣.

**|27-15|** 人言千蹊萬徑, 皆可以適國, 然謂之蹊徑, 則非正路矣. 由之而行, 入之愈遠, 迷之愈深, 或至於榛莽荊棘之間, 而漸入窮山空谷之内, 去國遠矣, 況能有至乎? 故學須辨路徑, 路徑既明, 縱行之不能至, 猶不失日日在康莊也.

**|27-16|** 『大學』絜矩, 只是一個仁心. 蓋仁則於人無不愛,

후, 좌우 모든 곳에서 합당한 바를 잃지 않게 하려 한다. 그러므로 자신을 미루어 남에게 미친다. 이른바 "오직 어진 사람만이 다른 사람을 소중히 여길 수 있고 미워할 수 있다."[8]라는 것이다. 선왕은 다른 사람을 차마 해치지 못하는 마음을 가지고 있었기 때문에 곧 다른 사람을 차마 해치지 않는 정치를 행하였다. 학인들은 미리 이 마음을 길러야만 된다.

上下前後左右皆欲使不失所, 故能推己以及之, 所謂惟仁人能愛人, 能惡人. 先王有不忍人之心, 斯有不忍人之政者也. 學者須豫養此心始得.

---

8  오직 어진 … 수 있다: 『論語』「里仁」의 "唯仁者能好人, 能惡人."을 가리킨다.

# 중승 유은 양예손 선생

中丞楊幼殷先生豫孫

**|27-17|** 양예손楊豫孫은 자가 유은幼殷으로 화정(華亭: 上海 松江) 사람이다. 가정嘉靖 정미년(1547) 진사에 급제하였다. 남경이부고공청리사주사南京吏部考功淸吏司主事에 제수되었다가 예부원외낭중禮部員外郎中으로 옮겼다. 복건감군부사福建監軍副使로 나갔다가, 독호광학정督湖廣學政으로 옮겼고, 하남참정河南參政으로 승진하였다. 조정에 들어가 태복시소경太僕寺少卿이 되었고, 태상太常으로 자리를 바꾸었다가, 화정(華亭: 徐階)이 국정을 담당하자 선생을 이끌어 자신을 돕게 하고, 전국의 인물에서부터 국가제도에 이르기까지 일일이 자문한 뒤에 실행하였다. 따라서 사대부들 가운데 화정을 알고 싶어하는 자들이 선생에게 몰려들었다. 선생은 사양하였지만 마음대로 되지 않자, 지방관으로 나가기를 강력히 요청하여 우첨도어사右僉都御史로 호광湖廣을 순무하였고, 재직 중에

**|27-17|** 楊豫孫字幼殷, 華亭人. 嘉靖丁未進士. 授南考功主事, 轉禮部員外郎中. 出爲福建監軍副使, 移督湖廣學政. 陞河南參政. 入爲太僕寺少卿, 改太常. 華亭當國, 引先生自輔. 凡海內人物, 國家典故, 悉諮而後行. 由是士大夫欲求知華亭者, 無不輻輳其門. 先生謝之不得, 力求出. 以右僉都御史巡撫湖廣, 卒官.

별세하였다.

|27-18| 선생은 "알고 이해하는 것은 곧 본성이다. 선을 행하는 것을 익히는 것은 본래 이 본성이 알고 이해하는 것이요, 불선을 행하는 것을 익히는 것도 이 본성이 알고 이해하는 것이다."라고 여겼다. 따라서 "악도 본성이라고 하지 않을 수 없다."라고 하였고, 또 "강경한 것과 유약한 것은 기이지만 곧 본성이다. 강경함에 선한 경우가 있고 선하지 않은 경우가 있다. 유약함에 선한 경우가 있고 선하지 않은 경우가 있다. 선하고 선하지 않음은 익힌 결과요, 강경하고 유약함은 본성이다."라고 하였다.

내(황종희)가 생각건대, 기는 곧 본성이다. 강경함에 치우치거나 유약함에 치우치는 것은 기가 지나치거나 모자란 것이다. 지나치거나 모자람이 없는 곳이 비로소 본성이니 이른바 중中이다. 주자(周子: 周敦頤)는 "성性이란 강경함과 유약함이 선하고 악함이 절도에 맞는 것일 뿐이다."[1]라고 하였다. 기의 유행에는 지나치거나 모자람이 없을 수 없지만, 한쪽으로 가면 반드시 되돌아오니, 그 중정함의 본체는 없었던 적이 없다. 예컨대, 날씨가 오래 가문 것

|27-18| 先生以"知識卽性, 習爲善者, 固此知識, 習爲不善者, 亦此知識". 故曰: "惡亦不可不謂之性." 又曰: "剛柔氣也, 卽性也. 剛有善者焉, 有不善者焉, 柔有善者焉, 有不善者焉. 善不善, 習也, 其剛柔則性也."

竊以爲氣卽性也, 偏於剛, 偏於柔, 則是氣之過不及也. 其無過不及之處, 方是性, 所謂中也. 周子曰: "性者, 剛柔善惡中而已矣." 氣之流行, 不能無過不及, 而往而必返, 其中體未嘗不在. 如

---

1 성(性)이란 강경함과 … 것일 뿐이다: 『周元公集』 권1 「通書」; 『性理大全』 권2 「通書」.

은 지나친 것이지만 그러나 반드시 비가 내린다. 오래 비가 내리는 것은 모자란 것이지만 그러나 반드시 맑은 날씨로 돌아온다. 만일 한 번 가서 돌아오지 않는다면 무슨 조화가 있겠는가? 사람의 본성은 강경함과 유약함에 치우쳐 있어도, 강경함에 치우쳐 있는 곳에서 유약함을 잊지 않고, 유약함에 치우쳐 있는 곳에서 강경함을 잊지 않는 것이 곧 중정함[中]의 본체이다. 만일 지나치거나 모자란 기를 곧 본성이라고 한다면 곧 성현은 기라고만 말하면 충분하다. 하필 성性 한 글자를 또 덧붙여 의혹의 창고가 되게 남겨 두었겠는가? 고금에 본성을 논하는 것이 불명확해진 것은 결국 정자(程子: 程顥)가 "악함도 또한 본성이라고 하지 않을 수 없다."[2]라고 말한 한마디 때문이다. 이로부터 맹자의 성선론이 회의되고 순자와 양웅揚雄의 설이 분분하게 되살아났다.

『서당일기』

**│27-19│** 옛 시에 "백년은 삼만 일"[3]이라고 하

天之亢陽過矣, 然而必返於陰. 天之恒雨不及矣, 然而必返於晴. 向若一往不返, 成何造化乎? 人性雖偏於剛柔, 其偏剛之處, 未嘗忘柔, 其偏柔之處, 未嘗忘剛, 卽是中體. 若以過不及之氣, 便謂之性, 則聖賢單言氣足矣, 何必又添一性字, 留之爲疑惑之府乎? 古今言性不明, 總坐程子"惡亦不可不謂之性"一語, 由是將孟子性善置之在疑信之間, 而荀·楊❶之說, 紛紛起廢矣.

『西堂日記』

**│27-19│** 古詩云:

---

2 악함도 또한 … 수 없다:『二程遺書』권1「端伯傳師說」.

였다. 삼만 일을 온전하게 받을 수 있는 사람이 몇이나 되겠는가? 어린아이로 놀이하고 즐거워하면서 우매하게 10년을 보내고, 총각머리를 하는 소년이 되면 장구를 익히고, 학교에서 겨루고 과거시험에 응시하느라 바쁘게 움직이면 또 눈앞에서 이삼십 년이 훌쩍 지나간다. 중간에 인仁에 힘써 노력할 줄 아는 이가 있다고 해도 어느 때 할 수 있겠는가? 공자가 위衛에서 노魯로 돌아왔을 때, 자하子夏는 29세였고 자유子游는 28세였고, 증자가 가장 젊었는데, 모두 이미 우뚝하게 유자가 되어 있었다. 오늘날 처지에서 보면 저들은 어떤 사람인가? 이들은 어떤 사람인가? 오늘날 사람들은 과거에 급제하면 대개 삼사십 세이고, 그때야 비로소 한둘 학문에 관심을 둘 줄 아는 사람이 나온다. 옛날에 공부하는 사람은 먼저 학문을 하고 벼슬에 나아갔다. 그러므로 학문과 관직생활 양쪽 다 성취하였다. 오늘날 공부하는 사람들은 벼슬에 나가고 나서 학문을 한다. 그러므로 학문과 관직생활 양쪽 다 잃는다. 그러나 나이 30에 출사하는 이에 맞추어 말하면, 학문은 오륙십 세에 이르러야 또한 반드시 유행하는 속습과 조금 차별이 된다. 뜻이 확고히 서

"百年三萬日." 有能全受三萬日者幾人哉! 童兒戲豫, 暗撇十年. 稍冊便習章句, 以至學校之比較, 棘闈之奔走, 又明去了二三十年. 中間有能用力於仁者, 能幾時哉! 夫子自衛反魯, 子夏年二十九, 子游年二十八, 曾子最少, 皆已卓然爲儒. 就今觀之, 彼何人哉! 此何人哉! 今人登第, 大槪三四十歲人, 方有一二知向學者. 古之學者, 先學而仕, 故兩得之; 今之學者, 旣仕方學, 故兩失之. 然就三十登仕者言之, 若肯勵朝聞夕死之志, 學到五

---

3  백년은 삼만 일: 蘇軾의 「喬太博見和復次韻答之」.

❶  楊: 賈本에 '揚'으로 되어 있다.

지 않아 그냥 생각 없이 세월을 허비하는 이들
이야 어떻겠는가?

| 27-20 | 사람은 천지의 마음이요, 천지는 인
간의 근본이다. 사람이 근본으로 돌아가면 곧
건乾이 아버지가 되고 곤坤이 어머니가 되는 뜻
을 안다. 인仁하면 효를 행할 수 있다. 인仁하
면서 효를 행하지 않는 사람은 이제껏 없었다.
만일 효를 말하는 것에 그치면 반드시 인함이
있는 것은 아니다. 사람이 부모를 사랑함은 자
신의 근본이 되기 때문이다. 건곤과 부모는 애
초에 별개의 근본이 없다. 그러므로 "하늘을
섬기기를 부모를 섬기듯 한다."라고 하였다.
앎이 하나인 근본을 얻었으니, 순舜과 증삼曾參
은 원래 하늘과 사람의 구분을 두지 않았다.[4]
「정완訂頑」[5]이 바로 이것을 드러내려 하였고,
또한 풀이[解][6]를 통해 변석되었다. 오늘날 사
람들은 효를 설명하지만, 근본이 있음을 안 적
이 어디 있던가? 어려서부터 남이 부모를 친애
하는 것을 볼 뿐이다. 부모를 친애하는 것을

六十歲, 亦必稍別於
流俗. 奈何志之不
立也, 恁地悠悠消受
歲月.

| 27-20 | 人者天地
之心, 天地者人之
本. 人纔反本, 便知
乾父坤母之義, 知天
便是人. 仁便能孝,
未有仁而不孝者; 若
止言孝, 則未必有仁
也. 人之愛父母也,
以其爲身之本也.
乾坤與父母初無二
本, 故曰"事天如事
親". 知得一本, 則
虞舜·曾參原無天
人之別, 「訂頑」正
欲發此, 又被解得分
析. 今人說孝, 曷嘗
知有本來? 只是從

---

4  순(舜)과 증삼(曾參)은 … 구분을 두지 않았다: 순임금과 증삼이 효성이 지극하여 하
   늘을 섬기듯 정성을 다하여 부모를 섬겼다는 취지이다.

5  「정완(訂頑)」: 「砭愚」와 함께 張載가 좌우명으로 지었던 두 글 중 하나로 서쪽 벽에
   걸었다고 해서 「西銘」으로 불린다.

6  풀이[解]: 「西銘」에 대한 후대의 해석을 가리킨다. 『근사록』에는 주희 풀이가 부가되
   어 있고, 명 초기 曹端은 「西銘述解」를 지었다.

중승 유은 양예손 선생

떠나서 어찌 상하에 관통하는 도가 있겠는가? 효를 행하였을 때에 설포薛包[7]와 왕상(王祥: 184~268)[8]에 이르지만, 다시 진보가 없다면 이른바 (알게 할 수는 없고) 따르게 할 수 있을 뿐인 자가 된다. 공자는 "부모를 섬기려고 생각한다면 다른 사람을 알지 않으면 안 된다. 다른 사람을 알고자 생각한다면 하늘을 알지 않으면 안 된다."[9]라고 하였다. 인과 효를 설명한 것에 이것보다 더 잘 설명한 것은 없다.

|27-21| 상고시대 초기 인간[生民]은 대략 하늘과 서로 가까웠다. 요라고 친한 것이 아니고 걸이라고 소원한 것이 아니었다. 사람이 하늘과 나눌 수 없는 것이 물고기가 물을 벗어날 수 없는 것과 같았다. 그러므로 움직일 때는 반드시 하늘에 근본을 두었고, 말을 하면 반드시 하늘을 일컬었으니, 아래로서 위와 합하는 뜻이 아니었다. 중고시대 성인聖人은 천天을 도道라는 말로 바꾸었는데 본래는 이해시키기 쉬

幼見人親愛父母也. 去親愛父母, 豈有徹上徹下之道? 便做得成時, 祗到得薛包·王祥, 更無進步, 所謂可使由之者也. 孔子曰: "思事親不可以不知人, 思知人不可以不知天." 說仁孝者, 莫辨於此.

|27-21| 古初生民, 大較與天相近, 堯非親, 桀非疏, 人之不能分天, 猶魚之不能離水也. 故動必本天, 言必稱天, 非以下合上之意. 中古聖人, 替以道字, 本欲易曉, 後來却只往

---

7  설포(薛包): 東漢 시대 효행이 독실하였던 인물. 『後漢書』 卷69 "劉·趙·淳于·江·劉·周·趙列傳"에 소개되어 있다.

8  왕상(王祥): 184~268. 자는 休徵, 시호는 元이며 琅琊 臨沂 사람이다. 曹魏에서 太尉를 지내고 西晉에서 太保를 지냈으며 睢陵公에 봉해졌다. 효행으로 유명하여, 겨울에 잉어회를 원하는 계모를 위해 강에 내려갔는데 강에서 잉어가 올라왔다는 고사가 전해진다. 『晉書』 권33 「王祥傳」 참조.

9  부모를 섬기려고 … 안 된다: 『중용』 20장.

게 하려는 것이었다. 뒤에 도리어 도에 나아가서 추구하는 바람에 곧 하늘과 조금 거리가 생겼다. 말세가 되자 도道라는 말까지도 이해하지 못하여 지리해지고 혼란해져 날마다 하늘을 이고 땅을 밟고 있어도 천지가 어디에 있는지 알지 못하였다. 따라서 사람은 작고 하늘은 크게 되었으며, 결국 예악은 드러난 것이고 귀신은 은미한 것이요, 폐간은 안에 있고 이목은 밖에 있는 것이요, 궤석은 가깝고 연나라와 맥땅은 멀다고 하였다. 『시詩』에 "문왕이 오르고 내리시니 제帝의 곁에 계시다."[10]라고 하였는데, 어느 곳에 있는 것이겠는가?

| 27-22 | 사람의 한 몸은 곧 리理이다. 자신을 깊이 아끼는 이는 먼저 자신을 알아야 한다. 자신에게 있는 것을 아는데 어느 겨를에 다른 사람의 것을 받들겠는가? 지금 사람이 불선을 행하고, 남을 해치고자 하고, 도둑질하는 것은 본심이 아니다. 이렇게 하지 않으면 향당에서 남을 능가하는 위치가 되기에 부족하다고 생각하기 때문이다. 그러므로 다른 사람에게 보이기 위해서 무릅쓰고 불선을 행하는 것이다. 선을 행하는 것이 남을 해치기 위함도 아니고 탐하는 것도 아닌 것 역시 본심이 아니다. 이

道上求, 便覺與天稍隔一塵. 末世幷道字不識, 支離淆雜, 日日戴皇天履后土, 不知天地在於何處, 所以人小而天大, 遂謂禮樂爲顯, 鬼神爲幽, 肝肺爲内, 耳目爲外, 几席爲近, 燕・貊爲遠. 『詩』云: "文王陟降, 在帝左右." 是在何處?

| 27-22 | 人之一身卽理也, 深愛己者, 須先識己, 識得在己, 何暇奉人. 今人爲不善, 欲害人, 爲穿窬, 非本心也, 以爲不如是, 不足以取勝於鄕黨之間, 故爲人而冒爲之. 其爲善者, 不忮不求, 亦非本心也, 以爲不如

---

10    문왕이 오르고 … 좌우에 계시다: 『詩』「大雅・文王」.

렇게 하지 않으면 사대부의 의로움[義]에 응답하기에 부족하다고 생각하기 때문이다. 그러므로 또한 남에게 보이기 위하여 억지로 선을 행하는 것이다. 맹자는 "남에게 부림을 받는다."[11]라고 하였고 장자莊子는 "남에게 아첨한다."[12]라고 하였는데, 이들이 그런 사람이다. 본성에 따른 리理에 무슨 빛깔이 무슨 풍채가 있겠는가? 천하의 지극히 담백한 것이 거기에 있을 뿐이다. 지금 사람들은 단지 세간의 정리에 속박되어 자신에게 돌이켜서 본성으로 주어진 것을 이해하는 것에 전념하지 못하고, 단지 (남의 눈에 띄는) 이름과 일을 택해 남의 이목에 들기 위해 행하니 결국 자신과는 무관한 것이 된다. 공자는 "군자는 자신에게서 구하고, 소인은 남에게서 구한다."[13]라고 하였다.

| 27-23 | 성性에 선하거나 선하지 않음이 없다는 것은 이른바 '사람이 태어나서 고요한 것'을 말한다. 정자程子가 "사람이 태어나서 고요한 것 그 이전으로는 성을 말할 수 없다."[14]라고

是, 不足以酬士大夫之義, 故亦爲人而強爲善. 是善固爲人而不善亦爲人也. 孟子曰"人役", 莊子曰"諛❷人", 此輩是也. 率性之理, 有何光景? 有何聲采? 天下之至淡在焉. 今人祇爲世情束縛, 不能埋頭反己, 理會性分, 只是揀題選事, 供奉它人耳目, 竟與自家無干. 孔子曰: "君子求諸己, 小人求諸人."

| 27-23 | 性無善不善, 所謂人生而靜也. 程子曰"人生而靜以上, 不容說性",

---

11　남에게 부림을 받는다:『孟子』「公孫丑上」: "不仁不智, 無禮無義, 人役也."
12　남에게 아첨한다:『莊子』「天地」: "謂己道人, 則勃然作色, 謂己諛人, 則怫然作色, 而終身道人也, 終身諛人也, 合譬飾辭聚衆也, 是終始本末不相罪坐."
13　군자는 자신에게서 … 남에게서 구한다:『論語』「衛靈公」.
14　사람이 태어나서 … 수 없다:『二程遺書』권1「端伯傳師說」: "人生而靜以上, 不容說."
　　『이정유서』원문에 '性'자가 없고, 楊豫孫이 부가한 것이지만 같은 의미이다.
❷　諛: 賈本과『莊子』에 '諂'로 되어 있다. 번역은 가본에 따랐다.

하고, 장자(張子: 張載)는 "성이 아직 성취되기 전에는 선악이 뒤섞여 있다."[15]라고 한 것이 그 것이다. 선이 있는 것은 계속 이어서 실행하는 것이다. 이른바 "원元은 선의 우두머리이다." 라는 말은 맞설 상대가 없는 것이다. 성의 본 체는 비어 어떤 것도 없다. 어찌 효제가 있었 겠는가? 효제는 선이 징조를 가지고 있어 보기 쉬운 것이다. 갓난아이도 자신의 부모를 친애 할 줄 모름이 없는 것은 선을 아는 것이지 효 를 아는 것이 아니다.

앎이 있으면 선이 있고, 앎이 없으면 선도 없는 것, 이것은 학습하는 초기이다. 이로부터 조금 성장하면 아직 처와 자식은 없지만 부모 를 사모한다. 이것은 선 가운데 익혀서 선함을 보존하는 것이다. 이로부터 젊은 미색을 사모 하고 처와 자식을 좋아하면서 부모를 원망한 다. 이것은 불선함 가운데 익혀서 그 선함을 잃어버린 것이다. 선을 행하는 것을 익히는 것 은 본래 이 본성이 알고 이해하는 것이요, 불 선을 행하는 것을 익히는 것도 이 본성이 알고 이해하는 것이다. 알고 이해하는 것은 곧 본성 이다. 그러므로 "악함 또한 본성이라고 말하지

張子曰"性未成, 則 善惡溷", 是也. 其 有善者, 是繼之者 也. 所謂"元者善之 長", 無對者也. 性 體空洞, 何嘗有孝弟 來! 孝弟者, 善之有 徵而易見者耳. 孩 提之童, 無不知愛其 親者, 知善也, 非知 孝也.

有知則有善, 無知 則無善也, 是習之初 也. 由是而稍長, 未 有妻子而慕父母, 是 習於善以保其善也. 由是而慕少艾慕妻 子以懟父母, 是習於 不善以喪其善也. 其習爲善者固此知 識, 其習爲不善者亦 此知識, 知識卽性 也, 故曰: "惡亦不可

---

**15** 성이 아직 … 뒤섞여 있다: 『橫渠易說』 권3 「繫辭上」, '繼之者善也, 成之者性也' 條目 의 注.

않으면 안 된다."[16]라고 하였다.

백성을 따르게 할 수 있는 것은 제帝의 법칙에 순응하는 것이다. 알게 할 수 없는 것은 이해하지 못하고 알지 못하는 것이다. 백성이 자신의 지혜를 사용하면 따를 수 없다. 성인은 사람으로 사람을 다스린다. 자신의 지혜를 사용하면 강제로 구멍을 뚫듯이 성을 해친다. 사람은 안정시키기는 어렵고, 동요시키기는 쉽다. 성인이 알게 하지 않은 것은 안정시켜 준 것이다. 노자는 "도는 백성을 밝게 하는 것이 아니다. 장차 어리석게 하는 것이다."[17]라고 하였다. 이것은 앎을 밝게 하는 것으로 여긴 것이다.

| 27-24 | 옛날에 공부하는 사람은 반드시 사표[宗]가 있었다. 공부에 사표가 없으면 도덕을 하나로 통일할 수 없다. 공자가 별세하자 이때 자하子夏, 자유子游, 자장子張 등이 유약有若을 섬기고자 하였던 것이 바로 이 뜻이다. 당시 연장자로 자공子貢보다 많은 사람이 없었고, 학문이 순숙한 이로 증자만 한 사람이 없었다. 그러나 자공은 또한 홀로 삼 년을 더 공자의 묘소 곁에 머물렀고, 증자는 나이가 가장 젊었

不謂之性."

民可使由之, 順帝之則也; 不可使知之, 不識不知也. 民用智, 則不能由; 聖人以人治人, 用智則鑿矣. 夫人安之難, 起之易, 聖人不使知之, 安之也. 老子曰: "道非明民, 將以愚之." 是以知爲明之也.

| 27-24 | 古之學者必有宗, 學無宗則無以一道德. 孔子既沒, 此時當立宗, 子夏·子游·子張欲事有若, 正此意也. 時年長莫如子貢, 學醇莫如曾子, 然子貢又獨居三年, 曾子年

---

16　악함 또한 … 안 된다:『二程遺書』권1「端伯傳師說」.
17　『노자』(王弼本) 65장:「古之善爲道者, 非以明民, 將以愚之.」

다. 오직 유약이 자공 다음으로 나이가 많았고, 학문도 역시 크게 순숙하였다. 그러므로 문인 중에 사표로 삼는 이가 많았다. 증자가 다소라도 그를 추대하게 할 수 있었다면 사표가 세워졌을 것이다. 칠십 명의 공자 제자들이 조석으로 서로 의지하면서 각자 공자의 학업을 펼쳤으면 미언微言이 어찌 쉽게 단절되었겠는가? 이 (사표를 세우는) 일을 놓치는 바람에 그 뒤 자하는 위魏에, 자장은 진陳에, 자공은 제齊에 머물러 흩어져서 통일되는 바가 없었다. 궐리(闕里: 공자가 가르치고 살았던 곳)에서 흩어진 뒤로 제현은 다시 함께 절차탁마하며 서로 도움을 주는 것이 없었다. 서하(西河: 魏나라 지역)[18]의 사람들은 자하를 스승으로 여겼고, 순황荀況, 장주莊周, 오기吳起, 전자방田子方의 무리가 모두 공자의 학문에서 배웠지만 스스로 한쪽의 견해를 세웠으니, 스승에게 나아가 바로잡을 수 없었기 때문이다. 한대에 『오경五經』의 학문을 스승에게 배워 전수하는 가법家法이 가장 성행하여 수백 년의 사표가 있었다. 한대의 가법은 경술(經術: 경학)에 불과한 것이지만 또한 사표가 있어 전수되었다. 우리 공씨(孔氏: 공자학파)의 도덕은 전수한 지 2대 만에 전수를 잃은 것은 사표가 흩어졌기 때문이다.

最少, 惟有若年亞子貢, 而學亦大醇, 故門人多宗焉. 使曾子稍能推之, 則宗立矣. 七十子之徒, 朝夕相依, 各陳孔子之業, 則微言豈易絶哉! 惟失此擧, 其後子夏居魏, 子張居陳, 子貢居齊, 漫無統一, 闕里散後, 諸賢再無麗澤之資. 西河之人疑子夏爲夫子, 而荀況・莊周・吳起・田子方之徒, 皆學於孔子, 而自爲偏見, 惟其無以就正之耳. 漢時『五經』師傅最盛, 有數百年之宗. 彼經術耳, 且以有宗而傳, 我孔氏之道德, 再傳而失之者, 宗之散也.

---

18    서하(西河): 『史記』 「仲尼弟子列傳」: "子夏居西河敎授, 爲魏文侯師."

중승 유은 양예손 선생

내가 보건대, 유약의 언행, 예컨대『노론魯論』[19]과『예기』「단궁檀弓」에 실린 것은 도에 가장 가깝다. 유약이 공자의 출중함을 논한 것은 재아宰我나 자공子貢이 보고 들은 것으로 평한 것[20]과는 자연히 구별된다. 그러므로『공자가어孔子家語』에서 "고도(古道: 고인의 도)"[21]라는 지목이 있었고,『춘추좌씨전春秋左氏傳』에는 직문稷門에 모인 군사들의 중망을 받았던 것[22]이 나온다. 유약이 별세하자 노나라 도공悼公이 조문하였다.[23]『논어』한 책은 문인이 기록한 것으로 만세의 표준이 된다. 후세에 사과四科에 유약의 이름이 없고,[24] 또『사기』에서 비루

余觀有若言行, 如
『魯論』·「檀弓」所
載者, 最爲近道. 其
論夫子出類處, 比之
宰我·子貢以聞見
品題者自別. 故『家
語』有古道之目,『左
傳』有稷門之望. 其
沒也, 魯悼公弔之.
『魯論』一書出其門
人所記, 爲萬世準
繩, 後世只爲四科無

---

**19** 『노론(魯論)』:『漢書』「藝文志」에 따르면,『논어』는 古文으로 된『古論』, 금문으로 된 것으로『齊論』과『魯論』세 가지 판본이 있었다. 현재 전하는『논어』는 동한 시기 張禹가『魯論』을 중심으로 통합한 이후의 것이다. 여기서『魯論』은 이 현재의『논어』를 가리킨다.

**20** 유약이 공자의 … 평한 것:『孟子』「公孫丑上」: "宰我曰: '以予觀於夫子, 賢於堯舜遠矣.' 子貢曰: '見其禮而知其政, 聞其樂而知其德, 由百世之後, 等百世之王, 莫之能違也. 自生民以來, 未有夫子也.' 有若曰: '豈惟民哉! 麒麟之於走獸, 鳳凰之於飛鳥, 太山之於邱垤, 河海之於行潦, 類也. 聖人之於民, 亦類也. 出於其類, 拔乎其萃, 自生民以來, 未有盛於孔子也.'"

**21** 고도(古道):『孔子家語』권9「七十二弟子解」: "有若, 魯人, 字子有, 少孔子三十六歲, 爲人强識好古道."

**22** 稷門에 모인 … 받았던 것:『春秋左氏傳』「哀公 8年」傳에 관련 내용이 나온다. 吳가 魯를 공격하려고 하였을 때, 微虎가 吳王의 숙소를 급습하기 위해 군사 300명을 선발하였는데, 有若도 거기에 끼었다. 거사하기 위해 稷門에 이르렀을 때, 어떤 이가 季孫에게 이 병력으로는 무리이며 노의 國士(나라의 중망을 받는 선비)만 잃게 된다고 만류하여 중단되었다. 楊豫孫은 國士가 곧 有若을 가리킨다고 여긴 것이다.

**23** 유약이 별세하자 … 도공(悼公)이 조문하였다:『禮記』「檀弓」: "有若之喪, 悼公弔焉, 子游擯由左."

**24** 사과(四科)에 유약의 이름이 없고: 四科는 德行, 言語, 政事, 文學 등 4분야를 가리킨

하게 기술되었고,[25] 효제가 인仁을 행하는 근본이 된다는 말의 뜻에 대하여 기록한 자의 말이 유약의 취지를 전달하지 못하여 결국 이천(伊川: 程頤)과 상산(象山: 陸九淵)에게 취지와 다른 설을 말하게 만들어,[26] 십철十哲[27]의 반열에 오를 수 없었다. 이제 자장을 서열을 건너뛰어 [서무(西廡)]에 올리고 유약은 동무東廡에 낮추어 봉향하면서 도리어 원헌原憲과 남용南容의 아래 머물게 하니 어찌 예이겠는가? 반드시 바로잡는 이가 있을 것이다.

**| 27-25 |** 주공周公은 노魯로 가지 않았고, 주공의 차자가 대를 이어 주공周公이 되었다. (주나라) 기내畿內에서 공화(共和: 함께 다스림)를 행하였다는 것[28]이 그것이다. 주나라에서 주공周公

名, 又被『史記』說得鄙陋, 而孝弟行仁之義, 記者之詞不達其意, 遂與伊川·象山有異同之說, 不得列於十哲. 今躋子張而詘有若於東廡, 反居原憲·南容之下, 豈禮也哉? 必有能正之者.

**| 27-25 |** 周公不之魯, 次子世爲周公, 於畿內共和是也. 周之周·召, 世爲三

---

다.『논어』「先進」: "德行: 顏淵·閔子騫·冉伯牛·仲弓. 言語: 宰我·子貢. 政事: 冉有·季路. 文學: 子游·子夏."

25  『사기』에서 비루하게 기술되었고:『史記』권67「仲尼弟子列傳」의 有若에 대한 기술을 가리킨다.

26  이천(伊川)과 상산(象山)에게 … 말하게 만들어: 程頤는 유약의 말인「孝弟爲仁之本」(「學而」)에 대하여 인을 행할 때에는 효제를 근본으로 삼지만, 성을 논할 때는 仁이 효제의 근본이 된다고 해석하였다. 陸九淵은 공자의 말이 簡易한 데 반해 유약의 말은 支離하다고 평하였다.『程氏經說』卷7,「論語設」: "爲仁以孝弟爲本, 論性則仁爲孝弟之本.";『象山語錄』권2: "復齋因看論語, 命某近前, 問云: '看有子一章, 如何?' 某云: '此有子之言, 非夫子之言.' 先兄云: '孔門除却曾子, 便到有子, 未可輕議, 更思之如何?' 某曰: '夫子之言簡易, 有子之言支離.'"

27  십철(十哲): 이른바 四科에 드는 顏淵, 閔子騫, 冉伯牛, 仲弓, 宰我, 子貢, 冉有, 季路, 子游, 子夏 등을 가리킨다.『論語』「先進」'四科章' 참조.

28  주공의 차자가 … 행하였다는 것: 周公 旦은 魯에 봉해진 뒤에도 魯로 가지 않고 周나

중승 유은 양예손 선생

과 소공小功은 대를 이어 삼공三公이 되었으니, 노나라의 삼환三桓이 세경(世卿: 대를 이어 경이 됨)이 되었던 것과 같다. 그러므로 "계씨季氏가 주공보다 부유하다."[29]고 한 말은 문공文公 단旦을 가리키는 것이 아니다.

**| 27-26 |** 공보문백公父文伯[30]의 모친은 이상하다. 아들 문백이 죽어 그 처가 슬프게 곡을 하였는데, 모친은 아들이 아내를 좋아하였기 때문이라고 죽은 아들을 책망하였다.[31] 자식이 아내를 좋아하는 것에 대해 살아 있을 때 훈계하였다면 가능하다. 남편이 죽어 곡을 하는 것은 예이다. 대개 목백穆伯의 상에 목강穆姜은 예에 맞게 하였다고 일컬어졌지만, 모두 지엽적인 것이다. 목강은 남편의 상중에 있으면서 계강자季康子의 집에 왕래하여 시끄럽게 변론하고,[32] 자신이 잘못한 것은 잊고 며느리가 예에

公, 猶魯之三桓世卿也, 故曰"季氏富於周公", 非謂文公旦也.

**| 27-26 |** 異哉公父文伯之母也, 文伯之喪, 其妻哭之哀, 母以爲子之好內也而責之. 子之好內, 以訓其生則可也, 若夫沒而哭, 禮也. 蓋穆伯之喪, 穆姜以有禮稱, 然而皆枝葉也. 居夫之喪, 而往來於季康子之家, 曉曉辨

---

라에 남아 成王을 보필하였고, 周公의 지위는 차자 君陳에게 세습되었다. 그리고 뒤에 厲王이 彘로 달아난 뒤 宣王이 즉위하기까지 14年 동안 周公과 召公이 함께 협의하여 다스렸는데 이 시기의 국정운영을 '共和'라고 한다. 『史記』 권4 「周本紀」: "召公·周公二相行政, 號曰'共和'. 共和十四年, 厲王死於彘. 太子靜長於召公家, 二相乃共立之爲王, 是爲宣王."

29  계씨(季氏)가 주공보다 부유하다: 『論語』 「先進」.

30  공보문백(公父文伯): 姬歜. 春秋 시기 魯나라 三桓 季悼子의 손자이고, 公父穆伯의 아들이다. 모친은 敬姜(穆姜)이다. '公父歜', '公父文伯' 등으로 불리며, 시호는 文이다.

31  아들 문백이 … 아들을 책망하였다: 『孔子家語』 「曲禮子貢問」: "公父文伯卒, 其妻妾皆行哭失聲. 敬姜戒之曰: '吾聞好外者士死之, 好內者女死之. 今吾子早殀, 吾惡其以好內聞也. 二三婦人之欲供先祀者, 請無瘠色, 無揮涕, 無拊膺, 無哀容, 無加服, 有降從禮而靜, 是昭吾子也.'" 『禮記』 「檀弓下」에도 관련 내용이 나온다.

맞게 거상한 것을 어지럽혔다.『예기』「단궁檀弓」과『국어國語』에서 모두 기꺼이 칭찬하였지만,[33] 「초충草蟲」과 「권이卷耳」의 뜻[34]과 상군相君과 맹강孟姜의 절개[35]가 어찌 예에 어긋난 것이겠는가? 또한 "아침에 목백에게 곡하고, 뒤[저녁]에 문백에게 곡하였다."[36]라고 하여, 밤에는 곡을 하지 않는 예가 있음을 말하였다. 대저 과부가 밤에 곡을 하지 않는 것은 남편의 빈소가 반드시 정침正寢에 있어 밤에 다니기에 불편하기 때문이다. 따라서 철수하고 새벽이 되기를 기다리는 것이지, 한대 사람이 말하는 것처럼 사적인 정이 지나치다는 혐의를 피하기 위함이 아니다.[37] 옛날에는 슬픔이 북받치면 곡하였으니, 아침과 저녁의 구분이 어

論, 忘己之失, 而撓婦之得,「檀弓」·『國語』皆喜稱之, 豈「草蟲」·「卷耳」之義, 相君·孟姜之節爲非禮乎? 且曰: "朝哭穆伯, 後❸哭文伯." 以爲有不夜哭之禮. 夫寡婦不夜哭, 以男子之殯, 必於正寢, 夜行不便, 故輟以待旦, 非如漢人所謂避牀第之嫌也. 古者哀至

---

32 목강은 남편의 … 시끄럽게 변론하고:『國語』「魯語」에 관련 내용이 나온다.

33 『예기』「단궁(檀弓)」과 … 기꺼이 칭찬하였지만:「檀弓下」: "穆伯之喪, 敬姜晝哭. 文伯之喪, 晝夜哭. 孔子曰: '知禮矣.'";『國語』「魯語」에도 관련 내용이 나온다.

34 「초충(草蟲)」과 「권이(卷耳)」의 뜻:『시』「召南」과 「周南」에 나오는 두 시는 모두 남편과 떨어져 있는 아내가 남편을 향한 그리움을 노래한 것으로 알려져 있다.

35 상군(相君)과 맹강(孟姜)의 절개: 相君은 湘君으로도 쓴다. 舜의 妻가 된 요의 두 딸 娥皇과 女英을 가리키며, 舜이 蒼梧의 들에서 죽어 湘水의 발원지인 九嶷山에 묻혔는데, 뒤따라오던 娥皇과 女英이 남쪽을 향해 통곡하고 강물에 몸을 던져 죽었다는 전설이 전해진다.『楚辭』의 九歌 중 「湘君」과 「湘夫人」은 후대에 이 전설과 관련해서 해석되었다. 孟姜은 전설상이 인물로 만리장성 축성에 끌려간 남편을 찾으러 갔다가 사망 소식을 듣고 열흘을 통곡한 끝에 축성된 성벽이 무너지고 남편의 유골이 나타났다고 한다.

36 아침에 목백에게 … 문백에게 곡하였다:『國語』권5 「魯語下」.

37 한대 사람이 … 위함이 아니다:『禮記』「檀弓下」의 "穆伯之喪, 敬姜晝哭, 文伯之喪, 晝夜哭"에 대하여 鄭玄은 "嫌思情勝也"라고 하였다.

❸ 後:『國語』권5 「魯語下」 원문에는 '暮'로 되어 있다.

중승 유은 양예손 선생

디 있겠는가? 지엽적인 것에 치우친 것이 이와 같으니, 근본적인 것이 폐기되었음을 엿볼 수 있다.

| 27-27 | 향음주례郷飮酒禮는 빈흥(賓興: 인재 선발)을 위해 시행한다. 비록 '향음郷飮'이라고 하지만 실제로는 왕조의 예이다. 그러므로 그 악가樂歌는 왕의 일을 먼저 노래하고 집안의 일을 뒤에 노래한다. 처음에 「사모四牡」, 「황화皇華」, 「녹명鹿鳴」을 노래하니 신하의 도리이다. 다음으로 「남해南陔」, 「백화白華」, 「화서華黍」를 노래하니 자식의 도리이다. 다음으로 「어려魚麗」, 「유경由庚」, 「가어嘉魚」, 「숭구崇丘」, 「남산南山」, 「유의由義」를 중간에 노래하니 신하의 도리로부터 미루어 나라를 다스리는 일에 미치는 것이다. 다음으로 「관저關雎」, 「갈담葛覃」, 「권이卷耳」, 「작소鵲巢」, 「채빈采蘋」, 「채번采蘩」을 합악合樂으로 노래하니 자식의 도리로부터 미루어 집안을 다스리는 일에 미치는 것이다. 향사례郷射禮에 이르면 군수가 향당의 자제들을 연습시키기 위한 것으로 국왕의 일에 미치지 않기 때문에 「관저關雎」 이하를 노래하는 것에 그친다. 대개 관리가 처음 출사할 때 반드시 선공후사의 마음을 가져야 일을 할 수 있다. 이것이 성인의 뜻이다.

則哭, 何朝暮之有? 枝葉如此, 本根之撥, 可窺矣.

| 27-27 | 郷飮酒爲賓興而擧, 雖曰'郷飮', 實王朝之禮也. 故其樂歌, 先王事, 後家事. 始歌「四牡」・「皇華」・「鹿鳴」, 臣道也; 次「南陔」・「白華」・「華黍」, 子道也; 次間「魚麗」・「由庚」・「嘉魚」・「崇丘」・「南山」・「由儀」, 自臣道而推之治國之事也; 次合「關雎」・「葛覃」・「卷耳」・「鵲巢」・「采蘋」・「采蘩」, 自子道而推之齊家之事也. 至於郷射, 則州長所以演其郷子弟, 而未及於王事, 止歌「關雎」以下而已. 蓋臣子之筮仕, 必有先公後

**|27-28|** 장강과 황하 또한 땅이지만, 물을 얻어 지명이 되었다. 물은 흘러서 서로 전해 주고 한순간도 머물러 있지 않아, 장강과 황하가 가지고 있는 것이 아니다. 사람들은 장강과 황하에 물이 많은 것을 보지만, 그 물이 장강과 황하의 소유가 아님을 누가 알겠는가? 오직 소유하지 않기 때문에 낳을 수 있다. 배를 띄우고 뗏목으로 가득 채우고, 물고기가 번성하게 하고 용이 자라게 하는 것은 세상에 필요해서다. 못은 물을 소유하는 것이다. 그러므로 물을 머물게 하여, 물의 본성이 이루어지지 않고 생生의 도리가 끊긴다. 그러므로 "장강과 하수는 다투어 흐르지만 흐르지 않는다."[38]라고 하는 것이다.

**|27-29|** 타고난 것이 성性이니, 성은 기이다. 기라고 말하면 반드시 성을 말하지 않아도 된다. 이천伊川은 "성을 논하면서 기를 논하지 않으면 완비되지 않는다."라고 하였다. 이것은 성을 둘로 나누는 것이다. 강경함과 유약함은 기이고 곧 성이다. 강경함에 선한 것이 있고

私之心, 然後有事可做, 此聖人之意也.

**|27-28|** 江河亦土也, 得水以名, 未嘗有水. 水流相禪, 一瞬不居, 非江河之有也. 人見江河之多水, 而孰知非其有哉? 惟其不有, 是以能生, 負舟充查, 蕃魚長龍, 爲世之需也. 沼者, 有其水者也, 故留之, 水性不遂, 而生道息, 故曰 "江河競注而不流".

**|27-29|** 生之謂性, 性卽氣也, 言氣則不必言性. 伊川曰: "論性不論氣不備." 是二性也. 剛柔氣也, 卽性也. 剛有善

---

38 장강과 하수는 … 흐르지 않는다: 僧肇의 「物不遷論」에 나온다. 空의 견지에서 보면, 움직이는 것과 머물러 있는 것에 대한 분별을 떠나게 된다. 楊豫孫은 生의 견지에서 끊임없이 변하는 것을 통해 생이 지속함을 발견하고 있다.

불선한 것이 있으며, 유약함에 선한 것이 있고 불선한 것이 있는 것은 모두 성이다. 시험삼아 불선한 것으로 말해 보면, 강경함이 악한 경우는 반드시 강경하게 횡포를 부리고 은밀히 투기하지 않는다. 유약함이 악한 경우는 반드시 은밀히 투기하고 강경하게 횡포를 부리지 않는다. 은밀히 투기하는 것은 익혀서 그렇게 된 것이다. 그러나 강경하게 횡포를 부리는 것을 함께하지 않는 것은 성性에 뿌리를 두고 있기 때문이다. 그 사람이 어느 날 마음을 바꾸어 고치면 강경하였던 사람은 반드시 호쾌하지만 자상하지는 못하다. 유약한 사람은 자상하지만 호쾌하지는 못하다. 이것 역시 성이다. 그러므로 "선함과 악함이 모두 천리天理이다."[39]라고 한 것이다.

**┃27-30┃** 삼대 이전에는 체통(體統: 체제)이 바르고 논의가 분명하여, 군자만 쓸모 있는 능력이 있었을 뿐 아니라 소인도 역시 쓸모 있는 능력이 있었다. 성은 쓸모 없는 기와 조각이 아니다. 소인도 쓸모 있는 다소의 장점이 있다. 위에서 주도하는 자가 있으면 또한 그 단점을 가리고 기예로써 위에서 바라는 것을 받든다. 오늘날 천문을 보고 점을 치는 것이나

者焉, 有不善者焉, 柔有善者焉, 有不善者焉, 皆性也. 試以不善者言之, 剛之惡, 必爲強梁而不爲陰恨, 柔之惡, 必爲陰恨而不爲強梁. 陰恨者習也, 其不能互爲者, 以其根於性也. 使其人一旦幡然焉, 則剛者必爲爽闓, 而不能爲縝密, 柔者必爲縝密, 而不能爲爽闓, 是亦性矣, 故曰"善惡皆天理也".

**┃27-30┃** 三代而上, 體統正, 論議明, 不惟君子有可用, 雖小人亦有可用. 性非瓦礫, 雖小人亦有寸長可用, 上有主張之者, 則亦掩庇其醜, 以技奉上之欲. 今

---

39　선함과 악함이 모두 천리이다:『二程遺書』권2상「元豐己未呂與叔東見二先生語」.

의술과 무당의 일은 모두 복희伏羲와 신농씨神農氏에게서 나왔다. 그러나 어찌 그들이 그 일을 위해 스스로 오행을 계산하고 온갖 초목을 맛보았겠는가? 이것은 또한 일반 사람들의 능력에 의한 것이다.

그러나 후세에는 그렇지가 않다. 군자만 능력을 펼칠 수 없을 뿐 아니라 소인도 능력을 펼칠 수 없다. 저 소인은 특별히 큰 견식이 없지만, 그 온축한 것을 보면 또한 평소에 뜻을 두었던 것으로 천하에 펼치고 싶어 한다. 그러나 조정이 정치가 썩었을 때는 샛길이 하나둘이 아니다. 궁중에서는 환관의 이간질을 미봉하고, 외조에서는 군주의 숨은 뜻을 헤아려 맞추느라 정신을 온통 여기에 소진한다. 그렇게 하여 개인적인 부귀와 총애를 넓혀 가니, 평소 가졌던 포부 중 한두 가지라도 어느 때 펼칠 수 있겠는가? 이임보李林甫[40]가 19년 동안 재상으로 있으면서 뜻하는 것을 행하지 않음이 없었다고 말한 것을 보았으나, 모르겠지만 언제 한 가지라도 실행할 수 있었던가? 대개 그 힘과 재주가 안녹산安祿山을 두렵게 하고 굴복시킬 수 있었다. 인재를 발탁해 썼다면 또한 범양范陽에서 안녹산이 군사를 일으킨 것을 제압

之星卜醫巫, 皆出義·農, 豈其自爲之算五行·嘗百草哉? 亦衆人之能也.

後世則不然, 不惟君子無以展布, 雖小人亦無以展布. 彼小人者, 雖無恁大見識, 就其所蘊, 亦必平生之志, 欲有立於天下. 但秕政之朝, 蹊徑不一, 內以彌縫婦寺之間, 外以揣摩人主之隱, 精神心術竭盡於此, 以博其富貴榮寵之私, 幾時能展布其平生之一二? 人見李林甫在位十九年, 以爲志無不行, 不知幾時行得一事? 蓋其精力機巧, 能使祿山慴服, 假使

---

**40** 이임보(李林甫): 683~753. 당 현종 시기 宗室로서 최장기간 재상을 지냈다. 이 시기 언로와 인재 등용의 길을 막아 당의 성세가 꺾이고 안녹산의 난이 일어나게 만들었다고 한다.

할 수 있었다. 그러나 그의 마음이 안으로는 군주의 욕망을 미혹시키고 밖으로는 양국충楊國忠[41]에 맞서서 밤낮으로 힘을 샛길에 골몰하였다. 그러니 어떻게 자신의 재주를 조금이라도 쓸 수 있었겠는가? 인재를 고무시키고 쓰는 일을 성인이 아니면 누가 할 수 있겠는가?

|27-31| 사람은 양과 돼지를 기르고 늑대와 호랑이를 내쫓는다. 선과 악이 지극히 명확하다. 그렇다면 선악이라고 하는 것은 사물의 정情인가, 아니면 사람의 정인가? 양과 돼지는 자신에게 이익이 되어서 소중히 여기고, 늑대와 호랑이는 자신에게 해가 되어서 싫어하는 것이요, 하늘이 만물을 낳을 때 실제로 선택하는 바가 있는 것은 아니다. 하늘이 사물에 부여한 것에는 오직 생生의 리理가 있다. 추우騶虞가 다른 것을 죽이지 않고 늑대와 호랑이가 사람을 잡아먹는 것은 모두 본성에 따른 것이다. 사람에 대해서 무슨 은혜와 원한이 있겠는가? 다만 날짐승과 들짐승이 함께 사회를 이루어 살 수 없는 것은 사람을 위한 계산으로 오직 그들을 멀리할 뿐이다. 주공周公은 맹수를 몰아내고,[42]

得用其才, 亦足以制范陽之命. 然其心方內蠱君慾, 外抗楊釗, 晝夜之力, 窮於蹊徑, 何嘗得少用其才? 嗚呼! 鼓舞作用之人才, 非聖人, 其孰能之?

|27-31| 人畜羊豕, 逐豺虎, 善惡至明矣. 其所謂善惡, 抑物之情耶? 人之情耶? 羊豕以其利於己也而愛之, 豺虎以其害於己也而憎之, 非天之生物, 果有所擇也. 天之賦物, 惟有生理, 騶虞之不殺, 豺虎之食人, 總是率性, 於人有何恩怨? 但鳥獸不可與同羣, 爲人計者, 惟遠之而已. 周公驅

---

정자는 전갈을 놓아주었으니,[43] 모두 죽이지 않았다. 이 부분에서 하늘이 사람을 낳고 만물을 낳는 것이 생의 리理임을 이해해야 한다. 사람이 되고, 양과 돼지가 되고, 늑대와 호랑이가 되는 것은 각각 성명性命을 바르게 하는 것이다. 늑대와 호랑이는 삼키고 씹지 않으면 어떻게 살아가겠는가? 또한 사람이 양과 돼지를 기르는 것이 어찌 소중히 여겨서 그렇겠는가? 또한 잡아먹을 뿐이다. 불교에서는 살생을 금하지만, 성인은 살생을 금하지 않는다. 이 부분에서 '아낀다', '싫어한다'는 말은 붙이기 어렵다. 어떤 이는 말한다. "사람이 날짐승과 들짐승을 먹는 것은 또한 큰 것이 작은 것을 잡아먹는 것인가?" 나는 말한다. "큰 것이 어찌 작은 것을 잡아먹는 것이겠는가? 쥐가 고기를 먹고 새가 소를 쪼아 먹고 파리가 사람을 먹는 것이, 어찌 모두 작은 것을 잡아먹는 것이겠는가? 이 리理는 서로 물리고 물려 있어 끝이 없으니, 사람이 지체시킬 수 없다. 지체하면 바뀜[易]이 없다."

**| 27-32 |** 한창 자라는 것을 꺾지 않는 것은 사물을 아끼는 것에 머무는 것이 아니라 단지 스

猛獸, 程子放蝎, 皆不殺之. 此處須理會天之生人生物, 是生理也; 其爲人, 爲羊豕, 爲豺虎, 是各正性命也. 豺虎而不吞噬, 則何以爲生哉? 且人之畜羊豕也, 豈惟愛之, 亦噬之而已矣. 佛戒殺, 聖人不戒殺, 此處難着愛憎字. 或曰: "人之食鳥獸也, 亦大之噬小與?" 余曰: "大豈能噬小, 鼠之食肉, 鳥之啄牛, 蠅蚋之食人, 豈盡噬小哉! 此理相循無端, 人不能泥, 泥則無易矣."

**| 27-32 |** 方長不折, 非止愛物, 只自養

---

42　주공(周公)은 맹수를 몰아내고: 『孟子』「滕文公下」: "周公兼夷狄, 驅猛獸, 而百姓寧."
43　정자는 전갈을 놓아주었으니: 『二程文集』卷上「附錄」「放蝎頌」: "殺之則傷仁, 放之則害義."

스로 인仁을 기르는 것이다. 현자만 이런 마음을 가지는 것은 아니다. 이제 사람이 더부룩하게 자라는 꽃을 꺾는 것을 보면 곧 스스로 차마 하지 못한다. 그러나 한 아름 되는 나무를 벨 때는 곧 당연하게 여기고 조금도 아쉬워하지 않는다. 차마 해치지 못하는 마음도 재목이 쓸만함을 봄에 빠지는 것은 욕심이 있기 때문이다. 오직 욕심이 있으면 채우지 못한다.

仁, 不獨賢者有此心也. 今人見折花將蔜, 便自不忍; 及斬刈合抱, 就以爲當然, 了無顧惜. 其不忍之心, 沒於見材之可用也, 有欲故也. 惟有欲便不能充.

# 명유학안 권28,
# 초중왕문학안

## 明儒學案 卷二十八,
## 楚中王門學案

|28-1| 초학楚學이 성행한 것은 오직 경천대(耿天臺: 耿定向)[1] 일파가 태주泰州로부터 흘러들어와서 이루어졌지만, 양명이 활동하였을 때는 그 추종자들이 아직 적었다. 도림(道林: 蔣信), 암재(闇齋: 冀元亨), 유관시劉觀時[2]는 무릉(武陵: 湖南 常德) 출신으로 성공한 사람들이다. 따라서 무릉 출신의 양명 제자들이 전체 초학에서 유독 앞선다. 서왈인(徐曰仁: 徐愛)[3]의 「덕산德山을 함께 유람한 시」[4]를 보면, 왕문명王文鳴[5]

|28-1| 楚學之盛, 惟耿天臺一派, 自泰州流入. 當陽明在時, 其信從者尚少. 道林·闇齋·劉觀時出自武陵, 故武陵之及門, 獨冠全楚. 觀徐曰仁「同遊德山詩」, 王文鳴應奎·

---

1    경천대(耿天臺): 耿定向. 권35「泰州學案4」에 올라 있다.

2    유관시(劉觀時): 왕수인의 제자. 행적은 자세하지 않다. 『王文成全書』에 주고받은 문답이 보인다. 권7의 「見齋說」(乙亥)은 유관시와 주고받은 문답을 왕수인이 적은 글이다.

3    서왈인(徐曰仁): 徐愛. 권11「浙中王門學案1」에 올라 있다.

4    「덕산(德山)을 함께 유람한 시」: 徐愛의 『橫山遺集』에 「同遊德山詩叙」가 전한다. 『徐愛錢德洪董澐集』 62쪽(錢明 編校, 鳳凰出版社, 2007).

5    왕문명(王文鳴): 미상. 字 應奎. 『千頃堂書目』에 正德 연간에 『絳州志』를 편찬한 것으로 나온다.

응규應奎, 호산胡珊 명옥鳴玉, 유헌劉瓛[6] 덕중德重, 양약楊礿[7] 개성介誠, 하봉소何鳳韶[8] 여해汝諧, 당연唐演[9] 여연汝淵, 용기소龍起霄[10] 지지止之 등은 그래도 살펴볼 수 있다. 그러나 도림(道林: 蔣信)이 실로 양명의 전수를 얻었고, 천대天臺 일파가 비록 성대해도 도리어 양지의 학맥을 파괴한 것이 많다. 어떻게 비교할 수 있겠는가?

胡珊鳴玉・劉瓛德重・楊礿介誠・何鳳韶汝諧・唐演汝淵・龍起霄止之, 尙可攷也.　然道林實得陽明之傳, 天臺之派雖盛, 反多破壞良知學脈, 惡可較哉!

---

6　유헌(劉瓛): 미상. 字 德重.

7　양약(楊礿): 미상. 字 介誠.

8　하봉소(何鳳韶): 미상. 字 汝諧.

9　당연(唐演): 미상. 字 汝淵.

10　용기소(龍起霄): 미상. 字 止之.

# 첨헌 도림 장신 선생

僉憲蔣道林先生信

**│28-2│** 장신(蔣信: 1483~1559)은 자가 경실卿實, 호가 도림道林으로 초楚의 상덕(常德: 호남 상덕) 사람이다. 젊어서 단정하고 근엄하여 한여름에도 웃옷을 벗은 적이 없다. 풍수를 믿지 않아 모친이 별세하자 스스로 높이 트인 곳을 택해서 장례를 행하였다. 가정嘉靖 11년(1532) 진사에 급제하였다. 호부주사戶部主事에 제수되었다가 병부원외랑兵部員外郎으로 자리를 옮겼다. 사천첨사四川僉事로 나가서는 이익을 일으키고 폐해를 없애기를 욕구를 따르듯이 하였다. 한 도사가 요술로 사람들에게 금기를 행하자 선생이 불러 시험하고, 요술이 다시 검증되지 않자 형률로 조처하였다. 귀주제학부사貴州提學副使로 승진하여 서원 두 곳을 세우고 정학正學과 문명文明으로 이름을 붙였다. 선비들 가운데 뛰어난 자들을 뽑아 그 안에서 양성하고 학문의 나가야 할 바를 보여, 유행하는 속습에 빠

**│28-2│** 蔣信字卿實, 號道林, 楚之常德人. 少而端嚴, 盛暑未嘗袒裼. 不信形家術, 母歿, 自擇高爽之地以葬. 登嘉靖十一年進士第. 授戶部主事, 轉兵部員外郎. 出爲四川僉事, 興利除害, 若嗜欲. 有道士以妖術禁人, 先生召之, 術不復驗, 寘之於法. 陞貴州提學副使. 建書院二所, 曰正學, 曰文明, 擇士之秀出者, 養之於

지지 않게 하였다. 용장龍場에 양명사陽明祠가 있는데, 제전을 마련해서 제사를 영구히 지내게 해 주었다. 호광湖廣의 청랑淸浪 등 5위衛 지역의 학생들이 향시 때 성에서 멀고 길이 험해 도착할 수 없는 이가 많았다. 이에 귀주貴州의 해액解額[1] 수를 늘리고 본적지가 아닌 곳에서도 응시할 수 있게 하였다.

얼마 있다가 병을 사유로 사직하고 귀향하였다. 어사가 직무를 마음대로 이탈하였다는 죄목으로 탄핵하여, 관직을 박탈당하였다. 뒤에 사면 조치를 받아 관직을 유지한 채 집에 머물렀다. 선생이 도화강桃花岡에 정사를 짓자 학생들이 운집하였다. 먼 곳에서 온 학생들에게는 정사의 학전學田으로 식량을 제공하였다. 선생은 정사에서 정좌하여 있었고, 현가絃歌[2]가 끊어지지 않았다. 오직 집안에 제사가 있을 때만 한 번씩 성안으로 들어갔다. 간혹 밖으로 유람을 하기도 하였는데, 이르는 곳에서 요청에 따라 강회를 열었다. 가정 38년(1559) 12월 경자庚子일 별세하니 향년 77세였다. 촉광屬纊[3]

中, 而示以趨向, 使不汨沒於流俗. 龍場有陽明祠, 置祭田以永其香火. 湖廣淸浪五衛諸生鄉試, 去省險遠, 多不能達, 乃增貴州解額, 使之附試.

尋告病歸. 御史以擅離職守劾之, 削籍. 後奉恩例, 冠帶閒住. 先生築精舍於桃花岡, 學徒雲集, 遠方來者, 卽以精舍學田廩之. 先生危坐其中, 絃歌不輟, 惟家祭始一入城. 間或出遊, 則所至迎請開講. 三十八年十二月庚子卒, 年七十七. 屬纊時

---

1 해액(解額): 향시(鄉試)에 응시할 수 있는 자격증으로 拔解試의 합격 등 일정한 자격 조건을 갖춘 사람에게 부여한다. 지역별로 인원수가 제한되어 있다.

2 현가(絃歌): 弦歌와 같은 뜻. 거문고 등 악기를 연주하거나 또는 곡조에 맞추어 시를 읊는 것. 예를 익히고 수양을 행하는 유자의 생활방식이다.

3 촉광(屬纊): 상례에서 가는 솜을 코에 대어 숨이 멎었는지 확인하여, 사망을 확정하는 의절. 여기서는 넓게 임종 때를 의미한다.

을 할 즈음 시를 지어 말했다. "우리 유자가 성을 전하는 것은 곧 정신[神]을 전하는 것이네, 어찌 풍진에 이 몸을 더럽히겠는가? 복사나무 가득한 언덕 위 달이여 분부하니, 오늘 밤 모든 곳에 일제히 밝아야 하지."라고 하였다.

**|28-3|** 선생은 처음에 스승을 모시고 전수함이 없이 기암재(冀闇齋: 冀元亨)와 더불어 책에서 살펴서 찾았다. 선생이 "『대학』의 '지지(知止: 머무를 곳을 안다)'는 틀림없이 인仁의 본체를 아는 것이다."라고 하자, 암재가 뛸듯이 기뻐하며, "이와 같이 하면, 정해짐이 있고 고요하고 편안하고 헤아려 대처하는 것에서 곧 성誠과 경敬으로 보존한다."라고 하였다. 양명이 용장龍場에 있었는데 선생의 시를 보고 칭찬하였다. 선생이 드디어 암재와 함께 양명을 스승으로 모셨다.

회시에 참여하기 위해 서울(남경)에 들어가서는 감천(甘泉: 湛若水)을 스승으로 모셨다. 감천이 남경의 국자감에 있을 때, 문하에 들어오는 학생이 매우 많아지자, 선생에게 나누어 가르치게 하였다. 선생은 벼슬을 버리고 귀향하고, 감천은 남악(南嶽: 衡山)을 유람하였는데, 선생이 열 달을 동행하였다. 뒤에 4년 만에 광동으로 가서 감천을 문안하였고, 다시 8년 뒤에 감천이 남악을 다시 유람하였을 때 선생이 또 동행하였다. 그러므로 선생의 학문은 감천으

作詩曰: "吾儒傳性卽傳神, 豈向風埃滯此身? 分付萬桃岡上月, 要須今夜一齊明."

**|28-3|** 先生初無所師授, 與冀闇齋考索於書本之間. 先生謂: "『大學』知止, 當是識仁體." 闇齋躍然曰: "如此則定靜安慮, 卽是以誠敬存之." 陽明在龍場, 見先生之詩而稱之, 先生遂與闇齋師事焉.

已應貢入京師, 師事甘泉. 及甘泉在南雍, 及其門者甚眾, 則令先生分教之. 先生棄官歸, 甘泉遊南嶽, 先生從之彌月. 後四年入廣東, 省甘泉. 又八年甘泉再遊南嶽, 先生又從之. 是故先生

로부터 얻은 것이 많다.

선생은 처음에『논어』와「정성서定性書」,「서명西銘」을 읽고, "만물과 일체가 되는 것 이것이 성학聖學이 뿌리를 세우는 곳"임을 대략 이해하였다. 삼십이삼세에 폐병을 앓아 도림사道林寺에서 정좌하였다. 정좌를 오래하자 죽음을 두려워하는 마음과 부모를 염려하는 마음이 함께 끊어졌다. 어느 날 홀연히 우주를 관통하여 전체가 혼연히 한 몸에 속함을 깨닫고, 명도明道의 "막힘 없이 크게 공평하여 안과 밖이 따로 없음"(「정성서」)이 이와 같고, "자신과 만물을 평등하게 봄"[4]이 이와 같음을 확신하였다. 그러자 비로소 이전에 대략 이해하였던 것은 원래 생각 속의 탐구로 묵식默識과는 거리가 먼 것이요, 이전에 행하였던 정좌는 비록 정신이 맑아지는 때가 있지만 역시 유사한 것에 불과하였음을 알았다. 선생은 이때 한 번 깨닫고 난 이후로 이와 기, 심과 성, 나와 남에 대해 관통하여 차별을 두지 않고 말하였다. "『육경六經』이 갖추어져 있는데, 별개의 기가 있고 또 별개의 리가 있다고 어디 말한 적이 있는가? 무릇 명命을 말하고 도를 말하고 성誠을 말하고 태극太極을 말하고 인仁을 말한 것이 모두 기를

之學, 得於甘泉者爲多也.

先生初看『論語』與「定性」·「西銘」, 領得"萬物一體, 是聖學立根處". 三十二·三時病肺, 至道林寺靜坐, 久之, 幷怕死與念母之心俱斷. 一日, 忽覺洞然宇宙, 渾屬一身, 乃信明道"廓然大公無內外"是如此, "自身與萬物平等看"是如此, 始知向來領會, 元是思索, 去默識尙遠; 向來靜坐, 雖有湛然時節, 亦只是光景. 先生自此一悟, 於理氣心性人我, 貫通無二, 以爲『六經』具在, 何嘗言有個氣, 又有個理? 凡言命·言道·言

---

**4** 자신과 만물을 평등하게 봄: 출처 미상.

가리켜 말한 것이다. 우주宇宙는 전체가 혼연하게 한 덩어리의 기이다. 기는 자체로 심원하고 자체로 망령됨이 없고, 자체로 중정하고 순수하고 정미하며, 자체로 낳고 낳아 쉼이 없으니 곧 마음에서 체인한다. 마음은 기이다. 낳고 낳는 마음이 곧 이른바 하늘이 부여한 성이다. 어찌 별개의 마음이 있고 또 별개의 성이 있겠는가? 이 기는 우주를 가득 채우고 있어 털끝만 한 틈도 없다. 한 번 춥고 한 번 더우며, 바람이 불고 비가 오고, 이슬이 내리고 우레가 치는 것과, 무릇 사람과 사물의 이목구비와 사지와 모든 뼈, 그리고 한 조각 정령精靈하며[5] 지각하는 것이 모두 이 낳고 낳는 변화이다. 어떻게 남과 나를 분별하겠는가?"[6]

선생은 또 말하였다. "우주는 단지 하나의 기로, 전체가 혼연하게 한 덩어리 태화太和이다. 중간에 맑고 탁한 정도와 강경하고 유약한 정도가 얼마간 일정하지 않다. 그러므로 형체가 생기고 정신이 활동하여 오성(五性: 감각)이 감응한 이후로부터 보면, 지혜로움과 어리석

誠・言太極・言仁, 皆是指氣而言. 宇宙渾是一塊氣, 氣自於穆, 自無妄, 自中正純粹精, 自生生不息, 只就自心體認. 心是氣, 生生之心, 便是所言天命之性, 豈有個心, 又有個性? 此氣充塞, 無絲毫空缺, 一寒一暑, 風雨露雷, 凡人物耳目口鼻四肢百骸, 與一片精靈知覺, 總是此生生變化, 如何分得人我?"

又曰: "宇宙只是一氣, 渾是一團太和, 中間清濁剛柔, 多少參差不齊, 故自形生神發, 五性感動後觀之, 智愚賢不

---

**5** 정령(精靈): 精微하고 靈妙함. 주희는 虛靈 곧 형체가 없고 영묘함이라는 말로 마음의 특성을 설명하는데, 蔣信은 精靈과 靈明의 두 서술어를 주로 사용한다. 정미함[精]은 기가 흩어지거나 거칠지 않고 순수하고 맑은 상태를 가리킨다.

**6** 육경(六經)이 갖추어져 … 나를 분별하겠는가: 일부 구절이 28-22와 중복된다.

음, 뛰어남과 그렇지 못함, 강경함과 유약함, 선함과 악함 가운데 자연히 다양한 차이들이 있다. 똑같이 하나의 태화에서 나왔으니, 지혜로운 것이 성이다. 어리석은 것이 어찌 성이 아니겠는가? 선한 것이 성이다. 악한 것이 어찌 성이 아니겠는가? 그런데 맹자는 도리어 또 무슨 이유로 성이 선하다고만 말하였는가? 이 대목은 공부가 천명과 합일하지 않으면 알 수 없다. 움직여도 움직이지 않고 고요하게 있어도 고요하지 않으며 한 번 움직이고 한 번 고요한 사이가 천명의 본체로 조화가 신묘하게 되는 것이 여기에 있다. 그러므로 공부가 잊지 않고 조장하지 않는 것에 이르면, 곧 본체의 순수하고 지선한 모습이 드러나, 성을 알고 하늘을 알며 유약함을 알고 강경함을 알며, 측은히 여기고 부끄럽게 여기고 사양하고 시비를 가리는 것이 감촉하는 바에 따라 응하여 나온다. 맹자가 성은 선하다고 말한 뜻은 바로 여기에서 안다."[7]

선생은 또 말하였다. "'음양과 오행의 정精'은 곧 리요, '무극의 진眞'[8]은 원래 기이다. 무극

肯・剛柔善惡中, 自有許多不同. 旣同出一個太和, 則智者是性, 愚者豈不是性? 善者是性, 惡者豈不是性? 孟子却又何故獨言性善? 此處非功夫與天命合一, 不能知也. 動而無動, 靜而無靜, 一動一靜之間, 是天命本體, 造化所以神者在此. 故功夫到得勿忘勿助, 卽便是本體那純粹至善的頭面便現出來, 便知性知天知柔知剛, 惻隱羞惡辭讓是非便隨感而應. 孟子言性善, 正是於此處見得."

又曰: "'二五之精', 卽是理, '無極之眞',

---

7    우주는 단지 … 여기에서 안다: 28-20.
8    '음양과 오행의 … '무극의 진(眞)': '二五之精'과 '無極之眞'은 周敦頤의 「太極圖說」에 나온다.

이 유행하여 변화하면 곧 음양과 오행의 정精이 되고, 음양과 오행의 정이 묘합하여 응취하면 곧 건도는 남성을 이루고 곤도는 여성을 이루어 만물을 화생한다. 음양 두 기와 오행 그리고 남녀와 만물이 본래 무로부터 생긴 것임을 안다면, 중정中正과 인의仁義의 지극함이 (만물이 생겨나기 전) 고요함으로부터 성립함을 알 것이다."[9] 선생은 한 번 움직이고 한 번 고요한 사이에서 이 근원처를 파악하여, '움직이지만 아직 형체가 있지 않은 유와 무 사이가, 이른바 기機로, 성현이 경계하고 조심하며[戒愼] 염려하고 두려워하며[恐懼] 바로 여기에서 정밀히 살피고 전일하게 수렴하니, 용用의 곳이 바로 체體요, 화和의 곳이 미발의 중中'이라고 하였다.[10]

주자(周子: 周敦頤)가 말한 움직임[動]은 무無로부터 중中이 되어 없어지지 않는 것을 가리켜 말한 것이다. 이 낳고 낳아 끊임없는 것이 천지의 마음이다. 성誠, 신神 그리고 기幾는 명칭은 다르지만 의미하는 내용은 같다. 무無의 측면에서 '성(誠: 진실함)'이라고 하고, 무이면서 실제로는 유有인 측면에서 '기(幾: 기미)'라고 하

原是氣, 無極之流行變易, 便爲二五之精. 二五之精妙合而凝, 便乾道成男, 坤道成女, 化生萬物. 知二氣五行與男女萬物, 本自無而有, 則知中正仁義之極, 由靜而立." 先生旣從一動一靜之間, 握此頭腦, 謂動而未形, 有無之間, 所謂幾者, 聖賢戒愼恐懼, 正是於此精一, 用處卽是體, 和處卽是未發之中.

夫周子之所謂動者, 從無爲中, 指其不泯滅者而言, 此生生不已, 天地之心也. 誠神幾, 名異而實同, 以其無謂之誠, 以其無而實有謂

---

9   음양과 오행의 … 알 것이다: 28-31.
10   선생은 한 … 중(中)'이라고 하였다: 28-24.

고, 유와 무 어디에도 떨어지지 않는 측면에서 '신(神: 고정되지 않음)'이라고 한다. 선생은 생각[念]이 일어나는 곳을 기미처로 여기지만, 생각이 일어나면 형체가 있고 유(有)가 된다. 일어남이 있으면 소멸이 있다. 결국 힘을 다해서 체회하는 것이 단지 분수分殊 쪽의 일에 있으니 요약하여 리일理一로 돌아가는 선생의 취지가 아니다. 선생의 이기심성에 대하여 논의는 그 요체를 홀로 얻었다고 할 만한데 공부를 착수하는 것은 도리어 그 요체와 멀다. 왜 그럴까?

## 『도강일록』

|28-4| 사람에서 피와 살을 제외하면 단지 한 조각 정령(精靈: 정미하고 영묘한 것)이 있어 마음이라고 부른다. 한 번 움직이고 한 번 고요한 사이가 바로 이 정령함의 원래 본체이다. 그러므로 마음이란 앎이 없으면서 알지 못함이 없고, 행함이 없으면서 하지 못함이 없다. 마음 밖에서 다시 앎을 구해서는 안 된다. 이 마음을 얻은 자는 또한 어떠한 존재이겠는가?

|28-5| 단지 천명에서 뿌리를 세워야 한다. 오래되면 기질은 자연히 원만히 변화될 수 있다. 천명에 뿌리를 세우고 모든 상황에서 기질을 단속하여 한 번 움직이고 한 번 고요한 사

之幾, 以其不落於有無謂之神. 先生以念起處爲幾, 念起則形而爲有矣. 有起則有滅, 總極力體當, 只在分殊邊事, 非先生約歸理一之旨也. 先生之論理氣心性, 可謂獨得其要, 而工夫下手反遠之, 何也?

## 『桃岡日錄』

|28-4| 人除却血肉, 只有這一片精靈, 喚做心. 一動一靜之間, 正是這精靈元初本體. 故心也者, 無知而無不知, 無爲而無不爲, 不當於心外更求知. 得此心者, 又是何物?

|28-5| 只須在天命上立根, 久則氣質自會融化. 天命上立根, 時時約氣質歸

이로 돌아가게 하면, 곧 기질은 강경함이 중도에 맞고 유약함이 중도에 맞으며, 냄새도 소리도 없어 거의 가깝게 된다. 만약 기질에서 억지로 다스리면 어느 때 그것이 원만하게 변화될 수 있겠는가?

**|28-6|** 마음 또한 이 기이다. 허령(虛靈: 형체가 없으면서 영명함)과 지각知覺은 곧 기의 지극히 정미한 것이다. 마음이 기뻐하면 곧 안색이 기뻐한다. 마음이 분노하면 곧 안색이 분노한다. 이것으로 마음과 기가 관통해 있어 둘이 아님을 안다.

**|28-7|** 호연지기는 야기(夜氣: 밤중의 기)나 평단(平旦: 새벽)의 기와 똑같다. 곧 정령精靈한 마음을 가리켜 말하는 것이다.

**|28-8|** '지(智: 지혜)를 높이 고양시키는 것[智崇]'은 심체의 높고 밝은 측면이고, '예를 겸손하게 낮추어 행함[禮卑]'은 마음이 응대하는 용用이 중용을 이루는 측면이다.[11] 지를 높이 고양시키는 것은 리 일처에 투철하게 아는 것이고, 예를 겸손하게 낮추어 행하는 것은 분수처

於一動一靜之間, 卽氣質便是剛中柔中, 無聲無臭, 幾矣. 若只就氣質上強治, 何時得他融化?

**|28-6|** 心亦是氣, 虛靈知覺, 乃氣之至精者耳. 心纔喜, 容色便喜, 心纔怒, 容色便怒. 此便見心與氣貫通在, 未嘗二也.

**|28-7|** 浩然之氣, 與夜氣·平旦之氣同, 乃指精靈之心而言.

**|28-8|** 智崇是心體高明處, 禮卑是應用中庸處, 智崇是理一處透徹, 禮卑是分殊處停當. 如釋氏見得本來是空, 亦是

---

11    지(智: 지혜)를 높이 … 이루는 측면이다: '지숭'과 '예비'는 『주역』 「繫辭上」에 나온다. 智崇은 지혜를 높게 고양시키는 것이고, 禮卑는 겸손하게 자신을 낮추어 예를 행하는 것을 뜻한다.

에서 합당한 것이다. 불교에서 만상이 본래 공空임을 아는 것 역시 지를 높이 고양시키는 것이지만, 도리어 인륜의 일상적 실천을 외면하니 어디에서 예를 겸손하게 낮추어 행함을 얻겠는가? 고금의 현자들은 인륜을 날마다 실천하는 곳에서 힘쓰지 않은 이가 없다. 예를 겸손하게 낮추어 행하는 것이 있으면서도 도리어 대본(大本: 근본)이 되는 곳에서 파악하지 못하면 곧 지를 높이 고양시킨 것이 아니다. 지와 예를 합해야 곧 성이 중정中正한 곳이 된다. 중정하면 곧 천지와 덕이 부합한다고 말할 수 있다. 요컨대, 성학과 불교는 지혜의 근원이 다르다. 불교는 공空 하나만 알려고 하고, 성인은 공인 곳에서 만물이 일체임을 안다. 자신과 만물이 하나의 법식이 되니, 이 마음이 관통하지 않는 바가 없는 이유이다. 인륜을 날마다 실천하니, 어느 곳에서 한 터럭만큼이라도 더하고 줄일 수 있겠는가? 그러므로 만물을 일체로 삼는 공부는 곧 지를 높이 고양하면 된다. 천하가 인仁으로 돌아가는 것은 곧 예를 겸손하게 낮추어 행하는 것이고, 곧 지가 유행流行하는 곳으로 별개의 둘이 있는 것이 아니다.

**|28-9|** 성현의 학문은 그 전체가 좋아하고 싫어하며 취하고 버리는 것에서 힘을 쓰는 데 있다. 좋아하고 싫어함과 취하고 버리는 바를 따라 이 마음이 모두 그 바름을 잃지 않는 것

智崇, 却外人倫日用, 何處得禮卑? 古今賢者, 非無人倫日用處用功, 有個禮卑, 却於大本處未能見得, 便不是智崇. 合智禮乃是性之中正處, 中正乃可言天地合德. 要之, 聖學與釋氏, 智原是不同, 釋氏只要見一個空, 聖人却是於空處見萬物一體. 自身與萬物一例, 所以此心便無所不貫, 人倫日用, 何處容增減一毫? 故萬物一體之學, 卽智崇便已, 天下歸仁卽禮卑, 便是智之流行處, 非有二也.

**|28-9|** 聖賢之學, 全在好惡取舍上用力, 隨所好惡取舍, 此心皆不失其正, 便

이 곧 존양存養이다.

|28-10| 천지 전체에 형체가 있는 것은 모두 똑같이 이 기이고 이 성이니, 어떤 사물도 낳고 낳는 기(機, 기미)를 볼 수 없는 사물이 없다. 자사子思가 유독 솔개와 물고기를 들어서 낳고 낳는 기機를 말한 것은 곧 하늘을 날고 물에서 뛰어 오르는 것이 더욱 보기 쉽기 때문이다. 이 낳고 낳는 기機에 순응하면, 일상의 모든 일은 하늘이 부여해 준 총명으로 하지 않는 것이 없게 된다.

|28-11| 명도明道는 유작游酢과 양시楊時 두 사람에게 "일단 정좌를 하라.[且靜坐]"[12]라고 말하였다. 세 글자는 지극히 상대를 헤아려 줌이 있다. 대개 처음 공부하는 사람의 마음은 평상시 수습해 본 바가 없어, 비유하면 거칠게 요동하며 흐르는 물이 안정된 때가 없는 것과 같다. 그런 사람에게 묵좌默坐하게 시키지 않으면 무엇에 의거하여 이 마음이 원래 청정하고 고요하여 모든 변화의 근본이 됨을 알 수 있겠는가? (정좌를 통해) 인지하면 스스로 이미 확신이 서고, 바야흐로 그때 그에게 동처動處에서

是存養.

|28-10| 盈天地間, 有形之物, 皆同此氣 此性, 生生之機, 無 物不可見. 子思獨 舉鳶魚言生生之機, 卽其飛躍尤易見也. 只順這生生之機, 日 用百爲, 無非天聰明 用事.

|28-11| 明道語游‧ 楊二子曰: "且靜坐." 三字極有斟酌. 蓋 謂初學之心, 平日未 嘗收拾, 譬如震盪之 水, 未有寧時, 不教 他默坐, 何緣認得此 心元來淸淨湛一, 能 爲萬化根本. 認出 來時, 自家已信得 了, 方好教他就動處

---

12    일단 정좌를 해보라[且靜坐]: 이 말은 명도가 사상채(謝上蔡)에게 한 말이다. 『二程外書』 권12「傳聞雜記」.

잘 익히게 하는 것이지, 일상의 일을 닫고 사물을 떠나서 공부하게 하는 것이 아니다. 곧 초학자를 위해 제시한 임시방편의 지침이다.

**|28-12|** 갓난아이[赤子]의 마음이 곧 성태聖胎이다. 어떻게 하면 잃지 않을 수 있는가? 경계하고 조심하며[戒愼] 염려하고 두려워해야[恐懼] 한다. 경계하고 조심하고 염려하고 두려워하면서, 잘못하고 욕심내는 것을 미리 막고 이 갓난아이의 마음을 보존하고 견지할 수 있을 때 부모를 친애하고 윗사람을 공경하는 한 조각 진실하고 절실한 마음이 지속하여 곧 자연스럽게 밝은 지혜가 날마다 조금씩 순숙할 수 있고, 곧 자연스럽게 인을 바랄 만한 것으로 여겨[善] 자신에게 갖추는 것[信]으로부터 나아가 갖추는 것이 충실하고[美] 빛나게 되고[大], 충실하고 빛나면서 더 나아가 변화하고[聖] 헤아릴 수 없게 신묘해져[神],[13] 만물을 한 몸으로 여기는 지극함을 충만하게 할 수 있다. 요와 순의 덕이 천하에 미쳤던 것도 또한 원래부터 가지고 있었던 부모를 친애하고 윗사람을 공경하는 진실하고 절실한 마음일 뿐 별도의 마음이 있는 것은 아니다.

調習, 非是教人屏日用離事物做工夫, 乃是爲初學開方便法門也.

**|28-12|** 赤子之心, 便是聖胎, 如何得不失? 須是戒愼恐懼. 知戒愼恐懼, 防非窒慾, 保守得這赤子時, 愛親敬長, 一點眞切的心長在, 便自會生聰明睿智, 日漸純熟, 便自會由善信而美大, 美大而神聖, 充到萬物一體之極, 如堯·舜光被四表, 亦只是元初愛親敬長眞切的心, 非有別心.

---

13 　인을 바랄 … 없게 신묘해져[神]:『맹자』「진심하」: "可欲之謂善, 有諸己之謂信, 充實之謂美, 充實而有光輝之謂大, 大而化之之謂聖, 聖而不可知之之謂神."

비유하면 과일의 씨가 한 조각 생의生意여서 땅에 던지면 곧 뿌리를 내리고 싹이 나오는 것과 같다. 이 뿌리와 싹은 곧 갓난아이의 마음과 같아서 일절 해치지 말고 충분히 아끼고 보호해야 한다. 그러면 이 뿌리와 싹은 곧 줄기와 가지를 낳고 잎새와 꽃과 열매를 낳으며 하늘 높이 자라 해를 가린다. 수천의 꽃과 수만의 열매가 모두 원래 지녔던 뿌리와 싹의 한 조각 생의일 뿐이요 따로 생의가 있는 것이 아니다.

"갓난아이의 마음은 곧 미발의 중中이 아닙니까?" "미발의 중은 곧 고요하여 움직이지 않는 상태인데, 갓난아이를 어떻게 고요하여 움직이지 않는다고 말할 수 있겠는가? 갓난아이의 마음을 잃지 않아야만 곧 미발의 중이 된다." "공부는 잃어버리지 않는 것에 오로지 있지 않겠습니까?" "잃어버리지 않는다는 것은 곧 경계하고 조심하며 염려하고 두려워할 줄 알아 모든 시시각각으로 기機에서 깨닫는 것이다. 그렇지 않으면 무엇에 의거하여 상달할 수 있겠는가?" "주자의 설명은 이 마음을 잃지 않은 뒤에 능히 확충해서 (대인처럼) 크게 되는 것에 이른다고 말하는 것 같습니다.[14] 어떻습니

譬如果核, 一點生意, 投之地, 便會長出根苗來, 這根苗便如赤子之心, 切不要傷害着他, 須是十分愛護, 這根苗便自會生榦生枝, 生葉生花實, 及長到參天蔽日, 千花萬實, 總只是元初根苗一點生意, 非別有生意.

曰: "赤子之心, 卽可云未發之中否?" 曰: "未發之中, 便已是寂然不動, 赤子如何說得寂然不動? 須是不失赤子之心, 則便是未發之中." 曰: "工夫全在不失上否?" 曰: "不失卽是知戒愼恐懼, 時時在幾上覺, 不然緣何會上達?" 曰: "朱傳似謂不失了此心, 然

---

**14** 주자의 설명은 … 것 같습니다: 『맹자』「離婁下」의 "大人者, 不失其赤子之心者也."의

첨헌 도림 장신 선생

까?" "확충擴充 두 글자는 본래 『맹자』에서 나온 말로 갓난아이의 마음을 잃지 않으면 곧 사단을 확충하고, 곧 자세한 곳까지 다 발휘하게 되고, 곧 홀로 아는 것을 삼가게 된다. 공자와 맹자의 학문은 지극히 간명하고 지극히 쉽다."

**| 28-13 |** 횡거(橫渠: 張載)는 "형체가 있은 뒤에 기질의 성이 있다."[15]라고 하였는데, 이 말은 잘 이해해야 한다. 대개 그 의도는 강경함과 유약함이 덕에 부합하면 곧 천명의 성이 되고, 강경함이나 유약함에 치우친 성은 곧 형체가 있은 이후에 생기는 것이어서, 잘 되돌리면 강경함이 중정하고 유약함이 중정한 성이 보존된다는 뜻이다. 기질의 성이니 천명의 성이니 하는 말은 곧 그 표현에 명료함이 부족하기 때문에 잘 이해하지 않으면 안 된다. 후대의 유자들은 말로 표현한 것의 잘못에 빠져 그 본지를 궁구하지 않고, 한 번 잘못 오해한 것에 너도나도 호응하여 결국 진짜로 천명의 성이 있고 기질의 성이 있다고 여겼다. 만일 그렇다면 기질은 과연 태화太和의 용用이 아니고 천명은 과연 벗어나서 일기와 오행의 밖에 있는

後能擴充, 以至於大, 如何?" 曰: "擴充二字, 本出『孟子』, 只不失赤子之心, 便是擴充四端, 便是致曲, 便是愼獨. 孔·孟之學, 至簡至易."

**| 28-13 |** 橫渠言"形而後有氣質之性", 須要善看. 蓋其意爲剛柔合德者, 乃天命之性, 偏剛偏柔之性, 乃其形而後有者也, 善反之, 則剛中柔中之性存焉. 其曰氣質之性, 曰天命之性, 乃其言欠瑩處, 故不可不善看也. 後之儒者, 但泥其立言之失, 而不究其本旨, 一誤百和, 遂以爲眞有天命之性, 有氣質之性. 若

---

주에서 주자는 "大人之所以爲大人, 正正其不爲物誘而有以全其純一無僞之本然. 是以擴而充之, 則無所不知無所不能而極其大也."라고 설명하였다.

**15** 형체가 있은 뒤에 기질의 성이 있다: 『正蒙』「誠明」.

것인가?

**｜28-14｜** 성현이 공부를 논하고 의리를 논한 곳을 볼 때는 여유를 가지고 충분히 음미해야 한다. 그렇게 오래 하면 홀연히 깨달을 수 있다. 홀연히 깨달으면 도리어 전혀 생각하고 안배할 필요가 없다. 억지로 탐구하고 힘써 찾으면 곧 사사로운 생각이 되니, 무엇에 의거해서 이해함이 있겠는가? 오직 행하면서도 행함을 의식하지 않는 것이 곧 바르게 생각하는 것이다.

**｜28-15｜** 도교의 허무(虛無: 마음을 비움)와 불교의 적멸(寂滅: 생각을 끊음)은 권모술수를 쓰는 패도의 방법과 더불어 모두 한쪽으로 치우쳐 있어 밤이 있는 것만 알고 낮이 있는 것을 모르거나, 낮이 있는 것만 알고 밤이 있는 것을 모른다. 성인은 중도를 따라 행하기 때문에 종일 일삼는 바가 있어도 실제로는 한 가지 일도 없고, 종일 일을 도모하지만 실제로는 도모하는 것이 없이, 정情이 만사에 순응하면서 정을 짓지 않는다. 이것이 곧 주야의 도리에 통달해서 아는 것이다.

**｜28-16｜** 충서忠恕는 체와 용이 합일된 마음이

然, 則氣質者, 果非
太和之用,　而天命
者, 果超然於一氣五
行之外乎?

**｜28-14｜** 凡看聖賢
論學, 論義理處, 須
是優柔厭飫, 久之乃
能忽然覺悟到.　忽
然覺悟, 却全不假思
索安排矣.　強探力
索, 卽是邪思, 何緣
有見?　惟用而不用,
乃是正思也.

**｜28-15｜** 虛無寂滅,
與權謀霸術, 皆是墮
在一邊, 知有夜不知
有晝, 知有晝不知有
夜.　聖人從中道上
行, 故終日有事, 實
無一事,　終日有爲,
實未嘗爲, 情順萬事
而無情.　此便是通
乎晝夜之道而知.

**｜28-16｜** 忠恕是體

다. 성인이 마음을 말한 것은 모두 체와 용을 합한 것이고, 모두 배우는 이에게 기미처[幾]에서 마음을 알아 용에 나아가는 자리에서 체에 나아가게 하려는 것이다.

**|28-17|** 마음은 사람의 신기神氣가 영명하고 지각하는 것이다. 마음[心]이라고 이름을 붙인 것은 본래 주재한다는 뜻을 취한 것이다. 마음이 깨어 있어 활발한 곳이 성이다. 그러므로 성性자가 심心과 생生을 따라서 글자가 만들어졌으니, 낳고 낳는 마음을 지칭한 것이다.

**|28-18|** 글을 통해 자신의 견식을 넓히는 것[博文]과 예로 요약하여 자신을 단속하는 것[約禮]은 두 가지 공부가 아니다. 결국 생각이 일어나고 아직 모양이 갖추어지지 않은 곳에서 정밀하게 살피고 전일하게 수렴하면 두 가지 공부가 한결같이 함께 극진해진다. 예는 마음의 본체이고 글[文]은 마음이 외물과 감촉하고 통해서 빛나는 곳이다.

**|28-19|** 마음은 원래 순수하고 지극히 선하다. 『대학』에서 "지극히 선한 곳에 머문다."라고 하였는데, 사실은 사람이 머무르는가에 달려 있다. 그 머무를 바를 잃으면 곧 순수한 양의 기가 변해서 음이 되는 것과 같아서, 그것이 곧 악이다. 그러므로 주자(周子: 周敦頤)는 무

用合一的心, 聖人言心, 皆是合體用, 皆要學者於幾上認心, 卽用卽體.

**|28-17|** 心是人之神氣之精靈知覺者也, 命之曰心, 本取主宰之義. 心之活潑潑處是性, 故性字從心從生, 指生生之心而言者也.

**|28-18|** 博文約禮, 不是兩段工夫, 總於念纔起動而未形處, 惟精惟一, 則二者一齊俱致矣. 禮是心之本體, 文是感通燦然處.

**|28-19|** 心元是純粹至善. 『大學』云"止至善", 其實只在人止之耳. 失其止, 便如純陽之氣變而爲陰了, 此便是惡.

욕無欲 두 글자를 제시하여 성학 공부의 요체로 삼았다.[16] 이 마음을 수습하여 움직여도 움직임이 없고 고요해도 고요함이 없는 곳에 도달하지 않으면 무욕無欲이라고 말할 수 없다. 무욕이 아니면 어디로부터 성이 선함을 알겠는가?

|28-20| 우주는 단지 하나의 기로, 전체가 혼연하게 한 덩어리 태화太和이다. 중간에 맑고 탁한 정도와 강경하고 유약한 정도가 얼마간 일정하지 않다. 그러므로 형체가 생겨 정신이 활동하고 오성(五性: 감각)이 감응하여 움직인 이후로부터 보면, 지혜로움과 어리석음, 뛰어남과 그렇지 못함, 강경함과 유약함, 선함과 악함 가운데 고요皐陶가 구덕九德을 논한 것[17]이나 공자가 말한 고시高柴, 증삼曾參, 전손사顓孫師, 중유仲由 등처럼[18] 치우친 곳에 자연히 다양한 차이들이 있다. 똑같이 하나의 태화에서 나왔으니, 지혜로운 것이 성이다. 어리석은 것이 어찌 성이 아니겠는가? 선한 것이 성이다. 악

故周子揭無欲二字, 爲聖功之要. 非收拾此心, 到得動而無動, 靜而無靜處, 不得言無欲. 非無欲, 却何從見得性善?

|28-20| 宇宙只是一氣, 渾是一個太和, 中間清濁剛柔, 多少參差不齊. 故自形生神發・五性感動後觀之, 知愚賢不肖・剛柔善惡中, 如皐陶論九德, 孔子所言柴・參・師・由, 偏處自有許多不同. 旣同出一個太和, 則知的是性, 愚的豈不是性? 善的

---

16  주자(周子)는 무욕(無欲) … 요체로 삼았다: 『通書』「聖學」: "聖可學乎? 曰: '可.' 曰: '有要乎?' 曰: '有.' 請聞焉. 曰: '一爲要, 一者無欲也. 無欲則靜虛動直, 靜虛則明, 明則通, 動直則公, 公則溥, 明通公溥, 庶矣乎.'"

17  고요가 구덕(九德)을 논한 것: "皐陶曰: '都, 亦行有九德, 亦言其人有德, 乃言曰載采采.' 禹曰: '何?' 皐陶曰: '寬而栗・柔而立・願而恭・亂而敬・擾而毅・直而溫・簡而廉・剛而塞・彊而義・彰厥有常, 吉哉!'"

18  공자가 말한 … 중유(仲由) 등처럼: 『논어』「先進」: "柴也愚, 參也魯, 師也辟, 由也喭."

한 것이 어찌 성이 아니겠는가? 그런데 맹자는 도리어 또 무슨 이유로 성이 선하다고만 말하였는가? 이 대목은 공부가 천명과 합일하지 않으면 알 수 없다. 움직여도 움직이지 않고 고요하게 있어도 고요하지 않으며 한 번 움직이고 한 번 고요한 사이가 천명의 본체로 조화가 신묘하게 되는 것이 여기에 있다. 그러므로 공부가 잊지 않고 조장하지 않는 것에 이르면, 곧 본체의 순수하고 지선한 모습이 드러나, 성을 알고 하늘을 알며 유약함을 알고 강경함을 알며, 측은히 여기고 부끄럽게 여기고 사양하고 시비를 가리는 것이 감촉하는 바에 따라 응하여 나온다. 맹자가 성은 선하다고 말한 뜻은 바로 여기에서 안다.

순자와 한비자가 성을 모르는 것은 바로 이 일단의 공부를 모르기 때문이다. 지금과 같으면 단지 힘써 노력해야 하고, 그것이 어떤 것인지 상상할 필요는 없다. 공부가 참되게 말이 없는 곳에 이르면 곧 안다. 대개 기는 하나이지만 나누어지는 것에서 달라진다. 곧 나누어지는 것에서 달라진 것을 요약하여 한 번 움직이고 한 번 고요한 사이로 되돌아가게 하면 곧 본체이다. 선유는 도리어 아름답고 추솔한 것의 차이를 기질 때문이라고 여기고 성이 리이고 리는 선하지 않음이 없다고 하였지만 이것

是性, 惡的豈不是性? 孟子却又何故獨言性善? 此處非功夫與天命合一, 不能知也. 動而無動, 靜而無靜, 一動一靜之間, 是天命本體, 造化所以神者在此. 故工夫到得勿忘勿助之間, 卽便是此體那純粹至善底頭面便現出來, 便知天知性, 知柔知剛, 惻隱羞惡, 辭讓是非, 便隨感而應. 孟子言性善, 正於此處見得.

荀‧韓諸子不知性, 正由不知此一段學問工夫. 如今只須用功, 不須想像他如何. 工夫到得眞默處, 卽識之矣. 蓋氣一分殊, 卽分殊約歸動靜之間, 便是本體. 先儒却以美惡不齊爲氣質, 性是理, 理無不善, 是氣

은 기질 밖에서 별도로 리를 찾는 것이다.

**| 28-21 |** 충신(忠信: 충직하고 신실함)이라고 하면 곧 영명靈明함에 해당한다. 영명하다고 해서 어찌 충직하고 신실함에 해당할 수 있겠는가? 오늘날 사람들은 영명함을 말하는 것을 좋아하고 충신을 융통성이 없는 경직된 것으로 여긴다. 충신이 무엇인가? 물에 비유하면 조금도 새는 것이 없고 충분히 맑은 것을 충신이라고 부른다. 세간에 영리한 사람은 도리어 진흙이 낀 물을 일체 영명하다고 이해하고 있다.

**| 28-22 |** 『육경六經』이 갖추어져 있는데, 별개의 기가 있고 또 별개의 리가 있다고 어디 말한 적이 있는가? 무릇 명命을 말하고 도를 말하고 성誠을 말하고 태극太極을 말하고 인仁을 말한 것이 모두 기를 가리켜 말한 것이다. 우주宇宙는 전체가 혼연하게 한 덩어리의 기이다. 기는 자체로 심원하고 자체로 망령됨이 없고, 자체로 중정하고 순수하고 정미하며, 자체로 낳고 낳아 쉼이 없으니 명命이라고 하고 도道라고 하고 성誠이라고 하고 태극太極이라고 하는데 결국 하나의 신묘한 리이며, 단지 마음에서 체인하면 곧 안다. 마음은 기이다. 낳고 낳는 마음이 곧 이른바 하늘이 부여한 성이다. 어찌 별개의 마음이 있고 또 별개의 성이 있겠는가?

質外別尋理矣.

**| 28-21 |** 言忠信, 便該了靈明, 言靈明, 豈能該得忠信? 今人喜說靈明, 把忠信只當死殺格子. 忠信是甚麼? 譬之水, 無絲毫泥滓, 十分澄澈, 便喚做忠信. 世間伶俐的人, 却將泥滓的水, 一切認作靈明.

**| 28-22 |** 『六經』具在, 何嘗言有個氣, 又有個理? 凡言命・言道・言誠・言太極・言仁, 皆是指氣而言. 宇宙渾是一塊氣, 氣自於穆, 自無妄, 自中正純粹精, 自生生不息, 謂之命, 謂之道, 謂之誠, 謂之太極, 總是這一個神理, 只就自心體認便見. 心是氣, 生生之心,

누군가 "리를 소당연(所當然: 응당 그리해야 하는 것), 소이연(所以然: 그렇게 되는 근거)라고 하는 설은 어떠한가?"라고 물었다. 대답하기를, "단지 하나의 마음이다. 천 가지 만 가지 일들이 결국 모두 마음의 변화이다. 또 어느 것이 드러난 것이고 어느 것이 은미한 것이겠는가? 단지 형색形色이 곧 천성天性이다."[19]라고 하였다.

| 28-23 | 마음은 활동하지 않는 때가 없지만, 움직여서 아직 형체를 갖추지 않고 유와 무 사이가 마음이니, 이른바 기幾가 그것이다. 성현은 경계하고 조심하며 염려하고 두려워하면서, 바로 여기에서 정밀하게 살피고 전일하게 수렴한다. 여기에서 정밀하게 살피고 전일하게 수렴하면 용用의 곳이 곧 체이고, 화(和: 절도에 맞아 지나치거나 모자람이 없음)의 곳이 곧 미발의 중(中: 치우침이 없고 중정함)이다.

| 28-24 | 육경에서는 결코 성인의 마음이 어떤 모양인지 의미 없이 설명한 적이 없고, 모두 일 위에서 그의 마음을 보였다.

| 28-25 | 위로는 푸르고 아래로는 평탄하고

便是天命之性, 豈有個心, 又有個性? 問: "所當然, 所以然之說, 如何?" 曰: "只一個心, 千事萬事, 總皆變化, 又何顯何微? 只形色便是天性."

| 28-23 | 心無時不動, 獨正是動而未形, 有無之間, 所謂幾是也. 聖賢戒愼恐懼, 正是於此處精一, 此處精一, 卽用處就是體, 和處就是未發之中.

| 28-24 | 『六經』並不曾空空說聖人之心如何樣子, 都在事上見他心.

| 28-25 | 上面蒼然,

---

**19** 형색(形色)이 곧 천성(天性)이다:『맹자』「盡心上」: "曰形色, 天性也. 惟聖人然後可以踐形."

중간에 만상이 가득 차 있는데 나의 이 몸은 도리어 공활한 곳에 서 있다. 이 공활한 곳은 무엇인가? 모두 기가 충만해 있어 조그만 틈도 없다. 이것이 곧 하늘이다. 다시 어느 곳을 가리켜 하늘이라고 말하겠는가? 눈앞의 이 공활한 것이 하늘임을 아니, 곧 상하사방과 고금왕래를 다 포괄해서 혼연하게 하나의 공활한 것이요 하나의 하늘로 중간도 가장자리도 없고 먼 것과 가까운 것의 차이도 없음을 알고, 또한 눈앞의 한 번 춥고 한 번 더우며, 바람이 불고 비가 오고, 이슬이 내리고 우레가 치는 것과, 내 이 몸의 이목구비와 사지와 모든 뼈, 그리고 한 조각 정령精靈하며[20] 지각하는 것이 모두 이 하나의 공임을 안다. 낳고 낳는 변화를 세상 사람들은 육신으로 장벽을 쳐서 나와 너로 나누고, 울타리를 쳐서 나와 이웃을 나누지만, 알게 되면 곧 울타리를 부수고 곧 모든 사람이 이미 요, 순, 공자, 우, 고요, 안연, 맹자의 길로 들어선다. 어떻게 아는가? 이 마음을 수습하여 묵식하는 데 이르면 곧 하늘의 총명함이 두루 비춘다. 그러므로 "그 마음을 다하면 성을 알고 하늘을 안다."[21]라고 한 것이다.

下面塊然, 中間萬象森然, 我此身却在空處立着. 這空處是甚麼? 都是氣充塞在, 無絲毫空缺. 這個便是天, 更向何處說天? 知眼前這空是天, 便知極四方上下, 往古來今, 渾是這一個空, 一個天, 無中邊, 無遠近. 亦便知眼前一寒一暑, 風雨露雷, 我此身耳目口鼻四肢百骸, 與一片精靈知覺, 總是這一個空. 生生變化, 世人隔形骸, 分爾汝, 隔藩牆, 分比鄰, 見得時, 便是剖破藩籬, 卽大家已登堯・舜・孔子・禹・皐・顏・孟路

---

20 정령(精靈): 精微하고 靈妙함. 주희는 虛靈 곧 형체가 없고 영묘함이라는 말로 마음의 특성을 설명하는데, 蔣信은 精靈과 靈明의 두 서술어를 주로 사용한다. 정미함[精]은 기가 흩어지거나 거칠지 않고 순수하고 맑은 상태를 가리킨다.

21 마음을 다하면 … 하늘을 안다: 『맹자』「盡心上」: "盡其心者知其性也, 知其性則知天

**|28-26|** 갈아서 한층 더 정밀해지면 곧 한층 더 이해한다. 이전에 잘못이라고 알지 못하였던 곳을 오늘 도리어 잘못임을 알게 된다.

**|28-27|** 리일(理一: 리가 동일함)을 알고, 또한 분수(分殊: 역할이 다름)를 알아야 한다. 분수를 아는 것이 필요할 뿐만 아니라, 이해하는 것이 유교의 맥락이 아니면 '리일을 안다'는 한마디 말도 또한 아마도 철저하게 이해하는 것이 못된다. 학인이 진실되게 묵식默識하여 이 본체를 얻으면 단지 견지하면 되고 다시 일삼을 것이 없다. 한 조각 광대한 마음이 저절로 무한한 정미함을 산출한다.

**|28-28|** 사계절이 돌아가고 만물이 생장하는 것은 만고에 이와 같다. 이것이 곧 "심원하고 그치지 않는다."[22]는 것이다. 만물에서 살펴보면, 만물은 한 번 생겨나면 곧 또한 거두어들

上行矣. 何由見得? 收拾此心, 到默處, 卽是天聰明, 便照破矣. 故曰: "盡其心, 則知性知天."

**|28-26|** 磨礱細一番, 乃見得一番, 前日不認得是過處, 今日却認得是過.

**|28-27|** 見得理一, 又須理會分殊. 不獨理會分殊, 非聖門之旨, '見得理一'一言, 亦恐未盡. 學者若眞實默識, 得此體, 只要存, 更無事. 一片廣大的心, 自然做出無限精微.

**|28-28|** 四時行, 百物生, 萬古是如此, 這便是"於穆不已". 卽萬物觀之,

---

矣."

22   심원하고 그치지 않는다: 『시』 "周頌 · 維天之命".

명유학안 권28, 초중왕문학안

이고, 한 번 거두어들이면 곧 또 생겨난다. 어찌 잠시라도 그친 적이 있던가? 이 심원하고 그치지 않는 것, 이것은 무엇인가? 이것은 원기元氣가 그러한 것이다. 그러므로 원기는 하늘의 신리(神理: 신묘한 리)이다. 선유는 음양은 기이고, 그러한 소이가 리이고, 음양은 형이하이고 태극은 형이상이라고 하였다. 기가 있고 별도로 리가 있다고 하는 것은 둘로 나누는 것이다.

| 28-29 | 물었다. "어째서 오성이 감촉하여 움직임에 드디어 선함과 악함이 있습니까?" 대답하였다. "사람이 태어나서 고요한 것 이상은 순수하고 지극히 선하니, 사계절이 운행하고 만물이 생겨나는 것을 보지만, 형체가 생기고 정신이 활동함을 어찌 말로 설명할 수 있겠는가? 오성이 감촉하여 움직이면 곧 '움직여도 움직임이 없고 고요해도 고요함이 없는 것'이 아니다. 신리神理 본체는 품수 받은 강경함과 유약함의 똑같지 않은 분수分數에 따라 나와서, 인자함[慈祥], 겸손함[巽順], 나약함, 우유부단함, 간사함[邪佞], 강개함[嚴毅], 올곧음[正固], 험상궂음[猛隘], 강건함[强梁] 등 여러 차이가 생긴다. 그러므로 정자는 '선함과 악함이 모두 천리이다. 악하다고 말하는 것은 본래 악한 것이 아니다'[23]라고 하였다. 그러나 신리神理인 본체가

發生一番, 便又收斂, 收斂一番, 便又發生, 何曾一暫止息? 這於穆不已, 是甚麼? 是元氣如此. 故元氣者, 天之神理. 先儒謂陰陽是氣, 所以然者是理. 陰陽形而下, 太極形而上, 謂有氣別有理, 二之矣.

| 28-29 | 問: "何以五性感動, 遂有善惡?" 曰: "人生而靜以上, 純粹至善, 觀四時行, 百物生, 豈容更說形生神發? 五性感動, 便已非動而無動, 靜而無靜, 神理本體, 便隨所稟剛柔不齊分數發出來, 所以有慈祥·巽順·懦弱·無斷·邪佞·嚴毅·正固·猛隘·强梁, 許多不同. 故程子曰: '善惡皆天理, 謂之

원래 무無일 뿐이다. 잘 배우는 사람이 자신의 정情을 단속하여 고요함[靜: 본체의 상태]으로 돌아가면, 강경함과 유약함의 기가 변해서 중정한 상태로 돌아가고, 총명예지聰明叡智와 중정인의中正仁義가 나온다."

| 28-30 | 욕심이 없는 것이 곧 마음을 다하는 것이다. 마음을 다함은 마음에 부족함이 없는 것이다. 마음에 부족함이 없을 때 바야흐로 마음이 거기에 있다고 말한다.

| 28-31 | '음양과 오행의 정精'은 곧 리요 '무극이라는 진(眞, 참된 것)'은 원래 기이다. 무극이 유행하여 변화하면 곧 음양과 오행의 정精이 되고, 음양과 오행의 정이 묘합하여 응취하면 곧 건도는 남성을 이루고 곤도는 여성을 이루어 만물을 화생한다. 음양 두 기와 오행 그리고 남녀와 만물이 본래 무로부터 생긴 것임을 안다면, 중정中正과 인의仁義의 지극함이 (만물이 생겨나기 전) 고요함으로부터 성립함을 알 것이다 이 「태극도太極圖」와 『통서統緖』는 말로 다 드러내지 못하는 깊은 뜻을 말하였다.

惡者, 本非惡.' 然神理本體, 元只是無而已.　善學者約其情以復於靜, 則剛柔之氣皆變而復於中, 聰明睿智中正仁義出矣."

| 28-30 | 無欲卽是盡心, 盡心是謂心無虧欠, 心無虧欠, 方說得心在.

| 28-31 | '二五之精', 卽是理; '無極之眞', 元是氣. 無極之眞流行變易, 便爲二五之精; 二五之精妙合而凝,　便乾道成男, 坤道成女, 化生萬物.　知二氣五行, 與男女萬物, 本自無而有, 則知中正仁義之極, 由靜而立, 此「圖」·『書』言不盡

---

23　선함과 악함이 … 것이 아니다: 『二程遺書』 권2상 「元豊己未呂與叔東見二先生語」.

| 28-32 | "동動과 정靜에 모두 적연하면 공空에 떨어질까 염려된다."라고 묻는 이가 있었다. 대답하였다. "당신들 같은 사람들도 공에 떨어지는 것 또한 어렵지 않다."

| 28-33 | 경계하고 조심하며 염려하고 두려워하는 생각이 항상 지속하여 중단되지 않아, 말이 행해지고 일로 들어나기를 기다리지 않아도 갖추고 있는 것을 '전정(前定: 미리 대비하고 있음)'²⁴이라고 한다. 정(定: 대비함)은 곧 성(誠: 진실함)이다.

| 28-34 | 경계하고 조심하며 염려하고 두려워하는 것은 미리 대비하고 있을 때[定時]의 한 점 참된 생각으로 이른바 주재한다는 것이 곧 그것이다.

言之深意.

| 28-32 | 有問"動靜皆寂, 恐落空"者, 曰: "似賢輩且落空亦不妨."

| 28-33 | 戒愼恐懼之念, 時時不息, 不待言行事見而後有, 謂之前定, 定卽誠也.

| 28-34 | 戒愼恐懼, 乃是定時一點眞念, 所謂主宰者便是.

---

24  전정(前定): 『중용』 20장: "凡事豫則立, 不豫則廢. 言前定則不跲, 事前定則不困, 行前定則不疚, 道前定則不窮."

첨헌 도림 장신 선생

# 효렴 암재 기원형 선생

孝廉冀闇齋先生元亨

**│ 28-35 │** 기원형冀元亨은 자가 유건惟乾, 호가 암재闇齋로 초楚의 무릉(武陵: 湖南 常德) 사람이다. 양명陽明이 용장龍場으로 유배되었을 때, 선생과 장도림(蔣道林: 蔣信)이 가서 선생으로 모셨고, 여릉(廬陵: 江西 吉安)으로 따라가서 해를 넘기고 돌아왔다. 정덕正德 11년(1516) 호광湖廣 향시에서 시험관이 '격물치지'로 문제를 내자, 선생은 주자의 주해를 따르지 않고 양명에게서 들은 것으로 대답하였다. 시험관이 특이하게 여기고 기록하였다. 양명이 공주(贛州: 江西)에 있을 때 선생이 또 수행하여, 염계서원에서 교육을 주관하였다. 신호宸濠가 편지를 보내 학문에 대하여 물어 오자 양명이 선생을 보내 대답하게 하였다. 신호는 왕도와 패도의 책략에 대하여 논하였는데, 선생은 그것에 어두워 단지 그와 더불어 공부를 말할 뿐이었다. 신호가 박수를 치며 다른 사람에게 "사람이 어리석

**│ 28-35 │** 冀元亨字惟乾, 號闇齋, 楚之武陵人. 陽明謫龍場, 先生與蔣道林往師焉, 從之之廬陵, 踰年而歸. 正德十一年, 湖廣鄕試, 有司以'格物致知'發策, 先生不從朱'註', 以所聞於陽明者爲對, 主司奇而錄之. 陽明在贛, 先生又從之, 主敎濂溪書院. 宸濠致書問學, 陽明使先生往答之. 濠談王霸之略, 先生昧昧, 第與之言學而

기가 어쩌면 여기에 이르는가."라고 하였다. 하루는 「서명西銘」을 강의하면서, 선생이 군신 사이의 의리가 한 몸으로 여기는 마음[一體]에 근본한다는 것을 반복해서 설명하여 신호를 감동시켰다. 신호가 대단히 선생에게 의탁하자, 선생이 이전의 말을 차분히 다시 설명하였다. 신호는 "나에게는 담력과 용기가 크게 있소이다."라고 하였다. 선생은 드디어 그를 돌려보냈다. 신호가 (반란에 실패해) 패망하자, 양명을 시기하는 자들이 선생을 빌려서 양명을 함정에 빠뜨리려고 하였다. 선생이 체포되어 서울에 이르렀는데, 고문에도 선생은 굴복하지 않았다. 과도관科道官[1]들이 교대로 장소를 올려 변호하고 신원하였고, 출옥한 지 5일 만에 생을 마쳤다.

선생은 감옥에 있을 때 여러 죄수들에게 강설하여 죄수들이 괴로움을 잊을 수 있게 하였다. 선생은 항상 도림道林에게 "공주贛州의 학자들은 제법 정좌를 잘 하는데, 인체仁體에서 아는 것이 없으면 마른 나무처럼 앉아 있다 한들 무슨 도움이 되겠는가?"라고 하였다. 위태로운 곤경에서도 뜻을 꺾지 않았던 것을 보면, 진실로 말한 것이 빈 말이 아니다. 계미년(1523) 남궁(南宮: 尙書省)에서 낸 책문에 심학心學을 기롱

已. 濠拊掌謂人曰: "人癡一至是耶!" 一日講「西銘」, 先生反復陳君臣之義, 本於一體, 以動濠. 濠大詫之, 先生從容復理前語. 濠曰: "此生大有膽氣." 遂遣歸. 濠敗, 忌陽明者, 欲借先生以陷之. 逮至京師, 榜掠不服, 科道交章頌冤, 出獄五日而卒.

在獄與諸囚講說, 使囚能忘其苦. 先生常謂道林曰: "贛中諸子, 頗能靜坐, 苟無見於仁體, 槁坐何益?" 觀其不挫志於艱危, 信所言之非虛也. 癸未南宮發策, 以心學爲譏, 餘

---

1    과도관(科道官): 명청시대 6科의 給事中과 都察院 各道의 監察御史에 대한 統稱.

효렴 암재 기원형 선생

하였다. 여요餘姚에 서산徐珊이라는 이가 있었
는데, 답하지 않고 나갔다. 선생이 답한 것과
서산이 답하지 않은 것이 둘 다 일시에 명성이
높았다. 서산이 신주동지辰州同知가 되었다가
횡령으로 목매 자살하자, 【당시 사람들이 그 때문
에 "군자가 도를 배우면 남을 해치고, 소인이 도를 배
우면 목을 매고 죽는다."라고 하였다.】 그를 언급하
는 것을 수치로 여겼다. 이른바 관 뚜껑을 덮
고 나서 평가가 정해진다는 것이 아닌가!

姚有徐珊者, 亦陽明
之門人, 不對而出.
先生之對, 與徐珊之
不對, 一時兩高之.
而珊爲辰州同知, 侵
餉縊死,【時人爲之語
曰: "君子學道則害人,
小人學道則縊死."】
人羞稱之. 所謂蓋
棺論定者非耶.

# 명유학안 권29,
# 북방왕문학안

明儒學案 卷二十九,
北方王門學案

|29-1| 북방에서 왕씨의 학문을 한 사람이 유독 적다. 목현암(穆玄菴: 穆孔暉)은 양명과 주고받은 문답이 없고  왕도王道는 자가 순보純甫로 양명의 문하에서 수업을 하였지만, 양명은 "자신이 옳다고 여기는 사람으로 더 진보하는 것을 구하는 마음이 없다."라고 하였다. 그 뒤에 나아간 방향이 과연 달라서 왕문에 같이 열거할 수 없다. 두 맹씨[1]가 계승한 것이 아니면 현자가 있어도 역시 자취를 따르고 보고 듣는 수준의 학문에 불과하여 자득한 것이 거의 없었다.

|29-1| 北方之爲王氏學者獨少, 穆玄菴旣無問答, 而王道字純甫者, 受業陽明之門,  陽明言其"自以爲是,  無求益之心", 其後趨向果異, 不可列之王門.  非二孟嗣響, 卽有賢者, 亦不過跡象聞見之學, 而自得者鮮矣.

---

1    두 맹씨: 본 북방왕문학안에 올라 있는 孟秋와 孟化鯉를 가리킨다.

# 문간 현암 목공휘 선생

文簡穆玄菴先生孔暉

|29-2| 목공휘(穆孔暉: 1479~1539)는 자가 백잠伯潛, 호가 현암玄菴이고 산동山東 당읍堂邑 사람이다. 홍치弘治 을축년(1505)에 진사에 급제하였다. 서길사庶吉士에서 간토簡討[1]에 제수되었으나, 유근劉瑾이 싫어하여 남경예부주사南京禮部主事로 조용되었다가 유근이 패퇴하자 복관되었다. 사업司業, 시강侍講, 춘방서자春坊庶子, 학사學士, 태상시경太常寺卿 등을 역임하고, 가정嘉靖 기해년(1539) 8월에 별세하였다. 향년 61세였다. 예부우시랑禮部右侍郞에 추증되었고, 시호는 문간文簡이다.

|29-3| 양명陽明이 산동에서 시험을 주관할 때 선생을 1등으로 세웠다. 처음에 고문 사장

|29-2| 穆孔暉字伯潛, 號玄菴, 山東堂邑人. 弘治乙丑進士. 由庶吉士除簡討, 爲劉瑾所惡, 調南京禮部主事. 瑾敗, 復官. 歷司業・侍講・春坊庶子・學士・太常寺卿. 嘉靖己亥八月卒, 年六十一. 贈禮部右侍郞, 諡文簡.

|29-3| 陽明主試山東, 取先生爲第

---

1 간토(簡討): 명대 翰林院 史官의 직명. 본래 명칭이 "檢討"였으나 崇禎帝의 이름을 휘한 것이다.

詞章을 익혔으나 얼마 지나 이학에 잠심하였다. 그는 학문을 논하여 "고인은 리理를 궁구하고 성性을 다 발휘하여 천명에 이르렀다. 이제 성과 명 등 본원에 대하여 읽고 이해하는 것으로 익혀서 자득하는 것이 애시당초 없다. 돌아보건대 아는 바가 있다고 하지만, 세속의 사고에서 골몰하는 것이 아닌지 어떻게 장담하겠는가?"라고 하였다. 또 이르기를 "거울은 아름답고 추한 것을 비추지만 아름답고 추한 것이 거울에 남지 않고, 마음은 사물에 응대하지만 사물이 마음에 남지 않는다. 사물은 스스로 와서 스스로 가고 마음은 사물이 오면 응대하고 가면 적연해지니, 새가 허공을 지나가지만 허공의 체에는 지장이 없는 것과 같다."라고 하였다. 또 이르기를 "성 가운데에는 분별하는 상相이 없다. 어느 것이 부처이고 어느 것이 노자이겠는가?"라고 하였다. 임종할 때, "지금에 이르러 비로소 일을 마친 사람이 되었구나."라는 게송을 남겼다.

대개 선생은 양명의 학문을 배웠지만 선禪에 빠져 스승 문하의 훈련을 받은 적이 없다. 그러므로 『양명집陽明集』안에 주고 받은 문답이 없다. 황태천(黃泰泉: 黃佐)은 결국 선생에 대하여 "비록 양명이 선발한 선비였지만, 양명의 설을 종지로 삼지 않았고 송유를 낮게 평가하였다."라고 하였다. 선생을 불평한 말이지만, 양명이 어찌 송유를 낮게 여겼는가?

一. 初習古文詞, 已而潛心理學. 其論學云: "古人窮理盡性以至於命, 今於性命之原, 習其讀而未始自得之也. 顧謂有見, 安知非汨慮於俗思耶!" 又云: "鑑照姸媸, 而姸媸不著於鑑, 心應事物, 而事物不著於心, 自來自去, 隨應隨寂, 如鳥過空, 空體弗礙." 又云: "性中無分別相, 心何佛何老?" 臨卒時, 有"到此方爲了事人"之偈.

蓋先生學陽明而流於禪, 未嘗經師門之煆煉, 故『陽明集』中未有問答. 乃黃泰泉遂謂: "雖陽明所取士, 未嘗宗其說而菲薄宋儒." 既冤先生, 而陽明豈菲薄

또한 양명을 불평한 말이 된다. "말 한마디에
서 알지 못함이 드러난다."[2]는 말은 이런 경우
를 가리킨다.

宋儒者？ 且冤陽明
矣. "一言以爲不
知", 此之謂也.

---

2    말 한마디에서 … 못함이 드러난다:『논어』「子張」.

# 교유 홍산 장후각 선생

教諭張弘山先生後覺

|29-4| 장후각(張後覺: 1503~1580)은 자가 지인志仁, 호가 홍산弘山[1]이고 산동山東 치평茌平 사람이다. 벼슬은 최종 화음교유華陰教諭를 지냈다. 어려서 안중계顔中溪[2]와 서파석(徐波石: 徐樾)[3]에게 수업을 받았고, 사고를 깊이 하고 힘써 실천하였으며 통투하여 장애가 없었지만, 오히려 붕우를 사귄 것이 넓지 않다고 여겨 남쪽으로 향산香山에서, 서쪽으로 정괴丁塊에서, 북쪽으로 대운大雲에서, 동쪽으로 왕우王遇에서 강학회를 결성하였다. 제齊와 노魯 사이에 드디어 학생이 많아졌다. 근계(近溪: 羅汝芳)와 영천(潁川: 鄒善)[4]이 동군東郡에서 벼슬할 때 선생

|29-4| 張後覺字志仁, 號弘山, 山東茌平人. 仕終華陰教諭. 早歲受業於顔中溪・徐波石, 深思力踐, 洞朗無礙. 猶以取友未廣, 南結會於香山, 西結會於丁塊, 北結會於大雲, 東結會於王遇, 齊・魯間遂多學者. 近溪・潁泉官東郡,

---

1  홍산(弘山): 아래 29-5조목이나, 『續文獻通考』卷176 '張後覺『宏山集』四卷' 조목 등 다른 곳에서는 '宏山'으로 쓰인 곳도 있다. 연호 '弘治'를 피하여 '宏山'으로 쓴 것으로 보인다.
2  안중계(顔中溪): 미상. 顔鈞(山農, 1504~1596)(?).
3  서파석(徐波石: 徐樾): 권32「泰州學案1」에 올라 있다.
4  영천(潁川: 鄒善): 鄒守益의 아들. 권16「江右王門學案1」추수익 조목에 같이 언급되

을 위해서 양쪽에 서원을 건립하였는데, 원학願學서원, 견대見大서원이라고 하였다.[5] 선생은 수서水西강학회가 왕성하다는 소리를 듣고 나아가서 그가 배운 바를 징험하였다. 만력萬曆 무인년(1578) 7월에 별세하니, 향년 76세였다.

그는 공부를 논하여 "귀는 하늘로부터 부여받은 밝음에 근본하고, 눈은 하늘로부터 부여받은 밝음에 근본하여 상제의 법칙에 순응한다면, 무엇을 헤아리고 무엇을 계획하겠는가?", "양(良: 본래부터 주어진 것)이 곧 지(知: 앎)이고 지가 곧 양이다. 양 이외에 지가 없고 지 이외에 양이 없다", "사람의 마음은 죽지 않으며 움직이지 않는 때가 없다. 마음이 움직이면서도 움직이지 않는 것 이것이 주정(主靜: 고요함을 견지함)이다", "참되게 알면[眞知] 온갖 분노가 저절로 징계되고, 참되게 알면 온갖 욕망이 저절로 닫힌다. 분노를 징계하는 것은 끓는 솥에 장작을 밀어 넣는 것과 같고, 욕망을 막아 닫는 것은 붉은 화로에 눈을 떨어뜨리는 것과 같아서, 산을 밀어 넣거나 계곡을 메워도 더욱 어렵고 더욱 멀어진다."라고 하였다.

爲先生兩建書院, 曰願學, 曰見大.❶ 先生聞水西講席之盛, 就而證其所學.   萬曆戊寅七月卒, 年七十六.

其論學曰: "耳本天聰, 目本天明, 順帝之則, 何慮何營?" 曰: "良卽是知, 知卽是良, 良外無知, 知外無良." 曰: "人心不死, 無不動時, 動而無動, 是名主靜." 曰: "眞知是忿忿自懲,   眞知是慾慾自窒,   懲忿如沸釜抽薪,   窒慾如紅爐點雪, 推山塡壑, 愈難愈遠."

어 있다.

5   근계(近溪)와 영천(穎川)이 … 견대(見大)서원이라고 하였다: 『明史』卷283 「列傳 第171 · 儒林2」: "東昌知府羅汝芳 · 提學副使鄒善, 皆宗守仁學, 與後覺同志, 善爲建願學書院, 俾六郡士師事焉; 汝芳亦建見泰書院, 時相討論."

❶   『明史』권283, 「列傳 · 儒林2」에는 '泰'로 되어 있다.

# 상보 아강 맹추 선생

尚寶孟我疆先生秋

**|29-5|** 맹추(孟秋: 1525~1589)는 자가 자성子成, 호가 아강我疆이고 산동 치평茌平 사람이다. 융경隆慶 신미년(1571)에 진사에 급제하였다. 창려현昌黎縣의 지현知縣을 지냈고, 대리평사大理評事, 직방낭중職方郎中을 역임하고 치사하였다가, 형부주사刑部主事에 기용되고 상보시승尚寶寺丞, 상보시소경尚寶寺少卿을 지내고 별세하였다. 향년 65세였다.

선생은 젊어서 『모시毛詩』를 받고 난잡한 시들에 이르러서는 끝까지 읽으려 하지 않았다. 같은 읍의 장굉산(張宏山: 張後覺)이 강학한다는 말을 듣고 곧 가서 배웠다. 『상서』의 "눈으로는 사방을 밝게 보고, 귀로는 사방으로부터 환하게 듣는다."[「순전(舜典)」]라는 말로 인해 쇄락하게 깨달은 바가 있었다. 추취소(鄒聚所: 鄒德涵)[1]와 주눌계(周訥溪: 周怡)[2]가 그곳에서 재직하고 있었는데, 서로 더불어 인증해 주었다. 이

**|29-5|** 孟秋字子成, 號我疆, 山東茌平人. 隆慶辛未進士. 知昌黎縣. 歷大理評事・職方郎中, 致仕. 起刑部主事・尚寶寺丞・少卿而卒, 年六十五.

先生少授『毛詩』, 至桑間濮上, 不肯竟讀. 聞邑人張宏山講學, 即往從之. 因『尚書』"明目達聰"語, 灑然有悟. 鄒聚所・周訥溪官其地, 相與印證, 所至惟發明良知, 改定『明儒

르는 곳마다 오직 양지良知의 뜻을 밝혔고, 『명유경익明儒經翼』³을 개정하여, 잡박한 부분을 없앴다. 당시 당인경(唐仁卿: 唐伯元)⁴은 심학心學을 좋아하지 않았다. 선생이 고경양(顧涇陽: 顧憲成)에게 "인경은 어떤 사람입니까?"라고 묻자, 경양은 "군자입니다."라고 하였다. 선생이 "그는 양명을 배척하는데, 어떻게 군자가 될 수 있습니까?"라고 하자, 경양은 "주자는 상산象山을 고자라고 하였고, 문성(文成: 王守仁)은 주자를 양주와 묵적이라고 하였으니 모두 심한 말입니다. 어찌 인경만 그렇게 말했겠습니까?"라고 하였다. 선생은 끝내 동의하지 않았다.

허경암(許敬菴: 許孚遠)⁵이 일찍이 선생을 방문한 적이 있다. 좁은 터에 기와를 얹은 건물

經翼』, 去其駁雜者. 時唐仁卿不喜心學, 先生謂顧涇陽曰: "仁卿何如人也?" 涇陽曰: "君子也." 先生曰: "彼排陽明, 惡得爲君子?" 涇陽曰: "朱子以象山爲告子, 文成以朱子爲楊·墨, 皆甚辭也, 何但仁卿." 先生終不以爲然.

許敬菴嘗訪先生, 盈丈之地, 瓦屋數

---

1 추취소(鄒聚所): 鄒守益의 손자 鄒德涵. 권16「江右王門學案1」추수익 조목에 같이 언급되어 있다.

2 주눌계(周訥溪): 周怡. 권25「南中王門學案1」.

3 『명유경익(明儒經翼)』: 杜質의 저서. 7권. 『明史』 권96「藝文志1」, 『千頃堂書目』 권3, 『經義考』 권249에 보인다. 『經義考』에 인용된 梅文鼎에 따르면 杜質은 安徽 寧國 太平 사람이다.

4 당인경(唐仁卿: 唐伯元): 권42「甘泉學案6」. 唐伯元. 1540~1597. [萬曆 2년(1574) 진사에 급제하고, 강서 萬年과 泰和의 知縣을 지냈고, 南京戶部主事, 尙寶寺丞, 吏部考功淸吏司, 文選淸吏司郞中 등을 역임하였다. 萬曆 8년(1580) 왕수인을 문묘에 종사하려고 할 때「宗祀疏」,「石經疏」를 올려 주자학을 옹호하고 왕수인의 종사를 반대하였다가 海州判官으로 좌천된 적이 있다. 관직에 청렴하였고, 평생 주자학을 옹호하였다. 『明史』「儒林傳」에서 "嶺南士大夫代表"라고 하였다. 저서에『泰和志』(10卷), 『禮篇』(28권), 『二程年譜』(2권), 『二程語類』(8권), 『醉經樓集』(6권) 등 여러 저작을 남겼다.]

5 허경암(許敬菴: 許孚遠): 권41「甘泉學案5」.

은 두어 칸 되는 규모였고 그 곁의 초가 건물이 배나 더 넓었다. 경암은 "이런 풍미가 강남에는 이제껏 없었습니다."라고 하였다. 선생의 대체적인 입장은 심체가 본래 저절로 맑고 깨끗해서 의도를 가지고 극기를 하면 장막이 생긴다는 것이다. 대개 심체는 진실하고 명료하여 모두 앞에 그대로 드러나 있으며 평등하게 묘응하면서 자재하다. 반드시 극기를 한 뒤에 어질다고 한다면 공자는 어째서 남을 이기고 자랑하고 원망하고 욕심내는 등의 일을 행하지 않은 것을 가지고 원헌原憲에게 인을 인정하지 않았는가?[6] 홍산(弘山: 張後覺)은 "양(良: 본래부터 지님)이 곧 지(知: 앎)이고, 지가 곧 양이다. 양 외에 지가 따로 없고, 지 외에 양이 따로 없다."라고 여겼다. 사문師門에서 종지로 전한 것이 본래 이러하다. 이것은 곧 현성양지(現成良知: 현재 양지가 이미 이루어져 있음)의 설에서 말하는 조작하는 것을 번거롭게 하지 않으니 생각을 내면 곧 어그러진다는 것이다. 대저 양지는 본래부터 이루어져 있지 않은 적이 없다. 그러나 이미 이루어져 있는 체는 체인하기가 지극히 어렵다. 이것이 명도가 인을 체인하는 공부[識仁]를 앞세운 이유이다. 선생의 논의들은 인

橡，其旁茅舍倍之. 敬菴謂: "此風味, 大江以南所未有也." 先生大指以心體本自澄澈，有意克己，便生翳障. 蓋眞如的的，一齊現前, 如如而妙自在, 必克己而後言仁, 則宣父何不以克伐仁原憲耶? 弘山謂 "良卽是知, 知卽是良，良外無知, 知外無良". 師門之宗傳固如是也. 此卽現成良知之說, 不煩造作，動念卽乖. 夫良知固未有不現成者, 而現成之體，極是難認, 此明道所以先識仁也. 先生之論, 加於識仁之後則可，若未識仁, 則克己之功誠不

---

6    공자는 어째서 … 인정하지 않았는가: 『論語』「憲問」: "克伐怨欲不行焉, 可以爲仁矣?' 子曰: '可以爲難矣, 仁則吾不知也.'"

을 체인하는 공부를 한 뒤에 행하면 가능하다. 인을 체인하지 않았다면, 극기 공부는 참으로 멈출 수 없다. 다만 극기 공부가 곧 인을 체인하는 공부이다. 안자(顔子: 顏淵)는 자신에게 불선함이 있으면 알아차리지 않은 적이 없고 알아차렸으면 그 잘못을 더는 반복하지 않았다. 인의 체에서 조금이라도 분명하지 못하면 곧 선하지 않다. 원헌이 남을 이기고 자랑하고 원망하고 욕심내는 등의 일을 행하지 않은 것은 가리킬 수 있는 외적인 표지가 있으니 이미 우리에서 벗어난 짐승이다. 어떻게 함께 제기해서 논의할 수 있겠는가?

## 『아강이 공부를 논한 말』

|29-6| 마음은 장소도 없고 형체도 없다. 무릇 귀로 듣고 눈으로 보는 것, 일체의 감응이 모두 마음이다. 몸 안을 가리켜 마음이라고 말한 것은 피와 살로 된 몸이지 영명하고 형철한 천군(天君: 주재자)이 아니다.

|29-7| 천도天道가 한 시각이라도 감촉하지 않는 때가 있었던가? 지도는 한 시각이라도 응대하지 않는 때가 있었던가? 인심은 한 시각이라도 일삼음이 없는 때가 있었던가? 한 시각이라도 일삼음이 없다면, 이것은 사멸한 것이다. 그러므로 시시각각으로 일삼음이 반드시 있

可已, 但克己卽是識仁. 顔子有不善未嘗不知, 知之未嘗復行也. 仁體絲毫不淸楚, 便是不善, 原憲之克伐怨欲, 有名件可指, 已是出柙之虎兕, 安可相提而論哉!

## 『我疆論學語』

|29-6| 心無方無體, 凡耳目視聽, 一切應感皆心也. 指腔子內爲言者, 是血肉之軀, 非靈瑩之天君矣.

|29-7| 天道曾有一刻不感時? 地道曾有一刻不應時? 人心曾有一刻無事時? 一刻無事是槁滅也, 故時時必有

다. 또한 시시각각으로 미발未發이다. 미발이라고 하는 것은 일어나도 일어남이 없는 것을 말한다. 감촉함이 있느냐 없느냐를 가지고 논할 수 있는 것이 아니다.

**│29-8│** 성학聖學이 전수되지 않으면서부터 성선性善의 뜻이 날로 어두워졌다. 성학으로 들어가는 문이 없어지자 사람들은 자신의 견해를 옳게 여겨서 비록 힘을 다해서 씻어 내지만 찌꺼기는 여전히 남아 있다. 따라서 평생 맴돌지만 단지 잘못을 저지르고 고치기를 반복하는 것에 머물 뿐이고, 도달하는 곳을 보면 겨우 작은 유자[小儒]가 되는 것에 그칠 뿐이다. 모두 "인욕을 제거하여 천리로 돌아간다."는 설이 그르치게 한 것이다. 사람의 욕구는 끝이 없다. 하루 제거하면 또 하루 생겨나고 1년을 제거하면 또 1년 동안 생겨나서, 평생 욕구를 제거해도 평생 욕구가 많아 힘만 들고 번거롭고 곤란하다. 언제 맑고 안정된 때가 있겠는가? 보내온 편지에 "병이 있으면 약을 복용하지 않을 수 없다."라고 하였는데, 그렇다. 여기에 사람이 있는데, 그 원기를 기르고 그 사지를 보호하여 혈기가 화평하면 비록 찬 바람과 습한 더위라도 틈을 타고 침입해 올 수 없다. 그러나 가령 원기를 보호하지 못하고 약의 복용을 날마다 하면 정신은 날마다 소모되고 삿된 기가 날마다 침입하여 약의 복용으로 인해

事, 亦時時未發. 未發云者, 發而無發之謂, 非可以有感無感論也.

**│29-8│** 自聖學不傳, 而性善之旨日晦. 入聖無門, 人是其見, 雖盡力洗滌, 渣滓尚在, 以故終身盤桓, 只在改過間, 就其所造, 僅以小儒而止, 皆由"克去人欲, 復還天理"之說誤之也. 人欲無窮, 去一日, 生一日, 去一年, 生一年, 終身去欲, 終身多欲, 勞苦煩難, 何日是清淨寧一時耶! 來書云"有病不得不服藥"是也. 有人於此, 養其元氣, 保其四肢, 血氣和平, 雖有風寒暑濕, 不得乘間而入. 使不保元氣, 藥劑日來, 則精神日

병이 나는 것이 날마다 서로 이어져 평생 병을 앓는 사람이 된다. 어찌 몸을 잘 보양하는 것이겠는가? 보내온 편지에서 또 "반드시 주인이 있어야 비로소 적을 쫓아낼 수 있다."라고 하였다. 이 말은 마음에 쌓기를 많이 하는 것으로 말한 것이다. 만일 집에 별 물건이 없이 텅 비어 있다면, 내가 베개를 높이 베고 누워도 도적은 저절로 나를 흔들지 않는다. 어찌 오기 전에 막고 온 다음에는 쫓아내는 방법을 쓰겠는가? 이 두 가지 비유는 곧 지인(志仁: 張後覺)의 설로, 무욕無欲에 도달하였음을 보여 준다.

**|29-9|** 증자의 학문은 일관(一貫: 하나로 꿰뚫음)의 학문이다. 이것이 증자가 『대학』을 지은 종지이다. 그러므로 쪼개서 말하면 수신(修身: 몸을 닦음), 정심(正心: 마음을 바르게 함), 성의(誠意: 생각을 진실하게 함), 치지(致知: 앎을 다 발휘함), 격물(格物: 사물을 궁구함)이 되어 항목이 다른 것 같지만, 합해서 말하면 한 가지이다. 왜 그런가? 한 몸의 신명함을 가리켜 심(心: 마음)이라고 한다. 마음이 발동하는 것을 가리켜 의(意: 생각)라고 한다. 의意가 영명하여 아는 것을 가리켜 지(知: 앎)라고 한다. 지知가 감응하는 것을 물(物: 일)이라고 한다. 심, 의, 지, 물을 총괄해서 말하면 한 몸[一身]이다. 바르게 함[正]은 그 몸의 마음[心]을 바르게 하는 것이요, 진실

耗, 邪氣日侵, 因藥而發病者, 日相尋焉, 終身病夫而已, 豈善養身者乎? 又云: "必有主人, 方可逐賊." 此就多積者言耳. 若家無長物, 空空如也, 吾且高枕而臥, 盜賊自不吾擾, 又何用未來則防, 旣來則逐乎? 此兩喻者, 乃志仁之說, 無欲之證也.

**|29-9|** 曾子之學, 一貫之學也, 此曾子作『大學』之宗旨也. 故析而言之曰修身也, 正心也, 誠意也, 致知也, 格物也, 若名目之不同, 合而言之則一也. 何也? 自身之神明謂之心, 自心之發動謂之意, 自意之靈覺謂之知, 自知之感應謂之物. 心意知物, 總而言之一身也. 正者正其

하게 함[誠]은 그 마음의 생각[意]을 진실하게 하는 것이요, 다 발휘함[致]은 아는 것[知]을 다 발휘하는 것이요, 궁구함[格]은 그 아는 일[物]을 궁구하는 것이다. 궁구하고, 다 발휘하고, 진실하게 하고, 바르게 함을 총괄해서 말하면 수신修身이다. 도에는 두 가지 다른 길이 없어 한 때에 함께 이르고, 공부에는 두 가지 다른 방식이 없어 하나를 알면 나머지 백 가지가 모두 합당하다. 이것이 일관一貫의 도이다.

| 29-10 | 도에는 근본이 되는 문이 있고, 길에는 많은 샛길이 없다. 마음으로 도를 이해하면, 문자에 얽매이지 않는다. 성은 원래 근본이 있고, 이익은 원래 뿌리가 없다. 근본을 바르게 하고 근원을 맑게 하면 온갖 물결과 온갖 지류가 하나같이 맑고 통투하다. 또한 어찌 불결한 것이 오염시키겠는가?

身之心也, 誠者誠其心之意也, 致者致其意之知也, 格者格其知之物也. 格致誠正, 總而言之修身也. 道無二致, 一時俱到, 學無二功, 一了百當, 此一貫之道也.

| 29-10 | 道有本門, 路無多岐, 會道以心, 不泥文字間. 性原有本, 利原無根, 端本澄源, 則萬派千流, 一清徹底矣, 又何塵垢之染乎?

# 주사 서천 우시희 선생

主事尤西川先生時熙

|29-11| 우시희(尤時熙: 1503~1580)는 자가 계미季美, 호가 서천西川이고 하남河南 낙양洛陽 사람이다. 가정嘉靖 임오년(1558) 향시에 거인이 되었고, 원씨학유元氏學諭, 장구학유章丘學諭, 국자학정國子學正, 호부주사戶部主事를 역임하고, 부모 봉양을 사유로 귀향하였다. 귀향한 지 30여 년 뒤 만력萬曆 경진년(1580) 9월에 별세하였다. 향년 78세였다.

선생은 『전습록傳習錄』을 독서하면서 비로소 성인은 공부를 통해 도달할 수 있다는 것을 확신하였다. 그러나 공부에 스승을 두지 않았고, 결국 성취를 이루지 못하자, 유청천(劉晴川: 劉魁)[1]을 스승으로 모셨다. 청천이 간쟁한 일로 하옥되자, 선생은 때로 의심나는 것들을 써서

|29-11| 尤時熙字季美, 號西川, 河南洛陽人. 舉嘉靖壬午鄉試, 歷元氏·章丘學諭, 國子學正, 戶部主事, 終養歸. 歸三十餘年, 萬曆庚辰九月卒, 年七十八.

先生因讀『傳習錄』, 始信聖人可學而至, 然學無師, 終不能有成, 於是師事劉晴川. 晴川言事下獄, 先生時書所疑,

---

1    유청천(劉晴川): 劉魁. 권19「江右王門學案4」.

또한 옥중에서 질의하였다. 선생은 또한 주근재(朱近齋: 朱得之),[2] 주눌계(周訥溪: 周怡),[3] 황덕량黃德良【이름은 기(驥)이다.】 등을 따라서 배웠다. 양명의 언행을 탐구하여 평소 의미 없이 한 말이라도 또한 적어 두었다.

선생은 도리를 드러나는 곳에서 비로소 알 수 있어 학인은 단지 발동하는 곳에서 노력하면 된다고 여겼다. 따라서 공부가 곧 본체이고, 그 기원을 찾아서는 안 된다고 선생은 주장하였다. 선생에 따르면, 염계(濂溪: 周敦頤)의 '무극이면서 태극이다'라는 설도 또한 그 기원을 찾는 것으로 공부를 담론하는 것의 폐단이요, 요순이 전수한 '중도를 견지하라[執中]'는 단지 본심을 보존하라는 뜻이요, 명도의 '인을 체인하라[識仁]'는 '마음을 쓰는 방식을 변별하는 것[擇術]'[4]과 같은 뜻이다. 선생은 백사(白沙: 陳獻章)의 "고요한 가운데 싹을 길러낸다."는 공부방식을 이단으로 여겼다. 선생의 방식은 호경재(胡敬齋: 胡居仁)[5]가 말한 "옛사람들은 단지 함양涵養하라고 말하고, 잡아서 지키라[操存]고

從獄中質之. 又從朱近齋・周訥溪・黃德良【名驥】. 考究陽明之言行, 雖尋常謦欬, 亦必籍記.

先生以道理於發見處始可見, 學者只於發動處用功, 故工夫卽是本體, 不當求其起處. 濂溪之無極而太極, 亦是求其起處, 爲談學之弊. 堯・舜之執中, 只是存心. 明道之識仁, 猶云擇術. 以白沙"靜中端倪"爲異學, 此與胡敬齋所言"古人只言涵養, 言操存, 曷嘗言求見本體", 及晦翁"惟應酬

---

2 주근재(朱近齋): 朱得之. 권25.「南中王門學案1」.
3 주눌계(周訥溪): 周怡. 권25「南中王門學案1」.
4 마음을 쓰는 … 변별하는 것[擇術]: 사람을 판단할 때 마음을 쓰는 것의 선하고 악한 것을 기준으로 판단하는 것을 말한다.『순자』「非相」: "相形不如論心, 論心不如擇術. 形不勝心, 心不勝術. 術正而心順之, 則形相雖惡, 而心術善, 無害爲君子也. 形相雖善, 而心術惡, 無害爲小人也."
5 호경재(胡敬齋): 胡居仁. 권2「崇仁學案2」.

말했을 뿐이지, 어찌 본체를 구해서 본다[求見]고 한 적이 있던가."[6]의 방식, 그리고 주자의 "오직 응대하는 곳에서 스스로 근본을 보는 데 이르러야 한다."[7]는 공부와 같은 것이다. 고요한 가운데 싹을 길러 내는 것 역시 방편으로 제시하는 가르침으로 이른바 희로애락이 발동하기 이전의 기상을 보라는 것이니 모두 존양存養 공부의 항목이다. 선생은 '싹을 길러 내는[養出端倪]' 공부를 제거한 이상 '싹을 정밀하게 살펴서 파악하는[察識端倪]' 공부 한 가지 길로 나아가지 않을 수 없다. 이렇게 하는 것은 회옹(晦翁: 朱熹)이 만년에 평상시 함양하는 한 가지 공부를 빠뜨렸다고 스스로 후회하였던 것이다. 어떻게 이 방식에 의거하여 공부의 핵심으로 삼을 수 있겠는가?

선생은 "근래 공부를 논하는 이들 가운데 많은 사람이 양지良知 위에 또 하나의 층위가 있다고 주장하는 것"[8]은 잘못이라고 말하였다. 선생의 이 설은 물론 잘못이다. 그러나 당시 학인들이 정식(情識: 사의가 들어간 마음으로 아는 것)을 양지로 여겨 양명의 취지를 놓치고 대개 정식 위에 또 하나의 층위가 있다고 말하였기 때문이었다. 만일 양지가 미발의 중이라

酬處特達見本根"工夫一也. 靜中養出端倪, 亦是方便法門, 所謂觀喜怒哀樂未發以前氣象, 總是存養名目. 先生旣掃養出端倪, 則不得不就察識端倪一路, 此是晦翁晚年自悔'却平時涵養一節工夫'者也, 安可據此以爲學的?

先生言"近談學者多說良知上還有一層"爲非, 此說固非, 然亦由當時學者以情識爲良知, 失却陽明之旨, 蓋言情識上還有一層耳. 若知良知爲未發之中, 決

---

6    옛사람들은 단지 … 적이 있던가: 『명유학안』 2-72.
7    오직 응대하는 … 이르러야 한다: 『晦庵集』 권5 "二詩奉酬敬夫贈言幷以爲別".
8    근래 공부를 … 주장하는 것: 29-73.

는 것을 알면 결코 이와 같이 말하지 않았을
것이다.

## 『의학[9]의 작은 기록』

**|29-12|** 사람의 정情은 활동할 때 과도하게 하
는 경우가 많다. 이쪽에서 과도하면 저쪽에서
는 모자란다. 격물格物은 그 과도한 것을 절제
하는 것이다. 과도한 것을 절제하면 치달리고
좇아가는 일이 없어지고 비로소 천도[天則]와
부합한다. 따라서 지선至善에 머무를 수 있다.
양지의 본체로서 모습은 지선에 머물면 곧 드
러난다.

**|29-13|** 의리가 무궁하여, 한 마장을 가면 한
마장을 아는 것이지, 미리 예견하거나 확정할
수 있는 것이 아니기 때문에 단지 '양지를 다
발휘한다(致良知)'라고 말한다.

**|29-14|** 천명天命은 본래부터 그러한 참된 것
이다. 이것을 성性이라고 한다. 시키는 것도 없
고 시킴을 받는 것도 없다.

**|29-15|** 선배들은 (『중용』 1장의) "보이지 않고

不如此下語矣.

## 『擬學小記』

**|29-12|** 人情多在
過動邊, 此過則彼不
及.  格物只是節其
過,  節其過則無馳
逐, 始合天則, 故能
止. 良知本體, 止乃
見.

**|29-13|** 義理無窮,
行一程見一程, 非可
以預期前定也, 故但
言致良知.

**|29-14|** 天 命 者,
本然之眞,  是之謂
性, 無所使之, 無所
受之.

**|29-15|** 前輩以"不

---

9    의학(擬學): 모방한다, 흉내낸다는 뜻으로 자신을 겸손하게 표현한 말이다.

주사 서천 우시회 선생

들리지 않는 것"을 도체道體로 여겼다. 이것은 보이지 않고 들리지 않는 것은 도道이고 보이고 들리는 것은 도가 아니라고 여기는 것이다. 그런데 그 아래 문장에 어째서 "숨겨진 것보다 더 잘 보이는 것이 없고 은미한 것보다 더 잘 드러나는 것이 없다."라고 하였는가? 내가 이 두 구절을 자세히 살펴보건대, 위의 도道를 이어받고 있다. 따라서 보고 듣는 것이 도이다. 보이지 않는 곳에서 경계하고 조심하는 것은 항상 보려는 것이요, 들리지 않는 곳에서 염려하고 두려워하는 것은 항상 들으려는 것으로 이 마음을 항상 견지하는 뜻이다. (신기독에서) 독(獨: 남은 알아보지 못하지만 자신은 안다)자는 곧 도道자의 뜻이다. 신愼자는 곧 항상 보고 듣는 것이다. 도는 숨고 보이고 드러나고 은미함이 없다. 천지 사이에 이것만 있기 때문에 독獨이라고 한 것이고, 어느 것도 이것이 아님이 없기 때문에 독獨이라고 한 것이다.

| 29-16 | 모든 사물은 상대하여 성립한다. 따라서 서로 형체를 이루어 둘이 있게 된다. 도는 하나일 뿐이다. 보이는 것이 곧 숨겨진 것이어서, 숨겨진 것보다 더 잘 드러난다는 것은 없다. 드러난 것이 곧 은미한 것이어서 은미한 것보다 더 잘 드러난다는 것은 없다. 사물은 서로 그러한 바가 있지만 도는 하나일 뿐이다. 그러므로 독獨이라고 한 것이다.

睹不聞"爲道體，是不睹不聞爲道，而睹聞非道矣．下文何以曰"莫見乎隱，莫顯乎微"耶？竊詳此兩句，蒙上道字來，則所睹所聞者道也．戒愼不睹，欲其常睹，恐懼不聞，欲其常聞，只是常存此心之意．獨字卽道字，愼字卽常睹常聞．道無隱見，無顯微，天地間只有此，故曰獨；莫非此，故曰獨．

| 29-16 | 凡物對立，則相形爲有二也．道一而已，見卽隱，無有見乎隱；顯卽微，無有顯乎微．見顯隱微，物相有然，道一而已，故謂之獨．

| 29-17 | "희로애락이 아직 일어나지 않은 것을 중中이라고 한다."(『중용』 1장) 이미 '중'이라고 하였으니 어찌 기울고 치우침이 없을 뿐이겠는가? 곧 치우치지 않고 기울지 않음 또한 없는 것이다. 비슷한 것을 가리키는 것을 볼 수 있으니, 단지 중에 있다고 말할 수 있을 뿐이다. 그러므로 '중화中和'의 '중中'도 또한 보조하는 뜻이다.

| 29-17 | "喜怒哀樂之未發, 謂之中." 旣云未發, 豈惟無偏倚, 卽不偏不倚亦無. 可見指其近似, 但可言其在中而已. 故中和之中, 亦只是裏許之義.

| 29-18 | 도리는 단지 하나일 뿐이다. 아직 일어나지 않아 형체가 없을 때는 이름이나 형상을 붙일 수 없어 말을 더 부가해서 비슷하게 표현한다. 예를 들면, 사람들은 '혼(魂: 혼령)'에다 '백(魄: 육신)'이라는 글자를 덧붙여 '혼백'이라고 표현하는데, 가리킬 수 있고 이름을 붙일 수 있는 것은 '백魄'이다. 따라서 '백'이라는 한 글자를 더 부가한 것이다. '충(忠: 진실함)'은 마음이다. 충은 가리킬 수 있는 것이 없다. 가리킬 수 있는 것은 신信과 서恕로, 일과 행동이다. 모두 발용처에서 말한 것이다.[10]

| 29-18 | 道理只是一個, 未發無形, 不可名狀, 多於下字影出之. 如人以魄載魂, 可指可名者魄也, 所以多重下一字. 忠, 心也, 忠無可指. 可指者信與恕, 事與行也, 皆就發用處說.

---

10  가리킬 수 … 말한 것이다: '忠'은 진실함, 또는 자신의 마음을 다하는 것을 뜻한다. 그런데 보통 '忠' 한 글자로 표현하지 않고 '忠信', '忠恕' 등 말을 더 부가하여 표현한다. 이 부분은 이 표현방식을 지적한 것이다. '信'은 일에서 약속을 잘 지킨다는 뜻이고, '恕'는 행동할 때 자신이 원하고 원하지 않는 것을 상대도 그렇게 하리라는 점을 똑같이 고려하여 행동한다는 뜻이다. 곧 '信'은 일에서 나타나는 것이고, '恕'는 행동에서 나타나는 것이어서 그 의미를 구체적으로 가리켜 말할 수 있지만, '忠'은 구체적으로 가리켜 표현할 수 있는 것이 없다고 본 것이다.

주사 서천 우시회 선생

| 29-19 | 희로애락의 본체는 원래 중(中: 치우침이 없음)이고 화(化: 지나치거나 모자람이 없음)이다.

| 29-20 | 하늘이 아닌 것이 없다. 동지에 하늘에 제사하는 것은 만물을 낳는 하늘에 제사하는 것이요, 하지에 땅에 제사하는 것은 만물을 이루어 주는 하늘에 제사하는 것이다. 그러므로 "교제郊祭와 사제社祭의 예는 상제에게 제사하는 것이다."라고 한다. 하늘이 아닌 것이 없으니, (상제에게 제사한다고만 말하고) '후토后土'를 말하지 않은 것은 문장을 생략한 것이 아니다.

| 29-21 | 덕으로 정치를 하는 것은, 군주의 의도가 덕에 있으면 무릇 시행하는 바가 어디에서나 덕이 아님이 없어 마치 뭇 별들이 북극을 함께하는 것과 같다.

| 29-22 | 내가 무엇을 가지고 하는지 보고 내가 따르는 바를 관찰하고 내가 편안히 여기는 바를 살피면 인욕은 숨을 곳이 없다.[11] 이러한 방식으로 다른 사람을 대하면 곧 상대가 나를 속인다고 미리 생각하는 것이요, 상대가 나를

| 29-19 | 喜怒哀樂本體, 元是中和的.

| 29-20 | 莫非天也. 冬至祀天, 祀生物之天也; 夏至祀地, 祀成物之天也, 故曰: "郊社之禮, 所以祀上帝也." 莫非天也, 不言后土, 非省文.

| 29-21 | 爲政以德, 主意在德, 則凡所施爲, 無往非德矣, 若衆星之拱極也.

| 29-22 | 視吾以, 觀吾由, 察吾安, 人欲無所匿矣. 以此待人, 便是逆詐億不信.

---

11 　내가 무엇을 … 곳이 없다: 『논어』 「爲政」: "視其所以, 觀其所由, 察其所安. 人焉廋哉? 人焉廋哉?"

믿지 않는다고 미리 추측하는 것이다.[12]

| 29-23 | "내 도는 하나로서 관통하였다."에서 "관통하였다."는 말은 두루 해당한다는 뜻으로, 내 도가 단지 하나임을 말한 것이다. 만일 하나를 가지고 수많은 것을 꿰뚫는다는 뜻이라고 하면 이것은 이쪽을 가지고 저쪽을 꿰뚫는 것이어서 둘이 된다. 도는 하나일 뿐이다. 만 가지는 곧 하나의 만 가지이다.

| 29-23 | "吾道一以貫之", 貫, 該貫也, 言吾道只是一. 若謂一以貫萬, 是以此貫彼, 是二也. 道一而已, 萬卽一之萬也.

| 29-24 | 순과 우가 천하를 차지하고 있었지만 관여하지 않았던 것[13]은 일삼음이 없는 바를 행한 것이다.

| 29-24 | 舜・禹有天下而不與, 行所無事也.

| 29-25 | '중도를 견지한다[執中]'는 말은 '본심을 견지한다[存心]'고 말하는 것과 같은 뜻이다. 요가 설契에게 백성들에게 가르치라고 명한 것은 순, 우 등 여러 신하와 조정에서 주고받은 말과 같으니 두 가지 도가 없다. 후세의 학인들은 '본심을 견지한다'는 말을 평상의 말로 삼고 '중도를 견지한다'는 말을 비밀히 전한 말로 여긴다. 어찌 마음 밖에 법이 있거나, 아니면 마음 밖에 법을 둘로 하는 것이겠는가?

| 29-25 | 執中之云, 猶言存心也. 堯之命契以敎比屋之民者, 猶之與舜・禹諸臣都俞吁咈於廟堂者也, 無二道也. 後世學者, 遂以存心爲常語, 而以執中爲秘傳, 豈心外有法, 抑

---

12    상대가 나를 … 추측하는 것이다:『논어』「憲問」: "不逆詐, 不億不信, 抑亦先覺者, 是賢乎."
13    순과 우가 … 않았던 것:『논어』「泰伯」: "巍巍乎, 舜禹之有天下也而不與焉!"

주사 서천 우시희 선생

| 29-26 | '집의集義'14의 '집集'은 추隹와 목木을 따라서 이루어진 글자이다. 『설문해자』에 "새가 나무 위에 머무르는 것을 '집集'이라고 한다."라고 하였다. 마음이 합당하게 여기는 것을 '의義'라고 한다. '집의集義'는 의로운 것에 머무는 것을 뜻한다. 마음에 <u>편안한 바에 따라</u>한다고 말하는 것과 같다. 군자의 공부는 즐거우면 행하고 근심스러우면 피하니, 마음에 편한 대로 할 뿐이다.

| 29-27 | 확충擴充은 장애를 제거하여 본체를 회복하는 것이지, 밖에서 증대시키는 것이 아니다.

| 29-28 | 『춘추』에 대하여 전傳을 세우지 않은 것은, 무릇 『춘추』에서 기록한 일이 당시 사람들이 함께 알고 있는 일인데 전傳의 설명이 같지 않으면 은밀한 부분이 간웅이 사기를 치는

心外二❶法耶?

| 29-26 | 集義之集, 從隹從木, 『說文』 "鳥止木上曰集". 心之所宜曰義. 集義云者, 謂集在義上, 猶言卽乎人心之安也. 君子之學, 樂則行之, 憂則違之, 卽乎此心之安而已.

| 29-27 | 擴充是去障礙以復本體, 不是外面增益來.

| 29-28 | 『春秋』不立傳者, 凡『春秋』所書之事, 皆當時人所共知, 但傳說不

---

14  집의(集義): 『맹자』「公孫丑上」의 浩然之氣章에 나오는 말로, 주자는 '선을 쌓는다'는 뜻으로 일마다 義에 부합하고자 하는 것이라고 해석하였다. 尤時熙는 '集' 쌓는다, 축적한다라는 뜻으로 이해하지 않고, 모인다, 머무른다는 뜻으로 이해하였다. 義에 대해서도 주자는 '일에서 마땅히 그렇게 해야 하는 것[事之所宜]'으로 해석하여, 사태에 주안점을 두었지만, 尤時熙는 마음에서 합당한 바 또는 마음이 합당하게 여기는 바로 해석하여 마음에 주안점을 두었다. 『孟子集註』'集義' 부분 註: "集義, 猶言積善, 蓋欲事事皆合於義也."

❶  二: 賈本에는 '有'로 되어 있다. 번역은 賈本을 따랐다.

명유학안 권29, 북방왕문학안

것으로 이용되기 때문이었다. 공자는 간웅들의 실제 사실과 실제 마음을 직필하고 그 왜곡된 설을 타파해서, 천하 사람들이 시비의 소재를 분명하게 알아 속일 수 없게 하였고, 간웅의 계교가 행해질 수 없는 바가 있게 하였다. 그러므로 난신적자가 듣고 두려워한 것이다.

**|29-29|** 요, 순, 그리고 삼대三代의 시대에 얼마나 많은 일이 눈 깜짝할 사이에 지나갔는가? 혹 선하기도 하고 혹 악하기도 하며, 징계할 만하기도 하고 권장할 만하기도 하였으니, 만일 일마다 전傳을 세운다면 어찌 한우충동汗牛充棟 정도뿐이겠는가? 성인의 뜻은 바로 여기에 있지 않다. 그러므로 "요순의 사업도 나에게는 뜬구름이 태허太虛를 지나가는 것과 같다."[15]라고 하는 것이다. 『춘추』를 지은 것 역시 이와 무엇이 다르겠는가? 시비가 이미 분명하면 또한 겪는 대로 그에 따라 변화한다. 성인의 마음은 본래 태허太虛이다.

**|29-30|** 도리는 단지 하나이다. 제자백가가 학문을 논한 것이 정밀하지 못하다고 하면 옳

同, 隱微之地爲姦雄所欺耳. 夫子直筆姦雄之眞蹟實情, 而破其曲說, 使天下曉然知是非所在而不可欺, 而姦雄之計有所不能行, 故亂臣賊子聞之而懼.

**|29-29|** 唐·虞·三代, 不知斷過多少事, 或善或惡, 可懲可勸, 若必事事爲之立傳, 何止汗牛充棟? 聖人之意, 正不在此, 故曰: "堯·舜事業, 如浮雲過太虛." 『春秋』之作, 何以異是? 是非旣明, 亦隨過隨化, 聖人之心, 固太虛也.

**|29-30|** 道理只是一個, 諸子論學, 謂

---

15 요순의 사업도 … 것과 같다: 『二程遺書』卷3, "謝顯道記憶平日語"의 "堯舜之事, 亦只是如太虛中一點浮雲過目"에서 비롯한다.

지만, 그들이 논한 것과 다른 별도의 도리가 있다고 하면 옳지 않다. 성인의 학문은 제자백가와 비교해서 정밀하고 전일할 뿐이다. 또한 별도의 도리가 있는 것은 아니다.

|29-31| 도리에 대해서는 도리의 기원을 말해서는 안 된다. 기원을 말하게 되면 어디로부터 시작하든 곧 주관적 의견을 내게 된다.

|29-32| 일기一氣가 유행하여 공을 이루면 물러난다. 서로 뿌리가 된다고 말하면 이것은 근본을 둘로 삼는 것이다.

|29-33| 도리는 발현하는 곳에서 비로소 알 수 있다. 공부하는 사람은 발동하는 곳에서 힘을 써야 한다. 아직 발동하지 않으면 자연히 알 수 있는 것이 없고 자연히 힘을 쓸 곳이 없다.

|29-34| 천지 만물이 모두 도가 발현하는 것이다. 이 도는 사람과 사물을 막론하고 각각 분(分: 분별됨)이 있다. 깨달아 곧장 주인이 되면 온갖 변화가 모두 자신을 따라 나온다.

|29-35| 도는 장소도 형체도 없다. 귀가 얻으면 소리가 되고 눈이 만나면 색이 된다. 학인은 각자 듣고 보는 것이 미치는 바로 견해를

之未精則可, 謂別有一種道理則不可. 聖人之學, 較之諸子, 只是精一, 亦非別有一道也.

|29-31| 道理不當說起處, 若說起處, 從何處起, 便生意見.

|29-32| 一氣流行, 成功者退, 曰互根, 是二本也.

|29-33| 道理於發見處始可見, 學者於發動處用功. 未發動, 自無可見, 自無着力處.

|29-34| 天地萬物皆道之發見, 此道不論人物, 各各有分, 覺卽爲主, 則千變萬化, 皆由我出.

|29-35| 道無方體, 耳得之而爲聲, 目遇之而成色, 學者各以

세우지만 도는 사실 고정할 수 있는 장소나 형체가 없다.

**| 29-36 |** 성인은 공부를 말하고 도체를 말하지 않았다. 공부가 곧 도체이다. 사람의 <u>국량</u>이 미치는 바에 따라 스스로 수양하고 스스로 징험한다. 만일 별도로 도체를 찾으면 이것은 주관적인 견해이다.

**| 29-37 |** 천하의 도리는 단지 하나이다. 학인의 공부도 역시 한 가지이다. 지(知: 앎)를 말하면 반드시 행(行: 실천)을 말할 필요가 없는 듯하고, 행을 말하면 반드시 지를 말할 필요가 없는 듯하지만, 지와 행은 하나이다. 그러므로 실천하지 못하는 사람도 그 본심의 밝음은 본래 중단된 적이 없다. 이제 중단된 적이 없는 밝음을 지知 쪽의 일로 삼고, 실천하지 못하는 것을 행行 쪽의 일로 삼으면서 드디어 지와 행을 둘로 나누면, 그 실천하지 못하는 것이 단지 이 밝음이 아직 완전히 회복되지 못하였기 때문이고 실천을 할 수 있는 것도 곧 중단된 적이 없는 지知가 하는 것임을 임을 모르게 된다. 어찌 별도로 한 물건이 있어서 실천하게 할 수 있겠는가? 본체는 단지 하나이다. 지가 곧 행이고 행 곧 지로서, 원래 나뉘거나 합하는 것이 아니다.

聞見所及立論, 而道實非方體可拘也.

**| 29-36 |** 聖人言工夫, 不言道體, 工夫卽道體也. 隨人分量所及, 自修自證, 若別求道體, 是意見也.

**| 29-37 |** 天下道理, 只是一個, 學者工夫, 亦只是一個. 言知似不必說行, 言行似不必說知, 知行一也. 故雖不能行者, 其本心之明, 原未嘗息. 今指未息之明, 爲知邊事, 而以不能行處, 爲行邊事, 遂分知行爲二, 不知其不能行者, 只是此明未完復耳, 而其所以能行者, 乃其未嘗息者爲之也. 豈別有一物, 能使之行耶? 本體只是一個, 知卽行, 行卽知, 原非有

分合也.

| 29-38 | 어진 사람이 천지와 만물을 한 몸으로 여기는 것은 사적인 의식[我]을 두지 않는 것이다. 천지와 만물을 한 몸으로 여기는 것이 참된 나이다. 분수分殊가 곧 리일理一이다. 공부하는 사람들이 두루 응대하면서 일마다 다 합당하지 못한 것은 리의 하나됨을 체인하지 못하였기 때문이다.

| 29-38 | 仁者以天地萬物爲一體, 無我也; 以天地萬物爲一體, 眞我也. 分殊卽理一, 學者泛應, 未能曲當, 未得理之一耳.

| 29-39 | 그렇게 해야 마땅하다고 하는 순간 의외(義外: 의를 외부의 것으로 여김)가 된다. 성인은 마음[情]이 그렇게 하지 않을 수 없기 때문일 뿐으로, 그렇게 해야 한다거나 하지 말아야 한다고 말하지 않는다.

| 29-39 | 才說當然, 便是義外, 聖人只是情不容已, 不說當然不當然.

| 29-40 | 학술이 어긋나는 것은 방편을 궁극적인 것으로 여기기 때문이다.

| 29-40 | 學術差處, 只爲認方便爲究竟.

| 29-41 | 일반 사람들은 이욕에 눈이 멀고, 현자들은 견해에 가려진다. 주관적인 견해는 이욕의 미세한 요소[細塵]이다.

| 29-41 | 衆人之蔽在利欲, 賢者之蔽在意見, 竟見是利欲之細塵.

| 29-42 | 성性에서 진실함이 결핍되면, 단지 마음이 좇아가는 바를 따르게 된다.

| 29-42 | 性分上欠眞切, 只因心有所逐.

| 29-43 | 생각[意]이 편히 여기는 바가 있으면 곧 이익이다. 어둡고 소홀히 하는 것 역시 이

| 29-43 | 意有所便卽是利, 昏惰亦是利

익을 찾는 생각이 편하게 여기는 것이다.

**| 29-44 |**
스스로 흡족하기를 추구하지 않고 그저 다른 사람의 입에서 좋다고 평가하는 것에 관심이 있으면 끝내 큰 진보가 없다.

**| 29-45 |** 사람이 아무리 어리석어도 또한 옳지 않은 것을 스스로 알 수 있다. 단지 고치지 못해서 결국 날로 혼탁함에 빠진다. 성인과 어리석은 사람의 분기는 여기에 있지 품수받은 것에 있지 않다.

**| 29-46 |** 오늘날 천하는 지혜의 교묘함을 추구할 뿐이다. 위정자가 백성과 지혜의 교묘함을 다투고 다른 사람에게 속고 명성이 손상당할까 염려한다. 이것은 <u>이익과 명성을</u> 추구하는 마음이다.

**| 29-47 |** 만물의 진액과 강과 바다의 조수가 모두 일기이다. 만물의 광채와 더불어 해와 달, 별들이 하나의 상象이다. 상은 곧 기의 상이고, 기는 곧 상의 기로서 별도의 둘이 있지 않다. 조수는 해와 달의 운행에 따르니 모두 일기의 움직임으로서 음과 양으로 나누어 보아서는 안 된다.

**| 29-48 |** 공부는 조화(造化: 조물주)의 일을 도

意所便也.

**| 29-44 |** 不求自慊, 只在他人口頭上討個好字, 終不長進.

**| 29-45 |** 人雖至愚, 亦能自覺不是, 只不能改, 遂日流於汙下. 聖愚之機在此, 不在賦稟.

**| 29-46 |** 今天下只是智巧, 爲政者與民鬥智巧, 恐被人欺壞聲價, 是名利心.

**| 29-47 |** 萬物津液與河海潮汐是一氣, 萬物精光與日月星辰是一象, 象卽氣之象, 氣卽象之氣, 非有二也. 潮汐隨日月, 皆一氣之動也, 不當分陰陽看.

**| 29-48 |** 學問是陶

야하는 것이다. 만일 음양과 오행에 입각한다면, 이것은 (조화가 아닌) 물화(物化: 사물의 변화)를 따르는 것이다.

| 29-49 | 군자가 성쇠가 교체하는 때에 처해 홀로 예를 지키고 천명을 편안히 여기는 것은 직분상 당연한 것이다. 이것을 버리고 달리 찾으면, 모두 이익이 없는 망령된 짓이다. 【이상은 『의학소기(擬學小記)』 「경의(經疑)」에 나온다.】

| 29-50 |[16] 「격훈통해格訓通解」.[17] 격물에 대한 양명의 설명은 두 가지가 있다. 하나는 "지(知: 양지)는 의(意: 생각)의 체이고, 물(物: 사물)은 의意의 용이다. 예를 들면 의가 부모를 섬기는 일에 사용되면 곧 부모를 섬기는 것이 하나의 사물이 된다. 그 마음의 바르지 못함을 제거하여 그 본체의 바름을 온전하게 하기 때문에 '격格은 바르게 한다는 뜻이다'라고 말한 것이다."라고 설명한다. 또 하나는 "'치지(致知: 양지를 다 발휘함)는 격물에 있다'는 내 마음의 양지를 모든 사물에서 다 발휘하는 것이다. 내 마음의 양지를 모든 사물에서 다 발휘하면 사물이 모

冶造化之功, 若在陰陽五行上立脚, 是隨物化也.

| 29-49 | 君子處盛衰之際, 獨有守禮安命, 是職分當爲, 舍是而他求, 皆無益妄作也.【以上「經疑」.❷】

| 29-50 | 「格訓通解」. 陽明格物,❸ 其說有二. 曰: "知者意之體, 物者意之用, 如意用於事親, 卽事親爲一物, 只要去其心之不正, 以全其本體之正, 故曰'格者正也.'" 又曰: "致知在格物者, 致吾心之良知於事事物物也. 致吾心之

---

16    29-50: 이 부분은 『擬學小記』 「格訓通解序」에 나온다.

17    「격훈통해(格訓通解)」: 『擬學小記』의 편명.

❷    以上「經疑」: 賈本에는 이 부분이 없다.

❸    陽明格物: 「格訓通解」에는 '陽明老師訂正格物'로 되어 있다.

두 그 리理를 얻는다. 내 마음의 양지를 다 발휘하는 것이 치지致知이다. 사물이 모두 그 리를 얻는 것이 물격(物格: 사물이 바르게 됨)이다."라고 설명한다.[18] 앞의 설명은 오로지 한 생각을 가리키고, 뒤의 설명은 사물을 함께 거론하여 서로 어긋나는 것 같다. 그러나 성에는 안과 밖이 따로 없고, 마음 이외에 [격(格)해야 할] 별도의 물物이 없다. 두 가지 설명은 같은 설명일 뿐이다.

내가 자의로 생각건대, '격格'은 칙(則: 도리)을 뜻하고, '물物'은 마음이 좋아하고 싫어하는 것을 가리킨다. 내 마음에 저절로 하늘의 도리[天則]가 있어, 공부는 마음을 따르는데 마음에는 단지 좋아하고 싫어함이 있다. 상당히 양명의 앞쪽 설명에 뿌리를 둔 것이다. 근재(近齋: 朱得之)는 '격格'을 '통한다[通]'의 뜻으로 풀이하여, 사물의 정情에 통하는 것을 오로지 뜻한다고 여겼다. 근재는 외물과 내가 형체는 다르지만 서로 통하여 틈이 없을 수 있는 것은 정情이라고 여겼다. 상당히 양명의 뒤쪽 설명에 뿌리

良知於事事物物, 則事事物物皆得其理矣. 致吾心之良知者, 致知也. 事事物物皆得其理者, 物格也." 前說似專指一念, 後說則並舉事物, 若相戾者, 然性無內外, 而心外無物, 二說只一說也.

愚妄意❹格訓則, 物指好惡, 吾心自有天則, 學問由心, 心只有好惡耳, 頗本陽明前說. 近齋乃訓格爲通, 專以通物情爲指, 謂物我異形, 其可以相通而無間者情也, 頗本陽明後說.❺ 然得其理必通其情, 而通其情乃

---

**18** 지(知: 양지)는 의(意: 생각)의 … 라고 설명한다: 두 인용문과 관련된 내용은 『王文成全書』卷2「語録二」【傳習録中】에 나온다. 권34「年譜」에는 1525년(54세) 9월 조목에 소개되어 있다. 『王文成全書』와「年譜」에는 '物格'이 '格物'로 되어 있다.

❹ 愚妄意:「格訓通解」에는 '愚嘗妄意之爲'로 되어 있다.

❺ 頗本陽明後說:「格訓通解」에는 '蓋亦本老師後說, 而文義條理加詳焉'으로 되어 있다.

를 둔 것이다. 그러나 그 리理를 얻으면 그 정에 반드시 통하고, 그 정에 통해야 곧 그 리를 얻는 것이니, 두 설명은 또한 같은 설명이 된다. 다만 '바르게 한다[正]', '도리[則]' 등은 나에게서 취하여 재단하는 것이고, '통한다[通]'는 사물마다 각각 사물에 맡겨 두는 것이다. 나에게서 취하여 재단하면 주관적인 의견이 생기기 쉽고, 사물마다 각각 사물에 맡겨 두면 하늘의 도리가 곧 드러난다. 게다가 리理는 허공에 매달린 것 같지만, 정情은 실제적인 지반이 있다. 잘 격格하는 것 역시 때를 만났을 때 사물의 정에 잘 통하여 사물의 리理를 다 발휘하는 것이어서 '바르게 한다', '도리', 그리고 '다 한다[至]' 등이 함께 포함해서 작동한다.

**|29-51|** 좋아하고 싫어하는 것은 정情이다. 좋아하고 싫어함이 있는 곳이 물物이다. 좋아하고 싫어함이 사事이다. 공부는 성정에 근본을 두고 외물과 나를 통하게 한다. 그러므로 좋아하고 싫어함이 있는 곳에서 노력하는데, 그 요점은 물과 나의 좋아하고 싫어하는 정을 체인하여 곡진하게 아는 것에 있다. 대개 물物과 내가 한 몸으로 인정이 통하지 않으면 내 마음이 불안하기 때문이다. 예컨대, 자식이 되어 부친의 정에 통하지 않으면 자식의 마음이 편하겠는가? 자식의 직분을 다한 것이겠는가? 그러므로 반드시 물이 격해진 뒤에 양지가 지

得其理, 二說亦一說也. 但曰'正'·曰'則', 取裁於我; 曰'通', 則物各付物. 取裁於我, 意見易生; 物各付物, 天則乃見. 且理若虛懸, 情爲實地, 能格亦是當時能通物情, 斯盡物理, 而曰'正'·曰'則'·曰'至'兼擧之矣.

**|29-51|** 好惡情也, 好惡所在則物也, 好之惡之事也. 學本性情, 通物我, 故於好惡所在用功, 而其要則在體悉物我好惡之情, 蓋物我一體, 人情不通, 吾心不安. 且如子不通父之情, 子心安乎? 子職盡乎? 是以必物格而後知乃至也.

극해진다.

| 29-52 | '칙則'은 '천칙(天則: 하늘의 도리)'이라
고 하지만 주관적 견해에 빠지기 쉽다. 통하면
사물마다 사물에 맡겨 두어 주관적 의견이 저
절로 허용될 곳이 없다. 대개 주관적 견해를
두자마자 곧 견해에 가려져 인정에 통하지 못
하고 천칙天則이 아니게 된다. 천칙은 통해야
만 징험할 수 있다. 그러므로 '통通'이 공부다.

| 29-52 | 則字雖曰
天則, 然易流於意
見. 通則物各付物,
意見自無所容. 蓋
才着意見, 卽爲意見
所蔽, 便於人情不
通, 便非天則. 天則
須通乃可驗, 故通字
是工夫.

| 29-53 | 물物은 단지 내 마음이 좋아하고 싫
어하는 것을 가리켜 말한 것이다. 이것은 천하
국가로부터 한 생각이 일어나는 곳을 철저히
추적해 내는 것이다.

| 29-53 | 物字只指
吾心好惡說, 是從天
下國家, 根究到一念
發端處.

| 29-54 | 비록 사우의 말이라고 해도 또한 나
를 길러 주고 적셔 주는 것일 뿐이다. 나 역시
이들을 재산으로 삼지 않는다. 【이상은 「격훈통
해서(格訓通解序)」에 나온다.[19]】

| 29-54 | 雖師友之
言, 亦只是培植灌漑
我, 我亦不以此爲家
當. 【以上『格訓通解
序』.】

| 29-55 | [20] 「질의質疑」.[21] 공부는 시작하는 곳

| 29-55 | 「質疑」.

---

19    이상은 「격훈통해서(格訓通解序)」에 나온다: 현행본 『擬學小記』에는 「格訓通解序」
      가 아닌 「格訓通解」와 「附錄格物臆說」에 나온다.
20    29-55: 이 부분은 『擬學小記』 권4, 尤時熙가 朱得之에게 병인년(1566)에 보낸 「與近
      齋朱先生」 두 번째 편지에 나온다.

이 곧 성립하는 곳이니 생각[意]이 있는가 없는가 하는 차이일 뿐이다. 현재의 공부가 생사의 기로에서는 다른 것이 있는가? 어찌 따로 한 공부가 있겠는가? 반드시 다른 설명이 더 있어야 명확해질 것이다.

**|29-56|** [22] "치지(致知: 양지를 다 발휘함)"와 "지지(知止: 머무를 곳을 앎)" 두 뜻은 그 차이가 아주 미세하다. 머무르는 것을 중심으로 삼으면 반드시 겸손하고 억눌러 두려워해서 그 기가 저하된다. 다 발휘하는 것을 중심으로 삼으면 더러 자임하고 자신을 옳게 여겨 그 기가 높아진다. 비록 선함에서 같이 활동하지만 그 귀결처는 서로 멀리 떨어져 있다. 단지 의념意念이 어디로 향하느냐에 달려 있으니, 만일 "머무를 곳을 안다."는 것을 알면 다 발휘하는 것은 곧 머무르는 것이 된다.

**|29-57|** [23] 천리와 인정은 본래 두 가지 별도의 것으로 있는 것이 아니다. 다만 천리는 포착할 수 있는 것이 없어 인정에서 징험해야 한

學問起頭, 便是落脚, 只有意無意之間耳. 卽今見在工夫, 生死有以異乎? 豈別有一着? 必俟另說透也.

**|29-56|** "致知""知止"二義, 只爭毫釐. 以止爲功, ❻ 則必謙虛抑畏, 其氣下. 以致爲功, 則或自任自是, 其氣揚. 雖曰同遊❼於善, 而其歸遠也. 只在意念向背之間, 若知"知止", 則致卽止矣.

**|29-57|** 天理人情本非有二, 但天理無可捉摸, 須於人情驗

---

21　『질의(質疑)』: 『擬學小記』의 편명.

22　29-56: 이 부분은 『擬學小記』 권4, 尤時熙가 朱得之에게 정묘년(1567)에 보낸 「與近齋朱先生」 다섯 번째 편지에 나온다.

23　29-57: 『擬學小記』 권4, 「答仁居李先生」(己巳)(1569). 李仁居는 미상.

❻　功: 『擬學小記』에는 아래 '以致爲功'의 '功'과 함께 '工'으로 되어 있다.

❼　遊: 『擬學小記』에는 '由'로 되어 있다.

242

명유학안 권29, 북방왕문학안

다. 그러므로 인정에 나아가 말하여 평범한 사람도 쉽게 알 수 있게 하는 것만 못하다. 궁극의 것을 궁구하면 성인과 천지도 다 포괄할 수 없는 부분이 있다.

**| 29-58 |** [24] 일상에서 항상 행하는 가운데 점검하여 마음에 편한 바에 나아가 행하고, 구태여 하나하나 옛날의 격물 방식[古格]대로 하지 않아도 된다. 게다가 옛날의 격물 방식이라고 하는 것 역시 당시 마음에 편한 바에 나아갔던 것의 자취이다.

**| 29-59 |** [25] 사람은 유용한 사람이 되려고만 하고 쓸모 없는 사람이 되려고는 하지 않는다. 총명함과 기예가 다소라도 있으면, 있는 대로 다 드러내려고 하고 조물造物과 함께하고 조금이라도 보존해 두려고는 하지 않는다. 생기生機가 너무 지나치니, 조물을 따르는 것인가? 아니면 인간의 작위[人事]를 따르는 것인가?

**| 29-60 |** 오늘날에는 쓸모없는 사람이 되려고 하는 것이 곧 공부이다.

之. 故不若只就人情爲言, 雖愚夫愚婦, 亦可易曉. 究其極至, 聖人天地有不能盡也.

**| 29-58 |** 日用常行間檢點, 卽心所安行之, 不必一一古格也. 且古格, 亦是當時卽心所安之糟粕耳.

**| 29-59 |** 人只要做有用的人, 不肯做沒用的人, 有些聰明伎倆, 便要盡情發露, 不肯與造物存留些少. 生機太過, 由造物乎? 由人事乎?

**| 29-60 |** 今只要做得起個沒用的人, 便是學問.

---

**24**    29-58:『擬學小記』권4,「答竇世德」(丁卯)(1567). 竇世德은 미상.

**25**    29-59: 이하 29-62까지『擬學小記』권4,「與孟津諸生」(丙寅)(1566).

|29-61| 도리는 평이한 곳에 있다. 고인의 총명함이 후대 사람들보다 뛰어난 것이 아니라, 후대 사람들이 총명한 것을 추구하여 어긋났다. 단지 이 마음이 진실하고 절실하면 도리에 딱 맞지 못하더라도 도리와 멀리 벌어지지는 않는다.

|29-62| 이 뜻이 흥기할 때는 고인에게 부끄럽지 않으며 단계가 없음을 스스로 안다. 게으르고 나태함에 이르면 곧 세속이다.

|29-63| [26] 이전의 설명을 이어받아 행할 때 강설하지 않으면 명확하지 않다. 내 마음이 요구하는 것이 합당하면, 강설이 곧 몸소 실천하는 것이요, 강설 이외에 몸소 실천하는 것이 별도로 있는 것이 아니다. 실제로 통투하여 의심이 없으면, 말을 하지 않는 것도 또한 강설이다. 그러나 통투하지 못한데 강설을 폐기하면 모호하고 불분명하다.

|29-64| 도리는 단지 일상에서 늘 행하는 것들 사이에 있다. 백성은 날마다 사용하면서도 모르는 것은 스스로 주재자가 되지 않기 때문이다.

|29-61| 道理在平易處, 不是古人聰明過後人, 是後人從聰明邊差了. 只此心眞切, 則不中不遠.

|29-62| 此志興起時, 自覺不愧古人, 更無節次. 及怠惰, 卽是世俗.

|29-63| 沿襲舊說, 非講說則不明. 若吾心要求是當, 則講說卽是躬行, 非外講說另有躬行也. 若果洞然無疑, 則不言亦是講說, 倘未洞然而廢講說, 是鶻突也.

|29-64| 道理只在日用常行間, 百姓日用但不知, 不自作主宰耳.

---

**26**    29-63: 이하 29-64까지 『擬學小記』 권4, 「答楊仲衍 · 孟子騰」(丙寅)(1566).

┃29-65┃[27] "입문을 어떻게 합니까?"라고 물었다. "이렇게 의문을 일으키는 것이 곧 입문하는 것이다."라고 대답하였다.

┃29-66┃[28] 심체를 붙잡아 견지함이 확고하지 못한 것이 역시 우리들의 공통된 걱정이다. 생각을 집중하여 옮기지 않으려 하는 것, 확고함의 요체는 <u>바로 그렇게</u> 하는 것이다. 길을 가는 것에 비유하면 비록 넘어지는 것이 되풀이되어도 다만 반드시 목적지에 이르겠다는 것으로 마음을 먹으면 곧 나의 주도에 따른다.

┃29-67┃[29] 본체는 형체가 없다. 어찌 하나이겠으며 어찌 만 개이겠는가? 응대하는 것이 본체의 발용이다. 이곳에서 노력을 가한다.

┃29-68┃ 무릇 응대하는 것에서, 눈앞에 당면한 것은 단지 한 가지 일이고 두 가지 일은 없다. 더구나 만 가지 일이 있겠는가? 성인은 하나를 얻기 때문에 매사에 곡진하게 합당하고, 일반 사람들은 만 가지 일을 좇기 때문에 번잡

┃29-65┃ 問: "如何入門?" 曰: "只此發問, 便是入門."

┃29-66┃ 心體把持不定, 亦是吾輩通患, 只要主意不移, 定要如此, 譬之行路, 雖有傾跌起倒, 但以必至爲心, 則由我也.

┃29-67┃ 本體無物, 何一何萬? 應酬是本體發用, 此處用功.

┃29-68┃ 凡應酬, 面前只一事, 無兩事, 況萬乎? 聖人得一, 故曲當. 常人逐萬, 故紛錯起於自私

---

27　29-65: 『擬學小記』 권4, 「答李伯生」. 입문은 도리를 담론하는 것에 그치지 않고 체행하는 공부로 들어가는 것을 말한다.

28　29-66: 『擬學小記』 권4, 「答李伯生二」(甲子)(1564).

29　29-67: 29-68까지 『擬學小記』 권4, "問夫子說一貫, 似只指心之本體說, 未及應酬處. 若曾子曰忠恕, 則便就應酬上說, 與夫子之意同否."

하고 어지러운 것이 사사롭게 자신의 지혜를
사용하는 것에서 발생한다.

|29-69|³⁰ 공부를 하는 것이 곧 본체이다.

|29-70| ³¹ 이전에 줄곧 유교와 불교는 주요한
취지에서 같다고 생각하였는데, 노선생[양명]께
서는 도리어 유교와 불교가 미세한 부분에서
옳고 그름을 다툰다고 말하였다. 나에게는 조
금도 차이가 없다고 생각되었다. 근자에 우연
히 『무생요의無生要議』³²를 읽었는데 공空을 논
한 것이 매우 많았다. 나는 홀연히 깨달아 "조
금도 마음을 두지 않는 것, 쟁점은 여기에 있
다."라고 하였다.

|29-71| ³³ 부모가 이 몸을 낳아 이룬 것이 매
우 어려운 일이었음을 안다면, 자기 자신을 소
중히 여기는 것이 지극하지 않을 수 없고 의리
義理가 무궁하다.

|29-72| 마음의 바탕이 항상 펴져 있고 기쁜

用智.

|29-69| 做工夫的
卽是本體.

|29-70| 一向謂儒
釋大同, 老師却說只
爭毫釐. 愚意不爭毫
釐也. 年來偶見『無
生要議』, 談空甚劇,
忽悟云: "無情毫釐,
爭處在此."

|29-71| 苟知父母
之生成此身甚難, 則
所以愛其身者不容
不至, 而義理不可勝
用矣.

|29-72| 心地須常

---

30    29-69:『擬學小記』권4, "問知止卽所止條云, 知止之知工夫也致良知也, 得所止得本體
      也良知致也. 非本體則不知用工夫, 非工夫則不能復本體, 是之謂一乎."
31    29-70:『擬學小記』권4, 「答孟子騰」(己巳)(1569).
32    『무생요의(無生要議)』: 미상. 제목은 '분별심을 내지 않는 것에 대한 핵심적 논의'라
      는 의미일 것으로 생각된다.
33    29-71: 29-72까지『擬學小記』권4, 「附寄勉洙兒」(凡十八條).

명유학안 권29, 북방왕문학안

상태에 있게 해야 한다. 만일 구속되어 답답하고 괴로우면 반드시 사사로운 뜻이 숨어 있다. 사람과 사물이 자신을 얻은 곳에서는 함께 자적한다. 예를 들면, 솔개가 하늘로 날아오르고 물고기가 연못에서 뛰어오르는 것, 이것은 성의 본체가 자적한 것이다. 그러나 이것이 놓아버리고 잃어서 사사로운 생각으로 걱정하고 괴로워하게 되며, 즐거운 일이 아니다.

| **29-73** |[34] 근래 공부를 논하는 이들 가운데 많은 사람이 양지良知 위에 또 하나의 층위가 있다고 주장한다. 이것은 고요한 가운데 본심의 싹을 길러 냄을 말한다. 양지는 시작도 끝도, 안도 밖도 없다. 어떻게 위에 한 층이 있겠는가? 이것은 이단의 학문이다.

| **29-74** | 양명은 일찍 자신의 설을 성취하였지만, 강서江西에서 활동한 이후로 확고해졌다.

| **29-75** | '먼저 인을 체인해야 한다'는 정자[程顥]의 말은 '마음을 쓰는 방식을 변별해야 한다[擇術]'고 말하는 것과 같은 취지이다. 후대 사

教舒暢歡悅, 若拘迫鬱惱, 必有私意隱伏. 人物自得處, 俱是遊, 如鳶飛戾天, 魚躍於淵, 是性之本體遊, 而非此却是放失, 私意憂惱, 不爲樂事.

| **29-73** | 近談學者, 多說良知上還有一層. 此言自靜中端倪之說啟之. 夫良知, 無始終, 無內外, 安得更有上面一層? 此異學也.

| **29-74** | 陽明雖夙成其言, 以江西以後爲定.

| **29-75** | 程子須先識仁之言, 猶云先須擇術云耳. 後人遂

---

주사 서천 우시희 선생

람들은 드디어 먼저 정좌하여 본체를 체인한 뒤에 성誠과 경敬으로 보존한다고 말하여 단계적 순서가 있는 것처럼 보이지만 정자의 뜻을 잃은 것이다.

| 29-76 | 현재 "언뜻 보이고", "모두가 가지고 있는" 기幾를 놔두고 달리 정좌하여 싹을 기다리는 것, 이것은 이단의 학문이다.

| 29-77 | 잘못을 고치는 사람은 가리고 변호하지 않고 흔쾌하게 지적을 받아들인다. 가리고 변호하자마자 곧 철저하지 못하게 된다.

| 29-78 | 시초와 거북은 말이 없지만, 성인이 밝힌다. 만일 한 몸이 아니라면 어떻게 서로 계합하겠는가? 그러므로 '깊은 곳에 있는 것을 탐구한다는 것[探賾]'은 내 마음 깊은 곳에 있는 것을 탐구하는 것이고, '숨은 것을 찾는다는 것[索隱]'은 내 마음에 숨은 것을 찾는 것이다. 내 마음 깊은 곳에 있는 것을 찾아내고 내 마음 멀리 있는 것을 이르게 하여 선함과 악함의 기미를 살펴서 생각이 은미하게 일어나는 데에서 조심할 뿐이다.[35]

謂先須靜坐識見本體, 然後以誠敬存之, 若次第然. 失程子之意矣.

| 29-76 | 舍見在"乍見" "皆有"之幾, 而另去默坐以俟端倪, 此異學也.

| 29-77 | 改過之人, 不遮護, 欣然受規. 才有遮護, 便不著底.

| 29-78 | 蓍龜無言, 聖人闡之, 若非一體, 何以相契? 是故探賾者探吾心之賾, 索隱者索吾心之隱, 鉤吾心之深, 致吾心之遠, 審乎善惡之幾, 謹於念慮之微而已.

---

35    시초와 거북은 … 조심할 뿐이다: 『周易』「繫辭上」10장: "探賾索隱, 鉤深致遠, 以定天下之吉凶, 成天下之亹亹者, 莫大乎蓍龜."

| 29-79 | 시초와 거북은 길흉을 안다. 길흉은 선악에 근본을 둔다. 길흉이 (나에게 있지 않고) 저쪽[시초와 거북]에 있고, 선악도 저쪽에 있다고 말하는 것인가? 길한 데로 나아가고 흉한 것을 피하는 것은 단지 선을 행하고 악을 제거하는 것일 뿐이다.

| 29-80 | 인정人情의 본 모습은 서로 가까이하고 서로 아끼는 것이다. 예컨대, 군주에게 충직하고 부모에게 효도하고 형에게 공경하고 동생에게 우애하고 집안 사람들에게 예를 갖추고 이웃과 화목하고 외로운 이를 돌보고 곤궁한 사람들을 돕는 것, 이것은 윗사람이 아랫사람을 아끼고 아랫사람이 윗사람을 아끼는 것이다. 부득이해서 악을 제거하는 것은 단지 선한 부류를 보존하고 온전하게 유지하기 위해서다. 세상에서 남을 미워하는 것은 전적으로 남을 이기고자 하는 마음으로, 이것은 또한 어질지 않은 것일 뿐이다.

| 29-81 | 상례에서 곡을 하고 발을 구르는 의절에 도수를 둔 것은 슬퍼하는 것을 절제시키는 것에 중점이 있고 현자를 위해서 설정한 것이다.[36] 사람들이 슬픔을 잊을 때는 반드시 달

| 29-79 | 蓍龜知吉凶, 吉凶本善惡. 謂吉凶在彼, 善惡亦在彼乎? 趨吉避凶, 只爲善去惡而已.

| 29-80 | 人情本然, 只是相親相愛, 如忠君・孝親・敬兄・友弟・刑家・睦鄰・恤孤・賑窮, 是上愛❸下, 下愛上. 不得已而去惡, 只爲保全善類, 莫非仁也. 若世人惡人, 全是勝心, 是亦不仁而已矣.

| 29-81 | 喪禮哭踊有數, 主於節哀, 爲賢者設也. 人之忘哀, 必有分心處, 以

---

36  현자를 위해서 설정한 것이다: 현자는 과도하게 행하여 잘못을 범하기 때문이다. 『중

리 마음을 쓰는 곳이 있다. 슬픔을 다 표출하
는 것으로 양지를 미루어 다하는 것[推極]으로
삼는 것은 예를 제정하는 본래의 취지가 아
니다.

致哀爲推極, 非制禮
之本意.

| 29-82 | [37] (안연이 화를 옮기지 않았다는 것에 대하
여) "갑에게 화가 난 것을 을에게 옮기지 않는
것"이라고 설명하는 것은 본래 거칠고 얕은 이
해이다. 그러나 "안자의 성냄은 외물에 따른
것이지 안자 자신에게 있지 않다."[38]라고 설명
하는 것도 또한 무정한 것이 되어 버린다.

| 29-82 | 彼謂"怒於
甲者, 不移於乙", 固
爲粗淺, 而謂"顔子
之怒, 在物不在己"
者, 亦爲無情.

| 29-83 | [39] 봄은 만물을 낳고 가을은 만물을
성숙시킨다고 하면 옳지만, 봄은 만물을 낳고
가을은 만물을 죽인다고 하면 옳지 않다. 죽이
는 기機는 사악한 기氣로 성 가운데 있어야 할
것이 아니다.

| 29-83 | 謂春生秋
成則可, 謂春生秋殺
不可. 殺機自是戾
氣, 非性中所宜有.

| 29-84 | 시신을 매장하는 예는 이마에 땀이
나는 마음에서 유래한다. 화복의 설은 아마도

| 29-84 | 葬埋之禮,
起於其顙有泚, 則禍

---

용』4장: "道之不行也, 我知之矣, 知者過之, 愚者不及也. 道之不明也, 我知之矣, 賢者
過之, 不肖者不及也."

**❽** 愛:『擬學小記』에는 '憂'로 되어 있다.

37  29-82:『擬學小記』권5「不遷怒說」.

38  갑에게 화가 … 있지 않다:『論語集註』「雍也」"有顔回者好學, 不遷怒, 不貳過."에 대
한 集註에 나온다.

39  29-82:『擬學小記』권5「仁義說」(凡三條).

이마에 땀이 나지 않는 (냉정한) 사람을 위해 설정한 것으로 불교의 포령怖令과 같으며, 대개 방편이다. 불교의 포령은 속임수에 가깝지만, 그래도 선행을 하도록 사람들을 두렵게 만든다. 그러나 유교의 (화복을 말하는) 방편은 막연하여 합리적 근거도 없을뿐더러 사람을 악행에 빠지게 하는 데 이른다.

| 29-85 | [40] "순이 깊은 산에 살았을 때 깊은 산의 시골 사람과 거의 다르지 않았다."는 것에 대하여 해명하기를 "몸은 시골 사람과 같았지만, 마음은 시골 사람과 달랐다."라고 하였다. 아, 순의 마음이 과연 시골 사람과 다르다면 어떻게 순이 될 수 있겠는가? 대개 시골 사람의 마음은 질박하고 착실하다. 순의 마음 역시 질박하고 착실하여 차이가 없다. 【이상은 『의학소기(擬學小記)』 「질의(質疑)」에 나온다.】

| 29-86 | 왕운야(王雲野: 미상)가 말하였다. "양명은 일찍이 '비유하면 이 한 그릇의 밥을 다른 사람은 먹은 적이 없는데 백사(白沙: 陳獻章)만 먹은 적이 있는 것이라면 먹은 적이 없는 것일 뿐이다'라고 하였다."

福之說, 疑其爲無泚者設, 猶佛氏之怖令, 蓋權教也. 彼之怖令, 雖若近誣, 猶能懼人於善, 而此之權教, 茫無理據, 乃至陷人於惡.

| 29-85 | 解"舜之深山野人"者, 曰: "身與野人同, 心與野人異也." 噫! 使舜之心果與野人異也, 曷足以爲舜也? 蓋野人之心質實, 舜之心亦質實, 無以異也. 【以上『經疑』】

| 29-86 | 王雲野云: "陽明曾說: '譬如這一碗飯, 他人不曾喫, 白沙是曾喫來, 只是不曾喫了.'"

---

40    29-85: 『擬學小記』 권5 「賀張翁百壽序」. 『擬學小記』에는 "孟子曰: '舜之居深山之中, 木石與居, 鹿豕與遊, 其所以異於深山之野人者幾希.' 解者曰: '身與野人同, 心與野人異也.' 曷足以爲舜也? 蓋野人之心質實, 舜心亦質實, 舜特聰明首出焉耳."로 되어 있다.

주사 서천 우시회 선생

| 29-87 | 허함곡(許函谷: 許誥)⁴¹과 양명이 동년배로 가장 사이가 두터웠다. 오래 이별하였다가 다시 만나자 함곡이 이전에 공부하였던 것을 들어 서로 징검하였다. 양명은 말없이 그저 빙그레 웃으면서 "우리가 그때 자신의 이야기만 했었지. 그 예전 것을 다시 살펴서 무엇하겠나!"라고 하였다.

| 29-87 | 許函谷與陽明在同年中最厚. 別久再會, 函谷舉舊學相證, 陽明不言, 但微笑曰: "吾輩此時, 只說自家話, 還翻那舊本子作甚!"

| 29-88 | 사람들은 늘상 성인이 천하를 걱정하고 후세를 걱정하였다고 말한다. 그러므로 허다한 유사한 의견을 내어 실체 없는 상상을 펼치고 병도 없으면서 신음한다. 군자가 생각하는 것을 자신의 지위를 넘어서 하지 않는 것은 눈앞의 일을 살피면 곧 천하와 후세가 나란히 모두 거기에 있기 때문이다.

| 29-88 | 人常言聖人憂天下, 憂後世, 故生許多假意, 懸空料想, 無病呻吟. 君子思不出位, 只是照管眼下, 卽天下後世一齊皆在.

| 29-89 | 무릇 형상이 있는 것은 모두 도의 발현이다. 학인이 자신의 직분을 잘 닦으면 만물이 모두 자신에게 갖추어진다. 무극無極과 태극太極이 단지 이 마음이다. 이 참된 도가 시작되는 곳을 깊고 먼 현묘한 곳에서 찾을 필요가

| 29-89 | 凡所有相, 皆道之發見. 學者能修自己職分, 則萬物皆備於我, 無極太極, 只是此心. 此眞

---

**41** 許函谷: 許誥. 1471~1534. 자는 廷綸이고 호는 函谷山人으로 河南 靈寶 사람이다. 弘治 12년(1499) 進士에 급제하고 翰林院檢討가 되었다가 부친 許進이 劉瑾의 뜻을 거슬러 全州通判으로 좌천되었다. 嘉靖 초기에 侍講學士로 자리를 옮기고, 國子監祭酒, 吏部右侍郎 등을 역임하였다. 사후 太子太保에 추증되었고, 시호는 莊敏이다. 저서로『通鑑綱目前編』이 있다.

없다.

**| 29-90 |** 사물마다 각각 그 본래의 도리[天則]에 부합하면 곧 멈춘다. 도리에 부합하지 못하면 마음이 자연히 불안하고, 불안하면 멈추지 못하여 사물을 따르고 좇는다. 【이상은 『의학소기(擬學小記)』 「기문(紀聞)」에 나온다.】

道之起處, 不必求之深幽玄遠也.

**| 29-90 |** 物各合其天則乃止. 不合天則, 心自不安, 不安不止, 只因逐物. 【以上「紀聞」.】

# 문선 운포 맹화리 선생
文選孟雲浦先生化鯉

|29-91| 맹화리(孟化鯉: 1545~1597)는 자가 숙룡叔龍이고 호가 운포雲浦이며 하남河南 신안新安 사람이다. (1580년) 진사에 급제하였고, 남경호부주사南京戶部主事에 제수된 뒤, 계훈청리사낭중稽勳淸吏司郞中과 문선청리사낭중文選淸吏司郞中을 역임하였다. 만력 20년(1592) 급사중給事中 장동張棟이 태자를 책봉하는 문제로 지방에 좌천되어 있었는데, 마침 병과에 도급사중都給事中이 결원이어서 선생이 장동을 추천하여 보임하였다. 황제가 분노하여 선생을 잡직으로 좌천시켰다.

서천(西川: 尤時熙)이 청천(晴川: 劉魁)의 학문을 전하고 있어서, 선생이 가서 스승으로 모셨다. 무릇 "발동하는 곳에서 힘쓴다."는 것과 "집의集義는 곧 마음이 편하게 여기는 대로 따라 하는 것"이라고 말한 것은 모두 스승의 설이다. 서울에서 맹아강(孟我疆: 孟秋)과 서로 절

|29-91| 孟化鯉字叔龍, 號雲浦, 河南新安人. 由進士授南戶部主事, 歷稽勳·文選郞中. 萬曆二十年, 給事中張棟以國本外謫, 會兵科缺都給事中, 先生推棟補之. 上怒, 謫先生雜職.

西川既傳晴川之學, 先生因往師之. 凡所言"發動處用功", 及"集義卽乎心之所安", 皆師說也. 在都下與孟我疆相

차탁마하여 집을 이웃하여 살았는데, 한가해지면 곧 도보로 들러서 먹는 것이며 생활하는 것을 함께하지 않은 것이 없었다. 당시 사람들은 '두 맹씨'라고 불렀다. 장양화(張陽和: 張元忭)[1]가 「이맹가二孟歌」를 지어서 기록하였다. 관직에서 파직되어 집에 거처하면서 중승中丞 장인헌張仁軒이 보내 주는 것도 또한 받지 않았다. 서신 교환이나 방문을 모두 끊어 버려 그곳에서 벼슬하는 사람들이 왕래하고 싶어 하였지만 할 수 없었다.

## 『공부를 논한 글』

| **29-92** | 사람은 천지의 마음이고, 사람의 마음은 곧 호연(浩然: 막힘 없이 광활함)의 기이다. 호연한 사람은 감응하여 드디어 통하며 배우지 않고 생각하지 않아도 참된 마음[眞心]이 넘쳐 유행한다. 내 마음이 바르면 천지의 마음도 바르고, 내 마음이 순응하면 천지의 기도 순응한다. 그러므로 부모를 친애하고 윗사람을 공경함이 천하에서 통용되고 놀라고 가슴 아파하는 마음이 사해에 보전된다. 어리석고 모자란 부부도 더불어 알고 더불어 할 수 있고, (그 지극함에 이르면) 천지에 밝게 드러나는 것은 이

砥礪, 聯舍而寓, 自公之暇, 輒徒步過從, 飮食起居, 無弗同者, 時人稱爲二孟. 張陽和作「二孟歌」記之. 罷官家居, 中丞張仁軒餽之亦不受. 書問都絕, 宦其地者, 欲蹤跡之而不得也.

## 『論學書』

| **29-92** | 人者天地之心, 而人之心卽浩然之氣, 浩然者感而遂通, 不學不慮, 眞心之所溢而流也. 吾之心正, 則天地之心正, 吾之氣順, 則天地之氣順, 是故愛親敬長達之天下, 怵惕惻隱保乎四海. 愚不肖夫婦之與知

---

1    장양화(張陽和): 張元忭. 권15 「浙中王門學案5」.

것 때문이다. 군자가 집에 머물러 있어도 말과 행동의 힘이 백성에게 더해지고 멀리서 드러나 천지를 움직이는 것[2]은 이것 때문이다. 그 노력하는 것은 반드시 일삼음이 있는 것에서 하고, 그 기미는 반드시 집의集義에 있다. 집의는 마음이 편히 여기는 바에 나아가는 것으로 배우지 않고 생각하지 않아도 감응하여 드디어 통하는 것이다. 모든 때에 마음이 편하게 여기는 바에 나아가는 것, 이것이 모든 때에 집의集義를 하는 것이요, 모든 때에 집의를 하는 것, 이것이 모든 때에 일삼음이 있는 것이요, 모든 때에 일삼음이 있는 것, 이것이 모든 때에 호연한 것이요, 모든 때에 호연한 것, 이것이 모든 때에 천지를 위해서 마음을 세우는 것이요, 이것이 모든 때에 천지를 가득 채우는 것이다. 천지 사이에 그 광대함이 본래 이와 같고 그 간이함이 본래 이와 같기 때문이지만, 어떤 이는 기가 천지에 충만한 것을 모르고 마음에서 구하지 않으며 집의集義에 근본을 두지 않는다. 마음이 참된 마음이 아니고 기가 호연한 기기 아닌데, 천지와 내가 충만하기를 바라니 어려운 것이다.

與能, 察乎天地者以此, 君子居室, 言行之加民見遠, 動乎天地者以此. 其功在於必有事, 其幾在於集義. 集義者, 卽乎心之所安, 不學不慮, 感而遂通者也. 時時卽心所安, 是謂時時集義, 時時集義, 是謂時時有事, 時時有事, 是謂時時浩然, 時時浩然, 是謂時時爲天地立心, 是謂時時塞天地. 緣天地間本如是其廣大, 亦本如是其易簡, 或者知氣塞天地, 而不求諸心, 而不本之集義, 心非眞心, 氣非浩然, 欲希天地我塞, 難矣.

---

2    말과 행동이 … 움직이는 것: 『주역』「繫辭上」: "言出乎身, 加乎民; 行發乎邇, 見乎遠. 言行, 君子之樞機, 樞機之發, 榮辱之主也. 言行, 君子之所以動天地也, 可不愼乎?"

| 29-93 | 마음이 발동하는 곳에서 노력할 때, 비추어 관리하지 않으면 마음이 여전히 마음이 안정되지 않은 것이다.

| 29-94 | 강설을 가지고 하려는 것은 역시 입으로만 하는 말이 되고, 또 몸소 실천할 수 없다. 하고자 마음먹었으면 강설이 필요 없다.

| 29-93 | 心之發動處用工夫, 只是照管不着, 還是心之不定.

| 29-94 | 要將講說, 亦只是口頭語, 又不能躬行, 意欲不用講說.

# 시랑 진암 양동명 선생

## 侍郎楊晉菴先生東明

| 29-95 | 양동명(楊東明: 1548~1624)은 호가 진암晉菴이며 하남河南 우성虞城 사람이다. 만력萬曆 경진년(1580)에 진사에 급제하였다. 중서사인中書舍人에 제수되어, 예과급사중禮科給事中을 역임하고, 리과吏科를 담당하였다가 섬서포정사조마陝西布政司照磨로 좌천되었다. 태상시소경太常寺少卿에 기용되었고, 광록시경光祿寺卿, 남경통정사南京通政使, 형부우시랑刑部右侍郎 등을 지냈고, 사직하고 고향으로 돌아왔다. 천계天啓 갑자년(1624)에 별세하니, 향년 77세였다.

선생이 더불어 학문을 변론한 이들은 추남고(鄒南皐: 鄒元標),[1] 풍소허(馮少墟: 馮從吾),[2] 여신오(呂新吾: 呂坤),[3] 맹아강(孟我疆: 孟秋), 경천대

| 29-95 | 楊東明號晉菴, 河南虞城人. 萬曆庚辰進士. 授中書舍人, 歷禮科給事中, 掌吏垣, 降陝西照磨, 起太常少卿, 光祿寺卿, 通政使, 刑部侍郎, 乞休回籍. 天啓甲子卒, 年七十七.

先生所與問辨者, 鄒南皐・馮少墟・呂新吾・孟我疆・

---

1　추남고(鄒南皐): 鄒元標. 권23「江右王門學案8」.
2　풍소허(馮少墟): 馮從吾. 권41「甘泉學案5」.
3　呂坤: 1536~1618. 字는 叔簡이고, 號는 抱獨居土, 心吾, 新吾 등이 있고, 河南 寧陵[商

(耿天臺: 耿定向),[4] 장양화(張陽和: 張元忭), 양복소
(楊復所: 楊起元)[5] 등 여러 사람이었다. 따라서
양명의 핵심 논지를 얻을 수 있었다. 집에 머
물면서 무릇 백성들의 이익과 병통에 관계된
일이 있으면 몸소 맡지 않은 적이 없었다. 일
찍이 "신세야 현달하고 궁색한 것이 있지만,
도에는 막히거나 통달함이 없다. 그런데도 궁
색하게 느껴졌다면 홀로 자신을 선하게 한다
는 말에 실천이 미진한 바가 있기 때문이다."
라고 하였다. 그의 학설 요지로 말하면, 기질
이외에 성性이 없음을 논할 때 "우주 간에 가득
한 것은 혼륜한 원기로 하늘을 낳고 땅을 낳고
사람과 만물의 다양한 차이를 낳는 것이 모두
이 기가 하는 것이다. 이 기는 영묘靈妙하여 자
체로 조리가 있다. 그것을 곧 리理라고 한다.
대저 리와 기는 하나이다. 맑은 기를 얻으면
리가 저절로 밝게 드러나고, 탁한 기를 얻으면
리가 저절로 어둡고 드러나지 않는다. 대개 기
는 음양으로 나뉘고 그 가운데에 오행을 포함
하여 뒤섞여 엉키지 않을 수 없고 치우쳐서 성

耿天臺 · 張陽和 ·
楊復所諸人, 故能得
陽明之肯綮. 家居,
凡有民間利病, 無不
身任, 嘗曰: "身有顯
晦, 道無窮達, 還覺
窮, 則獨善其身之
言, 有所未盡." 其
學之要領, 在論氣質
之外無性, 謂"盈宇
宙間只是渾淪元氣,
生天生地, 生人物萬
殊, 都是此氣爲之.
而此氣靈妙, 自有條
理, 便謂之理. 夫惟
理氣一也, 則得氣淸
者, 理自昭著, 得氣
濁者, 理自昏暗. 蓋
氣分陰陽, 中含五
行, 不得不雜揉, 不

丘] 사람이다. 萬曆 2年(1574) 진사에 급제하고 大同知縣, 吏部主事, 陝西右布政使, 都
察院右僉都御史, 刑部右侍郎 등 여러 관직을 역임하였다. 氣一元論을 제기하여 朱熹
의 理氣說을 반대하고, 程顥와 王陽明도 선에 물든 것으로 비판하였다. 저서로『呻吟
語』,『去僞齋文集』,『實政錄』,『交泰韻』,『陰符經注』,『小兒語』,『近溪隱君家訓』,
『呂坤全集』(北京, 中華書局, 2012) 등이 있다.

4    경천대(耿天臺): 耿定向. 권35「泰州學案4」.
5    양복소(楊復所): 楊起元. 권34「泰州學案3」.

하지 않을 수 없다. 이것이 인성이 모두 선하지는 못한 이유이다. 그러나 태극의 본체는 음양과 오행을 세우는 근본[根宗]이어서 비록 섞이더라도 본바탕은 그대로이고, 한쪽으로 치우쳐서 성하더라도 선의 뿌리는 그대로 존재한다. 이것이 인성이 선하지 않음이 없는 근거이다."⁶라고 하였다. 선생의 이 말은 리와 기를 둘로 여기는 오류를 싹 씻어 냈다고 할 만하다. 그러나 그 말들 사이에 분명하지 않은 점이 있으니, 모두 선하지는 못한 것을 성으로 이해한 것이다. 모두 선하지는 못한 것은 기가 뒤섞여 엉켜서 그런 것이지 기의 본연은 아니다. 그 본연은 성이라고 지칭할 수 있지만, 그 뒤섞여 엉킨 것은 성이라고 말할 수 없다. 천지의 기에 추위가 가면 더위가 오고, 추위는 반드시 겨울에 있고 더위가 반드시 여름에 있는 것은 기의 본연이다. 때로 겨울인데도 덥고 여름인데도 추운 것, 이것은 양기가 과도한 것이요, 음기가 잠복해 있는 것이다. 기가 그 본연의 리(理: 질서)를 잃은 것이다. 그 본연을 잃으면 곧 리라고 이름을 붙일 수 없다. 그러나 천지에는 과도한 양기와 잠복해 있는 음기로 인해 덥고 추운 경우가 없을 수 없지만, 만고에 걸쳐 겨울에 춥고 여름에 더운 상도常道는

得不偏勝, 此人性所以不皆善也. 然太極本體, 立二五根宗, 雖雜揉而本質自在, 縱偏勝而善根自存, 此人性所以無不善也." 先生此言, 可謂一洗理氣爲二之謬矣. 而其間有未瑩者, 則以不皆善者之認爲性也. 夫不皆善者, 是氣之雜揉, 而非氣之本然, 其本然者, 可指之爲性, 其雜揉者, 不可以言性也. 天地之氣, 寒往暑來, 寒必於冬, 暑必於夏, 其本然也. 有時冬而暑, 夏而寒, 是爲愆陽伏陰, 失其本然之理矣. 失其本然, 便不可名之爲理也. 然天地不能無愆陽

---

6    우주 간에 … 없는 이유이다: 29-96.

곧 일정한 리이다. 사람이 태어남에 기가 뒤섞여 엉키고 치우쳐서 성한 것은 곧 양이 과도한 것이요 음이 잠복해 있는 것이다. 그러나 사람이 모두 남을 차마 해치지 못하는 마음을 지닌 것은 이른바 "항상된 성을 지닌 것에 따른다."[7] 라는 것이다. 어찌 뒤섞여 엉키고 치우쳐서 성한 것을 거기에 해당시킬 수 있겠는가? 뒤섞여 엉키고 치우쳐서 성한 것은 항상되지 않는 것이다. 그러므로 기질 이외에 성은 없고, 기질이 곧 성이다. 다만 기질의 본연이 성이고 본연을 잃은 것은 성이 아니다. 이것은 미세한 차이에 대한 분별이지만, 맹자가 성은 선하다고 말한 것을 곧 바꿀 수 없다. 양명은 "선함도 없고 악함도 없는 것이 마음의 본체이다."[8]라고 하였는데, 동림東林 쪽에서 이 말을 비판하는 논의가 많았다. 선생은 "양명은 그 구절로 마음을 말한 것이지 성을 말한 것이 아니다. 공자가 나는 아는 것이 없다고 말한 것과 같으니, 아는 것이 없다는 말이 어찌 병통이 되겠는가?"[9]라고 하였다. 이 말은 참으로 양명의 핵

伏陰之寒暑, 而萬古此冬寒夏暑之常道, 則一定之理也. 人生之雜揉偏勝, 卽愆陽伏陰也. 而人皆有不忍人之心, 所謂"厥❶有恒性", 豈可以雜揉偏勝者當之? 雜揉偏勝, 不者也. 是故氣質之外無性, 氣質卽性也. 第氣質之本然是性, 失其本然者非性, 此毫釐之辨, 而孟子之言性善, 卽不可易也. 陽明言"無善無惡者心之體", 東林多以此爲議論, 先生云: "陽明以之言心, 不以之言性也, 猶孔子之言

---

7 항상된 성을 … 것에 따른다: 『尙書』 「湯誥」에 "若有恒性"이라고 하였다. 원문의 '厥'을 『상서』 원문 '若'을 '順'의 뜻으로 풀이한 것에 따라 번역하였다.

8 선함도 없고 … 마음의 본체이다: 『王文成全書』 卷3 「語錄3」(傳習錄下). 『傳習錄』 제315조: "無善無惡是心之體, 有善有惡是意之動, 知善知惡是良知, 爲善去惡是格物."

9 양명은 그 … 병통이 되겠는가: 29-98. 『논어』 「子罕」: "吾有知乎哉? 無知也. 有鄙夫問於我, 空空如也, 我叩其兩端而竭焉." 楊東明은 공자가 말한 '無知'가 감응하여 아는 지식을 뜻하며, '선함도 없고 악함도 없다'고 할 때 선함과 악함은 감응하여 생긴 선함

심을 간파하였다.

## 『진암의 성에 대한 견해』

| 29-96 | 우주 간에 가득한 것은 혼륜한 원기로 하늘을 낳고 땅을 낳고 사람과 만물의 다양한 차이를 낳는 것이 모두 이 기가 하는 것이다. 이 기는 영묘靈妙하여 자체로 조리가 있다. 그것을 곧 리理라고 한다. 대개 기는 물, 불과 같고 리는 춥고 더운 성질[性]이며, 기는 생강이나 계피와 같고 리는 그 매운 성질이다. 리와 기는 혼연히 하나여서 조금도 별개로 나누어짐이 없다. 언급한 바 태어나면 같이 태어나고 형태를 부여하면 같이 형태를 가진다는 말은 오히려 합당하고 귀일하는 논의가 아니다.

대저 리와 기는 하나이다. 맑은 기를 얻으면 리가 저절로 밝게 드러난다. 사람이 성현이 되는 이유가 이 때문이요, 리가 맑은 기 안에서는 융성하기 때문이 아니다. 탁한 기를 얻으면

## 『晉菴論性臆言』

| 29-96 | 盈宇宙間只是一塊渾淪元氣, 生天生地, 生人物萬殊, 都是此氣爲之, 而此氣靈妙, 自有條理, 便謂之理. 蓋氣猶水火, 而理則其寒暑之性, 氣猶薑桂, 而理則其辛辣之性, 渾是一物, 毫無分別. 所稱與生俱生, 與形俱形, 猶非至當歸一之論也.

夫惟理氣一也, 則得氣淸者理自昭著, 人之所以爲聖賢者此也, 非理隆於淸氣

---

과 악함으로 이해하여, 곧 공자가 말한 '무지'와 같은 의미이며, 모두 감응하는 주체로서 마음을 가리켜 말한 것이라고 보았다.

❶  厥:『尙書』「湯誥」에는 '若'으로 되어 있다.

리가 저절로 어둡고 드러나지 않는다. 사람이 어리석고 모자란 사람이 되는 이유가 이 때문이요, 리가 탁한 기 안에서는 줄어들기 때문이 아니다. 이처럼 리와 기가 결코 별개의 것이 아니다. 바로 기를 품수 받아 태어나는데, 여기에서 기질의 성이 있다. 무릇 일컬어지는 '인심은 오직 위태롭다',[10] '사람은 태어나면서 욕구를 가진다',[11] '선과 악이 갈라진다',[12] '악함도 또한 성이다'[13] 등의 말은 모두 기의 측면에서 말한 것이다. 대개 기는 음양으로 나뉘고 그 가운데에 오행을 포함하여 뒤섞여 엉키지 않을 수 없고 치우쳐서 성하지 않을 수 없다. 이것이 인성이 모두 선하지는 못한 이유이다. 그러나 이 기가 곧 리가 되는 것이다. 따라서 또한 '의리의 성'이라고 명명한다. 무릇 일컬어지는 '상제가 내려 준 선함',[14] '백성이 지니고 있는 도리',[15] '계속하는 선함과 이루어 주는 성',[16] '도심은 오직 은미하다'[17] 등은 모두 리의

之內也; 得氣濁者理自昏暗, 人之所以爲愚不肖者此也, 非理殺於濁氣之內也. 此理氣斷非二物也. 正惟是稟氣以生也, 於是有氣質之性. 凡所稱'人心惟危'也, '人生有欲'也, '幾善惡'也, '惡亦是性'也, 皆從氣邊言也. 蓋氣分陰陽, 中含五行, 不得不雜揉, 不得不偏勝, 此人性所以不皆善也. 然此氣卽所以爲理也, 故又命之曰義理之性. 凡所稱帝降

---

10  인심은 오직 위태롭다:『尙書』「大禹謨」.

11  사람은 태어나면서 욕구를 가진다:『禮記』「樂記」.

12  선과 악이 갈라진다: 周敦頤,『通書』「誠上 第1章」.

13  악함도 또한 성이다:『二程遺書』권1「端伯傳師說」: "善固性也, 然惡亦不可不謂之性也."

14  상제가 내려 준 선함:『尙書』「湯誥」: "惟皇上帝降衷于下民, 若有恒性."

15  백성이 지니고 있는 도리:『詩』「大雅·烝民」: "天生烝民, 有物有則. 民之秉彝, 好是懿德."

16  계속하는 선함과 이루어 주는 성:『周易』『繫辭上』: "繼之者善也, 成之者性也."

17  도심은 오직 은미하다:『尙書』「大禹謨」.

측면을 가리켜 말한 것이다. 대개 태극의 본체는 음양과 오행을 세우는 근본[根宗]이어서 비록 섞이더라도 본바탕은 그대로이고, 한쪽으로 치우쳐서 성하더라도 선의 뿌리는 그대로 존재한다. 이것이 인성이 선하지 않음이 없는 이유이다. 한 측면에서는 기를 말하고 한 측면에서는 리를 말하는 것이니 기와 리가 어찌 길을 나누어 달리겠는가? 대개 기는 리의 질(質: 바탕)이고 리는 기의 영(靈: 영묘함)이다. 비유하면 청동거울에 밝음이 생기면, 청동이라고 말하는 때도 있고 밝음이라고 말하는 때도 있어 양쪽으로 지칭하지 않을 수 없는 것과 같다. 그러나 청동은 밝음을 낳고 밝음은 청동에 근본하니 누가 나누어서 둘로 만들 수 있겠는가? 인성의 대체적인 내용이 이와 같다. 만일 '의리의 성만 말하면 선하고 악은 없고, 기질의 성만 말하면 선과 악이 있다'고 말하면, 이것은 성을 둘로 나누는 것이어서 합당한 논의가 아니다.

| 29-97 | 기질지성氣質之性 네 글자에 대한 송유 논의는 우리 성의 참된 본체를 잘 간취하였다. 전대의 학자들이 밝히지 못한 것을 보완한 것에 그치지 않는다. 대개 천지 사이에 모든

之衷也, 民秉之彝也, 繼善成性也, 道心惟微也, 皆指理邊言也. 蓋太極本體, 立二五根宗, 雖雜揉而本質自在, 縱偏勝而善根自存, 此人性所以無不善也. 夫一邊言氣, 一邊言理, 氣與理豈分道而馳哉? 蓋氣者理之質也, 理者氣之靈也, 譬猶銅鏡生明, 有時言銅, 有時言明, 不得不兩稱之也. 然銅生乎明, 明本乎銅, 孰能分而爲二哉? 人性之大較如此, 如曰專言理義之性, 則有善無惡, 專言氣質之性, 則有善有惡, 是人有二性矣, 非至當之論也.

| 29-97 | 氣質之性四字, 宋儒此論適得吾性之眞體, 非但補前輩之所未發也.

것이 기질이다. 곧 천지는 또한 기질이다. 오행은 또한 음양이요, 음양은 또한 태극이다. 태극도 본래 기인데 다만 아직 질에 떨어지지 않았을 뿐이다. 그렇다면 무엇을 의리의 성이라고 하는가? 기질이라는 것은 의리의 체단(體段: 형상)이다. 의리는 기질의 성정(性情: 내용)이다. 하나를 들어서 두 가지가 저절로 갖추어지니 함께 거론할 필요가 없다. 그러나 두 가지는 명칭이 비록 함께 수립되어 있지만, 중심에는 각자 전적으로 주관하는 것이 있다. 이제 의리의 성이 기질에서 나온다고 하면 옳지만 기질의 성이 의리의 성에서 나온다고 하면 옳지 않다. 기질의 성과 의리의 성이 결합하여 나온다고 하면 맥락을 이해하지 못한 논의이다. 식초의 경우와 마찬가지이다. 신맛이 식초에서 나온다고 하면 옳지만, 식초가 신맛에서 나온다고 하면 옳지 않다. 식초와 신맛이 결합하여 나온다고 하면 통하지 않는 논의이다. 게다가 기질은 성을 가지고 이름을 붙일 수 있으니, 기질이 의리가 될 수 있음을 말한다. 기질이면서 의리가 될 수 없다면 한 덩어리 형상을 지닌 것일 뿐이다. 어떻게 성性을 가지고 지칭할 수 있겠는가? 기질지성 네 글자가 송대 유학자들에게서 나왔지만 또한 성 개념의 미비점을 보완한 것일 뿐이요, 기질 이외에 성이 없다는 것은 아마도 송대 유학자들도 알 수 없었다.

蓋盈天地間皆氣質也，卽天地亦氣質也，五行亦陰陽也，陰陽亦太極也，太極固亦氣也，特未落於質耳。然則何以爲義理之性？曰氣質者義理之體段，義理者氣質之性情，舉一而二者自備，不必兼舉也。然二者名雖並立而體有專主，今謂義理之性出於氣質則可，謂氣質之性出於義理則不可，謂氣質之性與義理之性合倂而來，則不通之論也。猶夫醋然，謂酸出於醋則可，謂醋出於酸則不可，謂醋與酸合倂而來，則不通之論也。且氣質可以性名也，謂其能爲義理也；氣質而不能爲義理，則亦塊然之物耳，惡得以性稱之？四字出於宋儒, 亦但謂補性之所未備, 而氣質外無性, 恐宋儒亦不得而知也.

| 29-98 | 왕양명 선생은 "선함도 악함도 없는 것이 마음의 본체이다."라고 하였다. 사옥지(史玉池: 史孟麟)[18]는 「성선설性善說」을 지어서 비판하였다. 내가 옥지玉池에게 편지를 보내 말했다. "나도 과거에 이런 의심을 했었는데, 근자에 무선무악의 설을 이해할 수 있었다. 대개 심체心體를 가리켜 말한 것이고 성 가운데 하나도 없음을 말한 것이 아니다. 사람의 마음은 고요히 움직이지 않을 때 한 생각도 아직 일어나지 않으면 본래 이른바 악함이라는 것이 없다. 또한 선함이라고 하는 것도 어찌 있겠는가? 공자는 '내가 아는 것이 있는가? 아는 것이 없다'라고 하였다. 아는 것이 없는데, 어디에서 선함과 악함을 찾겠는가? 비유하면 거울이 본래 지극히 밝은 것과 같다. 아직 비추는 데 이르지 않았을 때에는 어떤 고움과 어떤 추함이 있겠는가? 그러므로 양명의 원문에 '선함도 악함도 없는 것이 마음의 본체이다'라고 한 말은 성性의 본체를 말하는 것이 아니다. 이제 그 설을 고자告子와 동일시하니 그 뜻을 잘못 이해

| 29-98 | 王陽明先生云: "無善無惡者心之體." 史玉池作「性善說」闢之, 余乃遺玉池書曰: "某往亦有是疑, 近乃會得無善無惡之說. 蓋指心體而言, 非謂性中一無所有也. 夫人心寂然不動之時, 一念未起, 固無所謂惡, 亦何所謂善哉! 夫子曰: '吾有知乎哉? 無知也.' 夫知且無矣, 何處覓善惡? 譬如鑒本至明, 而未臨於照, 有何妍媸? 故其原文曰: '無善無惡者心之體.' 非言性之體也. 今

---

**18** 사옥지(史玉池): 史孟麟. 권60 「東林學案3」.

하지 않을 수 있겠는가?"

**| 29-99 |** 물었다. "맹자가 성이 선하다고 말한 것은 전적으로 의리의 성을 말한 것인가?" 대답하였다. "세간의 유학자들이 모두 그런 견해를 취한다. 그들은 대개 '의리만 전적으로 말하면 선함은 있고 악함은 없으며, 기질을 함께 말하면 선함도 있고 악함도 있다. 이것은 의리는 지극히 선하지만, 기질은 선하지 못함이 있기 때문이다'라고 한다. 기질은 음양과 오행이 응취하여 이루어진 것이다. 오행은 하나의 음양이고 음양은 하나의 태극이다. 음양과 오행은 원래 선하지 않은 것이 아니다. 어떻게 선하지 않은 기질을 낳겠는가? 다만 음양과 오행이라고 말하면 섞이고 배치되는 과정에 자연히 한쪽으로 치우쳐 성하고 섞여서 엉키는 병통이 있게 된다. 그 과정에서 기질도 순수하게 선하지는 못한 것이 있게 된다. 비록 순수하게 선하지는 못하지만 태극의 본체는 그대로이다. 그러므로 어린아이가 우물에 빠지는 것을 보면 측은해하고, 호통치며 발로 차서 주는 음식을 받게 되면 달가워하지 않는 것은, 기질이 맑고 순수한 사람이면 본래 그렇게 하지만, 기질이 각박하고 탁한 사람이라도 반드시 그렇게 하지 않는 것은 아니다. 이것은 사람의 성이 모두 선한 이유이다. 맹자가 성이 선하다고 한 것은 바로 이런 성을 말한 것이다. 옛날부

謂其說與告子同, 將無錯會其旨歟!"

**| 29-99 |** 問: "孟子道性善, 是專言義理之性乎?" 曰: "世儒都是此見解. 蓋曰專言義理, 則有善無惡, 兼言氣質, 則有善有惡, 是義理至善而氣質有不善也. 夫氣質二五之所凝成也, 五行一陰陽, 陰陽一太極, 則二五原非不善之物也. 何以生不善之氣質哉? 惟是既云二五, 則錯綜分布, 自有偏勝雜揉之病, 於是氣質有不純然善者矣. 雖不純然善, 而太極本體自在, 故見孺子入井而惻隱, 遇嘑蹴之食而不屑, 氣質清純者固如此, 氣質薄濁者未必不如此. 此人性所以爲皆善也. 孟子道性善, 就

터 성현이 성을 논한 것은 곧 이 하나의 성이다. 예컨대 '항상된 성을 가지고 있다',[19] '계속하는 것은 선이고 이루어 주는 것은 성이다',[20] '천명을 성이라고 한다'[21] 등은 모두 이 성이다. 맹자는 '마음을 경동시키고 성을 단련시킨다',[22] '성이지만, 명命의 성격이 있다'[23]라고 하였으니 또한 명확히 기질을 가리켜 성으로 삼은 것이다. 대개 성은 기질이 이루고 있는 것으로 기질 외에 성은 없다. 어떻게 기질을 벗어나서 성을 말하겠는가? 송대 유학자들이 기질과 의리를 두 가지로 나누어 놓은 이래 성의 뜻이 비로소 어두워졌다. 어찌 사람에게 두 성이 없고 한 가지가 두 가지로 나뉜다는 것을 모를 뿐이었겠는가? 이른바 의리와 기질에 대해서도 어찌 그 맥락을 간파한 적이 있던가? 그러므로 기질의 성을 알면 이른바 의리는 꼭 말하지 않아도 된다. 왜냐하면 기질이 곧 의리여서 다시 꼭 의리를 말할 필요가 없기 때문이다. 기질의 성을 알면 기질을 꼭 말하지 않아도 된다. 왜냐하면 기질이 곧 의리여서 전적으로 기질만을 지칭할 수 없기 때문이다.

是道這個性. 從古聖賢論性, 就只此一個, 如曰厥有恒性, 繼善成性, 天命謂性, 皆是這箇性. 孟子云'動心忍性', '性也, 有命焉', 則又明指氣質爲性. 蓋性爲氣質所成, 而氣質外無性, 則安得外氣質以言性也? 自宋儒分爲氣質義理兩途, 而性之義始晦, 豈惟不知人無二性, 而一物分爲兩物, 於所謂義理氣質者, 亦何嘗窺其面目哉! 故識得氣質之性, 不必言義理可也, 蓋氣質卽義理, 不必更言義理也. 識得氣質

---

**19** 항상된 성을 가지고 있다: 『尙書』「湯誥」: "若有恒性."
**20** 계속하는 것은 … 것은 성이다: 『주역』「繫辭上」: "繼之者善也, 成之者性也."
**21** 천명을 성이라고 한다: 『중용』 1장: "天命之謂性."
**22** 마음을 경동시키고 성을 단련시킨다: 『맹자』「告子下」.
**23** 성이지만, 명(命)의 성격이 있다: 『맹자』「盡心下」.

학인이 이 점을 깨달으면 기질과 의리를 둘로 나누는 설에 현혹되지 않을 것이다."

| 29-100 | 선善자에는 두 가지 뜻이 있다. 본성의 선함은 곧 지극한 선함이다. 예컨대 눈이 밝고 거울이 밝은 것에서 밝음은 곧 선이다. 하나의 선함도 없지만 선함이 거기에서 나온다. 이것 이외에 생각이 감촉하고 움직여서 선함이 되는 것이 있다. 예를 들면 선한 생각을 일으키고 선한 일을 실천하는 부류에서 이 선함은 감응하면 생기고, 감응함이 없으면 없다. 아무것도 없는 것은 곧 지극히 선한 본체를 얻을 뿐이다. 만일 하나의 선함이라도 있으면 곧 하나의 선함에 가려져 그 맑고 아무것도 없는 본체를 잃는다. 이 선이라는 글자는 바로 눈 속의 금가루나 거울 속의 아름다운 모습으로 아름답기는 아름답지만 장애가 되는 것은 같다. 문성(文成: 王守仁)이 말한 "선함도 없고 악함도 없는 것"은 바로 감촉하여 움직이는 데에서 나온 선함을 가리켜 말한 것이다. 그러나 성의 체는 말하지 않고 심의 체를 말한 것은 성은 그 고요함을 주재하고, 마음은 그 감응함을 주재하기 때문이다. 그러므로 마음은 있고 없음을 말할 수 있지만, 성은 있고 없음을 말할 수 없다. 이제 "나가고 들어옴이 일정한 때

之性, 不必言氣質可也, 蓋氣質卽義理, 不可專目爲氣質也. 學者悟此, 則不惑於氣質義理兩說矣."

| 29-100 | 善字有二義. 本性之善, 乃爲至善, 如眼之明, 鑑之明, 明卽善也, 無一善而乃善之所從出也. 此外, 有意之感動而爲善者, 如發善念, 行善事之類, 此善有感則生, 無感則無, 無乃適得至善之本體, 若有一善, 則爲一善所障, 而失其湛空之體矣. 這善字, 正是眼中金屑, 鏡中美貌, 美則美矣, 其爲障一也. 文成所云"無善無惡者", 正指感動之善而言, 然不言性之體, 而言心之體者, 性主其靜, 心主其感, 故心可言有無,

시랑 진암 양동명 선생

가 없고, 아무도 그 향하는 곳을 알지 못한다. 오직 성을 가리킨다."²⁴라고 하면 말이 되지 않는다.

而性不可言有無也.
今曰: "出入無時, 莫
知其鄉, 惟性之謂
與." 則說不去矣.

---

**24** 나가고 들어옴이 … 성을 가리킨다: 『맹자』「告子上」. 『맹자』에는 '性'이 '心'으로 되어 있다. 楊東明은 '性'으로 바꾸어서 말하면 『맹자』의 구절이 성립이 되지 않는다는 것을 보인 것이다. 곧 감응을 주재하는 것은 心이며, 양명의 '無善無惡'의 '善惡'은 감응하는 과정에서 발생하는 心의 선악을 말하며 성으로서 주어지는 본연의 선함을 말하는 것이 아니라고 이해한 것이다.

# 군수 서천 남대길 선생

郡守南瑞泉先生大吉

| 29-101 | 남대길(南大吉: 1487~1541)은 자는 원선元善, 호는 서천瑞泉이며 섬(陝: 陝西) 위남渭南 사람이다. 정덕正德 신미년(1511) 진사에 급제하였다. 호부주사戶部主事에 제수되어 호부원외랑戶部員外郎과 호부낭중戶部郎中을 역임하고, 나가 소흥부紹興府의 지부知府를 지내고 치사致仕하였다. 가정嘉靖 신축년(1541) 별세하니 향년 55세였다. 선생은 어려서부터 특출하게 영민하였고, 조금 장성해서 책을 읽고 글을 짓게되자 곧 성현의 학문을 알아서 찾았다. 그러나호방하고 광달曠達하여 조그만 규범에 구애되지 않았다. 소흥부紹興府의 지부知府가 되었을때 문성(文成: 王守仁)이 동남에서 한창 도를 창도하여, 사방에서 책을 싸매고 와서 배우는 이들이 절이나 도관道觀에서 다 수용하지 못할 정도였다. 선생은 이전에 문성이 방을 쪼개면서까지 받았던 선비였다. 오랫동안 서로 절차탁

| 29-101 | 南大吉字元善, 號瑞泉, 陝之渭南人. 正德辛未進士. 授戶部主事, 歷員外郎・郎中, 出守紹興府, 致仕. 嘉靖辛丑卒, 年五十五. 先生幼穎敏絶倫, 稍長讀書爲文, 卽知求聖賢之學, 然猶豪曠不拘小節. 及知紹興府, 文成方倡道東南, 四方負笈來學者, 至於寺觀不容. 先生故文成分房所取士也, 觀摩之久, 因悟人心自有聖

마하면서 사람의 마음 자체에 성현이 있어 하필 다른 데에서 찾을 필요가 없음을 깨달았다. 하루는 문성에게 질문하였다. "대길이 정사를 행하면서 잘못한 일이 많았는데 선생께서는 어째서 한마디도 하지 않습니까?" 문성이 물었다. "무슨 잘못인가?" 선생이 그 사례를 차례로 하나하나 들었다. 문성이 말하였다. "내가 말했었다." 선생이 말했다. "그런 일이 없습니다." 문성이 말했다. "그렇다면 잘못이었음을 어떻게 알았는가?" 선생이 말하였다. "양지가 스스로 알았습니다." 문성이 말하였다. "양지야말로 유독 내가 한 말이 아니던가?" 선생이 웃으면 사례하고 갔다. 머문 지 며칠 되자 잘못을 헤아리는 것이 더욱 세밀해졌다. 문성에게 말하였다. "잘못을 저지르고 후회하기보다는 먼저 말해 주어서 잘못에 이르지 않게 하는 것이 더 낫습니다." 문성이 말하였다. "남이 말해 주는 것은 스스로 뉘우침이 진실한 것만 못하다." 선생은 또 웃으며 사례하고 갔다. 머문 지 며칠 되자 문성에게 말하였다. "몸이 저지른 잘못은 벗어날 수 있지만, 마음의 잘못은 어떻게 할 도리가 없습니다." 문성이 말하였다. "전에 거울이 열리지 않았을 때는 먼지를 감출 수 있었다. 지금은 거울이 밝으니 티끌 하나가 떨어져도 스스로 그냥 어렵다. 이것은 바로 성인의 경지에 들어가는 기미처다. 힘써라!" 선생은 사례하고 헤어져 돌아갔다. 계산

賢, 奚必他求? 一日質於文成曰: "大吉臨政多過, 先生何無一言?" 文成曰: "何過?" 先生歷數其事. 文成曰: "吾言之矣." 先生曰: "無之." 文成曰: "然則何以知之?" 曰: "良知自知之." 文成曰: "良知獨非我言乎?" 先生笑謝而去. 居數日, 數過加密, 謂文成曰: "與有其過而悔, 不若先言之, 使其不至於過也." 文成曰: "人言不如自悔之眞." 又笑謝而去. 居數日, 謂文成曰: "身過可免, 心過奈何?" 文成曰: "昔鏡未開, 可以藏垢, 今鏡明矣, 一塵之落, 自難住脚, 此正入聖之機也. 勉之!" 先生謝別而去. 闢稽山書院, 身親講

서원稽山書院을 열고 몸소 강습하였지만, 문성의 문인이 더욱 앞서 나갔다. 선생은 조정에 들어가 인사고과로 관직에서 물러났다.

선생은 군을 다스릴 때 어진 정사로 당시 중망을 받았다. 그러나 그때 조정의 집권자들은 바야흐로 문성의 학문을 싫어하여, 문성으로 인해 미워하는 것이 선생에게도 미쳤다. 선생은 문성에게 편지를 보냈는데, 가르침을 들을 수 없는 것을 한으로 여길 뿐 명리를 얻고 잃는 영욕과 관련해서는 한마디도 언급이 없었다. 문성은 탄식하며 "이것은 참으로 아침에 도를 들으면 저녁에 죽어도 좋다는 뜻을 가진 자가 아니면 할 수 없다."라고 하였다. 집에 머물며 주서서원酒西書院을 세워 사방에서 배우러 오는 선비들을 가르쳤다. 선생은 문인에게 준 시에서 말하였다. "예전 내가 젊었을 때 과거 시험장을 드나들었지. 매일 문장을 공부하며 반고와 양웅을 추종하였지. 중년에 달인達人을 만났고 나에게 대도大道의 길을 가르쳐 주었네. 삼진三秦의 땅으로 돌아오니 끊어진 학통 어찌 그리 막막하던가. 전대에서 주공의 자취를 돌아보았고 후대에서 횡거(橫渠: 張載)의 덕을 나름 취하였네. 원하는 건 여러분과 더불어 가르치고 배우는 것 이것을 함께하는 것이네."

習, 而文成之門人益進. 入覲以考察罷官.

先生治郡, 以循良重一時, 而執政者方惡文成之學, 因文成以及先生也. 先生致書文成, 惟以不得聞道爲恨, 無一語及於得喪榮辱之間. 文成嘆曰: "此非眞有朝聞夕死之志者不能也." 家居搆酒西書院, 以教四方來學之士. 其示門人詩云: "昔我在英齡, 駕車詞賦場. 朝夕工步驟, 追蹤班與楊. 中歲遇達人, 授我大道方. 歸來三秦地, 墜緖何茫茫. 前訪周公跡, 後竊橫渠芳. 願言偕數子, 教學此相將."

# 명유학안 권30,
# 월민왕문학안

## 明儒學案 卷三十,
## 粵閩王門學案

**| 30-1 |** 영해(嶺海: 廣東·廣西) 지역의 선비가 문성(文成: 王守仁)에게 배운 것은 방서초(方西樵: 方獻夫)로부터 시작된다. 문성이 공주贛州에 부府를 열었을 때, 배운 학생이 매우 많았다. 문성은 "조주潮洲는 남해의 해안에 있는 한 군이다. 이 군에 설씨薛氏 형제와 자질들이 있어 그 재능이 번성하기에 족하였는데, 또 양씨楊氏 형제가 있었다. 이들 외에도 총명하고 재주가 높아 의연하게 도를 담당할 재목이 열 사람은 되었다."라고 하였다. 지금에 와서 드러난 이는 오직 설씨의 학문이다.

**| 30-2 |** 서초(西樵: 1485~1544)는 이름이 헌부獻夫이고 자는 숙현叔賢으로 20세(1505)에 진사에 급제하였다. 이부주사吏部主事가 되었다가 이부원외랑吏部員外郎으로 옮겼다. 양명이 유배에서

**| 30-1 |** 嶺海之士, 學於文成者, 自方西樵始. 及文成開府贛州, 從學者甚眾. 文成言: "潮在南海之涯, 一郡耳. 一郡之中, 有薛氏之兄弟子姪, 既足盛矣, 而又有楊氏之昆季. 其餘聰明特達, 毅然任道之器, 以數十." 乃今之著者, 唯薛氏學耳.

**| 30-2 |** 西樵名獻夫, 字叔賢. 弱冠舉進士. 爲吏部主事, 遷員外郎. 陽明起

기용되어 주사主事가 되었는데[1] 지위가 서초의 아래였다. 어느 날 함께 이야기를 나누다 서초가 마음에 부합하는 바가 있었다. 서초는 곧바로 나아가 예를 갖추고 자신을 제자로 일컬었다. 얼마 있다가 병을 핑계로 귀향하였다. 십여 년이 지났을 때 대례의大禮議[2]가 일어나자 서초는 집에서 상소하여 가정제의 친부 흥헌왕과 그 비를 황제와 황후로 추존할 것을 건의하였다. 징소되어 조정에 들어가 시강학사侍講學士에 발탁되었고, 예부상서禮部尚書에 이르고 태자태보太子太保가 가자되었다. 다시 병을 핑계로 귀향하였다. 다시 예부상서겸무영전대학사禮部尚書兼武英殿大學士로 기용되었다가 얼마 안 되어 휴직을 청하고 귀향하였다. 귀향한 지 10여 년 만에 별세하였다. 태보太保에 추증되었고 시호는 문양文襄이다.

|30-3| 설상현薛尚賢은 학행學行으로 지역에서 이름이 났었다. 중리(中離: 薛侃)가 건(虔: 江西 贛州)에서 돌아와 양명에게서 들은 바를 조술하자, 상현이 기뻐하였고 드디어 그에게 수

自謫所, 爲主事, 官階亞於西樵. 一日與語, 西樵有當於心, 卽進拜稱弟子. 未幾引疾歸. 將十餘年, 而大禮議起, 西樵自家上疏, 請追崇興獻帝后. 召入, 擢侍講學士, 至禮部尚書, 加太子太保. 復引疾歸. 起兼武英殿大學士, 未幾請歸. 歸十餘年卒. 贈太保, 諡文襄.

|30-3| 薛尚賢以學行著於鄉, 中離自虔歸, 述其所聞於陽明者, 尚賢說之, 遂

---

1    양명이 유배에서 … 주사(主事)가 되었는데: 1511년 왕수인은 이부험봉청리사주사(吏部驗封淸吏司主事)가 되어 서울로 올라왔다.
2    대례의(大禮議): 가정제가 입후(入後)로 황제가 된 뒤에 친부(親父) 흥헌왕(興獻王)의 추존을 주장하여 벌어진 논쟁. 가정제는 자신의 의도대로 결국 흥헌왕과 비를 황제와 황후로 추존하고 반대자들을 숙청하였다.

학하였다. 뒤에 국자감조교國子助敎를 지냈다.

|30-4| 양기楊驥[3]는 자가 사덕仕德이다. 처음에 감천(甘泉: 湛若水)을 따라 배웠다가 양명 문하에서 학업을 마쳤다. 양명이 횡수橫水를 토벌할 때, "산속의 적을 격파하기는 쉽지만, 마음속의 적을 분쇄하기는 어렵다."라고 하였다. 얼마 안 되어 별세하였다. 감천은 양기가 안의 것을 옳게 여기고 밖의 것을 배제하여 본체의 자연을 잃었다고 여겼고, 글을 지어 애도하였다. 【『황명서(皇明書)』[4]에서는 묘지(墓誌)라고 하였지만, 잘못이다.】

|30-5| 양사명楊仕鳴은 형[楊驥]과 함께 수학하였는데, 처음에는 배운 것을 기록하여 양명의 말을 갖추어서 수록하였다. 양명은 자신의 뜻을 깨치지 못하였다고 여겼다. 위에 양사명이 자신이 생각해서 얻은 것을 기록하였는데, 도리어 인가를 받았다. 사명은 말하였다. "일상

稟學焉. 後官國子助敎.

|30-4| 楊驥字仕德. 初從甘泉遊, 卒業於陽明. 陽明方征橫水, 謂之曰: "破山中賊易, 破心中賊難." 未幾卒. 甘泉謂其是內非外, 失本體之自然, 爲文哀之. 【『皇明書』言誌墓, 非也.】

|30-5| 楊仕鳴與兄同學, 初錄所聞, 備載陽明之語, 陽明以爲不得其意. 其後直書己意所得, 反印可之. 仕鳴言:

---

3   양기(楊驥): 薛侃이 지은 「楊毅齋傳」에 의하면, 자가 仕德, 號가 毅齋이고, 饒平 사람이다. 회시를 보러 서울에 들어갔다가 薛侃을 만나 양명의 가르침을 듣고 贛州로 가서 몇 달 동안 양명이 가르침을 들었고, 潮洲로 돌아와 만물일체설 등 양명의 가르침을 실천하고 전파하였다.

4   『황명서(皇明書)』: 『明書』를 가리킨다. 전체 45권이고 鄧元錫(1527~1592)이 지었다. 태조에서 世宗 때까지 역사기록으로 帝典 10권, 后妃內紀 1권. 外戚傳 1권, 宦官傳 1권, 臣謨 5권, 名臣 9권, 循吏 3권, 能吏 1권, 忠節 1권, 將謨 2권, 名將 1권, 理學 3권, 文學 3권, 篤行 1권, 孝行義行貨殖方技 1권, 心學 3권, 列女 1권으로 구성되어 있다.

에서 강구하는 공부는 단지 각자 자신의 양지가 미치는 바에 의거하여 그 장애를 스스로 제거하고 확충하여 본체를 다 발휘하는 것이다. 기질의 습관에 젖어 들어 시세가 좋아하는 것을 추구해서는 안 된다."라고 하였다. 또한 동곽(東郭: 鄒守益)[5]에게 말하였다. "공은 가서 과거시험을 준비할 때 있는 역량을 다하지 않았는가?" 동곽이 답했다. "그렇다." (사명이 말하였다.) "이제 양지를 다 발휘하는 데 또한 그 역량을 다하지 않는가?" 동곽이 답했다. "다하지 못한다." (사명이 말하였다.) "역량을 다하지 않는다면 어떻게 아는 것이 탁월할 수 있겠는가? 역량을 다하는 것이 안자(顏子: 顏淵)의 도를 즐겼던 경지에 도달하는 핵심적 방법이다." 동곽은 매번 이 말을 들어서 학자들에게 일러 주곤 하였는데, 양사명 또한 얼마 안 되어 별세하였다.

**|30-6|** 양작梁焯은 자가 일부日孚이고 남해南海 사람이다. (1514년) 진사에 급제하였고, 관직이 직방주사職方主事에 이르렀는데, 무종武宗의 남순南巡[6]을 규간하였다가 정장庭杖에 처해졌

"日用講求功夫，只是各依自家良知所及，自去其障，擴充以盡其本體，不可遷就氣習，以趨時好." 又謂東廓曰："公往治舉子業，竭其才否?" 東廓曰："然." 曰："今致良知，亦竭其才否?" 東廓曰："未能也." 曰："微竭才，曷克見卓爾? 竭才二字，希顏之的也." 東廓每舉斯語以告學者，亦未幾卒.

**|30-6|** 梁焯字日孚，南海人. 登進士第. 官至職方主事，以諫南巡被杖. 武

---

5  동곽(東郭): 鄒守益. 권16「江右王門學案1」.

6  무종(武宗)의 남순(南巡): 1519년 3월 무종은 楊贇의 사주를 받아 남쪽으로 순행하는 조서를 내렸다가 관료들의 집단적인 반대로 취소하였다. 이때 반대한 관료 107명을 정장과 유배 등 처벌하였다. 6월 寧王 朱宸濠가 반란을 일으켜 7월 王守仁이 진압하였는데, 무종은 8월 반란을 진압한다는 이유로 다시 南巡을 단행하였다. 1520년 윤8월 南京에서 왕수인이 체포한 朱宸濠를 다시 풀어 주게 하고 자신이 직접 체포하여 전

다. 무종은 외국인을 휘하의 시종으로 양성하
였는데, 일부는 법대로 처리하고 조금도 관용
을 베풀지 않았다. 일부는 공주贛州에 들른 적
이 있는데, 양명에게 수학하여 거경궁리居敬窮
理에 대해 묻고 변석하면서 소름이 돋을 정도
로 깨달은 바가 있었다. 양명의 같은 문하생이
었던 기암재(冀闇齋: 冀元亨)[7]가 조옥詔獄[8]에서
사망하자, 일부가 시신을 거두어 수습하였다.

| 30-7 | 정일초(鄭一初: 1476~1513)는 자가 조
삭朝朔이고 양양揭陽 사람이다. 홍치弘治 을축년
(1505) 진사에 급제하였다. 자맥산紫陌山에 머물
며 칩거하여 정靜을 익히다가[9] 징소되어 어사
가 되었다. 양명이 이부에 재직할 때 진세걸陳
世傑을 통해 수학하기를 요청하였다. 양명의
설명을 듣고서 이전에는 '샛길이 많았는데 이
제는 큰길에 들어섰다'라고 여겼다. 당시 조삭
朝朔은 이미 병이 깊었는데, 사람들이 그에게
공부를 줄일 것을 권하자 "(도를 알았으니) 언제
죽어도 괜찮다."라고 답하였다. 절(浙: 杭州)에

宗畜外國人爲駕下
人，日孚以法繩之，
不少貸．日孚嘗過
贛，從陽明學，辨問
居敬窮理，悚然有
悟．同門冀闇齋死
詔獄，日孚棺斂之．

| 30-7 | 鄭一初字
朝朔，揭陽人．弘治
乙丑進士．居紫陌
山，閉門習靜，召爲
御史．陽明在吏部，
因陳世傑請受學．
聞其說，以爲昔多岐
而今大道也．時朝
朔已病，人勸其緩
學，曰："夕死可矣．"
卒於浙．

---

공을 자신에게 돌리고, 12월 朱宸濠를 사형에 처하였다. 남순에서 1521년 북경으로
돌아온 지 몇 달 만에 무종이 사망하였다.

7　기암재(冀闇齋): 冀元亨. 권28「楚中王門學案」.

8　조옥(詔獄): 황제가 직접 조서를 내려 정죄한 범인을 수감한 감옥으로 명대에는 錦衣
衛의 감옥을 가리킨다.

9　정(靜)을 익히다가: 정좌(靜坐) 수행을 통해 사물과 감응하기 이전에 어디에도 치우치
지 않은 중정(中正)의 상태[靜]를 확립하고 견지하는 공부를 가리킨다.

서 별세하였다.

|30-8| 민(閩)에서는 자신(子莘) 이외에 두드러진
인물이 없다. 마명형(馬明衡: 1491~1557)은 자가
자신(子莘)이고 보(莆: 福建 莆田) 사람이다. 부친
사총(思聰)은 주신호(朱宸濠)의 반란에 순국하였다.
자신은 학문에 뜻을 두어 용맹정진하였고 정
선부(鄭善夫)와 함께 고문을 익혔다. 양명은 "초
목은 꽃잎이 많으면 열매가 없다. 꽃이 무성하
면 열매가 드물다."라고 하였다. 가정(嘉靖) 3년
(1524) 어사로서 흥국(興國)을 높이고 소성(昭聖)을
박하게 대우하는 것에 대하여 규간하였다가
하옥되었고 관적(官籍)에서 삭적되어 귀향하였
다.[10]

|30-8| 閩中自子
莘以外, 無著者焉.
馬明衡字子莘, 莆人
也. 父思聰, 死宸濠
之亂. 子莘立志勇
猛, 與鄭善夫爲古
文. 陽明曰: "草木
之花千葉者無實, 其
花繁者其實鮮." 嘉
靖三年, 以御史諫上
隆興國而薄昭聖爲
非禮, 下獄削籍歸.

---

10 　가정(嘉靖) 3년(1524) 어사로서 … 삭적되어 귀향하였다: 1524년 嘉靖帝는 생모 興國
　　太后의 생일에 朝賀禮를 행하였지만 孝宗妃 慈壽皇太后 곧 昭聖康惠慈壽皇太后의 생
　　일에 대해서는 朝賀禮를 취소하였다. 馬明衡은 이때 湖廣道監察御史로 재직하면서,
　　가정제가 자신의 생모에 대하여 높이고 효종비인 소성황태후에 대하여 박하게 대하
　　는 것이 되어 잘못이라고 규간하는 소를 올렸다. 『明史』 권207, 列傳 권95, "朱淛(馬
　　明衡 · 陳逅 · 林應聰)."

# 행인 중리 설간 선생

行人薛中離先生侃

|30-9| 설간(薛侃: 1486~1546)은 자가 상겸尙謙, 호가 중리中離이고 광동廣東 게양揭陽 사람이다. 정덕正德 12년(1517) 진사에 급제하였으나, 소를 올려 청해서 귀향하고 부모를 봉양하며 지냈다. 공주贛州에서 왕문성(王文成: 王守仁)에게 수학하고 4년 뒤에 귀가하였다. 정덕 16년 (1521) 행인사행인行人司行人에 제수되었다. 모친상을 당하여 상복을 마치고 서울에 들어갔다가 문성의 상을 듣고 동문인 남야(南野: 歐陽德)[1] 등 여러 제자들과 함께 곡위를 마련하여 곡을 하였다. 산동山東에 파견되어 공자묘와 맹자묘에 참알하고 『행단강수의杏壇講授儀』를 판각하였다. 얼마 안 되어 행인사사정行人司司正으로 승진하였다. 당시 장부경(張孚敬: 張璁)이 정황돈(程篁墩: 程敏政)의 이전 논의를 이용

|30-9| 薛侃字尙謙, 號中離, 廣東揭陽人. 舉正德十二年進士. 疏乞歸養. 從學王文成於贛, 四年而後歸. 十六年授行人. 丁母憂. 服闋入京, 聞文成訃. 會同門南野諸子爲位而哭. 使山東, 謁孔‧孟廟, 刻『杏壇講授儀』. 尋陞司正. 張孚敬方用程篁墩舊議, 改孔廟從祀. 先生請增祀象山‧

---

1    남야(南野): 歐陽德. 권17「江右王門學案2」.

하여 공자묘의 종사從祀를 막 개정하는 중이었다. 선생은 수를 늘려서 상산(象山: 陸九淵)과 백사(白沙: 陳獻章)도 종향할 것을 요청하였는데, 상산을 종사하도록 윤허를 받았다.

장경태자莊敬太子가 사망하고 후속 태자의 자리가 오랫동안 비어 있었다. 선생이 개인적으로 소 한 통 초고를 만들었는데, 조종성헌祖宗成憲을 인용하여 친왕 번藩 중에서 친족이면서 뛰어난 이를 골라 한 명을 서울로 들여와 수성왕守城王²을 삼고, 동궁이 생장하면 대국大國에 봉해서 내보내기를 청하는 것이었다. 처음에 광록경光祿卿 황종명黃宗明에게 보이자 황종명은 올리지 말기를 권하였다. 이어 동기생인 태상경太常卿 팽택(彭澤: 1459~1530)에게 보여 주었다. 팽택은 사벽한 사람이었다. 당시 장경부와 하언은 사이가 좋지 않았다. 팽택은 장부경에 붙어 있어서 이것을 빌려 하언(夏言: 1482~1548)을 중상모략하려고 곧 그 소를 소매에 넣고 장부경에게 말하였다. "태자의 일은 황제가 기피하는 사안입니다. 설간은 하언과 동기생이니³ 설간의 소를 하언이 한 것으로 삼으면, 죄에서 벗어나지 못할 것입니다." 장부경이 그럴 것이라고 여겼다. 먼저 그 초고를 베껴서 황제에게

白沙, 允祀象山.

莊敬太子薨, 嗣位久虛, 先生私草一疏, 引祖制, 請於親藩中擇其親而賢者, 迎取一人入京爲守城王, 以俟東宮生長, 出封大國. 初以示光祿卿黃宗明, 宗明勸弗上. 已示其同年太常卿彭澤. 澤傾險人也. 時張孚敬·夏言交惡, 澤方附孚敬, 欲借此以中言, 卽袖其疏, 私於孚敬曰: "儲事上所諱言, 而侃與言同年, 若指侃疏爲言所爲, 則罪不可解矣." 孚敬以爲然. 先錄

---

2  수성왕(守城王): 明代 封地에 머무르지 않고 서울에서 거주하면서 皇帝의 업무를 돕게 하였던 藩王에게 부여한 지위.
3  설간은 하언과 동기생이니: 이들은 1517년 같이 진사에 급제하였다.

올리고 말하였다. "하언과 설간의 생각이 이러하니 잠시 발설하지 말고 그 소가 올라오기를 기다리십시오."라고 하였다. 이에 팽택은 선생에게 "장소부(張少傅: 張璁)께서 공의 소를 보고 매우 기뻐하였소. 빨리 올리는 것이 좋겠소."라고 하였다. (1531년) 선생이 드디어 소를 올렸다. 황제는 대로하여, 체포하여 오조문午朝門에 이르자 관료들을 모아 놓고 그 주모자를 국문하였다. 선생은 승복하지 않았다. 팽택이 넌지시 말을 흘려서 하언에게 연루시켰다. 선생은 눈을 부릅뜨고 팽택을 노려보며 말하였다. "장소부께서 내 말에 같은 뜻이 있다고 네가 말하며 나에게 소를 올리게 추동한 것인데, 하언과 무슨 상관이 있단 말이냐?" 도어사都御史 왕횡王鈜은 장부경張孚敬과 한 당으로 팔을 들어 하언이 실제로 사주하였다고 말하였다. 하언은 책상을 치고 크게 꾸짖으며 왕횡을 치려 하자 결국 신문을 파하였다. 황제가 다시 무정후武定侯 곽훈郭勛, 대학사大學士 적란翟鑾, 사례감관司禮監官 및, 구경九卿,[4] 과도科道[5]와 금의위錦衣衛의 관료 등에게 명하여 형구를 사용하여 국문을 다시 하게 하였다. 선생은 "황상같이 총명해도 오히려 팽택에 속는데, 하물며 나같이

其稿, 進之於上曰: "言與侃之謀如此, 姑勿發以待其疏入." 澤於是語先生曰: "張少傅見公疏甚喜, 可亟上." 先生遂上. 上大怒, 逮至午門, 會官鞫其主使, 先生不服. 澤微詞諷之, 使連染於言. 先生瞋目視澤曰: "汝謂張少傅有意余言, 趣我上之, 於言何與?" 都御史汪鈜, 黨孚敬, 攘臂謂言實使之. 言拍案大罵, 幾欲毆鈜, 遂罷訊. 上復命武定侯郭勛・大學士翟鑾・司禮監官及九卿科道錦衣衛官用刑重鞫, 先生曰: "以皇上之明, 猶爲

---

4    구경(九卿): 6部의 尙書, 都察院都御史, 通政司, 大理寺正卿을 가리킨다.
5    과도(科道): 도찰원 6科의 給事中과 十五道의 監察御史를 가리킨다.

우매한 사람이야 어떻겠는가?"라고 하였다. 황제가 이에 장부경이 올렸던 두 개의 은밀한 소를 여러 신하들에게 내보이면서, 그 시기함을 지적하여 치사致仕하게 시키고, 팽택은 변방으로 보내 수자리를 서게 하였다. 선생은 납속하여 평민이 되었다. 길을 떠나 노하(潞河: 北京 通州)에 이르렀을 때 마침 성수절聖壽節이어서 참의參議 항교項喬가 배에서 예식을 행하고 있었다. 항교에게 보고하는 이가 "조그만 배에 평민복을 하고 향안香案을 갖추어 머리를 조아리는 이가 있습니다. 어떤 사람인지 모르겠습니다."라고 하였다. 항교가 "이 사람은 필시 설중리일 것이다."라고 하였다. 알아보니 과연 그러하였다.

| 30-10 | 선생이 귀향하자 따르는 이들이 백여 명이 되었다. 가정 15년(1536) 멀리 강江·절浙6 지역을 유람하여 청원靑原서원에서 염암(念菴: 羅洪先)7을 만났다. 이어 나부산羅浮山으로 들어갔다가 영복사永福寺에서 강학하고 24년(1545)에 집으로 돌아왔다. 문인이 선생에게 들은 바를 기록하고 『연기록硏幾錄』이라 하였다. 주해문周海門의 『성학종전聖學宗傳』에 "선생이

彭所欺, 況愚昧如侃者乎?" 上乃出孚敬二密疏以示羣臣, 斥其冒嫉, 着致仕去. 澤遣戍. 先生納贖爲民. 行至潞河, 遇聖壽節, 參議項喬行禮舟中, 有報喬者曰: "小舟有服民服, 而具香案叩首者, 不知何等人也." 喬曰: "此必薛中離." 訪之果然.

| 30-10 | 先生歸田, 從游者百餘人. 十五年遠遊江·浙, 會念菴於靑原書院. 已入羅浮, 講學於永福寺, 二十四年始還家. 門人記所聞曰『硏幾錄』. 周海門

---

6    강·절(江·浙): 長江과 浙水 지역으로 대체로 강소성과 절강성 지역에 해당한다.

7    염암(念菴): 羅洪先. 권18「江右王門學案3」.

관직을 벗고 돌아와 남쪽으로 회계에 들러 양명을 만났다. 양명이 '이런 때를 만나 그대는 어떠한가?'라고 말하자, 선생이 '간侃은 하나의 양지良知일 뿐입니다. 그러나 한 사물도 마음에 없습니다'라고 하였다. 양명이 머리를 끄덕이며 수긍하였다."라고 기록하였다. 살펴보건대, 선생이 관직을 벗고 돌아온 것은 가정 10년(1531)이고 양명이 별세한 것은 가정 7년(1528)이다. 어떻게 돌아와 다시 양명을 만날 수 있겠는가?

세상에서 양명 선생의 학문이 선禪과 유사하다고 의심하는 것이 세 가지이다. 글을 폐기하는 것, 고정(考亭: 朱熹)을 등졌다는 것, 허무의 설에 연루되어 있다는 것이다. 선생이 일일이 반박하였지만, 그러나 모두 반박할 만한 것이 못 되었다. 이런 의심은 양명을 의심하는 수준이 얕은 것이다. 양명을 의심하는 수준이 깊은 자들은 주장하기를, '리理는 천지만물에 있고, 나 또한 만물 가운데 한 존재로, 리를 사유화하여 자기 것으로 삼을 수 없다. 양명은 리가 마음[心]에 있다고 하는데 이것은 천지만물을 버리는 것이요, 석씨의 본심을 깨달으면 한 티끌도 없다는 설과 유사하다'라고 한다. 그러나 양명이 리가 마음에 있다고 한 것은 천지만물의 리가 한마음에 갖추어져 있어 이 한마음을 따르면 곧 천지만물을 따르게 된다는 것이며, 만일 리를 천지만물에 있다고 여겨 따르면 이

『聖學宗傳』云: "先生釋歸, 南過會稽, 見陽明. 陽明曰: '當是時吾子如何?' 先生曰: '侃惟一良知而已, 然無物也.' 陽明首肯之." 按先生釋歸在十年, 陽明之卒在七年, 安得歸而復見之也?

世疑陽明先生之學類禪者三, 曰廢書, 曰背考亭, 曰涉虛. 先生一一辨之. 然皆不足辨也, 此淺於疑陽明者也. 深於疑陽明者, 以爲理在天地萬物, 吾亦萬物中之一物, 不得私理爲己有. 陽明以理在乎心, 是遺棄天地萬物, 與釋氏識心無寸土之言相似. 不知陽明之理在乎心者, 以天地萬物之理具於一心, 循此一心, 卽是循乎天地萬

것은 도가 사람을 넓힐 수 있는 것이 되고, 사람이 도를 넓힐 수 있는 것이 아니게 된다는 것을 이들은 모르고 있다. 불교에서 말하는 마음은 무심(無心: 업을 일으키는 마음을 내지 않음)을 마음으로 삼는다. 천지만물의 변화는 모두 내 마음의 변화이다. 물에 비유하면, 불교가 멋대로 흐르는 물이라면 우리 유교는 근원이 있는 샘이 솟고 솟아 밤낮없이 흐르는 물이다.

또 양명을 의심하는 것은 '선함도 없고 악함도 없다'는 한마디에 있다. 『전습록傳習錄』을 살펴보면, 설간 선생이 꽃 사이 잡초를 솎아 내고 있는 것을 기회로 삼아, 양명이 "선함도 없고 악함도 없는 것이 리의 정(靜: 양지가 아직 발용되어 드러나지 않는 고요한 상태)이요, 선함이 있고 악함이 있는 것은 기의 동(動: 양지가 발용하여 드러남)이다."라고 하였다. 이것은 대체로 고요할 때에는 선함도 없고 악함도 없다는 뜻이지, 리는 선함도 없고 악함도 없는 것이라는 뜻이 아니다. 리는 곧 선이다. 정자가 "사람이 태어나서 고요한 것 이상은 말할 수 없다."[8]고 한 것이나, 주자(周子: 周敦頤)가 태극에 무극을 추가한 것[9]과 같다. 다만「천천증도기天泉證道記」

物, 若以理在天地萬物而循之, 是道能弘人, 非人能弘道也. 釋氏之所謂心, 以無心爲心, 天地萬物之變化, 皆吾心之變化也. 譬之於水, 釋氏爲橫流之水, 吾儒爲原泉混混不舍晝夜之水也.

又其所疑者, 在'無善無惡'之一言. 考之『傳習錄』, 因先生去花間草, 陽明言: "無善無惡者理之靜, 有善有惡者氣之動." 蓋言靜無善無惡, 不言理爲無善無惡, 理卽是善也. 猶程子言"人生而靜以上不容說", 周子太極而加之無極耳. 獨「天泉證道記」有 "無善無惡者心之

---

8    사람이 태어나서 … 수 없다:『二程遺書』권1「端伯傳師說」.

에 "선함도 없고 악함도 없는 것은 마음의 본체이다. 선함이 있고 악함이 있는 것은 생각[意]의 움직임[動]이다."라는 말이 있다.[10] 마음의 본체는 리理이다. 마음의 본체는 동動과 정靜에 차이가 없다. 만약 마음의 본체가 선함도 없고 악함도 없다면, 리가 선함도 없고 악함도 없는 것에 대하여 양명이 단지 그 정靜의 때만 가리켜 말한 것은 부당하다. 불교에서 선함도 없고 악함도 없다고 말하는 것은 바로 리理가 없다는 것을 말하는 것이다. 선하다거나 악하다는 명칭은 리로부터 성립한다. 이미 리가 있다면 어떻게 선함도 없고 악함도 없다고 할 수 있겠는가? 설간 선생이 잡풀을 솎아 낼 때 주고받은 말을 가지고 증거해 보면, 「천천증도기天泉證道記」의 말이 반드시 양명에게서 나온 말은 아니라는 것을 안다. 두 의심이 이미 풀렸는데도 계속 양명은 선학과 유사하다고 말한다면, 이것은 배우고 묻는 학문의 일과는 상관없는 것이다. 어찌 더불어 변석할 필요가 있겠는가?

體, 有善有惡者意之動"之語. 夫心之體卽理也, 心體無間於動靜, 若心體無善無惡, 則理是無善無惡, 陽明不當但指其靜時言之矣. 釋氏言無善無惡, 正言無理也. 善惡之名, 從理而立耳, 既已有理, 惡得言無善無惡乎? 就先生去草之言證之, 則知天泉之言, 未必出自陽明也. 二疑既釋, 而猶曰陽明類於禪學, 此無與於學問之事, 寧容與之辨乎?

---

9    태극에 무극을 추가한 것: 周敦頤가 「太極圖說」에서 "無極而太極"이라고 말한 것을 가리킨다.

10   「천천증도기(天泉證道記)」에 "선함도 … 말이 있다:「天泉證道記」는 王畿의 기록으로, 권12 「절중(浙中)왕문(王門)학안(學案)2」 " 中王龍溪先生畿"에 보인다.

# 語錄

**|30-11|** 『논어』[「이인(里仁)」]에 "아침에 도를 들으면 저녁에 죽어도 좋다."라고 하였다. 어떠한 것이 도를 듣는 것인가? [「위령공(衛靈公)」에)] "유由야, 덕을 아는 사람이 드물구나."라고 하였다. 어떠한 것이 덕을 아는 것인가? "증점曾點과 칠조개漆雕開는 이미 큰 뜻을 알고 있다."[11]라고 하였다. 어떠한 것이 큰 뜻을 아는 것인가? 여기에서 살펴보아 조금이라도 깨달으면 공부에 들어가는 것이요, 충분히 깨달으면 공부를 다하는 것이다. 그런데 도리어 한가하게 이해한다면 무슨 도움이 되겠는가?

**|30-12|** 문왕은 여러 옥안과 송사 및 경계하고 대비해야 하는 사안들에 대하여 감히 알지 않았다.[12] 안다는 것은 어떤 일인가? 어린아이가 배우지 않아도 (친애할 줄) 안다. 아는 것이 어디에서 온 것인가? 여기에서 성학聖學을 알 수 있다.

# 語錄

**|30-11|** 『 語 』云 : "朝聞道, 夕死可矣." 如何是聞道? "由, 知德者鮮矣." 如何是知德? "曾點・漆雕開已見大意." 如何是見大意? 於此省悟一分, 是入頭學問, 省悟十分, 是到頭學問, 却去閑理會, 何益?

**|30-12|** 文王於庶獄庶愼罔敢知, 知者何事? 孩提不學而知, 知從何來? 此可以見聖學矣.

---

11  증점(曾點)과 칠조개(漆雕開)는 … 알고 있다: 『二程遺書』 권6; 『論語集註』 「先進」 浴乎沂章 集註.

12  문왕은 여러 … 알지 않았다: 문왕은 관료들이 담당하는 여러 사안에 대하여 알고 있으면서 관료들이 일을 전담하게 시키고 자신은 그 일에 대하여 함부로 침범하지 않았다. '감히 알지 않았다[罔敢知]'는 모르고 있다는 것이 아니라 항상 알고 대비하지만 조장하거나 침범하지 않는다는 뜻이다. 蔡沈, 『書集傳』 「立政」의 "庶獄庶愼, 文王罔敢知于茲"에 대한 註 참조.

| 30-13 | 목숨을 바쳐 인仁을 이루고, 사는 것을 버리고 의義를 택하는 것, 이것은 자기 몸을 잊고 도를 추구하는 의지이다. 후대 사람들은 그 점을 살피지 못하고, 절개를 고수하고 의를 위해 죽은 일로 지칭하는데 소략한 이해다. 다스려지고 어지러워짐과 흥기하고 망하는 것이 어찌 사람들마다 만나는 것이겠는가? 오직 사는 것을 중시하면 욕망이 있고, 사는 것을 버리면 욕망이 없다. 사는 것을 중시하는 것은 육신을 기르는 것이다. 인을 이루고 의를 택하는 것은 대체大體를 기르는 것이다. 도는 집에서 늘 마시고 먹는 것으로 특별한 것이 없다. 기이한 것을 좋아하고 특이한 것을 좇으면 도리어 도를 잃어버린다. 그러므로 뛰어나고 지혜로운 사람들이 지나치게 구하고, 어리석고 모자란 사람들이 찾을 줄을 모르는 것, 이것이 도가 밝혀지지 않고 행해지지 않는 이유이다. 성인이 들어 보여서 누구나 먹지 않는 사람이 없지만, 맛을 아는 이가 드문 이유는 바로 평범하고 담박하며 일상에서 늘 있는 일이기 때문이다. 그러나 능히 항상 알고 있으면 마음이 항상 거기에 있고 항상 밝고, 그렇게 오래오래 순일하면 곧 천지와 덕이 부합하고 일월과 밝음이 부합하고 사시와 차례가 부합하고 귀신과 길흉이 부합하니, 이 모든 것이 목전의 일을 정밀하게 살피는 것으로부터 하는 것이지, 별도로 남이 흠모할 만한 신통력이 있는 것이

| 30-13 | 殺身成仁, 舍生取義, 是忘軀求道之意, 後人不省, 指爲仗節死義之事, 則疏矣. 治亂興亡, 是豈人人所遭者哉? 惟其重生則有欲, 舍生則無欲, 重生是養口體者也, 成仁取義, 是養大體者也. 道本家常茶飯, 無甚奇異, 好奇趨異, 反失之. 故賢知過求, 愚不肖不知求, 此道所以不明不行也. 聖人揭個人莫不飲食, 鮮能知味, 正是平平淡淡, 日用常事, 然能常知, 則心常在常明, 久而純, 即與天地合德, 日月合明, 四時合序, 鬼神合吉凶, 皆自目前精去, 非別有神通可歆慕者. 世人好怪, 忽近就遠, 舍易求難, 故君子之道鮮

아니다. 세상 사람들은 괴이한 것을 좋아하여, 천근한 것을 홀시하고 먼 곳으로 나아가거나 쉬운 것을 놔두고 어려운 것에서 찾는다. 그러므로 군자의 도가 드물다.

| 30-14 | 맹자는 단지 "이 마음이 천하에 왕노릇 하기에 충분하다", "이 마음을 확충하면 사해를 보전하기 충분하다",[13] "갓난아이의 마음을 잃지 않은 것이다",[14] "이것을 일러 그 본심을 잃은 것이다."라고 말하였다. 이것은 천지간에 쉽고 분명한 이치로, 고금에 성현이 전하고 전해 받은 요체이다. 조금이라도 더 보태면 세간의 (학자연하는) 유자가 되는 것이요, 조금이라도 줄이면 이단이 된다.

| 30-15 | 후대의 유자는 석씨의 공空과 노씨의 무無가 유교와 다른 것이라 말하는데, 잘못이다. 불교와 도가의 폐단은 인륜을 빠뜨린 것에 있지, 허무에 있지 않다. 공에 집착하고 무에 빠지는 것을 저 석씨와 노씨도 잘못이라고 비판하였다. 이 공과 무를 가지고 잘못이라고 죄를 물었기 때문에 그들이 승복하지 않는 것이다. 성인도 또한 "비어 있고 밝다", "비움으로

矣.

| 30-14 | 孟子只說 "是心足以王", "充之足以保四海", "不失赤子之心", "此之謂失其本心". 此乃天地易簡之理, 古今傳受之要, 加一些是世儒, 減一些是異學.

| 30-15 | 後儒謂釋空老無爲異, 非也. 二氏之蔽, 在遺倫, 不在虛無. 著空淪無, 二氏且以爲非, 以是罪之, 故弗服也. 聖人亦曰"虛明", 曰"以虛受人",

---

13  이 마음이 … 보전하기 충분하다: 『孟子』「梁惠王上」.
14  갓난아이의 마음을 … 않은 것이다: 『孟子』「離婁下」: "大人者, 不失其赤子之心者也."

남을 받아들인다", "끝이 없다", "냄새도 없고 소리도 없다."라고 하였다. 비록 지극히 현묘하여도 일상의 인륜에서 벗어나지 않는 것이 곧 성학이다. 어찌 허무虛無 두 글자를 석씨와 노씨에게 귀속시킬 것인가? 이것을 그들에게 귀속시키면 반드시 형기形器에 떨어져 한쪽 귀퉁이를 지키고 문구의 뜻에만 빠진다. 이것이 성학이 밝혀지지 못하는 이유이다.

**┃30-16┃** 모름지기 이 리理는 사람마다 할 수 있어 자질이 부족한 사람은 없다는 것을 알아야 한다. 단지 하려고 들지 않을 뿐이다. 힘이 부족한 사람도 없다. 단지 소루疏漏하게 함이 있을 뿐이다. 본체는 드러나 있지 않은 때가 없다. 단지 스스로 가릴 뿐이다. 여기에서 간파하여 신실함이 참으로 할 수 있는 데에 미치면, 한 번 세우면 홍기하고, 한 번 얻으면 영구히 자기 것이 된다.

**┃30-17┃** 높고 밝고 넓고 두텁고 오래가고 먼 것은 내 마음의 본체가 본래 이와 같다. 욕심이 있으면 어두워지고 얕고 좁아지고 국한되고 짧아진다. 시험삼아 마음이 평순하고 기가 화평한 것에 대하여 분노가 일어나고 욕심이 발동할 때로 관찰해 보면, 저절로 알 수 있다. 마음이 평순하고 기가 화평할 때는 만상이 모두 봄이지만, 분노가 일어나고 욕심이 발동하

亦曰"無極", 曰"無聲無臭", 雖至玄渺, 不外彝倫日用, 卽聖學也, 安可以虛無二字歸之二氏. 以是歸之二氏, 則必落形器, 守方隅, 泥文義, 此聖學所以不明也.

**┃30-16┃** 要知此理人人可爲, 資質無有不可者, 但不肯耳; 精力無不足者, 只有漏耳; 本體無有不見在者, 只自蔽耳. 於此覷破, 信及眞可, 一立便起, 一得永得.

**┃30-17┃** 高明博厚悠遠, 吾心之體本如是也. 有欲則昏下, 則淺狹, 則局促耳. 試於心平氣和, 以忿生慾發之時觀之, 自可見. 心平氣和, 萬境皆春; 忿生慾發,

면 한 사물도 용납하기 어렵다. 이것이 하늘이 만물을 덮고 땅이 만물을 싣듯이 만물과 일체가 될 수 있는가 그렇지 못한가의 징험이다.

**│30-18│** 물었다. "중화를 이루면 어떻게 천지를 자리잡게 할 수 있고, 만물을 기를 수 있겠는가?"

"천지와 만물을 알면 곧 자리잡게 하고 기르는 것을 안다."

"천지와 만물 역시 알지 못하는 것이 있는가?"

"사람이 아는 바는 이미 형기에 의해 격리되어, 천지는 따로 천지가 되고 만물은 따로 만물이 된다. 그러므로 매번 이런 의심을 가진다. 천지와 만물은 본래 나와 일체이다. 유형적인 것은 땅에 속하고 무형의 것은 하늘에 속한다. 통합하여 말하면 천지라고 하고, 이를 나누면 만물이라고 한다. 이제 산과 강, 흙과 돌을 제외하면 무엇이 땅인가? 해와 달, 별, 바람과 구름, 우레와 비, 추위와 더위를 제외하면 무엇이 하늘인가? 내 마음의 영명함을 제외하면, 어떻게 천지를 알고 어떻게 만물이 있는가? 그러므로 천지는 마음으로 인해 밝고 땅은 마음으로 인해 드러나고, 사물은 마음으로 인해 성립한다. 오륜은 한 몸에 근본하고, 서징庶徵15은 오사五事16에 응하여 나온다. 그러므로 '만물이 모두 나에게 갖추어져 있다. 자신에게

一物難容, 此能覆載與不能之驗也.

**│30-18│** 問: "致中和, 如何位得天地? 育得萬物?"

曰: "識得天地萬物, 便見位育."

曰: "天地萬物亦有不識乎?"

曰: "人之所見, 已隔形氣, 天地自天地, 萬物自萬物, 故每每有此疑. 天地萬物, 本吾一體, 有形屬地, 無形屬天, 統言之曰'天地', 分之曰'萬物'. 今除了山川土石, 何者爲地? 除了日月星辰風雲雷雨寒暑, 何者爲天? 除了吾心之靈, 惡知天地? 惡有萬物? 故天由心明, 地由心察, 物由心造, 五倫本乎一身,

돌이켜 보아 진실하면 즐거움이 그것보다 더 큰 것이 없다'[17]라고 한 것이다. 그러므로 '자신의 본성을 다 발휘하면, 다른 사람의 본성을 다 발휘할 수 있고, 다른 사람의 본성을 다 발휘할 수 있으면 사물의 본성을 다 발휘할 수 있다'[18]라고 한 것이다."

| 30-19 | 직보直甫가 물었다. "허虛와 무無는 노씨와 석씨의 잘못된 부분인데, 선생은 우리 유자 또한 그렇다고 하시니 끝내 석연치 않습니다."

대답하였다. "허虛는 태허太虛이다. 태허는 원래 한 사물도 없으니, 이 허虛와 무無이다. 천하 만물과 만사에 어찌 태허에서 벗어난 것이 있을 수 있겠는가? 낳고 낳으며 변하고 변하는 것은 모두 이 태허로부터 나온다. 자식이 되면 자신을 비워서 부모를 섬기면 효이다. 신하가 되어서 자신을 비워서 군주를 섬기면 충忠이다. 만일 (비우지 못하고) 젊은 미색을 좋아하고, 아내와 자식을 사사롭게 우선시하고, 총애받

庶徵應乎五事, 故曰: '萬物皆備於我, 反身而誠, 樂莫大焉.' 曰: '能盡其性, 則能人之性, 能盡人之性, 則能盡物之性.'"

| 30-19 | 直甫問: "虛無乃老·釋之非, 先生謂吾儒亦然, 終未安."

曰: "虛者太虛也, 太虛原無一物, 是虛無也. 天下萬物萬事, 豈能有外太虛者乎? 生生化化, 皆從此出. 爲人子能虛以事親則孝, 爲人臣能虛以事君則忠, 若實之以慕少艾, 私妻

---

15  서징(庶徵): 비가 오고, 날씨가 맑고, 따뜻하고, 춥고, 바람이 부는 등 여러 징조를 말한다. 『尙書』「洪範」: "八庶徵: 曰雨, 曰暘, 曰燠, 曰寒, 曰風."

16  오사(五事): 공손하게 용모를 취하고, 평순하게 말하고, 밝게 보고, 분명하게 듣고, 명철하게 생각하는 것을 말한다. 『尙書』「洪範」: "五事: 一曰貌, 二曰言, 三曰視, 四曰聽, 五曰思. 貌曰恭, 言曰從, 視曰明, 聽曰聰, 思曰睿."

17  만물이 모두 … 것이 없다: 『맹자』「盡心上」.

18  자신의 본성을 … 수 있다: 『중용』 22장.

기를 마음속으로 희망하고 이익을 계산하는 등의 마음으로 채우면 효와 충이 될 수 없다."

물었다. "노씨와 석씨의 허虛는 허이면서 허이지만, 우리 유교의 허는 허이면서 실實이니, 또한 구별된다."

대답하였다. "당신의 말대로라면, 이것 또한 허이다. 어째서 그렇지 않다고 하는가? 게다가 허이면서 허라는 말과 허이면서 실이라는 말역시 의미가 불명확하다. 인륜과 물리를 떠나서 허虛와 무無인 것이 노씨와 석씨의 잘못된 점이요, 일상의 인륜을 벗어나지 않고 허虛와 무無인 것이 우리 유교의 학문임을 모름지기 알아야 한다."

|30-20| 물었다. "옛날에는 성인이 무리로 나왔지만, 후대에는 선인仙人이 되거나 승려가 되는 자는 많고 성인이 되는 자는 적다. 왜 그런가?"

대답하였다. "이것은 교(敎: 가르침)와 공부[學]에서 다르기 때문이다. 오제와 삼왕의 시대에는 '중도를 견지하는 것[執中]'[19]과 '황극을 세우는 것[建極]'[20] 등 가르침이 간명하였고 공부가 전일하였다. 그러므로 사람마다 군자가 되

子, 懷寵計利, 則不能矣."

曰: "老·釋之虛, 虛而虛, 吾儒之虛, 虛而實, 亦有辨."

曰: "如子之言, 是亦虛矣. 何謂不然! 且虛而虛·虛而實之言亦未明. 須知離乎人倫物理而虛無者, 二氏之謬也. 不離人倫日用而虛無者, 吾儒之學也."

|30-20| 問: "古聖彙出, 後來成仙成佛者多, 成聖者寡, 何也?"

曰: "此在教與學異也. 五·三之世, 執中建極, 教簡而學專, 故人人君子. 後世, 中極之義不明,

---

19    중도를 견지하는 것[執中]: 『尙書』「大禹謨」: "人心惟危, 道心惟微, 惟精惟一, 允執厥中."
20    황극을 세우는 것[建極]: 『尙書』「洪範」: "五皇極, 皇建其有極."

명유학안 권30, 월민왕문학안

었다. 후세에 중도[中]와 황극[極: 표준]의 의미가 명확하지 않자 공자가 일관(一貫: 하나로 관통함)의 뜻을 펼쳤지만, 하나[一] 이상의 것은 안연이 아니면 듣지 못하였고, 하나 이하의 것은 드디어 둘로 양단되었다. 그런데도 오히려 관통하는 것[貫]은 배웠지만, 하나[一]는 아직 배울 수 없다고 하면서, 지리하기만 하고 근간을 잡지 못한 것이 또한 심하였다. 학인들은 번잡하고 어려움만 보고서 못 한다고 마음을 가지니, 비록 주돈이와 이정이 공부할 수 있는 요체를 창도하였지만, 두 세대 만에 도로 어두워졌다. 그 공부하는 길에 들어갈 수 없게 되니 사장과 공리功利의 학문이 거기에 혼습하고 녹여 내니 어떻게 성취가 있겠는가? 불교에서 본성을 알면 부처가 된다고 하고, 신선술에서 득도하면 뛰어넘어 신이 된다고 하는 설의 경우는, 배우는 자가 곧바로 부처가 되고자 하고 반드시 신선이 되고자 하여 매사 모든 것을 놓아 버린다. 그 도가 비록 치우쳐 있지만 그 가르침은 간명하고 가로질러 가는 것이고, 그 공부는 정밀하고 전일하여 이것으로 성취한 자가 많다. 이제 그러함을 알아서 세간의 비루한 것들을 씻어 내고 곧바로 간이한 것으로 공부를 삼고 성인을 돌아갈 곳으로 삼는다면, 그렇게 하고도 성취하지 못한 사람은 이제껏 없었다."

|30-21| 물었다. "성인과 범부가 서로 일치하

孔子申一貫之旨, 一以上非顏不聞, 一以下遂分兩截, 尚謂且學貫, 未可學一, 其支離不經亦甚矣. 學者見爲繁艱, 皆委心不能, 雖周・程倡可學之要, 再傳復晦. 旣不得其門而入, 而辭章功利之習, 又從而薰爍之, 奈何有成? 若佛以見性, 仙以超昇, 學之者直欲作佛, 必求超昇, 件件放下, 其道雖偏, 其敎簡徑, 其學精專, 以此成就者衆. 今知其然, 盡洗世陋, 直以易簡爲學, 以聖人爲歸, 然而不成, 未之有也."

|30-21| 問: "聖愚

행인 중리 설간 선생

여 처음부터 끝까지 그리고 근본적인 것에서 말단에 이르기까지 상통하고 연관되는 곳은 어떠합니까?"

대답하였다. "공자가 말을 하지 않고자 한 가르침[21]은 지극히 정미한 것이다. 백성들이 일상에서 먹고 마시는 것은 지극히 투박한 것이다. 그러나 말을 하지 않은 것도 이 비어 있는 밝은 마음이요, 일상에서 먹고 마시는 것도 이 비어 있는 밝은 마음이다. 그러므로 '사람 가운데 먹고 마시지 않는 사람이 없지만, 맛있는 것을 능히 아는 것은 사람은 드물다'[22]라고 한 것이다. 먹으면서 맛있음을 알고, 다닐 때 어디쯤인지 알고, 눈 깜짝하는 짧은 순간에도 보존할 줄 알고, 숨 한 번 쉬는 동안에도 기를 줄 알고, 자식이 되어 효도할 줄 알고, 신하가 되어 충직할 줄 아는 것으로부터, 조화를 알고 하늘을 하는 것에 이르기까지 하나이다."

| 30-22 | 유교의 학문이 밝지 않은 것에 그 장애가 된 것이 다섯 가지가 있다. 문자가 장애가 되고, 사업이 장애가 되고, 명성이 장애가 되고, 격식이 장애가 되고, 도의道義가 장애가 된다. 다섯 가지 장애 가운데 하나만 있어도

一致, 始終本末, 同條共貫處, 何如?"

曰: "孔子無言之教, 至精者也. 百姓日用飲食, 至粗者也. 然無言, 此虛明也; 日用飲食, 此虛明也, 故曰'人莫不飲食, 鮮能知味也'. 食能知味, 行能知步, 瞬能知存, 息能知養, 爲子知孝, 爲臣知忠, 至於知化, 知天, 一也."

| 30-22 | 儒學不明, 其障有五: 有文字之障, 有事業之障, 有聲華之障, 有格式之障, 有道義之障. 五

---

21  공자가 말을 … 한 가르침: 『논어』 「陽貨」: "子曰: '予欲無言.' 子貢曰: '子如不言, 則小子何述焉?' 子曰: '天何言哉? 四時行焉, 百物生焉, 天何言哉?'"
22  사람 가운데 … 사람은 드물다: 『중용』 4장.

스스로 참된 본체를 가린다. 만일 귀중한 보물이 땅속에 묻혀 있다면 누가 주울 줄 알겠는가? 중간에 이단의 학문이 그 주도권을 훔쳐갔지만 누가 다시 돌아보던가?

물었다. "다섯 가지는 모두 리理에 있는 것이다. 어찌하여 장애라고 하는가?"

대답하였다. "오직 있다는 것에 빠지기 때문에 장애가 된다."

| 30-23 | 양지는 저절로 존속하고 저절로 비춘다. 혼연하여 장소나 형체가 없고 한계가 없다. 어떤 한 개의 양지를 두면 또한 장애이다.

| 30-24 | 어떤 이가 물었다. "성인은 배울 수 있습니까?"

대답하였다. "배울 수 있다."

어떤 사람이 물었다. "성인은 배울 수 없습니까?"

대답하였다. "배울 수 없다."

"그렇다면 어떻게 해서 자신을 어긋나게 합니까?"

"배울 수 있는 것을 배우면 배울 수 있다. 배울 수 없는 것을 배우면 배울 수 없다."

"무엇이 할 수 있는 것입니까?"

"내 마음을 다하기를 구할 뿐이다."

障有一, 自蔽眞體, 若至寶埋地, 誰知拾之? 間爲異學竊柄, 誰復顧之?

曰: "五者皆理所有, 曷謂障?"

曰: "惟其滯有, 故障."

| 30-23 | 良知自存自照, 渾無方體, 無涯限, 若着個良知, 亦是障.

| 30-24 | 或問: "聖可學與?"

曰: "可."

或問: "聖不可學與?"

曰: "不可."

"然則何以自戾乎?"

曰: "學其可學, 斯可學已, 學其不可學, 斯不可學已."

"胡謂可?"

曰: "求盡吾心而已矣."

"무엇이 할 수 없는 것입니까?"

"자신의 재주를 온전하게 다하기를 구하는 것일 뿐이다. 내 마음을 다 발휘하기를 구한다는 것은 내가 분노하는 것을 징계하고 내가 욕심내는 것을 막고, 나의 선함을 실행하고 내 잘못을 고치고, 나의 신묘함을 궁구하고 나의 변화를 아는 것으로, 자신이 지니고 있어서 스스로 행한다. 누가 할 수 없다고 말하겠는가? 쉬운 것에서 찾는 사람이다. 자신의 재주를 온전히 다하기를 구하는 것은, 하늘도 기준보다 짧은 것이 있고 땅도 기준보다 긴 것이 있으며, 지혜는 미치지 못하는 바가 있고 귀신도 통하지 못하는 바가 있으며, 순의 아홉 신하도 잘하는 것을 겸해서 하지 못하고 요와 순도 병통으로 여기는 바가 있었으니, 이루기 어려운 것에서 구하는 것이다. 어려운 것을 두고 쉬운 것에 나아가 행하는 것이 공부를 잘하는 것이라고 말할 수 있다."

| 30-25 | 대유大游가 물었다. "세상을 다스릴 때 무엇을 긴요한 일로 삼습니까?"

대답하였다. "단지 이것이 긴요하지만, 세상 사람들이 일마다 긴요하게 여기는 것은, 이것이 긴요하지 않기 때문이다."

"법도는 또한 누구도 폐기할 수 없습니다."

"한갓 선하기만 한 것과 한갓 법도만 갖추어

"胡謂不可?"

曰: "求全其才而已矣. 夫求盡吾心者, 懲吾忿, 窒吾慾, 遷吾善, 改吾過, 窮吾之神, 知吾之化, 自有而自爲之, 夫誰謂不能? 求諸易者也. 求全其才者, 天有所短, 地有所長, 智有所不及, 神有所不通, 九官弗兼其能, 堯·舜其猶有病, 求諸難者也. 舍難就易, 可謂善學也已."

| 30-25 | 大游問: "治世以何爲緊要?"

曰: "只有這件緊要, 世人事事緊要, 只爲這件不緊要."

曰: "法度亦莫可廢."

曰: "徒善徒法, 有

놓은 것으로는 도리가 실행되지 않는 것에 대하여 이미 명확한 가르침이 있다.[23] 그러나 선함에 고정된 선함은 없다. 본연에 어긋나지 않는 것을 선함으로 삼는다. 법도에 정해진 법도가 없다. 선함을 이루고 사물을 이루어 주는 것을 법도로 삼는다."

| 30-26 | 왕도王道는 곧 천덕(天德: 타고난 덕)이니, 곧 당장 배우고 묻는 것에서 "막힘 없이 크게 공명정대하여 외물이 다가오면 도리에 따라 응대한다."[24]는 한마디가 뜻을 다 담고 있다. 막힘이 없는 측면에서 천덕이라고 하고, 도리에 따라 응대하는 측면에서 왕도라고 하니, 심히 고원하여 행하기 어려운 일이 아니다. 『상서尚書』에 "좋아하는 것을 지어냄 없이 왕도를 따르고, 악행을 저지르지 않고 왕도를 따른다."[25]라고 하였다. 옳은 것을 지어내고 의도를 가지고 막힘 없이 순응하는 것이 아니다. 지어내지 않고 치우침 없는 것, 이것은 의도를 가지거나 반드시 이루려 하거나, 맞이하거나 보내거나 하는 사사로움이 없이 취하고 버리

明訓矣.　然善無定善,　以不戾本然爲善, 法無定法, 以遂善成物爲法."

| 30-26 | 王道卽是天德,　卽是眼前學問, 廓然大公, 物來順應, 一言盡矣. 自其廓然,　名曰'天德', 自其順應,　名曰'王道',　非有甚高難行之事. 『書』曰: "無有作好,　遵王之道, 無有作惡,　遵王之路." 作是作意爲之, 非廓然順應者也. 無作無偏, 是無意必將迎之私, 用舍擧措

---

**23** 한갓 선하기만 … 가르침이 있다: 『孟子』「離婁上」: "徒善이 不足以爲政이요 徒法이 不能以自行."

**24** 막힘 없이 … 따라 응대한다: 『二程粹言』卷下: "君子之學, 莫若廓然而大公, 物來而順應."; 『近思錄』권2. 「定性書」의 한 구절이다.

**25** 좋아하는 것을 … 왕도를 따른다: 『尚書』「洪範」.

고 행동하는 것이 자연히 그 합당함을 얻는 것이다. 이것은 성정性情에서 나와 힘쓰는 것이니 사람들이 어떻게 하지 못하겠는가? 하지 않는 것일 뿐이다. 후세 사람들은 왕도를 하늘의 일로 간주하여 강구하고 행하면서 고원하게 올라서기를 추구하지만, 드러난 선과 법도가 도리어 이와 상반되는 결과를 초래하니 어떻게 삼대 시대의 일을 해낼 수 있겠는가?

**| 30-27 |** 물었다. "천리와 인욕이 불명확합니다."

대답하였다. "해치는 것은 사람이 하는 것이고, 사람은 하늘이 낳은 것이다."

질문자가 이해하지 못하자, 다시 말하였다. "스스로 마음을 속이지 않는다면, 명확하지 않은 무슨 인욕이 있겠는가? 스스로 하늘을 어기지 않는다면 명확하지 않은 어떤 천리가 있겠는가?"

**| 30-28 |** 오염이 없으면 본체는 절로 맑다. 집착이 없으면 응대하고 행하는 것이 저절로 통한다. 그러므로 대경(大經: 근간이 되는 강령)을 경륜經綸하고, 천하의 대본(大本: 본성)을 세우고, 천지의 화육(化育: 교화하여 기름)을 아는 것은 대저 '어찌 치우치고 의지하는 바가 있겠으리오' 하는 경계에 있다.[26] 하나라도 치우치고 의지한다면 곧 할 수 없다.

自得其宜, 此其性情用功, 豈人不能也? 不爲耳. 後世將王道比作天上事看, 講來做去, 務求高出, 反致著善著法與此相背, 如何做得三代時事?

**| 30-27 |** 問: "理欲不明."

曰: "賊是人做的, 人是天生的."

未達. 曰: "自不欺心, 有甚欲不明? 自不違天, 有甚理不明?"

**| 30-28 |** 無染則本體自淨, 無著則應用自通, 故經綸大經, 立大本, 知化育, 只在夫焉有所倚, 一倚便不能.

| 30-29 | 자사子思가 행하였던 경계하고 조심하고 염려하고 두려워하는 공부에 대하여, 성인[공자]은 단지 하나 '경(敬: 공경함)'을 말하였다. 안자는 예가 아니면 보지도 듣지도 말하지도 행동하지도 말라는 가르침을 행하였는데, 건괘乾卦에서는 단지 하나 '한(閑: 사사롭고 악한 것을 막음)'을 말하였다.27 『예기禮記』에서 '(밝은) 눈을 바르게 하여 본다'고 하였으니 달리 보는 것이 없고, '귀를 기울여 듣는다'고 하였으니 달리 듣는 것이 없다.28 탕湯은 "이 하늘의 밝은 명을 살펴 돌아본다[顧諟]."29라고 하였을 뿐이다. 이 하늘의 밝은 명을 살펴 돌보는 것은 단지 한결같이 비추고 있는 것이요, 단지 양지가 거기에 항상 있는 것이니, 그 힘쓰는 것이 같다. 그러나 비추고 있다는 말이 이해하기에 더욱 쉽다. 한결같이 비추고 있음은 체와 용이 하나가 되어 안과 밖이 없고 움직이거나 고요하거나 오래되거나 가깝거나 차이가 없는 것이다. 처음 공부할 때 공부에 착수하는 것도 이 비추는 것이요, 낮과 밤의 도에 통하여 본성을 알고 하늘을 아는 것도 이

| 30-29 | 子思戒愼恐懼工夫, 聖人只道個敬. 顏子非禮勿視聽言動, 於《乾卦》只道個閑. 『禮經』正目而視之, 無他見, 傾耳而聽之, 無他聞. 在成湯曰: "顧諟"而已. 顧諟只是一照, 只是良知常在, 其功一也, 而照尤易曉. 一照, 體用爲一, 無內外, 無動靜, 無久近. 始學下手, 此照也; 通乎晝夜, 知性知天, 此照也.

---

26 대경(大經)을 경륜(經綸)하고 … 경계에 있다: 『중용』32장: "唯天下至誠, 爲能經綸天下之大經, 立天下之大本, 知天地之化育, 夫焉有所倚?"

27 건괘(乾卦)에서는 단지 … '한(閑)'을 말하였다: 『周易』「乾卦·文言」: "閑邪存其誠."

28 『예기(禮記)』에서 '(밝은) … 것이 없다: 『禮記』「孔子閒居」: "正明目而視之, 不可得而見也, 傾耳而聽之, 不可得而聞也, 志氣塞乎天地. 此之謂五至."

29 이 하늘의 … 살펴 돌본다: 『尙書』「太甲」: "先王顧諟天之明命, 以承上下神祇."

비추는 것이다.

물었다. "'이 하늘의 밝은 명을 살펴 돌보는 것'은 '계속 밝은 것[緝熙]'[30]과 관련해서 볼 때 어떻습니까?"

대답하였다. "이 하늘의 밝은 명을 살펴 돌보는 것이 곧 계속 밝은 것이다. 다만 이 하늘의 밝은 명을 살펴 돌보는 것은 비추고 있어 밝은 것이니, 비추고 있는 것에서 힘쓰는 것이다. 계속 밝은 것은 저절로 밝고 저절로 빛나서 둘로 나뉘거나 중단됨이 없으니, 이미 그 본연을 얻은 것이다. 그러므로 '돌이켜 자신을 살펴보고 안으로 자신을 비추어 본다'라고 하고, '대인은 밝은 덕을 계속 이어서 사방을 비춘다'[31]라고 한 것이다."

問: "顧諟何如緝熙?"

曰: "顧諟亦卽緝熙, 但顧諟照則明, 照上著力; 緝熙自明自照, 無二無息, 已得其本然者也. 故曰'反觀內照', 曰'大人以繼明照於四方.'"

| 30-30 | 향하는 바에 대상을 의식하고 있으면 그 대상에 의해 속박되고, 보전하는 것에 선함을 의식하고 있으면 곧 선함에 얽매인다.

| 30-30 | 所向有物, 卽爲物縛, 所存有善, 卽爲善累.

| 30-31 | "말을 하지 않아도 신실하다."의 신실함은 어떤 것인가? "행동하지 않아도 공경한다."[32]의 공경함은 어디에서 나타나는가? 내

| 30-31 | "不言而信", 信是何物? "不動而敬", 敬見何處?

---

30　계속 밝은 것[緝熙]: 『詩』「大雅・文王」: "穆穆文王, 於緝熙敬止." 『詩集傳』에서 緝을 '계속한다[續]'는 뜻으로 해석한 것에 따랐다.
31　대인은 밝은 … 사방을 비춘다: 『周易』「離卦・大象」.
32　말을 하지 … 않아도 공경한다: 『中庸』33장.

마음의 본체는 곧 진실[誠]하고, 곧 충직하며 신실하고, 곧 전일하다. 이 본체가 항상 밝은 상태를 견지하는 것이 곧 전일하게 하는 것이요, 곧 진실하기를 생각하는 것이다. 공부가 명확하지 않아 세간의 유자들은 볼 수 있고 들을 수 있고 생각하고 활동함이 있는 것에서 공부를 찾는다. 그것들을 떠나면 곧 혼몽해져 힘쓰는 곳이 없다.

**|30-32|** 독서의 방법에 대하여 질문하였다.

대답하였다. "정자는 '경전의 뜻을 찾는 것은 모두 북돋아 주고 배양하는 의도이다'[33]라고 하였다. 북돋아 주고 배양하는 것에는 먼저 반드시 뿌리가 있어야 한다. 뿌리를 위주로 북돋아 주고 배양하면 저절로 낳고 낳는 생의生意가 생긴다. 이것은 글을 읽을 때는 여유를 가지고 넉넉하게 완미하고 외우고 노래하여 글에서 이익을 얻고, 독서를 하지 않을 때에는 자신에게서 체회하여 확충하고 길러 또한 글에서 이익을 얻는 것이다. 오늘날 사람들의 독서는 글을 위주로 삼기 때문에 마음은 노예가 된다. 정독하는 것을 버리고 박학에만 힘써 도리어 마음에 해가 된다. 책을 덮으면 막연해

吾心之本體, 卽是誠, 卽是忠信, 卽是一. 此體常存, 便是主一, 便是思誠. 學不明, 世儒只在可見可聞·有思有爲上尋學, 舍之, 便昏憒無用力處.

**|30-32|** 問'讀書之法'.

曰: "程子謂'求經義皆栽培之意', 栽培必先有根, 以根爲主, 旣栽旣培, 自有生生之意. 是讀書時優游諷詠, 得書之益, 不讀時體貼充養, 尤得書之益也. 今人讀書, 以書爲主, 心爲奴隸, 敝精務博, 反爲心害, 釋卷則茫然, 均爲亡羊, 皆非栽培之意

---

**33**  경전의 뜻을 … 배양하는 의도이다: 『二程遺書』 卷2上.

행인 중리 설간 선생

져, 읽으나 읽지 않으나 본령을 잃은 것이 똑같다. 모두 북돋아 주고 배양하는 뜻이 아니다."

**|30-33|** 공부할 때 두뇌처를 알지 못하면, 적을 자식으로 여기지 않으면 곧 옥을 가리켜 돌이라고 한다.

**|30-34|** 후대 유자들은 리理와 기氣의 변석에 분분하여 리는 바르지 않음이 없지만 기는 바르지 않음이 있다고 하는데, 그 조리條理의 측면에서 리라고 하고 그 운용의 측면에서 기라고 하는 것일 뿐, 분리하여 두 별개의 것으로 삼을 수 있는 것이 아님을 모르고 있다.

**|30-35|** 문장文章과 성 및 천도는 곧 형이상과 형이하의 뜻이지 별개로 저것과 이것이 있는 것이 아니며, 둘 사이에 선후와 깊고 얕음의 차이가 있는 것이 아니다. 다만 미처 깨닫지 못한 이들은 그 문장의 측면만을 알 뿐이다. 깨달으면, 성이 아닌 것이 없고 하늘이 아닌 것이 없어 다시 차별이 없다.

**|30-36|** 마음을 가지고 마음을 안정시키면 곧 불안하다. 안정시킬 마음이 있으면 또한 불안하다.

**|30-37|** 손님 가운데 "지식이 부족하기 때문

也."

**|30-33|** 學未知頭腦, 不是認賊作子, 便是指玉爲石.

**|30-34|** 後儒紛紛理氣之辨, 爲理無不正, 而氣有不正, 不知以其條理謂之理, 以其運用謂之氣, 非可離而二也.

**|30-35|** 文章・性與天道, 乃形而上下之意, 非有彼此, 非有先後淺深也. 但未悟者見其文章而已, 悟了莫非性也, 莫非天也, 更無差別.

**|30-36|** 以心安心, 卽不安, 有心可安, 亦不安.

**|30-37|** 客有問 "知

에 마음이 밝지 못하다."는 것을 질문한 이가 있었다. 선생이 대답하였다. "그 지식을 제거하면 밝아진다."

| 30-38 | 자하子夏가 성인을 독실하게 신뢰한 것[34]은 칠조개漆雕開가 자신을 신실하게 하고자 노력한 것[35]보다 못하다. 염유冉有가 공자의 도를 기뻐한 것[36]은 안자(顔子: 顔回)가 공자가 하는 말에 대하여 기뻐하지 않음이 없었던 것[37]보다 못하다.

| 30-39 | 물었다. "공부는 모름지기 널리 추구해야 곧 알 수 있습니다."
대답하였다. "어떤 것을 아는가?"
"도를 압니다."
"도를 안다는 것은 하늘을 아는 것과 같다. 혹 천 한 장을 사이에 두고, 혹 종이 한 장을 사이에 두고, 혹 벽 하나를 사이에 두고, 혹 담장

識不足, 故其心未明者". 先生曰: "去其知識則明矣."

| 30-38 | 子夏篤信聖人, 不如漆雕開之求自信. 冉有說夫子之道, 不如顔子於言無不說.

| 30-39 | 問"學須博求, 乃能有見".
曰: "見個甚麽?"
曰: "見道."
曰: "見道如見天, 或隔一紗, 或隔一紙, 或隔一壁, 或隔

---

34  자하(子夏)가 성인을 … 신뢰한 것: 『論語』 「子張」: "子游曰: '子夏之門人小子, 當洒掃應對進退, 則可矣, 抑末也. 本之則無如之何?' 子夏聞之曰: '噫! 言游過矣! 君子之道, 孰先傳焉? 孰後倦焉? 譬諸草木, 區以別矣. 君子之道, 焉可誣也? 有始有卒者, 其唯聖人乎!'"

35  칠조개(漆雕開)가 자신을 … 노력한 것: 『論語』 「公冶長」: "子使漆彫開仕. 對曰: '吾斯之未能信.' 子說."

36  염유(冉有)가 공자의 … 기뻐한 것: 『論語』 「雍也」: "冉求曰: '非不說子之道, 力不足也.' 子曰: '力不足者, 中道而廢. 今女畫.'"

37  안자(顔子)가 공자가 … 없던 것: 『論語』 「爲政」: "子曰: '吾與回言終日, 不違如愚. 退而省其私, 亦足以發, 回也不愚.'"

하나를 사이에 두는 것은 어두운 정도가 같지는 않지만, 가려지는 것은 똑같다. 도를 알고 싶다면, 담장과 벽을 헐고 종이와 천을 걷어내야 한다. 그러면 곧 저절로 도를 알게 된다. 어찌 널리 추구할 필요가 있겠는가? 널리 추구하는 것은 바로 헐어 버리지 못하고 거두지 못하였기 때문이다. 이것을 놔두고 널리 구하는 것을 말하면, 이것은 알고 있는 것이 기괴한 일들이면서 또한 박식한 것[38]이지 성현의 학문이 아니다."

| 30-40 | 희로애락이 일어나기 전 기상氣象에 대하여 물었다.

대답하였다. "일어나기 전은 중(中: 치우침이 없음)이다. 절도에 맞는 것이 화和이다. 이 둘은 동시에 나타나 있어 나누어 쪼갤 수 없다. 만일 시점과 지점으로 나누면, 곧 체와 용이 근원을 달리하고, 형체와 그림자가 별개의 것이 된다. 왜냐하면 화和는 다른 사람의 뜻에 순응하여 따름을 말하는 것이 아니라, 본체에 어긋나지 않는 것을 말한다."

| 30-41 | 무심결에 잘못하는 것은 성현도 자유롭지 못하다. 후대 사람들이 그런 것에 너무

一垣, 明暗不同, 其蔽一也. 欲見, 須是關開垣壁, 徹了紗紙, 便自見, 何須博求? 博求正爲未關未徹耳. 舍此而言博求, 是記醜而博者也, 非聖賢之學."

| 30-40 | 問'喜怒哀樂未發氣象'.

曰: "未發謂中, 中節爲和, 一齊見在, 分析不得. 若以時地分得開, 便是體用二源, 形影爲二物. 蓋和非順適人意之謂, 不戾本體之謂也."

| 30-41 | 過出無心, 聖賢不免, 後人看得

---

**38** 알고 있는 … 박식한 것: 『荀子』「宥坐」.

명유학안 권30, 월민왕문학안

심각하게 의미를 부여하는 바람에 도리어 잘못을 문식하고 잘못을 성사시켜 주는 악행을 낳는다. 증자가 임종 때 자리를 바꾸게 한 것을 옛날이나 지금이나 잘한 일로 칭송한다. 그렇다면 자리를 바꿀 때가 옳은 것이라면, 바꾸지 않고 사용하였을 때는 옳지 않은 것이 된다.[39] 잘못이 아닌가? 곤鯀을 추방한 것이 옳은 일이었다면 곤을 임용한 것은 옳지 않은 것이 된다.[40] 잘못이 아닌가?

太重, 反生文過遂非之惡. 曾子易簀, 古今稱美, 然易時是, 則用時非, 非過乎? 殛鯀爲是, 則任鯀爲非, 非過乎?

| 30-42 | 어떤 이가 물었다. "공부는 정의[義]와 이익[利]을 분별하는 것보다 앞서는 것이 없습니다."

대답하였다. "옛날에 말하던 정의와 이익은 볼 수도 들을 수도 없다. 당신이 말하는 정의와 이익은 볼 수 있고 들을 수 있다. 볼 수 있고 들을 수 있는 것으로 분별하면, 그 옳다고 하는 것은 옳은 듯 보이지만 천하의 참된 옳음이 아니다. 그 옳지 않다고 하는 것은 옳지 않은 듯 보이지만 천하의 정말로 옳지 않은 것이 아니다. 그러므로 [모의(毛義)가] 임명장을 받아

| 30-42 | 或問"學莫先義利之辨".

曰: "古之所謂義與利者, 不可見也, 不可聞也. 子之所謂義與利者, 可見耳, 可聞耳. 夫自可見可聞而辨之, 則其所是者似是也. 非天下之似❶是也, 其

---

**39** 증자가 임종 … 것이 된다: 관련 내용은 『禮記』 「檀弓上」에 나온다. 증자가 임종 때 자신이 누워 있는 자리가 대부가 사용하는 자리임을 알고 대부가 된 적이 없기 때문에 자리를 바꾸게 한 것을 말한다.

**40** 곤(鯀)을 추방한 … 것이 된다: 鯀은 禹의 부친으로 홍수를 다스리는 직무에 임용되었지만, 직무를 수행해 내지 못하여 羽山에 유배되었다. 鯀과 관련된 내용은 『史記』 「夏本紀」 등 여러 곳에 다양한 형태로 서술되어 전한다.

들고 기뻐하는 모습에서 [장봉(張奉)은] 기뻐하는 것은 눈으로 볼 수 있었지만 (그것이 벼슬 때문이 아니라 모친에 대한) 효 때문이라는 것은 볼 수 없었다. 그러므로 장봉張奉 같은 현자도 모의毛義에게서 그 점을 놓쳤으니, 밖으로 나타난 (기뻐하는) 모습이 비루하였기 때문이다.[41] 일개 진상품에 혹해 서백(西伯: 周文王)을 풀어 주었으니, 진상품은 볼 수 있었지만, 문왕에 대한 굉요閎夭의 충성스러움은 볼 수 없었기 때문이었다. 그러므로 상수(商受: 紂王)와 같이 포악한 이도 굉요에 의해 바뀌지 않을 수 없었으니, 그 기미機微가 드러나지 않았기 때문이다.[42] 그러므로 그 볼 수 있는 것을 보고 들을 수 있는 것을 들으면 정의[義]를 밖에서 엄습하여 취할 수 있고, 잘못을 문식할 수 있고, 말과 외모를 가지고 겉으로 꾸밀 수 있다. 보이지 않는 바를 보고, 들리지 않는 바를 들으면 숨겨져 있는 것보다 더 잘 보이는 것이 없고, 은미한 것보다 더 잘 드러나는 것이 없으며, 진

所非者似非也, 非天下之眞非也. 是故捧檄而喜, 喜可見也, 孝不可見也. 故雖張奉之賢, 不能不失之毛義, 其迹鄙也. 一物釋西伯, 物可見也, 忠不可見也. 故雖商受之暴, 不能不轉移於閎夭, 其機微也. 是故見其可見, 聞其可聞, 則義可襲也, 過可文也, 聲音笑貌可以爲於外也. 見所不見, 聞所不聞, 則莫見乎隱矣, 莫顯乎微矣, 誠之不可掩矣. 然則不可見不可聞者,

---

❶ 似: 賈本에 '眞'으로 되어 있다.

**41** [모의(毛義)가] 임명장을 … 비루하였기 때문이다: 毛義는 東漢의 인물로 효행으로 이름이 높았다. 蜀의 관리였던 張奉이 毛義를 찾아간 적이 있는데, 마침 관부의 발령장이 도착하여 毛義가 받아들고서 기뻐하는 모습을 목격하고 비루하게 여겼다. 뒤에 모의는 모친이 별세하자 더 이상 출사하지 않았다. 장봉은 그때 이르러서야 모의가 모친에게 효를 다하기 위해 출사한 것이었음을 알았다. 『後漢書』「劉平等傳序」.

**42** 일개 진상품에 … 않았기 때문이다: 西周 文王의 신하였던 閎夭는 문왕이 紂에 의해 羑里에 갇혀 있을 때, 미인과 보물을 진상하여 문왕을 풀어 주게 하였다. 뒤에 주무왕을 도와 은을 멸망시키는 데 크게 공을 세웠다. 『史記』「殷本紀」.

실함을 가릴 수 없다. 그렇다면 볼 수 없고 들을 수 없는 것은 무엇인가? 심체(心體: 마음의 본체)이다. 볼 수 있고 들을 수 있는 것은 무엇인가? 일의 자취이다. 심체가 옳으면 일의 자취는 모두 옳다. 심체가 그르면 일의 자취는 모두 그르다. 그러므로 요堯를 안 뒤에 요의 행보를 알고 순을 안 뒤에 순의 추향을 안다. 공자를 아는 것은 공자가 천하를 두루 돌아다닌 것을 통해서가 아니요, 안연을 아는 것은 한 소쿠리 밥과 한 표주박의 물로 살았던 것을 통해서가 아니다. 행보로 요를 아는 것은 요가 아니다. 추향으로 순을 아는 것은 순이 아니다. 천하를 두루 돌아다닌 것으로 공자를 배우는 것은 공자가 아니다. 한 소쿠리 밥과 한 표주박의 물로 살았던 것으로 안연을 배우는 것은 안연이 아니다."

"그렇다면 저절로 보이고 저절로 들리는데 무엇 때문에 다른 사람에게서 보고 듣습니까?"

"다른 사람에게서 보려고 하고 다른 사람에게서 들으려 하는 것, 이것은 정의와 이익이 명확하지 않기 때문이다. 정의가 고정되어 있는 것이 아니고, 이익이 고정되어 행해지는 것이 아니다. 주나라를 높이는 것[尊周]이 정의가 아닌가? 자신을 위해서 하면 패도가 된다. 재화를 좋아하는 것이 이익이 아닌가? 백성과 함께하면 왕도가 된다. 그러므로 옛날의 군자는

何也? 心體也. 可見可聞者, 何也? 事迹也. 心體是則事迹皆是矣, 心體非則事迹皆非矣. 故知堯然後知堯步, 知舜然後知舜趨, 知孔非以周流, 知顔非以簞瓢也. 以步學堯, 非堯矣; 以趨學舜, 非舜矣; 以周流學孔, 非孔矣; 以簞瓢學顔, 非顔矣."

曰: "夫然則自見自聞耳, 奚以見聞於人乎?"

曰: "欲見於人, 欲聞於人, 此義利之所以弗明也. 夫義罔常在, 利罔常行. 尊周非義乎? 以其爲己則霸矣. 好貨非利乎? 以其同民則王矣. 故古之君子,

보이지 않는 곳에서 경계하고 조심하였고 들리지 않는 곳에서 염려하고 두려워하였을 뿐, 외부에서 보고자 찾고 듣고자 찾은 적이 없다. 그렇지만 보지 않은 적이 없고 듣지 않은 적이 없었다. 오늘날의 군자는 법도를 닦으면서 형체가 있는 것을 피한다. 확실하고 분명한 것을 고수하지만 편견에 떨어진다. 장차 보기를 구하지만 결국 볼 수 있는 것이 없다. 장차 듣기를 구하지만 끝내 들을 수 있는 것이 없다. 선정先正의 말에 '작위를 행하는 바 없이 하는 것이 정의[義]이다. 작위를 행하는 바가 있으면서 하는 것이 이익[利]이다'[43]라고 하였는데 좋은 말이다. 이것은 심체에 의거하는 것과 일의 자취를 살펴 따르는 것과의 차이이다. 선정은 또 '공정하고자 의식하면 모두 사사로운 것이 된다'[44]라고 하였는데, 공정함과 사사로움, 정의와 이익이 명확히 변별되면 성학聖學은 거의 이루어진 것이다."

戒愼不覩, 恐懼不聞, 未嘗求見求聞也, 而卒無弗見, 無弗聞. 今之君子, 修邊幅, 避形迹, 守信果, 墜適莫, 將以求見, 而卒無可見, 將以求聞, 而卒無可聞. 善乎先正之言曰: '無所爲而爲者義也, 有所爲而爲者利也.' 此依心體與顧事迹之異也. 又曰: '有意於爲公, 皆私也.' 公私義利之辨明, 則聖學其庶幾乎!"

| 30-43 | 어떤 사람이 양명 선생에 대하여 설간薛侃에게 물었다. "그의 학문은 선학[禪]과 유사합니다. 정말 그런 점이 있습니까?"

| 30-43 | 或問陽明先生于侃曰: "其學類禪, 信有諸?"

---

**43** 작위를 행하는 … 것이 이익[利]이다: 張栻의 말로 衛湜, 『禮記集說』 권153「大學」과 『性理大全』 권50「學8·力行」 등에 인용되어 있다. 『性理大全』에는 "至南軒先生, 又謂'無爲而爲, 皆義也; 有所爲而爲, 卽利也.'"로 되어 있다.

**44** 공정하고자 의식하면 … 것이 된다: 『二程遺書』 권18: "人纔有意於爲公, 便是私心."

대답하였다. "아니다. 선학이 성인에게 죄를 지은 것이 세 가지이다. 일을 줄여서 머리를 깎은 것, 욕심을 제거하면서 친애하는 마음[愛]을 깎아 낸 것, 세상을 싫어하여 인륜을 버린 것이다. 세 가지가 선학에 있지만, 양명에게도 역시 그런 점이 있는가?"

"없습니다."

"성학聖學이 선학과 다른 점이 또한 세 가지가 있다. 성학은 고요하면서도 갖추고 있지 않음이 없음을 말한다. 움직임에 체體가 되지 않음이 없음을 말한다. 사용함에 천하 누구도 하지 못함이 없음을 말한다. 그러므로 하나인 근본이 확립되면 오륜이 갖추어진다. 이런 점이 양명에게 있다. 선학에도 역시 있는가?"

"없습니다."

"그렇다면 어째서 양명의 학문이 선학이라고 의심하는가?"

"독서를 폐기하고, 주자의 설과 등지고, 허무의 설에 연루되어 있기 때문입니다."

"아, 그대가 오해한 것이다. 그게 아니라면 그렇게 알려 준 자의 잘못이다. 선생이 언제 독서를 폐기하였던가? 예전에 곽선보(郭善甫:郭慶)[45]가 선생을 남대南臺에서 뵈었는데 선보는 독서를 좋아하는 사람이었다. 선생이 그를 경계시켜서 '그대는 우선 정좌를 하라'라고 하

曰: "否. 禪之得罪聖人也有三: 省事則髡焉, 去欲則割愛焉, 厭世則遺倫焉. 三者, 禪有之, 而陽明亦有之乎?"

曰: "弗有."

曰: "聖學之異於禪者, 亦有三焉: 以言乎靜無弗具也, 以言乎動無弗體也, 以言乎用之天下無弗能也. 是故一本立焉, 五倫備焉, 此陽明有之, 而禪亦有之乎?"

曰: "弗有."

"然則曷疑其爲禪也乎?"

曰: "以廢書, 以背朱, 以涉虛也."

曰: "噫! 子誤矣. 不然, 以告者過也. 先生奚廢書乎? 昔者郭善甫見先生於南臺, 善甫嗜書者也, 先生戒之曰: '子

였다. 선보가 한 달 넘게 정좌를 하며 일삼는 바가 없자, 선생은 다시 그에게 고하여 '그대는 우선 독서를 하라'라고 하였다. 선보가 선생을 원망하여 나에게 들러서 '제가 더욱 의혹이 듭니다. 처음에는 나에게 독서를 그만두고 정좌를 하라고 시키더니, 나중에는 나에게 정좌를 그만두고 독서를 하라고 하니, 내가 장차 어디에 맞추어야 하겠습니까?'라고 하였다. 내가 그에게 일러 주었다. '이것은 생각하면 찾아 들어갈 수 있다. 독서가 과연 공부하는 것인가? 공자는 자공子貢에게 "너는 내가 공부를 많이 해서 기억해 두는 사람이라고 생각하는가? 아니다. 나는 하나로 관통하고 있다."라고 하였다. 공부가 과연 독서를 그만두는 것인가? 공자가 『주역』을 부연하여 "군자는 전대의 말과 과거의 행실을 많이 알아서 자신의 덕을 기른다."라고 하였다. 이것은 생각해 보면 찾아 들어갈 수 있다.' 그러므로 말이 똑같지 않은 것은 가르치기를 재질에 따라 독실하게 하는

姑靜坐.' 善甫坐月餘, 無所事, 復告之曰: '子姑讀書.' 善甫憖而過我曰: '吾滋惑矣. 始也教慶以廢書而靜坐, 終也教慶廢坐而讀書, 吾將奚適矣?' 侃告之曰: '是可思而入矣. 書果學乎? 孔子之謂子貢曰: "汝以予爲多學而識之者與? 非也. 予一以貫之." 學果廢書乎? 孔子贊『易』曰: "君子多識前言往行, 以畜其德." 是可思而入矣.' 故言之弗一, 教之因材而篤也. 先生奚

---

**45** 곽선보(郭善甫): 郭慶. 생몰년 미상. 자는 善甫, 호는 一坡이고 武漢 新州 사람이다. 正德 2년(1507) 擧人이 되었고, 양명이 東南에서 강학할 때 吳良吉(仲修)과 찾아가 3년을 배우고 양명의 인정받는 제자가 되었다. 양명은 곽경이 귀향할 때, 「送郭善甫歸學」이라는 글을 주어 전송하였다. 正德 6년(1511) 淸平縣 知縣에 부임하였고, 귀향한 뒤 官民이 그를 위해 生祠를 세웠다. 귀향해서는 問津書院에서 耿定向, 吳良吉 등과 함께 강회를 주관하였고 山長이 되어 서원을 관리하였다. 양명과 湛若水 등 여러 선생을 問津書院으로 초청하여 강회를 열어, 姚江학파에서 문진서원의 위상을 높게 하였다. 『明儒學案』에 오르지 않았지만, 『王陽明全集』에 곽경에게 보낸 편지들이 수록되어 있다.

것이다. 선생이 어찌 독서를 폐기하겠는가?"

"그렇다면 주자의 설을 등진 것은 왜입니까?"

"선생은 주자를 매우 존중한 분일 뿐이다. 어찌 등졌다고 말하는가? 맹자는 '왕이 음악을 매우 좋아하시면 제나라는 거의 다스려진 것입니다'라고 하였다. 오늘날의 음악은 옛날의 음악이 아니다. 그러나 맹자가 거의 다스려졌다고 말한 것은 왜인가? 저 사람이 음악에 대하여, 어느 음악인들 좋아함이 없겠는가? 좋아할 뿐이요, 들을 뿐이요, 칭송할 뿐이면 좋아함이 심하지 않은 것이다. 만일 그 조화로움을 체인하고 그 뜻을 미루어 음악의 근본을 얻으면 반드시 소리와 용모를 넘어서 묘응할 것이다. 선생은 주자에 대하여 또한 이와 같을 뿐이다. 등진 것이 어디에 있는가? 게다가 주자는 이정二程을 따른 사람이지만, 주자의 『역본의易本義』는 정이程頤의 『역전易傳』과 어긋나는 곳이 많다. 공자와 맹자는 옛것을 조술한 사람이지만, 『시詩』와 『상서尙書』에 대하여 언급한 것들에는 자신의 설이 많다. 선생이 주자에 대해서도 또한 이와 같을 뿐이다. 등진 것이 어디에 있는가?"

"그렇다면 허무虛無의 설에 연루되어 있다는

廢書乎?"

"然則背朱則何居?"

曰: "先生其遵之甚者爾, 豈曰背之云乎? 孟子曰: '王之好樂甚, 則齊其庶幾乎!' 夫今之樂, 非古之樂也, 而孟子以爲庶幾, 何也? 彼其於樂, 孰無好? 好之而已, 聽之而已, 稱美之而已, 好之弗甚者也. 若體其和, 推其意, 而得乎樂之本, 則必妙之乎聲容之外者矣. 先生於朱子亦若是焉耳, 惡在其爲背也乎? 且朱子遵程者也, 其爲『本義』多戾『易傳』; 孔子・孟子述古者也, 其稱『詩』・『書』多自爲說. 先生之於朱, 亦若是焉耳, 惡在其爲背也乎?"

"然則涉虛何謂

것은 무엇을 말합니까?"

"그대는 허(虛: 비어 있음)를 잘못된 것이라고 여기는가? 아니면 허에 치우친 이후에 잘못이라고 여기는가? 허를 잘못이라고 여긴다면 하늘에서는 태허太虛가 되고, 사람에서는 허명(虛明: 마음의 본체는 비어 있으면서 밝음)이 된다. 또 '주재함이 있으면 비어 있다'[46]라고 하였고, '군자는 자신을 비워 다른 사람을 받아들인다'[47]라고 하였고, '성인은 허虛의 지극함이다'[48]라고 하였다. 이제 그대가 허虛를 선禪으로 여기면서 반드시 비우지 말라고 하는 것으로 공부를 삼는다면, 생명이 없는 빈 껍데기 지식은 기껏해야 사람의 정신[魂]을 취하게 하여 영명하지 못하게 할 것이다. 구시대의 낡은 주장은 기껏해야 사람들의 조율을 고정시켜 맑은 소리가 못 나오게 할 것이다. 틀에 박힌 방식은 기껏해야 사람들의 발목을 잡아 자유롭게 응대하지 못하게 할 것이다."

"그렇다면 유교와 불교는 어떻게 변별됩니까?"

"도교와 불교의 허虛는 세속을 버리고 인륜을 떠나니 허이면서 허이다. 성현의 허는 일상

也?",

曰: "子以虛爲非乎? 以偏於虛而後爲非乎? 夫以虛爲非, 則在天爲太虛, 在人爲虛明, 又曰 '有主則虛', 曰 '君子以虛受人' 曰 '聖人虛之至也'. 今子以虛爲禪, 而必以勿虛爲學, 則糟粕足以醉人之魂, 而弗靈矣; 骨董足以膠人之柱, 而勿淸矣; 藩籬格式足以掣人之肘, 而勿神矣."

曰: "若然則儒釋奚辨?"

曰: "仙釋之虛, 遺世離倫, 虛而虛者

---

**46**  주재함이 있으면 비어 있다: 『二程遺書』 권15 「入關語錄」: "有主則虛, 無主則實必有所事."
**47**  군자는 자신을 … 사람을 받아들인다: 『周易』 咸卦 大象傳.
**48**  성인은 허(虛)의 지극함이다: 『張子全書』 권12 「語錄」.

의 인륜을 벗어나지 않으니 허이면서도 실實이다. 그러므로 텅 비어 아무런 조짐도 없지만 만상이 빽빽하게 가득 차 있다고 한다. 그러므로 고요하면서도 갖추고 있지 않음이 없다. 보아도 보이지 않고 들어도 들리지 않지만 만물의 체가 되어 빠뜨리지 않는다고 한다. 그러므로 움직임에 체가 되지 않음이 없다. 신神은 일정한 장소가 없고 역易은 일정한 형체가 없지만 주야晝夜[49]에 통달하여 안다. 이것이 양지이다. 양지의 발휘를 지극하게 하면, 어느 때나 존재하지 않음이 없다. 그러므로 일정한 장소가 없고 일정한 형체가 없으니 허虛의 지극함이다. 지극히 허한 이후에 특정하게 국한되지 않는다. 특정하게 국한되지 않은 이후에 하지 못함이 없게 된다."

也. 聖賢之虛, 不外彝倫日用, 虛而實者也. 故冲漠無朕, 而曰萬象森然, 是故靜無勿具也. 視之不見, 聽之弗聞, 而曰體物不遺, 是故動無弗體也. 神無方而易無體, 而曰通乎晝夜而知, 斯良知也, 致之之極, 時靡勿存, 是故無方無體, 虛之至也. 至虛而後不器, 不器而後無弗能."

---

**49** 　주야(晝夜): 『易本義』: 「晝夜, 卽幽明・生死・鬼神之謂.」

행인 중리 설간 선생

# 현령 겸재 주탄 선생

縣令周謙齋先生坦

| 30-44 | 주탄周坦은 호가 겸재謙齋이고 나부
(羅浮: 廣東 惠州) 사람이다. 벼슬은 현령을 지냈
다. 어려서부터 성현의 학문에 뜻을 두어 중리
(中離: 薛侃)에게 수학하였고, 호주(湖州: 浙江),
상주(湘州: 湖南), 유양(維揚: 江蘇 揚州), 신천(新
泉: 福建 龍巖), 천진天眞, 천관天關 등을 돌아다니
면서 강석에 직접 참여하였다. 늙어서도 서노
원徐魯源과 서로 편지로 왕래하였다.

그가 공부에 대하여 논한 말에 "해의 밝음은
반드시 사물을 비춘다. 비추지 않음이 생기는
것은 어두운 안개가 가리기 때문이다. 마음의
양지는 반드시 사물에 통한다. 통하지 않음이
생기는 것은 물욕이 가리기 때문이다."라고 하
였다.

또 말하였다. "하나의 양기가 아래에서부터
생기는 것이 복괘復卦이다. 내괘는 양이고 외
괘는 음인 것이 태괘泰卦이다. 복괘에서는 '천

| 30-44 | 周坦號謙
齋, 羅浮人也. 仕爲
縣令. 自幼有志聖賢
之學, 從學於中離, 出
遊湖・湘・維揚・
新泉・天眞・天關,
以親講席. 衰老, 猶
與徐魯源相往復.

其論學語云: "日
之明也, 必照於物,
有不照者, 陰霾之蔽
也. 心之知也, 必格
乎物, 有不格者, 物
欲之蔽也."

又云: "一陽生於
下爲「復」, 內陽外
陰爲「泰」, 於「復」

지의 마음을 본다'라고 하였고, 태괘에서는 '안으로 강건하고 밖으로 유순하다'라고 하였다. 이것으로 공부가 외부를 빠뜨리지 않으면서도 안의 것이 근본이 됨을 알 수 있다. 그러므로 '복은 덕의 근본이다'라고 하였다. 오직 회복하여 망령됨이 없고, 강(剛: 陽)이 와서 안에서 주관하는 것, 이것이 안으로 강건함이 태괘가 되는 것이다."

또 말하였다. "희로애락이 없는 곳에서는 소리도 없고 냄새도 없는 것을 찾을 수 없다. 단지 희로애락이 절도에 맞는 곳이 바로 소리도 없고 냄새도 없는 것이 존재하는 곳이다."

또 말하였다. "눈을 감고 정좌하는 것, 이것은 잠시 동안은 할 수 있다. 심체는 원래 깨어 있고 유행하는 것이다. 눈감고 정좌하는 것에 오래 습관이 되어 공적空寂을 삼가 고수하면 심체는 날로 메말라 버리니 성인의 심학心學이 아니다."

또 말하였다. "백사(白沙: 陳獻章)의 학문은 자연(自然: 저절로 그러함)을 종지로 삼았으며, '고요한 가운데 싹을 길러 내야 한다'고 말하는 데 이르렀다. 고요할 때 심체는 단지 맑고 일삼음이 없으면서도 어둡지 않을 뿐이어서 원래 가져다 붙일 것이 하나도 없음을, 만일 '고요한 가운데 싹을 길러 낸다'[1]라고 말하면 고요한 가운데 하나의 '싹'을 첨가하는 것이 됨을 우리

則曰'見天地之心', 於「泰」則曰'內健而外順', 是可見學不遺乎外, 而內者其本也. 故曰「復」, 德之本也.' 惟復則無妄, 而剛來主於內矣, 此內健之爲「泰」也."

又云: "不可於無喜怒哀樂處覓無聲無臭, 只喜怒哀樂中節處, 便是無聲無臭所在."

又云: "瞑目靜坐, 此可暫爲之. 心體原是活潑流行, 若長習瞑坐, 局守空寂, 則心體日就枯槁, 非聖人之心學也."

又云: "白沙之學, 以自然爲宗, 至謂'靜中須養出端倪', 吾人要識得靜中心體, 只是個澄然無事, 然不昧而已, 原無一物可着, 若謂'靜中養出端倪', 則

는 알아야 한다. 또한 도체는 본래 저절로 그
러한 것이다. 다만 저절로 그러함은 생각이나
상상으로 얻을 수 있는 것이 아니다. 마음은
저절로 그러하려고 하면 곧 저절로 그러하지
못하게 된다.

靜中又添出一'端倪'
矣.　且道體本是自
然, 但自然非意想可
得, 心下要自然, 便
不是自然也."

---

1　고요한 가운데 … 길러 내야 한다:『白沙子全集』권3「與賀克恭黃門」: "僞學須從靜中
坐養出端倪來, 方有商量處."

명유학안 권30, 월민왕문학안

# 명유학안 권31,
# 지수학안

明儒學案 卷三十一,
止修學案

**|31-1|** 이재(李材: 1529~1607)는 자가 맹성孟誠이고, 별호는 견라見羅이며, 풍성(豊城: 江西 豊城) 사람이다. 남경병부상서(南京兵部尙書) 양민(襄敏: 시호) 이수(李遂: 1504~1566)의 아들이다. 가정嘉靖 임술년(1562) 진사에 급제하였다. 형부주사刑部主事에 제수되어 여러 관직을 거쳐 운남안찰사雲南按察使에 이르렀다. 금등金騰 지역은 이전에 면(緬: 미얀마)으로부터 고충을 겪고 있었는데, 맹양孟養과 만막蠻莫[1] 두 토사土司[2]가 중간에서 중개하면서 복속과 배반을 반복하였다. 선생은 만족蠻族으로 만족을 치는 전략을 구사하여 사자를 민막에 보내서 맹양과

**|31-1|** 李材字孟誠, 別號見羅, 豊城人. 南京兵部尙書諡襄敏遂之子. 登嘉靖壬戌進士第. 授刑部主事, 歷官至雲南按察使. 金騰故患緬, 而孟養・蠻莫兩土司介其間, 叛服不常. 先生用以蠻攻蠻之法, 遣使入蠻莫, 誘令合孟養,

---

1 맹양(孟養)과 만막(蠻莫): 미얀마 북부의 소수민족 집단으로 이들의 수령이 명대(明代)에 현지 지역을 관할하는 토사(土司)의 역할을 담당하였다.

2 토사(土司): 元 이래로 중국의 西北과 西南 변경지역에 거주하는 소수민족 집단의 수령에게 부여된 관직으로 세습되었다. 宣慰使, 宣撫使, 安撫使 등의 무관직과 土知府, 土知州, 土知縣 등 문관직이 있었다.

연합하게 유도하고 이서迤西를 습격하여 면緬의 복심인 대랑장大朗長을 죽이게 하였다. 면의 추장이 결국 이서를 공격하여 맹양이 급보를 알려 오자, 선생은 군사들을 곳곳에 배치하여 지원하게 하였다. 토사가 차랑(遮浪: 廣東 汕尾)에서 면을 대파하고 조정에 직접 보고하여 사은하였으며 코끼리 두 마리를 공물로 바쳤다. 선생은 그 공로로 운양무치鄖陽撫治[3] 우첨도어사右僉都御史로 승진하였다.

선생은 학생들과 강학하였는데, 학생들이 풍수가의 말을 이용하여 참장參將의 관소를 서원으로 바꾸고 관소는 이전의 학교로 옮길 것을 청하자, 허락하였다. 일이 이미 정해진 뒤 참장 미만춘米萬春이 비로소 이르렀다. 미만춘은 정부(政府, 재상)의 문생 출신으로, 사졸들을 사주하여 난을 일으키게 하였다. 선생이 한참 업무를 보고 있었는데, 쳐들어와 협박하자, 수비 왕명학王鳴鶴이 칼을 들고 만춘을 향해서 버럭 소리 질러 "네가 도어사 이 선생을 살해한다면 내가 너를 죽이겠다."라고 하였다. 이에 위기를 모면할 수 있었다. 일이 알려지자 선생은 면직되었고, 만춘은 예전 그대로 업무를 수행하였다.

襲迤西, 殺緬之心膂大朗長. 緬酋遂攻迤西, 孟養告急, 先生命將士犄角之. 土司大破緬於遮浪之上, 叩闕謝恩, 貢象二. 以功陞撫治鄖陽右僉都御史.

先生與諸生講學, 諸生因形家言, 請改參將公署爲書院, 遷公署於舊學, 許之. 事已定, 參將米萬春始至. 萬春政府門生也, 嗾士卒爲亂. 先生方視事, 擁入逼之. 守備王鳴鶴持刀向萬春, 厲聲曰: "汝殺李都爺, 我殺汝." 乃得免. 事聞, 先生閒住, 而萬春視事如故.

---

3   운양무치(鄖陽撫治): 鄖陽은 현재 湖北省 十堰市 지역으로 명대 成化 시기인 1465년에서 1471년에 걸쳐 劉通, 石龍, 李胡子 등이 주도한 민란이 크게 발생하였던 곳이다. 민란이 평정된 뒤에 조정에서 鄖陽撫治, 鄖陽府 등을 설치하여 관할하였다.

다음 해 만력萬歷 무자년(1588) 운남 순안어사巡按御史 소찬蘇瓚이 조정의 뜻에 영합하여 면緬을 대파하였던 전쟁에서 선생이 만족蠻族의 공로를 훔치고 전투에서 죽인 적군의 숫자에 위조가 많다고 탄핵하였다. 조서를 내려 체포하고 신문하게 하였는데, 황제는 선생을 반드시 사형시키려 하였다. 형부刑部에서는 처음에 도형徒刑[4]으로 정하였다가 다시 수역戍役으로 결정하여 품의하였지만 모두 허락되지 않았다. 언관이 힘써 간언하였으나 황제의 뜻은 더욱 견고하여, 형률을 담당하는 관리들이 모두 두려워하였다. 형부낭중刑部郎中이었던 고종례高從禮가 "똑똑한 군주는 이치로 의견을 바꾸게 할 수 있다."라고 하면서 붓을 들어 상주문을 쓰기를 "이재가 만족을 이용하여 면緬을 격파한 것에는 영토를 넓힌 공로가 없지 않습니다만, 보고서만 보고 공문을 올리면서 스스로 인군을 속이는 죄에 저촉되었습니다. 신자(臣子)가 공로를 보고함에 실상과 어긋난 죄는 사형에 처해도 그 죄를 다 씻을 수 없지만, 군부君父가 죄를 용서하고 혐의를 가련하게 여기면 사람들은 장차 목숨을 바쳐 일할 것입니다."라고 하였다. 천자는 상주문을 보고 자못 기색이 풀렸다. 선생은 10여 년 동안 장기 구금에 처

明年, 萬歷戊子, 雲南巡按蘇瓚逢政府之意, 劾先生破緬之役, 攘冒蠻功, 首級多僞. 有旨逮問, 上必欲殺之. 刑部初擬徒, 再擬戍, 皆不聽. 言者強諍, 上持愈堅, 法吏皆震怖. 刑部郎中高從禮曰: "明主可以理奪." 乃操筆爲奏曰: "材用蠻敗緬, 不無闢地之功, 據揭申文, 自抵罔上之罪. 臣子報功失實, 死有餘辜, 君父宥罪矜疑, 人將效命." 天子視奏, 頗爲色動. 長繫十餘年, 發戍闃中, 遂終於林下.

---

4    도형(徒刑): 일정 기간 특정한 곳에 구금시키고 강제노역에 종사하게 하는 형벌.

해졌다가 민閩 땅에 수역戍役을 나갔고,[5] 결국 사면되어 재야에서 생애를 마쳤다.

|31-2| 선생은 처음에 추문장(鄒文莊: 鄒守益)[6]에게 수학하여 치량지致良知의 학문을 익혔다. 얼마 있다가 그 설을 변화시켜 "치지(致知: 양지를 다 발휘함)는 그 양지의 본체를 다 발휘하는 것이다. 양지가 발동할 때 그 본체의 지知가 수반되지 않으면, 그 양지는 양지의 본체가 아니다."라고 하였다. 이미 성각(性覺: 본성을 각성함)의 설로 바뀐 것이다. 오랜 뒤에 무심히 탄식하면서 "결국 쥐가 쥐구멍 속에서 옮겨 다니며 문턱을 넘지 못한 꼴이구나."라고 하였다. 이에 "지수止修" 두 글자를 들어 공자와 증자가 전수한 진수로 삼았다. 지수止修의 의미는 이렇다. 성性은 태어나 고요한 것으로부터 주어져 있으니 지선하지만, 발동하여 측은 등 사단四端이 되면 선함도 있고 불선함도 있다. 양지는 본래 유행하여 활동하는 것으로 모두 이발已發쪽을 향해 있다. 이러한 양지를 다 발휘하고자 노력하면 태어나 고요한 것 원래의 본체로부터 날이 갈수록 멀어진다. '양지를 수렴하여

|31-2| 先生初學於鄒文莊, 學致良知之學. 已稍變其說, 謂"致知者, 致其知體. 良知者, 發而不加其本體之知, 非知體也". 已變爲性覺之說. 久之, 喟然曰: "總是鼠遷穴中, 未離窠臼也." 於是拈"止修"兩字, 以爲得孔·曾之眞傳. 止修者, 謂性自人生而靜以上, 此至善也, 發之而爲惻隱四端, 有善便有不善. 知便是流動之物, 都向已發邊去, 以此爲致, 則日遠於人生而

---

5   민(閩) 땅에 수역(戍役)을 나갔고: 『明史』卷227「列傳」115「李材傳」에 따르면, 李材는 이때 鎭海衛에 戍役을 나갔는데, 許孚遠이 福建巡撫로 재직하면서 선생과 빈번하게 종유하였다.

6   추문장(鄒文莊): 鄒守益. 권16「江右王門學案1」.

지선에 머무는 상태로 되돌아감[攝知歸止]'이 태어나서 고요한 것 원래의 본체에 머무는 것이다. 그러나 천명의 진정한 모습은 사람이 보고 듣고 말하고 행동하는 사이에 있으니 곧 이른바 몸이다. 만일 시시각각 지선에 머물 수 있다면 보고 듣고 말하고 행동하는 것이 각각 그 법도에 맞아서 자신을 닦는다고 말하지 않아도 닦는 것이 그 가운데 있을 것이다. 설사 조금 어긋남이 생겨도 이끌어서 닦는 공부를 잠시 생략한 것이니 지선에 머무는 데로 항상 돌아가게 할 뿐이다. 그러므로 격물格物과 치지致知, 성의誠意와 정심正心 네 가지 공부가 평탄하게 진행된다고 말한다. 네 가지에 무슨 병통이 있겠는가? 어느 곳에 닦을 것이 있겠는가? 만일 그 하나에 병통이 생기면 병통에 따라 닦는다. 글로 쓴 것이 수십만 자지만, 대지는 여기에서 벗어나지 않는다.

『대학』은 수신(修身: 자신을 닦음)이 근본이 된다. 수신의 방법은 격물과 치지로 돌아가는 데 이른다. 따라서 공부를 시작하는 것이 격물과 치지에 있음이 명확하다. 그러므로 천하와 국가를 가지고 말하면 자신이 근본이 되고, 수신을 가지고 말하면 격물과 치지가 또한 그 근본이다. 선생은 수신으로 돌아가고자 하였기 때문에 "근본을 안다."의 "근본"으로 "수신이 근본이 된다."7의 "근본"과 합하여 하나로 삼았지만, 결국 서로 들어맞지 않음을 느껴서 편치

靜以上之體. 攝知歸止, 止於人生而靜以上之體也. 然天命之眞, 卽在人視聽言動之間, 卽所謂身也. 若刻刻能止, 則視聽言動各當其則, 不言修而修在其中矣. 使稍有出入, 不過一點簡提撕修之工夫, 使之常歸於止而已. 故謂格致誠正, 四者平鋪. 四者何病? 何所容修? 苟病其一, 隨病隨修. 著書數十萬言, 大指不越於此.

夫『大學』修身爲本, 而修身之法, 到歸於格致, 則下手之在格致明矣. 故以天下國家而言, 則身爲本, 以修身而言, 則格致又其本矣. 先生欲到歸於修身, 以"知本"之"本", 與"修身爲本"之"本",

않았다. 성性과 정情 두 글자는 원래 나눌 수 없다. 그러므로 『주역』에서 "이롭고 바른 것은 성정이다."[8]라고 하였다. 정이 없으면 어떻게 성을 찾겠는가? 『맹자』에서는 측은惻隱·수오羞惡·사양辭讓·시비是非가 곧 인仁·의義·예禮·지智라고 하였으니,[9] 측은·수오·사양·시비 위에 또 인·의·예·지라는 또 하나의 층위가 있는 것이 아니다. 순의 조정에서 말하였던 도심道心은 곧 중中이다. 도심이 어찌 중이 발동한 것이겠는가? 이것은 전대의 현인에게 어긋남이 없을 수 없는 부분인데, 선생이 나누어 놓고 또한 부가함이 심하였다. 선생이 말한 수신의 방식대로 하더라도, 어떻게 주재하는 것으로 삼을 수 있는 이 측은·수오·사양·시비를 놔두고 어두워 알 수 없는 것에서 찾겠는가? "하늘의 일이여, 소리도 냄새도 없구나'라고 함이 지극하다."[10]라고 하였다. 이 사단이 또한 소리와 냄새가 있었던 적이 있는가? 냄새도 소리도 없는데 오히려 성체에 해당시키기에 부족한가? 여전히 태어나서 고요한 이전이 아닌가? 그렇다면 반드시 불교에서 이른바 언어로 표현하는 것이 끊어지고, 부모가

合而爲一, 終覺齟齬而不安也. 性情二字, 原是分析不開, 故『易』言: "利貞者, 性情也." 無情, 何以覓性? 『孟子』言惻隱羞惡辭讓是非, 卽是仁義禮智, 非惻隱羞惡辭讓是非之上, 又有一層仁義禮智也. 虞廷之言道心, 卽中也. 道心豈中之所發乎? 此在前賢不能無差, 先生析之又加甚耳. 卽如先生之所謂修, 亦豈能舍此惻隱羞惡辭讓是非之可以爲主宰者, 而求之杳冥不可知者乎? "'上天之載, 無聲無臭', 至矣." 此四端者, 亦

---

7 근본을 안다 … 근본이 된다: 두 인용문은 모두 『대학』의 구절이다.
8 이롭고 바른 것은 성정이다: 『周易』「文言」.
9 측은(惻隱) … 라고 하였으니: 『孟子』「告子上」.
10 하늘의 일이여 … 함이 지극하다: 『中庸』 33장.

낭기 이전의 곳과 같은 뒤에야 성이라고 말할
수 있게 된다.

지선에 머무는 것과 자신을 닦는 것을 양쪽
으로 잡아 끌면서 동쪽을 보고 또 서쪽을 살피
니 결국 살필 곳이 많아진다. 만일 단일하게
지지(知止: 지선에 머무르는 것을 앎)를 종지로 삼
으면, '양지를 수렴하여 지선에 머무는 상태로
되돌아감[攝知歸止]'은 섭쌍강(聶雙江: 聶豹)의 귀
적(歸寂: 적연함으로 돌아감)과 하나가 된다. 선생
은 선禪의 적멸寂滅과 가까워지는 것을 염려하
였기 때문에 수신修身으로 내용을 채운 것이
다. 만일 단일하게 수신으로 종지를 삼으면,
타고난 기질대로 행함이 천성에 따라 행하는
것이 된다. 선생은 외부에서 엄습하여 의義를
삼는 방식[義襲]으로 빠질까 염려하였기 때문에
지지知止로 중심을 삼았다. 사실 선생의 학문
은 지선에 머무는 것을 존양存養으로 삼고, 자
신을 닦는 것을 성찰省察로 삼아 명목만 바꾼
것에 불과하다. 송대 유자와 전혀 차이가 없으
며 도리어 더 장황하다.

허경암(許敬菴: 許孚遠)은 말하였다. "견라見羅
는 도심과 인심이 결국 모두 용用에 속하고, 심

曾有聲臭乎? 無聲
無臭猶不足以當性
體乎? 猶非人生而
靜以上乎? 然則必
如釋氏之所謂語言
道斷, 父母未生前,
而後可以言性也.

止修兩挈, 東瞻西
顧, 畢竟多了頭面.
若單以知止爲宗, 則
攝知歸止, 與聶雙江
之歸寂一也. 先生
恐其鄰於禪寂, 故實
之以修身. 若單以
修身爲宗, 則形色天
性. 先生恐其出於
義襲, 故主之以知
止. 其實先生之學,
以止爲存養, 修爲省
察, 不過換一名目,
與宋儒大段無異, 反
多一張皇耳.

許敬菴曰: "見羅
謂道心人心, 總皆屬

心과 의意 그리고 지知가 모두 체體를 가리키는 것이 아니라고 말한다. 이러한 말들은 주장이 너무 지나친 것이 아닐 수 없다. 중中은 성의 지극한 덕이다. 은미한 도심을 놔두고 어느 곳을 따라서 중을 찾겠는가? 선함은 본래 도가 머무는 곳이다. 심心과 의意 그리고 지知를 떠나서 어디로부터 선함을 밝히겠는가? 성에 안과 밖이 없고, 심心도 또한 안과 밖이 없다. 체와 용을 어디로부터 나누겠는가?"[11] 고충헌(高忠憲: 高攀龍)은 말하였다. "『대학』의 격물과 치지는 곧 『중용』의 명선(明善: 선함을 밝힘)이다. 배우는 이가 뜻을 분별하고 학업을 정립하여 이익을 끊고 근원을 하나로 하여서, 위기爲己와 위인爲人의 경계를 분별하고 의리義利와 시비의 기준을 정밀하게 궁구하게 하는 것이다. 그리하여 이 마음이 밝고 통달해서 은미한 지점에서 조금이라도 모호하고 불분명하여 자신을 속이는 주인공이 되는 일이 없게 하려는 것이다. 그렇지 않으면 지선에 머물고 자신을 닦고 싶지 않은 것은 아니더라도, 기품과 물욕이 온갖 방식으로 가리게 되는데, 모두 앎이 지극하지 못하기 때문이다. 공부는 절실하고 침착해야 한다. 어찌 평탄하게 진행한다고 무기력하

用, 心意與知, 總非指體. 此等立言, 不免主張太過. 中固是性之至德, 舍道心之微, 更從何處覓中? 善固是道之止宿, 離心意與知, 却從何處明善? 性無內外, 心亦無內外, 體用何從而分乎?" 高忠憲曰: "『大學』格致, 卽『中庸』明善, 所以使學者辨志定業, 絶利一源, 分剖爲己爲人之界, 精研義利是非之極, 要使此心光明洞達, 無毫髮含糊疑似於隱微之地, 以爲自欺之主. 不然, 非不欲止欲修, 而氣稟物欲拘蔽萬端, 皆緣知之不至也. 工夫喫緊沉

---

**11**　견라(見羅)는 도심과 … 어디로부터 나누겠는가: 권41 「甘泉學案5」「侍郞許敬菴先生孚遠」에 더 자세하게 나온다.

게 말할 수 있겠는가?"[12] 두 사람이 논한 바가 모두 그 병통처에 깊이 적중하였다.

## 『논학서』

|31-3| 백 보나 멀리 날아가 부딪치는 것도 일 촌의 화살 끝에서 시작되고, 연燕과 월粵의 먼 차이도 뜰의 계단에서부터 시작됩니다. 복숭아와 자두를 심어서 소나무와 잣나무 열매를 얻은 적이 없습니다. 처음의 조그만 차이가 천리나 먼 결과를 초래한다는 것이 이 학문의 종지로 그 처음 시작하는 것을 반드시 삼가서 해야 하는 이유입니다. 『대학』에서 지선에 머무름을 앞에 둔 것, 정자의 문하에서 인을 체인함을 앞에 세운 것, 그 의도 또한 이것 때문입니다. 그러므로 일찍이 시작하는 공부가 곧 도달한 학문이고, 도달한 학문은 단지 시작한 공부를 맺는 것이라고 말하였던 것입니다. 예전부터 성현이 간절하면서도 자상하게 시각을 나누어 변석하고 궁구하였던 것이 어찌 다른 일이 있어서였겠습니까? 단지 이 털끝만 한 처음을 변석한 것일 뿐입니다. 【「서존재(徐存齋: 徐階)[13]에게 올림」】

著, 豈可平鋪放在, 說得都無氣力." 兩公所論, 皆深中其病.

## 『論學書』

|31-3| 百步激於寸括, 燕・粵判於庭除, 未有種桃李而得松柏之實者. 毫釐千里, 此學之宗趣, 所以必謹其初也. 『大學』之所以先知止, 程門之所以先識仁者, 其意亦由此也乎! 故嘗以爲合下的工夫, 卽是到底的學問, 到底的學問, 只了結得合下的工夫. 自昔聖賢懇懇諄諄, 分漏分更, 辨析研窮者, 豈有他事, 只是辨此毫釐耳.【「上徐存齋」】

---

12    『대학』의 격물과 … 수 있겠는가: 高攀龍, 『高子遺書』 권10 「三時記」에서 축약하였다.

|31-4| 수신을 붙들어 확고하게 근본으로 삼아 한 개 정신에 해당하는 것을 힘을 다해 방향을 바꾸어 자신에게 돌아가게 하고, 단호하게 견지하듯이 우뚝하게 서 있듯이 또렷하게 항상 보듯이 하면서, 조심조심 삼가며 밝게 상제를 섬깁니다. 상제가 너에게 임하여 있으니 너의 마음을 달리 가지지 말고, 보고 듣고 말하고 행동하는 사이에 시시각각 절실하게 점검하고 끌어당겨서 전적으로 법도에 돌아가게 하면, 저절로 기욕嗜慾은 간여할 수 없고 사나운 파도도 나를 빼앗지 못하여, 항상 머무를 바에 머물러 항상 자신을 닦아서 도리에 점차 가깝게 됩니다. 본(本: 근본)이라는 한 글자를 가지고 헛된 상상을 지어 억측하고 본령이 없이 지리한 증험의 길을 열어서 평탄한 대지에 까닭 없이 돌연 풍파를 일으키고 시간만 지연시켜서는 결코 안 됩니다. 당신이 말한 "달이 맑은 연못에 있고 꽃은 밝은 거울에 있어 얼른 물에서 거울에서 건지고 잡지만 잡지 못한다."는 것이 바로 이 병에 걸린 것입니다.【「아우 맹건(孟乾)에게 답함」】

|31-5| 정신精神 두 글자는 본체와 여전히 한 층차 떨어져 있습니다. "마음의 정신을 성(聖)

|31-4| 捉定修身爲本, 將一副當精神, 儘力倒歸自己, 凝然如有持, 屹然如有立, 恍然常若有見, 翼翼小心, 昭事上帝. 上帝臨女, 毋貳爾心, 視聽言動之間, 時切檢點提撕, 管歸於則, 自然嗜欲不得干, 狂浪不得奪, 常止常修, 漸近道理. 切不可將本之一字, 又作懸空之想, 啟卜度支離之證, 於坦平地無端橫起風波, 耽延歲月. 所云"月在澄潭, 花存明鏡, 急切撈摸不著"者, 正坐此病也.【「答弟孟乾」】

|31-5| 精神兩字, 去本體尚隔一層.

---

13  서존재(徐存齋): 徐階. 권27「南中王門學案3」.

이라고 한다."[14]에 대하여 선배들은 공자의 말이 아니라고 하였습니다. 지금 사람들은 걸핏하면 체體를 변석하고자 하지만, 단지 한결같이 양지良知를 체로 삼기 때문에 활동하며 활발한 것을 가지고 일률적으로 해당시킵니다. 이것은 바로 정백자(程伯子: 程顥)가 "체인하면 충만하게 생동하지만, 체인하지 못하면 단지 정신을 희롱하는 것이다."[15]라고 말한 이유입니다. 【「주여흠(朱汝欽)에게 답함」】

**|31-6|** 수신을 들어 근본으로 삼고 집안을 다스릴 때에도 집안을 상상하지 않고, 나라를 다스릴 때에도 나라를 상상하지 않고, 천하를 안정시킬 때에도 천하를 상상하지 않으면, 저절로 의념意念이 분산되지 않고 점차 본지에 가까워집니다. 【「정중보(丁重甫)에게 답함」】

**|31-7|** 대체로 한번 마음의 활동이 시작된 뒤에는 밤낮으로 밖을 향해, 아름다운 소리를 들으면 그 소리를 따르고 미색을 보면 그 미색을 따라서, 소리와 형색이 눈앞에 없어도 또한

"心之精神謂之聖", 先輩謂非孔子之語. 今人動欲辨體, 只爲一向以知爲體, 故概以游揚活潑者當之. 此程伯子所以謂"認得時活潑潑地, 認不得時只是弄精魂也". 【「答朱汝欽」】

**|31-6|** 挈出修身爲本, 齊家不作家想, 治國不作國想, 平天下不作天下想, 自然意念不分, 漸近本地. 【「答丁重甫」】

**|31-7|** 大率一到發靈後, 終日終夜只是向外馳走, 聞聲隨聲, 見色隨色, 即無

---

14　마음의 정신을 성(聖)이라고 한다: 이 말은 원래 『孔叢子』에 나오는데, 楊簡이 종지로 삼았다.

15　체인하면 충만하게 … 희롱하는 것이다: 『二程遺書』 권3: "'鳶飛戾天, 魚躍于淵, 言其上下察也.' 此一段子思喫緊爲人處, 與'必有事焉而勿正心'之意同, 活潑潑地. 會得時, 活潑潑地; 不會得時, 只是弄精神."

한결같이 앞뒤로 생각하고 헤아리는 데 맛들이니, 성에서 돌아서 점점 더 멀어지게 됩니다. 그러므로 성으로 한 걸음 다가가면 선하지 않음이 없고 바르지 않음이 없지만, 성에서 한 걸음 떨어지면 그와 반대로 됩니다.

**|31-8|** 육경에는 비결이 없으니, 매번 단지 "그 등 뒤에 머무른다[艮其背]."[16]는 한 구절이 있을 뿐이라고 여겼는데, 그 실제 내용은 곧 '머무를 바를 아는 것[知止]'입니다. 다만 『대학』에서는 선에 머무른다고 말하여 머무름에 정해진 방향이 없는 듯하지만, 『주역』에서는 등 뒤에 머무른다고 설명하여 정해진 곳이 있는 듯합니다. '등 뒤[背]'를 완고하게 물욕에 동요되지 않는 것으로 그 뜻을 삼는 것은 송대 학자들이 말하는 것과 같은 것으로 등 뒤에 머무르는 것의 깊은 뜻을 다 드러내기에 충분하지 않습니다. 그렇다고 이어서 세간에서 말하는 것처럼 "음의 방향"이라고 하거나 "북극"이라고 명명하는 것은 또한 도교의 허현(虛玄: 虛無와 玄妙)으로 떨어지는 잘못을 면하지 못합니다.

내가 일찍이 살펴보았는데, 박剝와 복復 두 괘는 똑같이 다섯 개의 음효에 하나의 양효로 되어 있습니다. 다만 양이 안에 있어 주인이

聲色在前, 亦只一味思前忖後, 所以去性轉遠. 故就性一步, 則無非善者, 無非正者, 離性一步, 反是.

**|31-8|** 「六經」無口訣, 每謂只有"艮其背"一句, 其實卽是知止. 但『大學』說止善, 似止無定方, 『易』說艮背, 似止有定所. 以背爲頑然不動之物, 如宋儒之說, 未足以盡艮背之妙. 因而指曰"陰方", 名曰"北極", 如世所云, 又不免落於虛玄之見.

予嘗看「剝」・「復」兩卦, 同爲五陰一陽, 但陽在內能爲主,

---

16    그 등 뒤에 머무른다: 『周易』艮卦 彖辭.

될 수 있으면 음은 양을 따르지 않음이 없으니 그러므로 복괘가 됩니다. 그러나 양이 밖에 있어 주인이 될 수 없으면 음은 양을 쇠퇴하게 하지 않는 일이 없습니다. 그러므로 박괘가 됩니다. 음과 양이 안에 머물고 밖에 머무는 것을 변석할 줄 알면, 머무를 곳을 아는 것의 깊은 뜻을 간취할 수 있습니다. 박괘가 쇠퇴하여 복괘가 자라나는 기미를 알면, 간괘의 등 뒤에 머무르는 이치를 파악할 수 있습니다. 등 뒤에 머무르는 것은 오로지 등 뒤를 향하는 것이 아니라 단지 하나의 되돌아감입니다. 잠시 되돌아면 복괘가 되고 항상 되돌아가면 간괘가 됩니다.

회옹(晦翁: 朱熹)은 "태어난 뒤로 이 마음은 항상 활동한다."[17]라고 하였습니다. 마음이 한시도 밖을 향해 내달리지 않음이 없으니, 머무를 곳을 아는 것이 아니면 어떻게 수렴하겠습니까? '등 뒤에 머무는 것'이 아니면 어떻게 머물러 지낼 수 있겠습니까? '그 몸을 얻지 않고', '그 사람을 보지 않음'은 안과 밖으로 모두 잊으며 혼연하게 중도를 견지하고 있는 기상입니다. 이것이 등 뒤에 머무는 것이 모든 성인이 비밀히 전한 뜻이 되는 이유입니다. 머무를 곳을 아는 것과 중도를 견지하는 것은 대개 같

則陰無不從陽者, 故爲「復」; 陽在外不能爲主, 則陰無不消陽者, 故爲「剝」. 知陰陽內外之辨, 而知止之妙可得; 識「剝」‧「復」消長之機, 而艮背之理可求. 艮背者, 非專向後, 只是一個復, 暫復爲復, 常復爲艮.

晦翁云: "自有人生來, 此心常發." 無時無刻不是向外馳走, 非知止, 如何收拾得? 非艮其背, 如何止宿得? 不獲其身, 不見其人, 內外兩忘, 渾然執中氣象, 此艮背所以爲千聖秘密也. 知止執中, 蓋是一脈相傳,

---

17  태어난 뒤로 … 항상 활동한다: 『회암집』 권32, 「答張敬夫」에 나온다.

은 계통으로 전수된 것입니다. 그러므로 정백자(程伯子: 程顥)는 "안을 옳게 밖을 그르게 여기는 것은 안과 밖을 모두 잊는 것만 못하다."[18]라고 하였습니다. 안과 밖을 모두 잊는 것은 감촉하기 이전의 기상만을 전적으로 형용한 것이 아닙니다. 나와 남에 대한 사적인 의식을 가지지 않고 막힘 없이 크게 공정하여, 외물이 오면 이치에 따라 응대하고 마음이 만물을 두루 포괄하면서도 마음을 두지 않는 것입니다. 항상 지선에 머물러 어질고 공경하며 효도하고 자애로우며 신실함이 감촉함에 따라 유행하여 저절로 발동해서 모두 절도에 맞는 것이 진정 이른바 "의식하지 않고 알지 않으며 상제의 법도에 따른다."[19]라고 하는 것입니다. 【이상 「이여잠(李汝潛)에게 답함」】

|31-9| 사람에게 어찌 두 개의 마음이 있겠습니까? 사람들은 알고 있습니다. 두 개의 마음이 없다는 것을 아는데 순의 조정에서 주고받은 말에서는 어째서 인심과 도심의 구별을 두었겠습니까? 두 가지가 있는 것은 마음이고, 두 개가 없는 것은 성이요, 두 가지가 있는 것은 용用이고 두 가지가 없는 것은 체體임을 반

故程伯子以爲"與其是內而非外, 不若內外之兩忘". 內外兩忘, 不專形容未感時氣象, 無我無人, 廓然而大公, 物來而順應, 心溥萬物而無心矣, 常止矣, 仁敬孝慈信, 隨感流行, 自然發皆中節, 眞所謂"不識不知, 順帝之則"也. 【以上「答李汝潛」】

|31-9| 人豈有二心? 人知之. 知其無二心, 而虞廷授受, 何以有人心道心之別? 須知有二者心, 無二者性, 有二者用, 無二者體. 此堯

---

18    안을 옳게 … 것만 못하다: 『二程粹言』권9 「心性篇與」: "其非外而是內, 不若內外之兩忘也." 「定性書」의 일부다.
19    의식하지 않고 … 법도에 따른다: 『詩』「大雅·皇矣」.

드시 알아야 합니다. 요가 순에게 명한 이 말에서 단지 "진실로 그 중中을 견지하라."라고 말한 이유입니다. "위태롭다."와 "은미하다."는 그 기미를 말한 것입니다. "도심"과 "인심"은 그 구분을 말한 것입니다. "오직 정밀하게 살핀다."는 말은 무엇이겠습니까? 도심과 인심이 같지 않음을 알고서 중中에 대하여 혹여 두 가지가 아닌가 염려하는 것을 바로잡는 것입니다. "오직 마음을 전일하게 한다."는 말은 무엇이겠습니까? 도심과 인심이 하나가 아님을 생각하면서 중에서 항상 하나가 되고자 하는 것을 바로잡는 것입니다. 항상 전일하게 하면서도 항상 정밀하게 살펴서 그 중中을 진실로 견지하면 곧 어디를 가도 도심이 유행하지 않음이 없고 중中이 항상 주도합니다. 『중용』에 "성을 따르는 것을 도라고 한다."라고 하였습니다. 그러므로 "도심"은 중이 주도하는 것입니다. 유자(劉子: 劉狄)[20]는 "사람은 천지의 중中을 받아 태어난다."[21]라고 하였고, 탕湯임금도 역시 "오직 위대한 상제께서 백성에게 충衷을 내려 주었으니 항상된 성에 따른다."[22]라고 하

之命舜, 所以只說 "允執厥中"也. "危"·"微"者, 以言乎其幾也. "道心"·"人心"者, 以言乎其辨也. "惟精"者何? 正有見於道心人心之不一, 而恐其或二於中也. "惟一"者何? 正有慮於道心人心之不一, 而欲其常一於中也. 常一常精, 厥中允執, 乃無適而非道心之流行, 而中常用事矣. 『中庸』曰: "率性之謂道." 故"道心"者, 中之用事也. 劉子所謂"人受天地之中以生", 湯亦曰"維皇上帝, 降衷於下民,

---

**20**　유자(劉子): 劉狄. ?~기원전 506. 春秋時代 劉國의 國君. 姓은 姬, 氏는 劉이다. 이름은 狄, 卷, 盆 등으로 불린다. 子는 작위를 뜻한다.
**21**　사람은 천지의 … 받아 태어난다: 『春秋左氏傳』「成公 13년」: "民受天地之中以生, 所謂命也."
**22**　오직 위대한 … 것에 따른다: 『尚書』「仲虺之誥」.

였습니다. 백성의 중中이 천명天命입니다. 그러
므로 자사子思는 곧바로 희로애락이 발동하기
이전의 상태로 중中에 해당시켰습니다. 고대
이래 중을 말한 것에 이와 같이 단적으로 말한
것은 없었습니다. 『대학大學』에서는 곧바로 심
心, 의意, 지知, 물物 등을 조목에 나열해 놓고
수신을 근본으로 삼는 데로 귀결시키고, 지선
에 머무르는 것에 귀결시켰는데, 그 의도가 또
한 이와 같습니다. 유독 말씀하신 도심과 인심
은 기미에서 파악하는 것을 바르게 하는 핵심
인 듯합니다만, 『대학』에서는 언급하지 않았
습니다. 모르겠지만, 마음에 대해 무엇 때문에
바르게 함을 사용하는가? 바르지 않음이 있기
때문에 바르게 하는 것입니다. 생각[意]에 대해
무엇 때문에 진실하게 함을 사용하는가? 진실
하지 않음이 있기 때문에 진실하게 하는 것입
니다. 양지[知]와 사물[物]이 모두 그러합니다.
바르고 진실한 것은 곧 이른바 도심이요, 바르
지 않고 진실하지 않은 것은 곧 이른바 인심입
니다. 다만 순의 조정에서 말한 것은 간략하고
『대학』에서 열거한 것은 자세하여, 면모가 조
금 달라 독자가 미처 이해하지 못하게 만듭니
다. "견지한다[執]."는 말은 명확히 "머무른다
[止]."는 말과 다르지 않습니다. 왜냐하면 모두
그림자와 메아리를 보고 헤아려 바꾸고 옮겨
가는 방식이 아니기 때문입니다.

若有恒性", 民之中,
天之命也, 故子思直
以喜怒哀樂之未發
者當之. 從古言中,
未有若此之端的者.
『大學』直將心意知
物列在目中, 歸本修
身, 歸止至善, 意亦
如此. 獨所云道心
人心者, 似正審幾之
要, 『大學』不及之
耳. 不知心何爲而
用正, 爲其有不正而
正之也; 意何爲而用
誠, 爲其有不誠而誠
之也. 知物皆然. 正
而誠者, 卽所謂道心
也; 不正不誠者, 卽
所謂人心也. 但虞廷
之所言者略, 而『大
學』之所列者詳, 頭
面稍不同, 致讀者未
解耳. 執字昭然與
止不異, 蓋皆不是影
響卜度轉換遷移之
法.

| 31-10 | 지(知: 양지의 앎)는 곧 행(行: 실행)이요, 행은 곧 지입니다. 이것이 지와 행이 본래 합일된 일체인 이유입니다. 아는 것이 궁극에 이르면 곧 실행하는 도리를 체득하고, 실행이 궁극에 이르면 아는 도리가 명확해집니다. 이것이 지와 행이 본래 용과 같은 이유입니다.【이상「진여수(陳汝修)에게 답함」】

| 31-11 | 양명陽明은 한 시대에 걸출한 인재로 천고에 탁월한 식견을 지녀 여러 논하고 지은 것이 어느 하나 성인을 배우는 참된 공로가 아닌 것이 없습니다. 그러나 그가 유도하고자 제시한 것은 단지 병폐를 구제하고 치우친 것을 보충하려는 것으로 공자와 증자의 법도에는 곧 충분히 부합되지 않습니다. 요컨대, 이제 치지致知 두 글자가 8조목 가운데 함께 열거되어 있어도, 근본을 아는 것[知本]과 머무를 바를 아는 것[知止]은 8조목 밖에 제시되어 있습니다. 치지를 근본을 아는 것으로 삼은 것은 본래 이치에 통하지 않습니다. 머무를 바를 아는 것[知止]이 곧 치지致知라고 여기는 것 역시 용用에 미흡한 점이 있습니다. 근본을 아는 것을 기어이 생략하려고 하면서 치지를 내세우지만, 그것이 불가능함은 오척 동자도 압니다. 공자가 종지를 열고 가르침을 세운 것에 근본을 아는 것을 제외하고, 따로 종지로 삼은 것

| 31-10 | 知卽是行, 行只是知, 此知行所以本來合體也. 知到極處, 只體當得所以行, 行到極處, 只了當得所以知, 此知行所以本來同用也. 【以上「答陳汝修」】

| 31-11 | 陽明以命世之才, 有度越千古之見, 諸所論著者, 無一非學聖之眞功, 而獨其所提揭者, 以救弊補偏, 乃未愜孔·曾之矩. 要今致知二字, 雖並列於八目之中, 而知本知止, 乃特揭於八目之外. 以致知爲知本, 于理固所不通, 謂知止卽致知, 於用亦有未協. 必欲略知本而揭致知, 五尺童子知其不可. 孔子之所以開宗立敎者, 舍知本之外, 別何所

이 어떤 것입니까? 증씨(曾氏: 曾參)가 홀로 그 종지를 얻은 이유가 근본을 아는 것 이외에, 따로 배운 것이 어떤 것이 있습니까? 세 가지로 반성한 것은 곧 수신의 법도입니다. 하나로 관통함은 지선에 머무는 것의 원천입니다. 세간에서 치지의 학문을 배우는 이는 지식을 많이 갖추는 과정을 인정하려 하지 않고 양지良知에서 일가를 세우는데, 잘 도달하면 같겠지만, 잘못된 점은 양명을 익히는 것에 익숙해져 그 믿음이 깊을수록 공자와 증자의 학문에 들어가는 것에는 도리어 얕아짐을 알아차리지 못하는 데 있습니다.

**|31-12|** 이십 년 전 한 선배를 만났을 때 선배가 건괘乾卦 "건지대시[乾知大始: 건(乾)은 처음 시작하는 것을 주관한다]"[23]의 "건지乾知"가 곧 양지良知라고 말하여 나도 모르게 실소한 적이 있습니다. 건乾은 사물을 시작하는 것을 주관하고 곤坤은 사물을 이루는 것을 주관합니다. '지知'는 주관한다는 뜻으로 옛 선현의 풀이에 잘못이 없습니다. 가령 '지知'자를 사용하는 용례에서 보면, 또한 '지부(知府: 府를 맡아서 주관함)', '지주(知州: 州를 맡아서 주관함)' 등의 부류와 같습니다. 건이 이 일을 지知한다는 말은 곧 건이

宗? 曾氏所以獨得其宗者, 舍知本之外, 別何所學? 三省則修之矩矱, 一貫則止之淵源. 世之學致知者, 旣不肯認多識之科, 而知上立家, 其致則一, 失在於習陽明之熟, 而不覺其信之深, 於孔‧曾反入之淺也.

**|31-12|** 二十年前, 曾見一先輩, 謂乾知卽良知, 不覺失笑. 乾主始物, 坤主成物, 知者主也, 昔賢之解不謬. 就令作知字看, 亦如知府知州之類, 謂乾知此事, 卽乾管此事也, 豈得截斷乾知, 謂天壤間信有乾知與良

---

23  건지대시(乾知大始):『周易』「繫辭上」.

이 일을 주관한다는 뜻입니다. 어찌 "건지乾知"
만 잘라 내서 천지 사이에 진실로 건지乾知와
양지良知가 있어서 증거가 된다고 말할 수 있겠
습니까? 정말 그렇다면, "곤작성물(坤作成物: 곤
은 사물을 이루어 준다)"[24]은 또 어떻게 잘라 내며,
어떻게 풀이하겠습니까? 이것은 양지를 밝히
고 싶어 사리의 진실을 더 이상 궁구하지 않고
문장의 조리를 살피지 못한 것이라고 말할 수
있습니다. 건은 양이고 곤은 음입니다. 정자는
"건은 하늘의 성정이다."[25]라고 하였습니다.
건과 곤 두 글자는 이미 이름을 붙일 수 없는
것에 대하여 붙인 이름입니다. 그런데 또 건에
양지가 있다고 하니 아무런 단서 없이 마음대
로 지어냄이 매우 심하다고 할 만합니다.

"그렇다면, 선생이 말한 대로면 건지乾知가
이미 없으니, 양지도 또한 없는 것입니까?"라
고 합니다. 대답하였다. "그렇지 않습니다. 지
(知: 양지)는 일체이니, 체와 용으로 나눌 수 없
습니다. 그러나 헤아려 보고야 하는 것과 헤아
려 보지 않고도 하는 것 사이는 판연히 다르므
로 본래적인 것과 그렇지 않은 것이 그로부터
구분됩니다. 비유하면 정情은 일체여서 역시
체와 용으로 나눌 수 없지만, 작위가 들어갔는

知作證印乎? 果然,
則"坤作成物", 又將
何以截之? 何以解
之? 此眞可謂欲明
良知, 而不復究事理
之實, 且不察文理
矣. 乾, 陽物也. 坤,
陰物也. 程子曰:
"乾者天之性情." 乾
坤兩字, 已是無名之
名, 而又謂乾有知,
杜撰無端, 可爲滋
甚.

曰: "然則如子所
云, 乾知旣無, 良知
亦無有乎?" 曰: "非
然也. 知一也, 不可
以體用分, 然慮不慮
判矣, 則良不良之所
由分. 譬之情一也,
亦不可以體用分, 然
有爲無爲判矣, 則善

---

24    곤작성물(坤作成物): 『周易』 「繫辭上」.
25    건은 하늘의 성정이다: 程頤, 『易傳』乾卦 "乾元亨利貞"의 傳.

가 아닌가는 판연하게 구분되므로 선한 것과 선하지 않은 것이 그로부터 구별되는 것과 같습니다. 정이 본래 성性의 용이듯이, 양지 역시 본심이 발동한 것입니다. 분별하는 것도 지(知: 양지)가 된다고 말했던 것은 그런 의미입니다. 비록 양지일지라도 또한 분별하는 것입니다. 갓난아이가 친애하고 공경하는 것이 양지가 아니겠습니까? 부모를 알아보고 어른을 알아보고 친애할 줄 알고 공경할 줄 아는 것은 분별하는 것입니다. 어린아이가 우물에 빠지는 것을 잠깐 보는 사이에 마음이 놀라고 안타까워하는 것이 양지가 아니겠습니까? 어린아이가 우물에 빠지는 것을 알고, 불쌍하게 여길 줄 아는 것은 분별하는 것입니다. 그러므로 양지가 분별됨은 그 지知가 본래적인 것인지 아닌지와 무관합니다. 만일 양지를 체로 삼고, 또 양지를 곧 하늘의 밝은 명(命: 부여해 준 것)이라고 말하면, 『대학』안에서 치지致知 이외에 또 지선至善을 들고, 또 지본(知本: 근본을 앎)을 들고 있는데 이른바 본本과 선善은 어디에 소속시키겠습니까? 만일 지知가 곧 본本이라고 하면 『대학』은 단지 지지知知라고 말해야 합니다. 또 어떻게 지본知本을 말할 수 있겠습니까? 만일 지知가 곧 선善이라고 하면 『대학』은 단지 지지知止라고 말해야 합니다. 또 어떻게 지선止善이라고 말할 수 있겠습니까? 『주역周易』에 '한 번 음이 되고 한 번 양이 되는 것을 도라

不善之所由別. 情固性之用, 知亦心之發也, 鄙所謂分別爲知者是也. 雖良知, 亦分別也. 孩提之愛敬, 非良知乎? 知親·知長·知愛·知敬, 分別也. 乍見之怵惕惻隱, 非良知乎? 知孺子之入井·知可矜憐, 分別也. 故知爲分別, 無分於知之良與不良也. 若以良知爲體, 又曰良知卽是天之明命, 則『大學』一經之內, 於致知之外, 又揭至善, 又點知本, 則所謂本與善者, 又將安所屬乎? 若云知卽是本, 『大學』只合說知知, 又安得說知本? 若云知卽是善, 『大學』只合說知止, 又安得說止善? 『易』曰: '一陰一陽之謂道,

고 한다. 도를 잇는 것은 선善이요, 도를 이루는 것은 성性이다'[26]라고 하였는데, 성性은 무엇을 지칭하는 것입니까? 응당 선을 말합니다. 그러므로 『맹자』에서는 '성선性善'을 말하였고, 『대학』에서는 '지선至善'을 말하였고, 『중용』(20장)에서는 '명선(明善: 선함을 밝힘)'을 요구하여, '선함에 밝게 알지 못하면 자신을 진실하게 할 수 없다'라고 하였습니다. 지선에 머무는 것을 알지 못하면 자신을 닦을 수 없는 것입니다. 어찌 마음의 용을 체라고 강요하고, 천의 밝은 명命을 지知라고 강요할 수 있겠는가?

『곤지기困知記』에서 말하였습니다. '하늘에 양지가 있는 것을 나는 보지 못하였다. 땅에 양지가 있는 것을 나는 보지 못하였다. 해와 달 그리고 별에 양지가 있는 것을 나는 보지 못하였다. 산과 강 그리고 초목에 양지가 있는 것을 나는 보지 못하였다. 그 양지를 찾아도 찾을 수 없는데, 어떻게 천지와 만물을 헤아림이 미치는 것 밖에 두지 않을 수 있겠는가?'『곤지기』의 말이 투박한 듯하지만 그 이치는 도리어 옳습니다. 대개 만물과 체를 함께한다는 것은 곧 만물의 체를 같이할 수 있는 것이요, 만물과 상대가 된다는 것은 곧 만물의 체를 함께하지 못하는 것입니다. 부모를 알아보고 어

繼之者善也, 成之者性也.' 性亦何名? 只合說善. 故『孟子』道性善, 『大學』說至善, 『中庸』要明善, 以爲不明乎善, 則不能誠乎身也. 正是不知止於至善, 則不能修乎身也. 豈可強心之用爲體, 抑天之命爲知?

『困知記』曰: '天, 吾未見其有良知也. 地, 吾未見其有良知也. 日月星辰, 吾未見其有良知也. 山川草木, 吾未見其有良知也. 求其良知而不得, 安得不置天地萬物於度外乎?' 其言似朴, 其理却是. 大率與萬物同體者, 乃能同萬物之體, 與萬物作對者,

---

26　한 번 … 것은 성(性)이다: 『周易』 「繫辭上」.

른을 알아보는 것이 필경에는 친애함이 부모에 대해 행해지고 공경하는 것이 어른에게 행해집니다. 분별함이 있으면 곧 저쪽과 이쪽을 구분함이 있으니 이른바 만물과 상대가 되는 것이 아니겠습니까? 그런데 그렇게 하여 만물의 체를 함께하는 것으로 대하고 이것으로 대인의 학문[대학]에서 가르침을 세워 종지를 열고 천명을 회복하여 뿌리로 되돌아가는 법도로 삼고자 하니, 가능하겠습니까? 가능하지 않겠습니까?"

동수董燧가 말하였다. "그렇다면, 당신이 말한 대로 지知에는 실로 본래적인 것과 본래적이지 않은 것의 차이가 없으니, 그 지知가 본래적이든 아니든 상관하지 않을 것이다. 그러나 또한 양지良知도 귀함이 없겠는가? 이치상 완전하지 않은 듯하다." 저는 대답합니다. "그렇지 않습니다. 맹자는 '사람이 헤아려 보지 않아도 아는 것은 본래부터 알고 있는 것[良知]이다'[27]라고 하였습니다. 양지라는 명칭은 비록 맹자에게서 시작되었다고 하지만, 양지의 설명을 친절하게 한 이도 또한 맹자보다 더 나은 사람이 없습니다. 세간의 학인들은 단지 장황하게 양지良知 양지良知라고 말하면서, 지知가

即不能同萬物之體. 知親知長, 畢竟愛行于親而敬行於長也. 有分別, 即有彼此, 非所謂與萬物作對者乎? 而欲持之以同萬物之體, 以是爲大人之學所以立教開宗復命歸根之宗旨也, 可乎? 不可乎?"

曰: "然則如子所云, 知果無分於良與不良, 則將任其知之良不良, 而亦無貴於良知矣乎? 恐於理不盡也." 曰: "不然. 孟子曰: '人之所不慮而知者, 其良知也.' 良知之名, 雖云起自孟子, 而指點良知之親切者, 亦莫過於孟子. 世之學者, 但漫曰良知良知, 曾

---

**27** 사람이 헤아려 보지 … 있는 것[良知]이다:『맹자』「盡心上」.

본래적인 것이 어떻게 본래적이고, 본래적이지 않은 것이 어떻게 해서 본래적이지 않게 되는지 한 번도 생각하지 않습니다. 지知가 본래부터 아는 것인 이유는 헤아려서 하지 않는 것에 있습니다. 따라서 내가 공부하고 있는 것이 헤아리지 않는 데에 또한 반드시 되돌아간 이후에 지知가 반드시 본래의 앎이 되게 할 수 있습니다. 그런데 곧바로 지知에서 견해를 세워 용用에서 탁마하고 분별하는 중에서 탐구하면, 이것은 헤아리지 않는다는 명분을 찾고자 하면서, 실제로는 헤아림이 들어간 것으로 먼저 찾는 것입니다. 가능하겠습니까? 공자는 말하였습니다. '내가 아는 것이 있는가? 아는 것이 없다'[28]라고 하고, 또 '대개 알지 못하면서 지어내는 사람이 있지만, 나는 이런 일이 없다'[29]라고 하였습니다. 지知를 체體로 삼는다는 것을 공자는 듣지 못하였습니다. 지知가 미친다는 것은 응당 그 미칠 일을 찾는 것으로 지知는 체가 아닙니다. 인仁으로 지킨다는 것은 응당 지켜야 할 일을 찾는 것으로 인仁은 체가 아닙니다. 이 인仁과 지知는 곧 용用의 덕德에 나아가 보는 것입니다. 대개 잘 변별하는 것을 가리켜 지知라고 하고, 잘 지키는 것을 가리켜

不思知之所以良者, 自何而良, 所以不良者, 自何而不良? 知之所以良者, 自於不慮, 則學之在我者, 亦當反之於不慮, 而後可以致知之必良, 乃直於知上立家, 用上磨擦, 分別上求討, 是欲以求不慮之名, 而先求之以有慮之實也, 而可乎? 孔子曰: '吾有知乎哉? 無知也.' 又曰: '蓋有不知而作之者, 我無是也.' 以知爲體, 孔子不聞. 知及者, 當求其所及之事, 而知非體也. 仁守者, 當求其所守之事, 而仁非體也. 此等仁知, 又就用之德看, 蓋指能擇者爲知, 而

---

28   내가 아는 … 것이 없다: 『論語』「子罕」.
29   대개 알지 … 일이 없다: 『論語』「述而」.

인仁이라고 하는 것으로, 곧 이것을 가지고 실제의 체로 삼아서는 안 됩니다. 지(智: 지혜)는 비유하면 교(巧: 재주가 교묘함)이니 또한 똑같이 이런 종류입니다. 만일 반드시 지智를 체라고 고집한다면 이른바 성聖과 인仁은 또한 장차 어디에 속합니까?

비유하면, 『대학』에서는 '지본(知本: 근본을 안다)'을 말하고, 또 '지지(知止: 머무를 바를 안다)'를 말하였습니다. 『맹자』[30]에서는 '지성(知性: 본성을 안다)'을 말하고 또 '지천(知天: 하늘을 안다)'을 말하였습니다. 만일 지止와 본本을 빼고 곧바로 『대학』에서는 지知로 가르침을 세우고 지知로 체를 삼았다고 말하고, 성性과 천天을 빼고 곧바로 『맹자』에서는 지知로 가르침을 세우고 지知로 체를 삼았다고 하면, 뿌리를 측정하지 않고 그 끝만 나란하게 하는 것에, 그림이 비슷하다고 곧바로 준마라고 지칭하는 것과 가깝지 않겠습니까? 그러므로 『대학』에서는 지知를 폐기한 적이 없지만, 지知를 체로 삼지 않았습니다. 지知가 본래 체가 아니기 때문입니다. 『대학』에서는 지知를 극진히 발휘하지 않은 적이 없습니다. 다만 지知를 종지로 제시하지 않았습니다. 왜냐면 지는 본래 용用이어서 종지로 삼을 수 없기 때문입니다. 마음

能守者爲仁也, 不可便執爲實體也. 智譬則巧, 亦同此類. 若必執智爲體, 則所謂聖與仁者, 又將安所屬乎?

譬之『大學』言知本矣, 又言知止矣, 『孟子』言知性矣, 又言知天矣, 若脫却止本, 而直謂『大學』以知立教, 以知爲體, 遺去性天, 而直謂『孟子』以知立教, 以知爲體, 不幾於不揣其本而齊其末, 按圖之似而直指之爲駿也乎? 故『大學』未嘗廢知也, 只不以知爲體, 蓋知本非體也. 『大學』未嘗不致知, 只不揭知爲宗, 蓋知本用, 不可爲宗也. 倦倦善誘

---

**30** 　『맹자』:「盡心上」에 나온다.

명유학안 권31, 지수학안

을 쏟아 자상하게 가르침을 제시한 한 편의 경문에서 만고에 걸쳐 천명을 세우는 종지로 정하고 모든 성인의 가르침에서 근원이 되는 핵심으로 총괄한 것은 단지 사람들에게 지본(知本: 근본을 아는 것)을 가르치고 사람들에게 지지(知止: 머무를 바를 아는 것)를 가르친 것입니다. 신身, 심心, 의意, 지知가 8조목 가운데 함께 나열되어 있지만, 단지 수신修身을 들어서 근본으로 삼았을 뿐이고 심心, 의意, 지知는 다시 언급하지 않았습니다. 이것이 어찌 생각 없이 그런 것이며 견해가 없이 그렇게 설명한 것이겠습니까? 이것은 그 가운데 진실로 모든 성인이 전하지 않은 비전이 있으니, 호걸의 선비로 이전 성인의 가르침을 잇고 후학을 계도하며, 천지를 위해 마음을 세우고 백성을 위해 천명을 세우는 이가 아니면, 이 뜻을 함께 알기에 부족합니다."

一篇經文, 定萬古立命之宗, 總千聖淵源之的,　只是敎人知本,　只是敎人知止. 身心意知, 並列於八目之中,　特揭修身, 不復及心意知也, 此豈無謂而然, 無所見而爲是說乎?　此其中眞有千聖不傳之秘,　而非豪傑之士, 必欲繼往聖開來學, 爲天地立心, 爲生民立命者, 不足以與聞乎斯義也."

| 31-13 | 예부터 가르침을 세움에 지知를 체로 삼은 경우는 없었습니다. 명도(明道: 程顥) 선생은 "마음의 체는 성性이다."라고 하였고, 이천(伊川: 程頤) 선생은 "마음은 곡물의 종자와 같고, 인仁은 생(生, 생성)의 리理이다."라고 하였습니다. 횡거(橫渠: 張載) 선생은 "성과 지각을 합하여 심이라는 명칭이 성립한다."라고 하였습니다. 이들 또한 성이 심의 체가 된다는 견해입니다. 회암(晦菴: 朱熹) 선생은 "어진 자는

| 31-13 | 從古立敎, 未有以知爲體者, 明道先生曰: "心之體則性也."　伊川先生曰: "心如穀種, 仁則其生之理也."　橫渠先生曰:　"合性與知覺, 有心之名." 亦是性爲心體之見.

347

반드시 지각하지만 지각하는 것을 가지고 인이라고 명명해서는 안 된다."라고 하였습니다. 지知가 과연 심의 체라면, 지知가 곧 성性이라고 말하는 것이 옳겠습니까? 인仁은 생리生理입니다. 생리는 곧 성性입니다. 지각은 인이라고 부를 수 없는데, 지知만 인仁이라고 부를 수 있겠습니까? 지知는 인仁이라고 부를 수 없는데, 심의 체로 삼을 수 있겠습니까?

"불교는 심心에 근본을 두고 성인은 하늘에 근본을 둔다."[31]는 것은 대개 이천 선생이 갈파한 말입니다. 예로부터 공公과 사私로 유교와 불교의 차이를 판별하거나, 의義와 리利로 차이를 판별하는 것이 있어, 구분되는 것이 비록 명확하지만, 마음에 근본을 두는 것과 하늘에 근본을 두는 것의 차이로 판별하는 논의가 바닥까지 뒤집어서 핵심에 근거하는 것만 못합니다. 그러므로 불교를 물리칠 때, 불교는 오직 지각하고 활동하는 것으로 성性을 말하기 때문에, 불교는 성性이 무엇인지 전혀 모른다고 하였습니다. 이 말은 본래 장구만 마친 선비도 익히 듣고 익히 읽은 것입니다. 그런데 유독 공부하는 과정에서 이미 있는 말을 모두

晦菴先生曰: "仁者必覺, 而覺不可以名仁." 知果心之體也, 謂知卽性可乎? 仁爲生理, 生理卽性也, 覺不可以名仁, 知獨可以名仁乎? 知不可以名仁, 又可以爲心之體乎?

"釋氏本心, 聖人本天", 蓋伊川先生理到之語. 古有以公私辨儒釋者, 有以義利辨儒釋者, 分界雖淸, 卒未若本心本天之論, 爲覆海翻蒼, 根極於要領也. 故其斥釋氏也, 專以知覺運動言性, 謂之不曾知性. 此固章句士所熟聞而熟講者, 乃獨於學問之際, 欲悉掃成言, 以

---

**31** 불교는 심(心)에 … 근본을 둔다: 『二程遺書』 권21下: "『書』言天叙天秩, 天有是理, 聖人循而行之, 所謂道也. 聖人本天, 釋氏本心.'"

명유학안 권31, 지수학안

쓸어 버리고 일개 학파의 설에 아부하며, 유교의 가르침을 전부 어기면서 불교의 종지를 주창하고자 하는 것은 아마도 조금이라도 어진 마음이 있는 사람이라면 차마 하지 않는 바가 있을 것입니다.

우리 유교는 오직 하늘에 근본을 둡니다. 그러므로 성性에서는 선善 한 글자만 말할 뿐입니다. 발용할 때에 그 선한 것의 조리(條理: 맥락)를 보고 가슴 아파하는 마음에 대해서는 그것의 인仁이라고 이름을 붙이고, 부끄럽고 미워하는 마음에 대해서는 그것의 의義라고 이름을 붙이고, 사양하고 양보하는 마음에 대해서는 그것의 예禮라고 이름을 붙이고, 옳고 그름을 분별하는 마음에 대해서는 그것의 지智라고 이름을 붙였지만, 역시 총괄하면 한 개 선善일 뿐입니다. 선함이 있고 선하지 않음은 없다고 하여 선함과 선하지 않음을 상대시켜 설명한 적이 없습니다. 착함[仁]이 있고 착하지 않음[不仁]은 없다고 하여 착함과 착하지 않음을 상대시켜 설명한 적이 없습니다. 의義와 예禮와 지智도 역시 여기에 준합니다.

후대의 유자(양명)는 "선함도 없고 악함도 없는 것은 마음의 본체이다."라고 하였습니다. 이것은 다른 뜻이 아니라 지知에 나아가서 본체[體]로 여긴 것입니다. 지知는 본래적인 것도 있고 또한 본래적이지 않은 것도 있습니다. 그런데 어떻게 선함도 없고 악함도 없는 것으로

附一家之說, 盡違儒訓, 以狥釋學之宗, 恐少有仁心者, 有所不忍也.

吾儒惟本天也, 故於性上, 只是道得一個善字. 就於發用之際, 覰其善之條理, 於惻隱也而名其仁, 於羞惡也而名其義, 於辭讓也而名其禮, 於是非也而名其智, 亦總之只是一個善而已. 未嘗云有善無不善, 將善與不善對說也; 有仁無不仁, 將仁與不仁對說也. 義禮智亦準此.

後儒則曰"無善無惡者心之體", 此無他, 則以其就知上看體. 知固有良, 亦有不良, 夫安得不以無善無惡者爲心之體

마음의 본체를 삼지 않을 수 있겠습니까? 이제 옥이 있다면, 본래 흠이 없을 때는 단지 '희다[白]'는 한 글자만 말할 수 있습니다. 흰 것이 있고 검은 것은 없다고 말해서는 안 됩니다. 물이 있어 본래 오염되지 않았을 때는 '맑다[淸]'는 한 글자만 말할 수 있습니다. 맑은 것이 있고 탁한 것은 없다고 말해서는 안 됩니다. 맑은 것과 탁한 것을 상대시켜 설명하는 것은 반드시 뒤섞인 뒤에 말하는 것입니다. 선함과 악함을 상대시켜 말하는 것은 반드시 움직임이 있은 뒤에 있는 것입니다.

고자告子는 학문이 낮은 수준이 아니었지만, 성性에 대한 이해가 한 번 어긋나자 결국 의義를 외부적인 것으로 여겼습니다. 그 점을 어떻게 밝히는가? 공도자公都子가 말합니다. "고자는 '성은 선함도 선하지 않음도 없다'라고 하였다."[32] 선함도 없고 선하지 않음도 없는 것을 성으로 삼은 것은 바로 후대 유자가 선함도 악함도 없는 것을 마음의 본체로 여긴 것입니다. 그런데 고자에 대해서는 잘못되었다고 배척하면서도, 후대 유자에 대해서는 종사로 받듭니다. 불교에 대해서는 이단이라고 하면서도, 후대 유자에 대해서는 가르침의 근본으로 받듭니다. 오직 제 논의가 자못 공정한 것 같은데

乎? 今有玉焉, 本無瑕也, 只合道得一個白字, 不可云有白而無黑也. 有水焉, 本無汙也, 只合道得一個淸字, 不可云有淸而無濁也. 淸濁對說, 必自混後言之. 善惡對說, 必由動後有之.

告子學問非淺, 只爲他見性一差, 遂至以義爲外. 何以明之? 公都子曰: "告子曰: '性無善無不善也.'" 以無善無不善爲性, 正後儒之以無善無惡爲心之體也. 在告子則闢之, 在後儒則宗之, 在釋氏則謂之異端, 在後儒則宗爲敎本. 惟鄙論似頗稍公, 而友

---

**32** 고자는 '성은 … 없다'라고 하였다: 『孟子』 「告子上」.

도 친구들 사이에서는 또한 희롱하고 믿지 않습니다. 공정하다는 것은 무엇인가? 곧 당신이 말씀하신 양명이 여러 가지 논하고 글로 쓴 것들이 성학의 참된 공부가 아닌 것이 하나도 없지만, 다만 양명이 유도하고자 제시한 사구교四句敎는 병폐를 구제하고 치우친 것을 보정하려던 것이었지만, 공자와 증자의 마음에는 곧 흡족하게 부합하지는 않습니다. 요컨대 우리 무리 중 선유의 가르침을 잘 배우고 성학에 뜻을 둔 자가 양명이 논하고 글로 드러낸 것에서 성학의 참된 공부를 배우는 것은 좋지만, 그러나 유도하려고 제시한 것까지도 병폐를 구제하고 치우친 것을 보정하기 위해서 어쩔 수 없이 그렇게 한 것임을 믿지 않고, 곧바로 의거하여 바꿀 수 없는 정론으로 삼으니 옳겠습니까?

심재(心齋: 王艮)[33]는 양명의 제자가 아닙니까? 성학의 참된 공부를 심재는 바꾸지 않았습니다. 그러나 그가 양명이 유도하고자 제시한 사구교까지 종지로 삼아 바꾸지 않았다는 것을 듣지 못했습니다. 쌍강(雙江: 聶豹)[34]은 양명의 제자가 아닙니까? 그 성학의 참된 공부를 쌍강은 바꾸지 않았습니다. 그러나 또한 양명이 유도하고자 제시한 것까지 종지로 삼아 바

朋之間, 又玩而不信也. 公者何? 卽所云諸所論著者, 無一而非聖學之眞功, 而獨其所提揭者, 以救弊補偏, 乃未愜孔·曾之心. 要吾輩善學先儒者, 有志聖學者, 學其諸所論著學聖之眞功可也, 而必倂其所提揭者, 不諒其救弊補偏之原有不得已也, 而直據以爲不易之定論也, 可乎?

心齋非陽明之徒乎? 其學聖之眞功, 心齋不易也, 未聞倂其所提揭者而宗之不易也. 雙江非陽明之徒乎? 其聖學之眞功, 雙江不易也, 亦未聞倂其所提

---

33    심재(心齋): 王艮. 권32「泰州學案1」.
34    쌍강(雙江): 聶豹. 권17「江右王門學案2」.

꾸지 않았다는 것을 듣지 못하였습니다. 이제 감히 양명 선생의 성학에 대한 참된 공부를 폐기할 때, 붕우 사이에 무리지어 비난하고 이의를 제기하는 것은 마땅한 일입니다. 그러나 성학의 참된 공부를 폐기하지 않고, 다만 그 유도하고자 제시하였던 사구교에 대하여 이의를 제기하는 것은 심재와 쌍강 두 선생이 본래 이미 먼저 제기하였던 것입니다. 귀적歸寂의 설은 쌍강의 뜻이 아닙니까? 수신修身을 근본으로 삼는 것은 내가 홀로 앞서 말하는 것이 아닙니다. '필부인 것이야 죄가 없지만, 옥을 품고 있으니 그것이 죄이다. 가난한 사람이 재부를 이야기하면 누가 믿으려 하겠는가?'라고 늘상 하는 말이 있습니다. 지금의 나를 두고 하는 말입니다. 내가 조금 식견을 가진 것 또한 어느 것인들 양명 선생이 가르쳐 주신 것이 아니겠습니까? 염두에 두는 것은 공부하는 사이에 사사로운 것을 행하지 않는 것입니다. 이른바 배운다는 것은 공정하게 배우고 공정하게 말하는 것일 뿐입니다. 내 마음에 비추어 찾는데 이해가 되지 않는다면 비록 그 말이 공자에게서 나왔더라도 감히 믿지 않는다는 것 또한 양명 선생이 가르쳐 주신 말입니다. 【이상 「동용산(董蓉山: 董燧[35])에게 답함」】

揭者而宗之不易也. 今而敢廢陽明先生學聖之眞功, 則友朋間宜羣詆而議之矣. 苟未廢學聖之眞功, 而獨議其所提揭也, 則心齋・雙江兩先生固已先言之矣. 歸寂非雙江旨乎? 而修身爲本, 則非鄙人所獨倡也. 常有言匹夫無罪, 懷璧其罪; 貧子說金, 人誰肯信, 僕今日之謂也. 僕少有識知, 亦何者而非陽明先生之教之也? 念在學問之際, 不爲其私. 所謂學, 公學公言之而已矣, 求之心而不得, 雖其言之出於孔子, 未敢信也, 亦陽明先生之教之也. 【以上「答董蓉山」】

---

35 董燧: 1503~1586. 자는 兆時이고, 호는 蓉山으로, 臨川[江西省 樂安縣 流坑] 사람이다.

**┃31-14┃** 하늘의 일은 소리도 없고 냄새도 없으니, 경계하고 조심하고 염려하고 두려워함은 그 요체가 보이지 않고 들리지 않는 곳으로 돌아가는 것입니다. 밝고 영묘한 것은 결코 체가 아니지만 그러나 밝고 영묘한 것을 버리면, 또한 별도로 이용하여 지선에 머무는 데로 들어갈 수 있는 법문이 없습니다. '양지를 통섭하여 지선에 머무는 데로 돌아간다'는 것은 원래 부득이하게 형용하여 한 말로, 달리 말하면 곧 영묘함을 통섭하여 허虛에 돌아가는 것이요, 정을 통섭하여 성에 돌아가는 것입니다. 다만 이렇게 말만 해서는 안 됩니다. 이것을 알면 두 가지 모두 공부가 되지만, 알지 못하면 두 가지 모두 병통이 됩니다. 【「주명홍(朱鳴洪)에게 답함」】

**┃31-15┃** 지知가 항상 지선에 머물면 저절로 혜아릴 수 있습니다. 거기에 다시 각(覺: 깨달음)이라는 글자를 첨가할 필요가 없습니다. 근본이 항상 세워져 있으면 그것이 곧 경(敬: 공경함)입니다. 다시 경敬이라는 글자를 첨가할 필

**┃31-14┃** 上天之載, 無聲無臭, 戒愼恐懼, 要歸不睹不聞. 昭昭靈靈者, 斷不是體, 然除却昭昭靈靈, 亦無別可用以入止地之法門矣. 攝知歸止, 原是不得已而形容之語, 易詞言之, 卽是個攝靈歸虛, 攝情歸性也. 但不可如此道耳. 悟得此, 則兩者俱是工夫, 悟不得, 則兩者俱成病痛. 【「答朱鳴洪」】

**┃31-15┃** 知常止, 自能慮, 不必更添覺字; 本常立, 卽是敬, 不必更添敬字. 【「答賴維新」】

---

嘉靖 10년(1531) 진사에 급제하고, 관직은 南京刑部郎中에 이르렀다. 嘉靖 42년(1562) 致仕하고 귀향하여 宗族을 정비하고 결속시키는 일에 힘썼다. 歐陽德, 王艮, 鄒守益, 聶豹 등과 교류하였고, 강학과 저술을 통해 양명학에 전심하였다. 저서로 『圓通答問』, 『蓉山集』(16권), 『蓉山會語』, 『古今人物考』, 『宋元綱目問答』, 『臨汝源流』, 『麗澤錄』, 『董氏家志及家詩』, 『鄕約志』이 있다.

요가 없습니다. 【「뇌유신(賴維新)에게 답함」】

| 31-16 | (『대학』의) '근본과 말단', 그리고 '시작과 끝'은 길한 쪽으로 나아가고 흉한 쪽을 피하는 이치를 다 포괄한 말입니다. 384개의 효에서 판별한 길흉에 나아가고 피하는 것에 하나라도 먼저 할 일과 나중에 할 일을 아는 것이 아닌 경우가 있습니까? 먼저 할 일과 나중에 할 일을 알면, 곧 행보마다 모두 길하지만, 근본과 말단 그리고 시작과 끝의 순서를 뒤집어 어지럽히면 곧 행보마다 모두 흉합니다. 이른바 기미[幾]는 움직임이 미세하게 시작되어 길함이 먼저 드러나는 곳으로 혼연히 하나의 지선에 머무르는 법입니다. 정해짐이 있을 수 있고, 동요하지 않을 수 있고, 편안할 수 있는 곳에 머무르면 행보마다 길함이 먼저 드러나고 근본을 따라 종지를 세워서 말단으로 빠지는 데 이르지 않습니다. 다만 한번 말단에 빠지면 아무리 신묘한 재주라고 해도 또한 잘 안착하는 일이 없습니다. 【「붕우에게 답함」】

| 31-17 | 한 걸음 자신에게서 이탈하면 곧 옥황상제 곁으로 향해서 가는데, 또한 옳은 일이 아닙니다. 왜냐하면 사적인 나를 가지고 상제를 대하면 상제 또한 말단이 됩니다. 【「서청보(涂淸甫)에게 답함」】

| 31-16 | 本末始終, 括盡吉凶趨避之理. 三百八十四爻, 其所判吉凶趨避, 有一不是此知所先後者乎? 知所先後, 則步步皆吉. 倒亂了本末始終之序, 則步步皆凶. 所謂幾者, 動之微, 吉之先見者也, 渾是一個止法. 止其所以能定・能靜・能安, 着着吉先, 從本立宗, 不至流到末上. 只一到末上, 卽神聖工巧, 亦無有善着矣. 【「答友」】

| 31-17 | 一步離身, 卽走向玉皇上帝邊去, 亦非是. 蓋以我對上帝, 則上帝亦末也. 【「答涂淸甫」】

**|31-18|** 학문은 단지 공부가 있을 뿐입니다. 비록 생각하는 것도 또한 공부입니다. 다만 돌아가 머무는 것에서 말하는 공부가 있고, 개개의 이치에서 말하는 공부가 있습니다. 돌아가 머무는 것에서 공부를 말하면, 바로 생각하는 것입니다. 개개의 이치에서 생각하면 바로 공부라고 말하는 것입니다. '지선에 머무름은 생각하는 것이요, 수신이 공부이다'라고 하는 것도 원래 두 가지 일이 아닙니다. 비유하면, 글을 쓸 때 생각하는 것이 없으면 붓을 들어 쓸 수 없습니다. 그렇지만 또한 붓을 들어 단어를 다듬고 이치에 맞게 문장을 이루지 않고서 생각한 것을 완성할 수 있는 경우는 일찍이 없습니다. 생각이 떠오른 뒤에 문구가 성립하고, 문구가 순조로운 뒤에 조리가 명료해집니다. 생각하는 것이 깊고 문구를 엮는 것은 낮다고 여기면 안 됩니다. 또한 문구를 엮는 것에서 공부를 시작할 수 있지만 생각하는 것에서는 착수할 만한 공부가 없다고 말해서도 안 됩니다. 공부가 없는 곳에 이르는 것도 공부입니다. 또한 자연히 지선에 머무르기를 깊은 곳에 하면 자신을 닦는 것은 신묘해지니, 이른바 "사적인 지식과 지혜를 내지 않고 상제의 법도에 따른다."[36]는 것입니다.

**|31-18|** 學問只有工夫, 雖主意, 亦工夫也, 但有自歸宿言者, 有自條理言者. 自歸宿上說工夫, 恰好是個主意, 自條理上做主意, 恰好說是工夫. 此止爲主意, 修爲工夫, 原非二事也. 譬之作文, 未有無主意而可落筆, 亦未有非落筆修詞, 順理成章, 而可以了却主意者也. 意到然後詞到, 詞順然後理明, 不可將主意視作深, 修詞視作淺, 又不可謂修詞有可下手, 而主意則無可用工夫也. 至於無工夫處是工夫, 又自是止之深處, 修之妙手, 所謂 "不識不知, 順帝之則" 者也.

---

36    사적인 지식과 지혜를 … 법도에 따른다: 『詩』 「大雅·皇矣」.

**┃31-19┃** 정사년(1557) 가을 동곽(東廓: 鄒守益) 선생을 청원산青原山 강회에서 모시고 있을 때, 마침 "선하지 않은 것은 재(才, 재주)의 문제가 아니다."[37]에 대하여 강론하였습니다. 동곽옹께서 저에게 시키셔서, 제가 말하였습니다. "세간의 일에 기량과 지식에 속한 것은 잘하고 잘하지 못하는 차이가 정말로 있습니다. 이것이 재주에 죄를 돌릴 수 있는 이유입니다. 그러나 자식이 되어 효도하지 않고, 신하가 되어 충직하지 않은 것, 이것이 이른바 '선하지 않은 짓을 하는 것'입니다. 어찌 재주가 모자라 효도하지 못하고, 재주가 모자라 충직하지 못하다고 하면서 선하지 않은 짓의 죄를 재주에 돌릴 수 있겠습니까?"

**┃31-20┃** 영명함[靈]의 본체는 본래 비어 있지만, 영명함의 작용은 반드시 기를 타고 감각기관에서 일어난 뒤에 있어, 후천後天[38]의 부분이 차지하는 바가 많습니다. 그러므로 영명함에 맡기면 반드시 타고난 바탕을 따라 하는 데 이릅니다. 타고난 바탕을 따라 하면 그 유폐가 하늘[본성]을 멸망시키는 데 이릅니다. 근본

**┃31-19┃** 丁巳秋, 侍東廓老師於靑原會上, 時講 "不善非才之罪", 廓翁命材, 材曰: "世間事但屬伎倆知解者, 信乎有能有不能, 此所以可諉罪於才. 若夫爲子而不孝, 爲臣而不忠, 是所謂 '爲不善' 也, 豈亦可云才不能孝, 才不能忠, 而直以不善之罪諉之於才乎?"

**┃31-20┃** 靈之體雖本虛, 而靈之用必乘氣發竅之後, 後天之分數居多. 故任靈則必至從質, 從質則其流必至滅天. 除却返本還源, 歸性攝

---

37  선하지 않은 … 문제가 아니다: 『孟子』「告子上」.

38  후천(後天): 『周易』「乾卦·文言」의 "先天而天不違, 後天而奉天時"에서 나왔다. 여기서 후천은 기를 타고 활동한 이후 기질의 조건에 따라 작용하는 상태 또는 기질을 지칭한다.

으로 돌아가고 성性으로 돌아가 지知를 통섭하는 것을 제외하고는 따로 수습할 방도가 없습니다.

**|31-21|** 학문을 강마하는 것은 종지를 변별하는 것이 어려움에 있습니다. 종지로 삼는 바가 치지(致知: 양지를 다 발휘함)에 있으면 비록 근본을 아는 것을 설명하고 머무를 곳을 아는 것을 설명하더라도 일체가 지(知: 양지)를 본체로 여깁니다. 종지로 삼는 바가 근본을 아는 것[知本]에 있으면 비록 치지를 하든 격물을 하든 모두 지선에 머무는 것[止]을 귀착처로 삼습니다.
【이상 「이여잠(李汝潛)에게 답함」】

**|31-22|** 치지致知를 중심에 세우면, 단지 보고 들음이 있는 것을 본체로 삼습니다. 보고 들음이 있는 것을 본체로 삼으면서 보이지도 들리지도 않는 용(用: 발용)을 바란다면, 아마도 본체 공부가 합일되기 쉽지 않을 것입니다.

**|31-23|** "천지가 있은 이래로 이 기는 항상 운행하였고, 사람이 존재한 이래로 이 마음은 항상 발용하였다."[39] 회옹(晦翁: 朱熹)의 이 말은

知, 別無可收拾之處.

**|31-21|** 學問之講, 只在辨宗之難. 宗在致知, 則雖說知本, 說知止, 一切以知爲體. 宗在知本, 則雖用致知, 用格物, 一切以止爲歸.
【以上「答李汝潛」】

**|31-22|** 主致知, 是直以有睹聞者爲本體矣. 以有睹聞者爲體, 而欲希不睹聞之用, 恐本體工夫未易合一.

**|31-23|** "自有天地以來, 此氣常運, 自有人生以來, 此心常

---

39　천지가 있은 … 항상 발용하였다: 『晦菴集』 권32 「答張敬夫問目」: "有天地後, 此氣常運; 有此身後, 此心常發."

제가 생각하기에 지극한 데에 이른 말입니다. 오똑하게 홀로 앉아 차가운 바위에 의지한 마른 나무처럼 고요히 있으면서 하나의 일어남도 없는 그런 것은 있지 않습니다. 『상서』에 말하였습니다. "하늘이 백성을 낳은 이래 임금이 없으면 혼란하였다." 이 말은 비록 나라를 다스려 이름을 떨치는 자들을 위해 내놓은 것이지만, 우리 학문의 방법이 어찌 이와 같지 않겠습니까? 이 『대학』에서 머무를 곳을 아는 것을 반드시 앞에 세운 이유입니다. 지知가 머무를 곳을 얻으면 움직이거나 움직이지 않거나 한가하거나 바쁘거나 자연히 항상 일을 주관하는 것이 있어 조심조심 삼가고 밝게 상제를 섬겨, 드러나지 않아도 또한 상제가 임하듯 하고 싫어하지 않고 또한 지키는 바가 있습니다.

| 31-24 | 예로부터 가르침을 세울 때 지知로 체를 삼았던 경우는 없어, 제가 20년 전에 곧 믿지 않았습니다. 그러므로 "치지致知는 지의 체를 다 발휘하는 것이다."라는 주장을 했습니다. 양지는 발용해도 그 본체의 지를 더 증가시키지 않으며, 지知의 본체가 아닙니다. 신유년(1561)에 내 주장이 잘못되었음을 깨닫고 다시 성각性覺의 설[40]을 제시하였습니다. 이제 생각해 보면, 결국 쥐가 구멍 속에서 이리저리 옮겨 다니면서 틀을 벗어나지 못한 것이었습

發." 晦翁此言, 僕竊以爲至到之語. 未有孤坐兀兀, 寂然如枯木倚寒岩, 無一生發者也. 『書』云: "惟天生民, 無主乃亂." 彼言雖爲命世者發, 吾徒學問之方, 豈不如是? 此 『大學』所以必先知止也. 知得止, 則不論動靜閒忙, 自然常有事幹, 翼翼小心, 昭事上帝, 不顯亦臨, 無射亦保矣.

| 31-24 | 從古立教, 未有以知爲體者, 余二十年前, 卽不信之矣, 故有 "致知者, 致其知體"之說. 良知者, 發而不加其本體之知者也, 非知體也. 辛酉之歲, 又覺其非, 復爲性覺之說. 今思之, 總之鼠

명유학안 권31, 지수학안

니다. 양명 선생께서는 "양지는 미발未發의 중中으로 적연하여 움직이지 않고 막힘 없이 크게 공정한 본체이다."라고 하였습니다. 힘을 다해서 체體 쪽으로 미루어 갔지만, 사실 양지는 결국 용입니다. 어떻게 옮길 수 있겠습니까? 대개 병폐를 구제하고 치우친 것을 보정하려고 양명 선생이 부득이하게 말한 것이니 지금 세상에 큰 공로가 있습니다. 이제 또한 어찌 다시 번거롭게 논의하겠습니까?

  다만 학인들은 본령에 들어가는 곳에서 토론하여 명확히 밝혀야 합니다. 중간에 존옹(存翁: 徐階)에게 답하는 서신에서 제가 이렇게 말했습니다. "선유(先儒: 王守仁)께서 '치지(致知: 양지를 다 발휘함)와 같은 경우는 곧 마음이 깨달아 있음을 견지하여 그 앎을 다 발휘하면 끝이다'[41]라고 하였습니다. 저는 '지본(知本: 근본을

遷穴中, 未離窠臼. 陽明先生曰: "良知卽是未發之中, 卽是寂然不動, 廓然而大公的本體." 儘力推向體邊, 其實良知畢竟是用, 豈可移易? 大率救敝補偏, 陽明先生蓋是不得已而爲說, 已有大功於當世矣. 今亦何煩更論?

  只學者入頭本領處, 不得不當下討明白耳. 間❶復書存翁有云: "先儒曰: '乃若致知, 則存乎心悟, 致知焉, 盡矣.' 鄙人則曰: '乃

---

40  성각(性覺)의 설: 『楞嚴經』 권4의 「性覺妙明, 本覺明妙」에서 비롯한다. 불교에서 性覺은 깨달음이 항상 그대로이고 변하지 않는 것을, 本覺은 깨달음이 본래 주어져 있다는 것을 뜻한다. 妙明은 적연하면서도 비추고 있음을, 明妙는 비추고 있지만 적연함을 의미한다. 李材는 良知를 심체의 발용으로 이해하고 心體가 상주불변한 良知를 발하는 점에서 性覺이 되지만, 用인 知에는 본래적인 良知와 본래적이지 않은 知가 함께 있다고 여겨서 知가 곧 心體라는 입장에는 반대한다.

41  치지(致知)와 같은 … 여기에서 지극해진다: 『王文成公全集』 권7 「大學古本序」.

❶  間: 저본은 '問'으로 되어 있으나, 賈本에 따라 '間'으로 고쳤다.

앎)이야말로 마음이 깨달아 있는 것을 견지하여 근본을 알면 끝이다'라고 말합니다." 대개 중점이 치지致知에 있으면 지知를 체로 여기지만, 지본知本에 있으면 지知를 용으로 여깁니다. 치지致知를 종지로 삼으면 긴절한 것이 모름지기 지知를 찾는 것에 있지만, 지본知本을 종지로 삼으면 긴절한 것은 응당 근본을 밝혀야 하는 것입니다. 이 학문을 기꺼이 믿고 지(止: 지선에 머무르는 것)에서 방법을 찾고 본(本: 근본)에서 종지를 귀착시켜 끝없이 침상 위에 침상을 지붕 아래 지붕을 다시 중첩시키면, 말씀하신 농(籠: 마음) 안의 빛과 농 밖의 빛, 지각으로서의 지知와 덕성으로서의 지知, 그리고 독지(獨知: 남은 나를 지각하지 못하고 있지만 나는 지각하고 있은 것)를 양지로 여기거나 독獨 한 글자를 양지로 여기는 등 총체적으로 한가한 논의에 속하게 되니 함께 책장에 넣어 두고 잠시 논란을 멈추는 것이 좋겠습니다. 그래도 여전히 제 말을 믿지 않으시면, 만경창파 속에서 골몰하는 것은 당신에게 달려 있습니다. 쓸데없는 혹만 덧붙여 의심의 덩어리가 고착되어 천불을 입을 닫게 하고 칠성七聖을 모두 미혹되게 할 것입니다. 어찌 말학인 내가 구구한 설명으로 단숨에 판결할 수 있겠습니까? 예전에 경암(敬庵: 許孚遠)[42]에게 답하는 편지에서 "예전에 지리한 것은 문구의 설명에서 지리한 것에 지나지 않았습니다. 오늘날 지리한 것은 곧 마음의

若知本, 則存乎心悟, 知本焉, 至矣." 蓋在致知, 則以知爲體, 在知本, 則以知爲用. 以致知爲宗, 則所喫緊者, 要在求知; 以知本爲宗, 則所喫緊者, 又當明本矣. 肯信此學, 直截從止上求竅, 本地歸宗, 無端更疊牀上之牀, 架屋下之屋, 則所云籠內之光, 籠外之光, 知覺之知, 德性之知, 與夫或以獨知爲良知, 或以獨之一字爲良知, 總屬閒談, 俱可暫停高閣. 倘猶未信斯言, 則煙波萬頃, 滅沒由君, 附贅懸疣, 疑團正結, 眞令千佛禁口, 七聖皆迷. 豈予末學, 區區言語, 斯須所能判決. 舊答敬菴有云: "昔之支離者, 不過支離於訓

본체에서 지리한 것입니다. 문구의 설명에서 지리해도 옛 현인이 오히려 우려하였습니다. 더구나 마음의 본체에서 지리하면 어떻겠습니까?"라고 하였습니다. 이 말이 참으로 병통을 뼈저리게 지적한 말이 될 수 있습니다. 【이상 「첨양담(詹養澹)에게 답함」】

|31-25| 유자가 학문을 논하는 것은 일마다 진실한 데[實]로 귀결하지만, 불교에서 학문을 논하는 것은 일마다 공허한 데[空]로 돌아갑니다. 일마다 진실한 데로 돌아가는 것은 대개 가르침을 세우고 종지를 열면서부터 성性을 아는 것이 본래 진실하여, 곧바로 냄새도 소리도 없고 보이지도 들리지도 않는 지극히 은미한 곳을 말함이 또한 어디에서도 진실하지 않음이 없기 때문입니다. 그러므로 선함이 반드시 있으니 어찌 없다고 할 수 있겠습니까? 악함은 본래 없는 바임은 말할 필요도 없습니다. 선함이 없다면 인의예지가 어디에 의거해서 씨를 심고, 측은惻隱, 수오羞惡, 사양辭讓, 시비是非의 마음은 어디로부터 싹이 나오겠습니까? 선함도 없고 악함도 없는 것이 똑같다면 선을 행하고 악을 저지르는 것 역시 똑같은 것입니다. 왜냐하면 총체적으로 우리 본성이 본래부터

解, 今之支離者, 乃至支離於心體. 夫支離於訓解, 昔賢猶且憂之, 而況支離於心體乎?" 此語眞可爲痛傷者也. 【以上『答詹養澹』】

|31-25| 儒者之論學, 事事歸實, 釋氏之論學, 事事歸空. 事事歸實, 蓋直從立教開宗, 合下見性處便實, 直說到無聲無臭・不睹不聞・至隱至微處, 亦無往而非實也. 故善所必有, 豈可言無? 惡所本無, 又不待說. 無善, 則仁義禮智從何植種? 惻隱羞惡・辭讓是非從何發苗? 無善無惡既均, 則作善作惡亦等, 蓋總之非吾性之固有也.

---

42　　경암(敬庵): 許孚遠. 권41 「甘泉學案5」.

지니고 있는 것이 아니기 때문입니다. 본성에 대한 이해가 한 번 차질을 빚으면 폐단이 여기에 이릅니다. 그 이유를 미루어 거슬러 올라가면 용用에서 체라고 이해하기 때문입니다. 단지 지각하고 운동하는 가운데에서 그 발단의 기미가 본래적인 것을 파악하여 그것에 의거해서 천명의 체로 삼으니, 천天에서 발로하는 것이 본래 있지만 인위의 작용도 또한 많다는 것을 어찌 알겠습니까? 그렇지 않다면, 똑같은 마음인데 어떻게 처음 단서에서 위태로운 것과 은미한 것이 조금 나누어져 인심과 도심이 서로 맞서는 것처럼 갈라서겠습니까? 이것에서 보면 지각운동은 성性이라고 말할 수 없고 유자의 학문은 결단코 하늘에 근본을 두어야 함을 압니다. 이정과 주자의 논의가 본래 그 자체로 이치에 도달한 곳이 있습니다. 【「여청보(答涂清)에게 답함」】

|31-26| 지본(知本: 근본을 아는 것)을 말하면 곧 근본[本]을 도교의 허현(虛玄: 허무하고 현묘함)에 연루시키고, 지지(知止: 머무를 바를 아는 것)를 말하면 곧 불교의 공적空寂으로 돌아가고, 수신이 근본이 됨을 말하면 곧 국부적인 것을 고수하여 지침에 구속되거나 생生을 좇아 유에 집착하는 폐단을 면치 못한다. 이것이 학문에서 깨달아 아는 것이 어려운 이유이다. 【「이사충(李思忠)에게 답함」】

見性一差, 弊蓋至此. 推原其故, 以其只就用上看體, 直於知覺運動之中, 認其發機之良者, 據之以爲天命之體. 豈知天之發露固有, 人之作用亦多? 不然, 則何以同一心也, 端緒之危微稍分, 而道心人心截然若兩敵者乎? 卽此而觀, 則知知覺運動不可言性, 儒者之學斷須本天. 程‧朱之論, 固自有理之到處者也. 【「答涂淸甫」】

|31-26| 纔說知本, 便將本涉虛玄; 纔說知止, 便爾止歸空寂; 纔說修身爲本, 却又不免守局拘方‧狗生執有. 此學所以悟之難也. 【「答李思忠」】

| 31-27 | 체體는 만물이 모두 갖추어져 있지만, 용用은 한 대상에서 발용의 기미[幾]를 당면합니다. 격물格物은 그 한 대상을 격格하는 것으로 기미에 당면하였을 때의 대상입니다. 제가 진실로 이런 설명을 제시하는 것은 또한 공부에서 근본을 밝게 알지 못하는 이들이 격물을 허공에 매달아 놓고 강론하여 구체적 실질이 없기 때문에 부득이하게 그들을 위해서 말한 것입니다. 사실 집안과 나라 그리고 천하를 포괄해서 함께 통하여 한 몸이 되니, 자연히 만물이 한 몸에 갖추어져 있습니다. 번거롭게 설명할 필요가 본래 없습니다. 집안에 있을 때는 집안에서 닦고, 나라에 있을 때는 나라에서 닦고, 천하에 있을 때는 천하에서 닦는 것 또한 자연히 한 대상에서 발용의 기미를 당면하는 것입니다. 비견해서 논의하여 그렇다고 말하는 것을 어찌 용납하겠습니까?

만일 말만 비교적 정교하고 설명은 지리한, 그런 것에 유사하다면, 또한 점차 근본의 실질에서 멀어져 이전의 견해에 떨어질까 염려됩니다. 이것이 제가 함부로 말하지 않는 이유입니다. 다만 진실하고 분명하게 지본(知本: 근본을 아는 것)을 들어서 종지로 돌아가는 것을 삼고 지지(知止: 머무를 바를 아는 것)를 들어 공부의 방법으로 삼게 해 주어서, 사람들이 일과 사물에 따라 실제로 지선에 머무르게 하고 실제로 닦게 하면, 곧 말씀하신 격물과 치지 그리고

| 31-27 | 體則萬物皆備, 用則一物當幾. 格物者格其一物, 當幾之物也. 鄙人誠有是說, 亦因學不明本者, 故將格物懸空講之, 無有事實, 不得已而爲之言. 其實合家國天下, 通爲一身, 自是萬物皆備, 固無煩於解說. 在家修之家, 在國修之國, 在天下修之天下, 亦自是一物當幾, 何所容其擬議云然者?

若有似於言之近工, 描畫支離, 亦恐漸遠本實, 落舊見解. 此鄙人所以不甚道也. 只實實落落與他挈出知本爲歸宗, 知止爲入竅, 使人隨事隨物而實止之, 實修之, 卽所云格致誠正者, 一切

성의와 정심이 모두 함께 실제의 일이 되고 실제의 공부가 될 것입니다. 어찌 통쾌하고 간명하지 않겠습니까?

마음이 바르지 않음이 없으니 다시 움직여서 바르게 하는 조치가 필요치 않습니다. 생각이 진실하지 않음이 없으니 다시 움직여서 진실하게 하는 조치가 필요치 않습니다. 진실하지 않음이 있으면 닦고 곧 지선에 머무릅니다. 지知는 다 발휘되지 않음이 없으니(없으면) 다시 움직여서 다 발휘하는 조치가 필요하지 않습니다. 다 발휘하지 못함이 있으면 닦고 곧 지선에 머뭅니다. 사물은 격格하지 않음이 없으면 다시 움직여서 격하는 조치가 필요하지 않습니다. 격하지 못한 것이 있으면 닦고 곧 지선에 머뭅니다. 이것이 모두 이른바 격물이고 치지입니다.

그러나 제가齊家는 본래 있는 집안을 가지런하게 하는 것이고, 치국治國은 본래 있는 나라를 다스리는 것이고, 평천하平天下는 본래 있는 천하를 균평하게 하는 것입니다. 가지런하게 하고 다스리고 균평하게 할 일이 이른 뒤에 이 집안과 나라와 천하가 있는 것이 아닙니다. 이것이 내가 체에서는 만물이 모두 갖추고 있다고 말하는 이유입니다. 그러나 집안을 다스림에 임해서 나라와 다르게 해서는 안 됩니다. 나라를 다스림에 임해서 천하와 다르게 해서

並是實事實功, 豈不痛快簡易?

心無不正, 不必更動正的手腳, 有不正焉而修之, 卽止之矣. 意無不誠, 不必更動誠的手腳, 有不誠焉而修之, 卽止之矣. 知無不致, 不必更動致的手腳, 有不致焉而修之, 卽止之矣. 物無不格, 不必更動格的手腳, 有不格焉而修之, 卽止之矣. 是皆所謂格物也, 致知也.

然齊家也, 齊其固有之家, 治國也, 治其固有之國, 平天下也, 平其固有之天下, 非因齊治均平之事至, 而后有是家國天下也. 此吾所以謂之體, 則萬物皆備也. 然當其齊家也, 不可二之國矣, 當其

는 안 됩니다. 비록 균평하게 하고 다스리고 가지런하게 하는 일이 번갈아 내 면전에 이르러도, 내가 대응하는 것은 발용의 기미에 당면할 때는 결국 단지 한 대상입니다. 비록 진실하게 하고, 바르게 하고, 격格하고, 다 발휘하는 용用이 누차 옮기며 멈추지 않고 변동하여 이렇다 할 요령이 없는 듯 보여도, 발용의 기미에 당면하였을 때를 살펴보면, 내가 격하는 것은 역시 끝내 한 가지 대상일 뿐입니다. 이것이 내가 용은 한 대상에서 기미에 당면한다고 말한 이유입니다. 격물은 그 한 대상, 기미에 당면하였을 때의 대상입니다. 이치상 그렇지 않다고 말할 수 있겠습니까?

|31-28| 계해년(1563) 이전에 『주역』을 읽으면서 우연히 본말과 시종의 순서에 접촉한 적이 있었지만, 당시에는 학문을 온전하게 하는 것을 명확히 알지 못하였고 지지知止의 법도에 대해서도 미처 알지 못한 바였습니다. 단지『주역』의 말을 가지고 억지로 자신을 지탱시켜 가며 "자신을 편안히 한 뒤에 움직인다. 자신이 편안하지 않은데 어찌 움직이지 않을 수 있겠는가? 마음을 평순하게 한 뒤에 말을 한다. 마음이 평순하지 않은데 어찌 말하지 않을 수 있겠는가?"라고 하였습니다. 10년을 비슷하게 지내 오면서 지선에 머무르는 것에 가까워졌

治國也, 不可二之天下矣. 雖均平治齊之事交至於吾前, 而吾所以應之者, 其當幾之際, 畢竟只是一物而已. 雖誠正格致之用屢遷, 變動不居, 若甚無有典要, 而究其當幾之際, 吾所以格之者, 亦畢竟只是一物而已. 此吾所以謂之用則一物當幾也. 格物者, 格其一物當幾之物也, 可謂理不然乎?

|31-28| 癸亥前, 曾因讀『易』, 偶有觸於本末始終之序, 於時全學未明, 知止之法亦所未悟, 只以『易』語強自支撐, 謂"安其身而後動, 其身未安, 寧可不動. 易其心而後語, 其心未易, 寧可不語". 彷彿十年來, 乃近止地. 止地稍固, 作用

습니다. 머무르는 곳이 조금 단단해지자 발용하는 곳도 점차 가볍고 쉬워졌습니다. 대체로 같은 격물이지만, 지본(知本: 근본을 아는 것)의 뜻으로 행하면 일체가 모두 내 안의 일이 되고, 사무에 응대하는 마음으로 행하면 일체가 모두 남의 일이 됩니다.

| 31-29 | 성인의 지知는 반드시 지선에 머무르는 데에서 나오기 때문에 반드시 정해짐이 있고 동요함이 없이 고요하며 편안합니다. 그런 이후에 헤아려 생각할 수 있는 것을 귀하게 여깁니다. 후세의 학문은 먼저 헤아려 생각하는 것에서 시작하여 지知에서 확충합니다. 이것은 실로 근본과 말단, 시작과 끝을 판별하는 문제입니다. 【이상 「이여잠(李汝潛)에게 답함」】

| 31-30 | 나는 공부한 지 삼십 년이다. 스스로 자신을 돌아보면 결코 깨달은 것이 없다. 나를 따라 공부하고자 하는 사람은 깨닫지 못한 나를 배우는 것은 괜찮다. 절대로 헛되이 과장해서 크고 높은 것을 사모하고 희구하는 생각을 내서는 안 된다. 【「벗에게 답함」】

| 31-31 | 누가 마음의 영명함을 쓰지 않을 수 있겠습니까? 다만 영명함을 사용하여 밖으로 내달리면 정에 맡겨 하늘로부터 받은 것을 멸절시키는 대중이 되지만, 영명함을 사용하

處乃漸見輕省也. 大率同一格物, 以知本之旨用之, 則一切皆己分事, 以應務之心用之, 則一切盡人分事.

| 31-29 | 聖人之知, 要從止出, 故必定靜安, 而後貴其能慮. 後世之學, 先從慮上下手, 知上充拓, 此實本末始終之辨. 【以上「答李汝潛」】

| 31-30 | 予學三十年矣, 自省己躬, 絶無有悟. 願從予學者, 學予之不悟可也, 切不可虛誇, 作慕大希高之想也. 【「答友人」】

| 31-31 | 誰能不用靈明, 但用之以向外馳走, 則爲衆人之任情滅天; 用之以反躬

여 자신에게 되돌아가 근본으로 돌아가면 표
준을 세우고 천명을 확립하는 군자가 됩니
다.

歸復, 則爲君子之立
極定命.

| 31-32 | 인의를 따라서 행하는 것은 곧 하늘
에 근본을 두어 길이 빠른 것이지만, 인의를
따르는데 외부에서 엄습하는 것은 곧 마음에
근본을 두어 길이 빠른 것입니다. 지知에는 본
래적인 것과 본래적이지 않은 것이 있지만, 모
두 같은 지知여서 결코 입각처로 삼을 수 없습
니다. 하늘에 근본을 두어 움직이면 지知는 저
절로 본래적인 것이 되지만 지知에 근본을 두
고 본래적이기를 바라면 일체가 모두 헤아린
뒤의 일이 되어 지가 본래적이라고 말할 수 없
게 됩니다.

| 31-32 | 由仁義而
行者, 卽是本天路
徑, 由仁義而襲者,
卽是本心路徑. 知
有良不良, 總是一
知, 決不可以駐腳.
本天而動, 則知自
良, 本知而求良, 一
切皆慮後事, 而知不
可云良矣.

| 31-33 | 혈맥은 단지 한 개 선善이고, 관건은
한 개 지선에 머무르는 것[止]임을 생각해야 합
니다. 어떻게 하든 거듭해서 반드시 수신을 근
본으로 삼는 데로 돌아가도록 설득하고 반드
시 수신을 근본으로 삼는 것을 제시해서, 반드
시 이것을 깨달은 이후에 지선에 머무르는 것
이 진실로 방법을 찾아 들어가고 선함이 참으
로 합당하여 잘못된 편견에 떨어지지 않습니
다. 그렇지 않으면, 적연하든 감통하든 안이든
밖이든 움직이든 고요하든 어찌 현묘玄妙에 떨
어지지 않겠습니까? 털끝만 한 곳에서 조금이

| 31-33 | 須思命脈
只是一個善, 訣竅只
是一個止, 如何反反
覆覆, 必要說歸修身
爲本, 必要揭出修身
爲本, 必悟此, 而後
止眞有入竅, 善眞有
諦當, 乃不爲墮於邊
見也. 不然無寂感,
無內外, 無動靜, 豈
不玄妙? 少失分毫,

라도 잘못되면 곧 바람을 움켜잡고 타 버린 재에 조각하며, 그림자를 가지고 완롱하는 가운데에 떨어져, 여전히 체體를 변론하는 가풍일 것입니다. 【이상 「공갈산(龔葛山)에게 답함」】

| 31-34 | 대저 "하늘의 일"은 실제의 체體입니다. "소리도 없고 냄새도 없다."는 말은 체에 대하여 보조하는 말입니다. 뒷 사람들이 "소리도 없고 냄새도 없다."는 말만 하는 것은 보조하는 말만 하고 그 실제의 체를 빠뜨린 것입니다. 그러므로 지선을 논하면서도 오로지 "소리도 없고 냄새도 없다."는 것을 가리키는 것 역시 이와 같습니다.

| 31-35 | 진실로 중中을 견지한다고 할 때의 중은 오로지 유행[流行: 용(用)의 층위에서 두루 작용함]을 위주로 하는 것이 아닙니다. 어느 때이건 중中에 머문다고 할 때의 중中이 자연히 그 안에 갖추어져 있습니다. 지선至善의 선善도 또한 오로지 유행을 위주로 하는 것이 아닙니다. 감촉하는 바에 따라 응대하는 선이 자연히 그 가운데에 있습니다. 치지致知를 중심으로 삼는 사람들은 유행流行이 있는 것만 알고 돌아가 머무는 곳이 있음을 알지 못합니다. 그렇게 하면 천명에 이르는 혈맥이 결국 끊어져 길이 단절되고 돌아갈 기약이 다시는 아마도 없게 될 것입니다. 【이상 「동용산(董蓉山)에게 답함」】

便落捕風鏤塵, 弄影舞像之中, 依舊是辨體的家風也. 【以上「答龔葛山」】

| 31-34 | 夫"天載", 實體也;"無聲無臭", 贊語也, 後之專言"無聲無臭"者, 皆是道贊語, 而遺其實體者也. 故談至善, 而專指爲"無聲無臭"者, 亦猶是也.

| 31-35 | 允執之中, 不是專主流行, 而隨時處中之中, 自備其內; 至善之善, 亦不專主流行, 而隨感而應之善, 自存其中. 以致知爲主腦者, 是知有流行, 而不知有歸宿者也. 恐至命一脈, 遂截然斷路, 不復有歸復之期矣. 【以上「答董蓉山」】

**|31-36|** 선유가 "천지만물이 자신을 흔들게 해서는 안 되니, 자신이 확립된 뒤에 저절로 천지만물을 처리할 수 있다."[43]라고 한 말 또한 긴절하게 사람을 위하는 뜻입니다. 중요한 것은 말의 뜻을 잘 이해하는 것에 있습니다. 그렇지 않으면, 천지만물은 과연 나를 흔드는 존재이겠습니까? 내가 확립되면 천지만물을 명확히 이해합니까? 근본을 잊고 말단을 좇는 것이야 남을 따르는 것이니, 근본을 아는 것이 정말 될 수 없습니다. 자신이 있음을 알고 남이 있음을 모른다면, 자신을 잘 아는 것은 자신에게서만 분명한 것이어서 또한 근본을 안다고 말할 수 없습니다. "자신이 서고 싶으면 남도 서게 해 주고 자신이 이르고 싶으면 남도 이르게 해 준다."[44]는 말은 어진 사람의 본체를 말한 것이지 어진 사람이 도달한 경지를 말한 것이 아닙니다. 본체임을 알면, 곧 이른바 "자신을 위해서 하는 것임을 알면 어느 곳인들 이르지 못하겠는가?"[45]라고 하는 상태가 됩니다.

**|31-36|** 先儒謂"不得以天地萬物撓己, 己立後, 自能了當得天地萬物"者, 亦是喫緊爲人之意. 要在善看, 不然, 天地萬物果撓己者乎? 等待己立, 乃了天地萬物乎? 忘本逐末者, 狥人者也, 誠不可爲知本; 知有己, 不知有人, 了己者, 自了者也, 亦不得謂之知本. "己欲立而立人, 己欲達而達人", 是說仁者之體, 非說仁者之造. 認得是體, 卽所謂"認得爲己, 何所不至".

---

43 천지만물이 자신을 … 수 있다: 『二程遺書』권6: "'不有躬, 無攸利.' 不立己, 後雖向好事, 猶爲化物, 不得以天下萬物撓己, 己立後, 自能了當得天下萬物."

44 자신이 서고 … 이르게 해 준다: 『論語』「雍也」.

45 자신이 됨을 … 이르지 못하겠는가: 『二程遺書』권2상: "醫書言'手足痿痺爲不仁', 此言最善名狀. 仁者以天地萬物爲一體, 莫非己也. 認得爲己, 何所不至? 若不有諸己, 自不與己相干, 如手足不仁, 氣已不貫, 皆不屬己. 故博施濟衆, 乃聖人之功用. 仁至難言, 故止曰: '己欲立而立人, 己欲達而達人, 能近取譬, 可謂仁之方也已.' 欲令如是觀仁, 可以得仁之體."

그러나 도달하는 경지로 이해하면, 자신이 아직 거기에 서지 못하였는데 어느 겨를에 다른 사람을 서게 하겠습니까? 자신이 아직 이르지 못하였는데 어느 때 남을 이르게 하겠습니까? 곧 이른바 "자신을 위해서 하지 않으면 자연히 자신과 상관이 없다."[46]는 것이니, 말로는 '인을 구한다'고 해도 인과 멀어질 것입니다.

지본(知本: 근본을 앎) 두 글자는 곧 인을 구하는 것이니 단지 면모만 조금 바꾼 것입니다. 따라서 근본을 아는 것만 남을 따라서는 안 되는 것이 아닙니다. 인을 구하는 것에도 역시 남을 따르는 이치가 결코 없습니다. 이마에서 발꿈치까지 다 닳도록 천하를 이롭게 하기 위해 분주한 것은 그 병통이 이런 남을 따르는 조짐이 있기 때문입니다. 인을 추구할 때만 고지식하게 자신을 고집해서는 안 되는 것이 아닙니다. 근본을 아는 것에도 또한 고지식하게 자신을 고집해서 되는 이치가 결코 없습니다. 털 한 올을 뽑아 천하를 이롭게 할 수 있어도 하지 않는 것은 그 폐단에 내력이 있습니다. 【「첨세집(詹世輯)에게 답함」】

認得爲造，己未立，何暇立人？ 己未達，何時達人？ 即所謂 "若不爲己，自與己不相干"，名曰求仁，去仁遠矣.

知本兩字, 即是求仁, 但稍換却頭面, 故不但知本者, 不可狥人, 即求仁者, 亦決無有狥人之理, 摩頂放踵, 病此兆矣. 不但求仁者, 不可守株, 即知本者, 亦決無有守株之理, 拔一毛而利天下不爲, 弊有由矣. 【「答詹世輯」】

| 31-37 | 지선에 머무르는 것과 자신을 닦는 것 양쪽으로 제시하는 것은 방면이 너무 많다

| 31-37 | 有疑止修兩挈爲多了頭面者，

---

46    앞의 주 40) 인용 부분.

370

명유학안 권31, 지수학안

고 의심하는 이가 있는데, 이는 『대학』 경문 전체가 총괄해서 지선에 머무르는 것을 밝히고 완곡하게 돌고 돌아 수신(修身: 자신을 닦음)이 근본이 됨을, 곧 수신이 일대 귀결처가 되고 실로 공부를 착수하는 곳이 됨을 말하고 있음을 모르는 것입니다. 이것이 내가 오로지 수신을 근본으로 제시한 이유이니, 그 수신의 실질은 지선에 머무르기를 실제로 실천하는 것입니다. 그러므로 수신이 근본이 됨을 알면서 지선에 머무르는 것, 그것이라고 말하였던 것입니다.【「장숭문(蔣崇文)에게 답함」】

不知全經總是發明止於至善, 婉婉轉轉, 直說到修身爲本, 乃爲大歸結, 實下手, 此吾所以專揭修身爲本, 其實正是實做止於至善, 故曰知修身爲本, 而止之是也.【「答蔣崇文」】

▎31-38▎ 한 생각이 조금이라도 허현(虛玄: 허무와 현묘)에 연루되면 곧 주관적 견해에 빠진다. 한마디 말이 진실함이 조금이라도 결핍되면 곧 공허한 풀이에 의탁하게 된다. 스스로 자신을 진전시켜 가는 공부가 이 때문에 고루하고 성글게 되며, 다른 사람이 살펴보고 관찰하면 또한 곧바로 진실한지 거짓인지 판가름이 된다.【「동용산(董蓉山)에게 답함」】

▎31-38▎ 一個念頭稍涉虛玄, 便流意見, 一句話頭稍欠塡實, 便托空詮. 己之自進工夫, 由此固疏, 人之觀視察安, 亦卽便分誠僞矣.【「答董蓉山」】

▎31-39▎ 뇌양(雷陽: 雷州半島)에 있을 때 어느 날 저녁 통투해지고 융석해져 홀로 와서 홀로 가는 데 거리끼고 걸리는 것이 없었습니다.【「등소숭(滕少崧)에게 답함」】

▎31-39▎ 雷陽一夕, 透體通融, 獨來獨往, 得無罣礙.【「答滕少崧」】

▎31-40▎ 스스로 근본을 아는 것에 대해 철저

▎31-40▎ 自悟徹知

하게 깨달은 뒤에 공부가 수단을 얻고, 곧 종전에 말하고 행하였던 것이 대개 거짓이었음을 알게 됩니다. 본체를 설명하는 것이 본래 어렴풋하여 비슷한 것을 참된 것으로 여기고 공부를 설명하는 것 역시 어렴풋하여 없는 것을 있다고 합니다. 더러 미발의 고요함을 체인함이 있는 자가 일에서는 통투하지 못하고, 더러 식견이 밝은 자도 자신에게서 합일하지 못하는데, 대체로 모두 생각으로는 추론할 수 있고 입으로는 설명할 수 있지만 실제로 착수하여 해내지 못하기 때문입니다. 이것이 그들이 거짓이 되는 이유입니다. 【「사촌 동생 맹육(孟育)에게 답함」】

|31-41| 삼십 년을 마음을 쏟아 묻고 배우면서 어디에서나 참여하여 받들지 않았겠습니까? 이르는 곳마다 기름이 밀가루에 스며들 듯 가르침이 몸에 배고, 금, 은, 동, 철을 뒤섞어 하나의 기물을 만들 듯 서로 다른 가르침들이 한 덩어리를 이루었습니다. 최근 7년 사이에 이르러, 무인년(1578) 여러 어려움을 겪으며 환히 트이고 통투해지니, 밝고 분명하여 자연히 유가의 공부하는 혈맥이 생김을 알겠습니다. 【「심종주(沈從周)에게 보냄」】

本後, 學得湊手, 乃知從前說者作者, 大抵僞也. 說本體固恍恍惚惚, 認似作眞; 說工夫亦恍恍惚惚, 將無作有. 或認靜邊有者, 透不到事上, 或認見地明者, 合不到身上, 大率皆是意可揣得, 口可說得, 而實在落手做不得也. 此其所以爲僞也. 【「答從弟孟育」】

|31-41| ❷ 三十載注情問學, 何處不參承? 到處如油入麪, 攪金銀銅鐵爲一器. 及此七載間, 戊寅經涉多艱, 乃豁然洞然, 知正正堂堂, 自有儒家的學脈也. 【「與沈從周」】

---

❷ 31-41: 賈本에 없음.

양지의 영명靈明함을 보지하고 지키는 것을 위주로 삼는 친구가 있었습니다. 내가 말하였습니다. "형께서 이미 양지의 영명함을 중심에 두고 있으니 반드시 어느 때고 밝지 않음이 없고 어느 일이고 영활하지 않음이 없게 할 것입니다. 손톱이 생기고 머리털이 자라고 혈관에 피가 돌고 맥박이 뛰는 것이 형에게 명확하지 않은 것은 논하지 않겠습니다. 형은 순수한 효자이니, 곧 형의 어머니가 돌아가신 처음에 슬픈 것이 과연 애통함으로 격발되어 어떻게 할 수 없는 지경이었겠지요. 영명함을 위주로 하면서 반드시 더하고 줄이고 하는 조절을 가하여 그 애통함이 적절하고 합당하게 합니까? 만일 살피지 않는다면 이것은 영명이 보지하지 않고 있는 때가 있는 것이고, 만일 반드시 살피고 있다면 효도하는 마음이 지극하지 못한 점이 있게 됩니다. '사람에게 자신을 다하는 경우가 있지 않지만, 있다면 반드시 부모의 상일 것이다'[47]라고 하였습니다. 이것은 형께서 마음을 씀이 일반 사람이 마음을 쓰는 것보다도 도리어 못한 것입니다." 그 친구는 내 말로 인해 위축되었고 바로잡아 줄 것을 청하였습니다. 내가 말하였습니다. "형은 의심하지 마시고 놀라지 마십시오. 이것은 대개 성인

| 31-42 | 有友主保守靈明之說者, 予曰: "兄既主靈明, 必令無時不明, 無事不靈. 未論爪生髮長, 筋轉脈搖, 爲兄不明. 兄純孝人也, 卽兄母死初哀一段, 果祇激於一慟, 而不容自已乎? 將主以靈明, 而必爲之加減劑量, 使之適協乎? 若不照則是靈有不保, 若必照則恐孝有未至. '人未有自致者也, 必也親喪乎!' 是兄用情, 反恒人之情之不若矣." 其友爲之蹷然, 請質. 予曰: "兄毋訝, 亦毋驚, 此蓋孔聖人之所不能與以知者也, 而兄必欲與之, 此其所以異於孔子之學." 其友

---

47    사람에게 자신을 … 상일 것이다: 『論語』「子張」.

공자도 더불어 알지 못하였던 것인데, 형은 반드시 함께 살피고자 하고자 하였으니 그것이 공자의 학문과 다르게 된 이유입니다." 그 친구는 "그렇다면 앞으로 어떻게 합니까?"라고 하였습니다. 내가 말하였습니다. "안연이 죽자 선생이 곡을 하는데 지나치게 슬퍼하였습니다. 공자는 자신이 그런 줄 전혀 알아차리지 못하고 있다가 남이 각성시켜 주자 바로 수긍하고 저절로 중정한 법도에 비추어서 '지나치게 슬퍼하였는가? 저 사람을 위해 애통해하지 않는다면 누구를 위해 하겠는가?'[48]라고 하였습니다. 단지 알아차리지 못하였기에 곧 법도에 따를 수 있었던 것입니다. 반드시 알고 있었다면, 법도에서 멀어졌을 것입니다." 그 친구가 내 말로 인해 탁 트여서 종전의 학문을 모두 버렸습니다. 【「주삼천(周三泉)에게 답함」】

| 31-43 | 공자는 지지(知止: 머무를 바를 아는 것)로 학문에 들어갔는데, 후대의 유자는 도리어 격물(格物: 사물에 나아가 이치를 궁구함)을 앞세웁니다. 모르겠습니다만, 머무를 곳을 알지 못하면 몸과 마음이 여전히 돌아가 머무르는 바가 없게 되는데, 이른바 격물이 어찌 지루하게 되

曰: "然則將奈何?" 予曰: "顏淵死, 子哭之慟矣. 孔子全然不知, 因人喚醒, 恰好回頭照出自中之則, 乃曰: '有慟乎! 非夫人之慟而誰爲?' 惟不識知, 乃能順則, 若必識知, 去則遠矣." 其友爲之豁然, 乃盡棄從前之學. 【「答周三泉」】

| 31-43 | 孔子以知止入門, 而後之儒者却先格物, 不知止不知, 則身心尚無歸宿, 而所謂格物者, 安得不病於支離?

---

**48**　지나치게 슬퍼하였는가 … 위해 하겠는가: 『論語』 「先進」: "顏淵死, 子哭之慟. 從者曰: '子慟矣.' 曰: '有慟乎? 非夫人之爲慟而誰爲?'"

는 병통에 빠지지 않을 수 있겠습니까? 근본에서 깨닫지 못하면 생각의 단서들은 여전히 분산됨을 면치 못하는데, 이른바 치지(致知: 양지를 다 발휘함)가 어떻게 주관적인 의견이 되는 결과로 전락하지 않을 수 있겠습니까?【「장홍양(張洪陽)에게 보냄」】

本不悟, 則意緒尙不免於二三, 而所謂致知者, 安得不流爲意見?【「與張洪陽」】

|31-44| 여기에 머무르면 저절로 비워지지만, 그러나 비움을 들어서 일부러 근본으로 삼으려 하지 않습니다. 이 몸을 닦으면 저절로 적연해지지만, 그러나 적연함을 종지로 고집해서는 안 됩니다.【「도청보(涂淸甫)에게 답함」】

|31-44| 止此則自虛, 然却不肯揭虛爲本; 修此則自寂, 然却不可執寂爲宗.【「答涂淸甫」】

|31-45| 학문이 수신(修身: 자신을 닦는 것)을 근본으로 삼는 것에 대해서는 알겠습니다. 그런데 다시 지본(知本: 근본을 아는 것)을 반드시 앞세우시니 수신이 근본이 되는 것 이외에 별도로 이른바 지본知本이라는 것이 있습니까?

대답하였다. "그런 것이 아닙니다. 대개 근본을 반드시 안 이후에 집안과 국가와 천하의 일이 내 몸 밖의 것이 아님을 알고, 균평하게 하고 가지런하게 다스리는 조치들이 외부의 일을 수행하는 것이 아님을 알게 됩니다. 근본을 안다는 것은 수신이 근본이 됨을 아는 것이지, 수신이 근본이 되는 것 외에 또 별도로 이른바 지본知本이 있음을 아는 것이 아닙니다."【「이여잠(李汝潛)에게 답함」】

|31-45| 學之以修身爲本也尙矣, 復以爲必先知本者, 豈修身爲本之外, 又別有所謂知本乎?

曰: "非然也. 蓋必知本, 而後有以知家國天下之擧非身外物也, 知均平齊治之擧非修外事也. 知本者, 知修身爲本也, 非知修身爲本之外, 又別有所謂知本也."【「答李汝潛」】

|31-46| 지본(知本: 근본을 아는 것) 이 한 가지는 관료가 되었을 때 더욱 날로 드러나는 효과를 발휘합니다. 단지 잠깐 생각하는 사이에도 위로는 감사監司를 향해 미리 그 뜻을 헤아리는 데 처하고 아래로는 백성을 향에 미리 그 뜻을 헤아려 막는 데 처하면서 스스로 영명함을 사용한다고 여기는 것은 이른바 의심을 잘하면 밝은 사람이 된다는 것이니 어찌 천리의 차이가 있을 뿐이겠습니까? 본래의 모습과는 털끝만큼도 서로 관련이 없습니다. 단정하게 손을 모으고 아무 하는 일이 없이 있어도 어찌 살펴보는 양지의 활동이 없겠습니까? 다만 그 머무르는 곳이 남에게 있지 않고 반드시 자신에게 있을 뿐입니다. 【「유양필(劉良弼)에게 답함」】

## 『대학약언』[49]

|31-47| 『대학』의 첫 구절은 무엇을 말하였는가? 학문의 대강을 들어서 말하였다. 대개 삼강령이 갖추어진 뒤에 학문의 도가 완전해진다. 그런데 지지(知止: 머무를 바를 아는 것)로 거꾸로 돌아가 정해지고 고요하고 편안하고 헤아리는 것이 반드시 지지知止에서 말미암는다고 하니 무슨 뜻인가? 지선에 머무르는 것

|31-46| 知本一脈, 當官尤爲日著之效, 只一點念頭, 上向監司處迎揣, 下向百姓處猜防, 自謂之用明, 卽所謂能疑爲明, 何啻千里矣! 與本風光毫髮不相蒙涉. 端拱垂裳, 豈無照智? 只其所注宿者, 不於人, 必於己耳. 【「答劉良弼」】

## 『大學約言』

|31-47| 『大學』首節何謂也? 以揭言學之大綱也. 蓋三者備, 而後學之道全也. 而卽倒歸於知止, 謂定靜安慮之必自於知止, 何謂也?

---

49    대학약언(大學約言): '『대학』의 요체가 되는 말'이라는 뜻이다.

[止]이 요체가 됨을 거듭 말한 것이다. 이어서 "사물에는 근본과 말단이 …"[50]라고 한 것은 무슨 뜻인가? 사람들에게 지지知止의 방법을 가르친 것이다. 세상을 경영하는 사람은 잠시도 사물에서 떨어질 수 없는데 어떻게 머무르는가? 세상을 경영하는 사람은 잠시도 일에서 떨어질 수 없는데 어떻게 머무르는가? 대개 사물은 비록 수만 가지로 다양하지만 근본이 되는 것과 말단이 되는 것이 구별된다. 일은 수만 가지로 다양하지만 처음에 할 일과 끝에 할 일이 구분된다. 근본을 아는 것은 처음부터 먼저 해야 하는 것에 속하니, 곧 돌아가 지선에 이르러 머무르는 것을 논의할 수 있다. 다만 분분하게 어지러운 가운데 돌아가 머무르는 방법을 보여 주기 때문에 지지知止의 방법을 가르친 것이라고 말한 것이다. "옛날에 명덕明德을 밝히고자 하면"에서부터 "수신을 근본으로 삼는다."에 이르기까지는 무엇을 말하는가? 대개 사물들을 상세히 헤아려 각각 먼저 할 것과 나중에 할 것을 구분한 뒤에 수신修身으로 돌아가 근본을 삼는다. 근본이 여기 있고 지선에 머무르는 것이 여기에 있으니, 어찌 다시 따로 달려가 구할 이치가 있겠는가? 그러므로 말한다.

以申言止之爲要也. 繼之曰 "物之❸本末云云"者, 何謂也? 以教人知止之法也. 經世之人, 無一刻離得物, 如何止? 經世之人, 無一刻離得事, 如何止? 蓋物雖有萬矣, 本末分焉; 事雖有萬矣, 始終判焉. 知本始在所當先, 卽當下可討歸宿, 直於攘攘紛紛之中, 示以歸宿至止之竅, 故曰是敎人以知止之法. "古之欲明明德", 至"修身爲本", 何謂也? 蓋詳數事物, 各分先後, 而歸本於修身也. 本在此, 止在此矣, 豈有更別馳❹求之理? 故曰"其本亂",

---

**50**  사물의 근본과 말단 … : 『대학』: "物有本末, 事有終始, 知所先後, 則近道矣."
**❸**  之: '대학'에는 '有'로 되어 있다.
**❹**  馳: 賈本에는 없다.

"그 근본이 어지럽고"에서부터 "이제껏 없었다."에 이르기까지는 대개 결단하여 말한 것으로 근본을 아는 것으로 돌아감으로 귀결하는 것이다. 그것은 수신이 근본이 됨을 알면 곧 근본을 아는 것이고, 수신이 근본이 됨을 알면 지선에 이르는 것을 아는 것이다.

至"未之有也", 蓋決言之也, 結歸知本, 若曰知修身爲本, 斯知本矣, 知修身爲本, 斯知至矣.

|31-48| 지선은 그 체이고 명덕은 그 용이다. 지선에 머무르는 것은 돌아가 머무는 것[歸宿]이요, 밝히고 새롭게 하는 것[51]은 두루 통하여 행하는 것[流行]이다.

|31-48| 至善其體, 而明德其用也, 止至善其歸宿, 而明新其流行也.

|31-49| 정해진 뒤에 고요할 수 있다는 것은 고요함이 정해짐이 있는 것에서 생겨난다는 것이 아니다. 고요한 뒤에 편안할 수 있다는 것은 편안함이 고요함으로부터 생겨난다는 것이 아니다. 요컨대 반드시 지지(知止: 머무를 바를 아는 것)로부터 시작한다는 것을 알아야 한다. 예전에 "정해지고 고요하고 편안한 것이 모두 머무르는 것이다. 다만 점점 더 좋은 경지로 나아가는 것이다."라고 한 말이 있는데, 『대학』에서 말하는 취지를 가장 잘 파악한 것이다. 지선에 머무르는 것이 아니면 사람이 집

|31-49| 定而后能靜, 非靜生於定也; 靜而后能安, 非安生于靜也. 要以見必自知止始也. 舊有語"定靜安總是止, 但漸入佳境耳", 最得立言之意. 非止則如人之未有家, 非止則如種之未得地, 而慮鳥從出乎!

---

**51** 밝히고 새롭게 하는 것: 『대학』의 "「康誥」曰'克明德', 「太甲」曰'顧諟天之明命', 「帝典」曰'克明峻德', 皆自明也. 湯之「盤銘」曰'苟日新, 日日新, 又日新', 「康誥」曰'作新民', 「詩」曰'周雖舊邦, 其命維新', 是故君子無所不用其極."을 가리킨다.

이 없는 것과 같고, 지선에 머무르는 것이 아니면 씨앗이 땅을 만나지 못한 것과 같다. 혜아리는 것이 어디에서 나오겠는가?

**|31-50|** 지선에 머무르는 것은 생각하는 것에 주안점을 둔 것이고, 자신을 닦는 것은 공부이다.

**|31-50|** 止爲主意, 修爲工夫.

**|31-51|** 자신 외에 집안과 국가 그리고 천하가 따로 없다. 자신을 닦는 것 이외에 격물, 치지, 성의, 정심이 따로 없다. 천하를 균평하게 하고 집안과 국가를 가지런하게 하고 다스리는 것에 단 한 가지 일이라도 자신에게 근본을 두지 않으면, 곧 오패가 행하였던 공리功利의 학문이다. 격물, 치지, 성의, 정심에서 단 하나의 생각이라도 자신에 근본을 두지 않으면, 곧 불교와 도교의 허무와 현묘의 학문이 된다. 그러므로 자신은 곧 근본이요, 시작이요, 곧 먼저 행해야 할 것이다. 수신이 근본이 됨을 아는 것이 곧 근본을 아는 것이요 머무를 곳을 아는 것이요, 먼저 해야 할 것을 아는 것이다. 정신이 응취되고 생각의 단서가 융통하게 결정되어 털끝만 한 의혹도 다른 것에 미치지 않고 막힘 없이 공정한 한 몸이 천지만물과 통해서 곧바로 천지와 함께 유행하고 전체가 혼연함이 하나의 지극한 선이다. 그러므로 지선에 머무르는 것은 명맥이다. 수신이 근본이 된다

**|31-51|** 身外無有家國天下, 修外無有格致誠正. 均平齊治, 但一事而不本諸身者, 卽是五霸功利之學. 格致誠正, 但一念而不本諸身者, 卽是佛老虛玄之學. 故身卽本也, 卽始也, 卽所當先者也. 知修身爲本, 卽知本也, 知止也, 知所當先者也. 精神凝聚, 意端融結, 一毫熒惑不及其他, 浩然一身, 通乎天地萬物, 直與上下同流, 而通體渾然, 一至善矣. 故止於至善者, 命脈

는 것은 돌아가 머무는 것이다. 집안은 이것에서 가지런해지고, 나라는 이것에서 다스려지고, 천하는 이것에서 균평해진다. 이른바 독실하게 공경하였는데 천하가 균평해지고, 자리에만 있었는데 다스려져서, 행함이 없어도 다스려지는 것은 이 도를 사용한 것이다. 【「지본의(知本義)」】

|31-52| 선은 하나이지만, 주재主宰로 말한 것이 있고, 유행流行으로 말한 것이 있다. 그러므로 하나에 머무르는 것이지만, 돌아가 머무는 것[歸宿]으로 말한 것이 있고, 감촉하여 응대하는 것으로 말한 것이 있다. 군신, 부자, 붕우 사이의 교제는 이른바 머무르는 것 가운데 감촉하여 응대하는 것이다. 그러므로 어질고 공경하고 효도하고 자애롭고 신실한 것은 선善 가운데 유행流行의 측면이다. 돌아가 머무는 것이 명확하지 않은데 곧바로 감촉하여 응대한 것에서 머무르는 것을 논의하는 것은 주재처에서 깨닫지 못하였는데 곧바로 유행처에서 선을 이해하는 것과 같다. 머무르는 것이 가능하겠는가? "송사를 듣는 것은…"[52]이라고 말한 것은 바로 이른바 머무는 것 중에서도 돌아가 머무는 것이다. 머무는 것에는 돌아가 머무는

也, 修身爲本者, 歸宿也. 家此齊焉, 國此治焉, 天下此平焉, 所謂篤恭而平, 垂衣而理, 無爲而治者, 用此道也. 【「知本義」】

|31-52| 善 一 也, 有自主宰言者, 有自流行言者. 故止一也, 有自歸宿言者, 有自應感言者. 君臣父子朋友之交, 所謂止之應感者也, 故仁敬孝慈信, 所謂善之流行者也. 歸宿不明, 而直於應感之上討止, 猶主宰不悟, 而直於流行之際看善也. 止將得乎? "聽訟云云", 則正所謂止之歸宿者也. 止有歸宿, 隨其身之

---

**52** 송사를 듣는 것은: 『대학』: "子曰: '聽訟, 吾猶人也. 必也使無訟乎.'"

것이 있으니, 자신이 응접하는 상황에 따른다. 군주가 되었을 때에는 인仁에 머물고, 신하가 되었을 때에는 공경함에 머물고, 자식이 되었을 때에는 효도함에 머물고, 부모가 되었을 때에는 자애로움에 머물고, 같은 나라의 사람들과 교제할 때에는 신실함에 머무르면, 어디를 가더라도 지선에 머무르는 것이 아님이 없다. 예전에 어떤 사람에게 답한 편지에서 일에 따라 머무를 것을 계산하는 것은 바로 후대 사람이 일에 따라 중中을 구하였던 뜻과 같아서 꼭 중中이 아닌 것은 아니겠지만, 다만 아마도 "진실로 그 중中을 견지한다."[53]고 할 때의 소식은 되지 못할 것이다.

┃31-53┃ 지선至善 두 글자는 대개 공자가 성性의 본면목을 표출하면서 의미가 어두워지는 곳에 나아가 들어서 사람들에게 보인 것이다. 오직 어두워지고 아득해져서 의거해서 따라 들어갈 근거가 없어질 것을 염려하였다. 그러므로 또 일을 경영하고 사물을 주재하는 가운데에 나아가 본말, 시종, 선후를 분별하여 수신修身이 근본이 됨을 가리켜 확립해 주어서 사람들이 당면한 곳에서 돌아가 머물 수 있게 해주었다. 그러므로 지선에 머무르는 것이 혈맥

所接, 於爲君也而止仁, 於爲臣也而止敬, 於爲子也而止孝, 於爲父也而止慈, 於與國人交也而止信, 則無適而非止也. 舊答某人書, 謂隨事計止, 正與後人隨事求中意同, 未必非中, 只恐非允執厥中之消息也.

┃31-53┃ 至善兩字, 蓋孔子摹性本色, 就虞淵底揭出示人, 猶恐杳杳冥冥, 無可據以循入, 故又就經事宰物中, 分別本末始終先後, 指定修身爲本, 使人當地有可歸宿. 故止于至善者命脈也, 修身爲本者

---

53    진실로 그 중(中)을 견지한다: 『尙書』 「大禹謨」.

이요, 수신을 근본으로 삼는 것이 비결이다. 자신에게서 근본을 알면 곧 선에 머무를 줄 안다.

**| 31-54 |** 참람하지만 학문에서는 종지를 밝히는 것이 급선무로, 체를 변석하는 것에 급선무가 있지 않다. 종지란 무엇인가? 취지가 귀차하는 것이 그것이다. 옛날부터 학문을 논할 때는 반드시 격물치지를 우선으로 삼았다. 곧 양명도 하늘이 낳은 총명한 분으로 역시 치지(致知: 양지를 다 발휘함)를 핵심으로 삼았다. 『대학』의 취지가 귀착하는 곳은 과연 지(知: 양지)에 있을까? 지선에 머무르는 것을 아마도 지知로 명명할 수 없을 것이다. 지知를 선善이라고 명명할 수 없는 이상, 머무른다는 것의 주된 취지가 지知로 귀착처를 삼지 않음이 분명하다. 그러므로 (『대학』에서) "머무를 곳을 안 뒤에 정해짐이 있다."라고 한 것이다. 대개 모름지기 지知를 지(止: 지선에 머무름)에 귀착시키고, 지止를 곧바로 지知에 귀착시키는 것이 아니라는 것 이것이 종지를 판명하게 변석하는 것이다. 지知를 통섭하여 지止에 귀착시키는 이것을 내가 감히 힘을 기울여 주장하는 이유이다.

**| 31-55 |** 지선至善 두 글자는 원래 성명性命을 직접 제시하는 종지이다. 지선에 머무르는 것은 뿌리가 반드시 흙에 돌아가 있는 것과 같고, 물이 반드시 근원에 닿아 있는 것과 같다.

訣竅也, 知本乎身,
卽知止乎善.

**| 31-54 |** 僭謂學急明宗, 不在辨體. 宗者何? 則旨意之所歸宿者是也. 從古論學, 必以格致爲先, 卽陽明天啓聰明, 亦祇以致知爲奧. 『大學』之旨意歸宿, 果在知乎? 止于至善, 恐不可以知名之也. 不可以知名善, 則止之主意, 不以知爲歸宿也決矣. 故曰: "知止而後有定." 蓋是要將知歸於止, 不是直以止歸於知, 此宗之辨也. 此攝知歸止, 鄙人之所以敢力提撕也.

**| 31-55 |** 至善兩字, 原是直挈性命之宗. 止于至善者, 如根之必歸土, 如水之必潛

극칙(極則: 표준법도)이 어찌 선하지 않은 적이 있겠는가? 이것은 유행처에서 말하는 것이다. 극치(極致: 궁극적 경지)가 어찌 선하지 않은 적이 있겠는가? 이것은 나아가 도달한 경지로 말한 것이다. 뿌리를 내리는 것은 땅이 있은 뒤에 유행처에서 실증할 수 있고, 나아가 도달함은 토대가 있은 뒤에 궁극의 경지에 돌아가기를 요구할 수 있다. 후대의 학자들은 대개 유행이 있음만 알고 되돌아감이 있음은 모르며, 궁극에 나아가려고 도모하기만 하면서 돌아가 머무는 것에 근원이 있음을 모른다. 학문에서 지선에 머무르는 것을 앞세우는 것은 빗장을 여는 제일의第一義이다.

**|31-56|** 매번 말하지만 자신을 닦는 것이 근본이 되는 학문은 그 중中[54]을 참되게 견지하는 학문이다. 근본을 아는 것이 아니면 본래 중을 견지할 수 없다. 그리고 그 중을 참되게 견지하는 것이 아니면 또한 근본을 안다고 말할 수 없다. 왼쪽에서 왼쪽에 치우치지 않고 오른쪽에서 오른쪽에 치우치지 않고 앞에서 앞에 치우치지 않고 뒤에서 뒤에 치우지지 않으면서 정정당당하고 상하로 일관되어 곧 그 중을 이

源. 極則者, 何嘗不是善, 是就流行言也. 極致者, 何嘗不是善, 是以造詣言也. 落根有地, 而後可以取勘於流行, 造詣有基, 而後可以要歸於極致. 後之學者, 大率知有流行而不知有歸復, 圖爲造極, 而不知有歸宿之根源者也. 學先知止, 蓋斬關第一義也.

**|31-56|** 每謂修身爲本之學, 允執厥中之學也. 非知本, 固不可以執中, 而非厥中允執, 亦未可以言知本也. 左之非左, 右之非右, 前之非前, 後之非後, 停停當當, 直上直下, 乃

---

**54**　중(中): 이학에서 「允執厥中」의 中은 마음이 어디에도 치우치지 않는 것을 의미한다. 이재(李材)는 그 핵심이 대학의 "지선에 머무르는 것(止於至善)"이라고 일관되게 설명한다.

루어 자리하면 천하의 큰 근본이 세워진다. 격물치지格物致知와 성의정심誠意正心은 그 가운데 부족하고 누락된 곳에 나아가 점검하고 분발하여 항상 중에 머물게 하는 것이다. 항상 중에 머무르면 몸은 항상 닦여지고, 마음은 항상 바르며, 생각은 항상 진실되고, 앎은 항상 다 발휘되어 사물이 저절로 바로잡힌다.

|31-57| 지선에 머무르지 못하는 것은 단지 근본을 알지 못하기 때문이다. 수신이 근본이라는 것을 알면 곧 지선에 머무르게 된다. 그 근본이 어지러운데 말단이 다스려진 적은 없다. 어찌 다시 별도로 달려가 구하는 이치가 있겠는가? 그러므로 머무르지 못하는 것은 그 병통이 그 본에 있다. 붕우 가운데 근본을 아는 것이 어렵다고 괴로워한 이가 있었다. 내가 "근본은 곧 지선이다. 어떤 형상이나 소리가 있겠는가? 그러므로 성인은 단지 수신을 근본으로 삼고, 결코 공허한 것에 의지해서 근본을 설명하려 하지 않았다. 바로 세상 사람들이 평상적인 것을 빠뜨리고 예측하여 알 수 없는 곳에서 헤아려 헛되이 생각을 지어내며 세월을 허비하는 데 이른다. 수신을 근본으로 삼는 것을 들어서 사람들이 실제로 지선에 머물고 실제로 자신을 닦아 머무르는 것이 한 푼 더 깊어지면 근본을 아는 것도 한 푼 더 명철해지고, 머무르는 것이 두 푼 더 깊어지면 근본을

成位其中, 天下之大本立矣. 格致誠正, 不過就其中缺漏處, 檢點提撕, 使之常止於中耳. 常止卽常修, 心常正, 意常誠, 知常致, 而物自格矣.

|31-57| 止不得者, 只是不知本, 知修身爲本, 斯止矣. 其本亂而末治者否矣. 豈有更別馳求之理? 故止不得者, 病在本也. 友朋中有苦知本難者, 予曰: "本卽至善, 有何形聲? 故聖人只以修身爲本, 不肯懸空說本, 正恐世人遺落尋常, 揣之不可測知之地, 以致虛縻意解, 耽誤光陰. 只揭出修身爲本, 使人實止實修, 止得深一分, 則本之見處透一分, 止得深兩分, 則本之見處深

아는 것도 두 푼 더 깊어지게 할 뿐이다. 정해짐이 있으면 근본은 확립되어 동요하지 않고, 고요하면 본체는 비어 있으면서도 단단할 수 있고, 편안하면 근본의 경지가 융해되고 항상 적연한 것은 단지 하나의 머무름이 하는 것으로, 머무름의 깊고 얕음에 따라 본연의 모습이 절로 점차 아름다운 경지를 드러내는 것이다. 공허한 것에 의지해 파악하면서 헛된 생각을 지어내서는 결코 안 된다. 그러므로 근본을 알지 못하면 또한 그 병통의 소재는 머무름에 있다. 이것이 내가 말하는 교호법(交互法: 서로 방법이 됨)이다."라고 하였다. 사실 근본을 안다는 것은 수신이 근본이 됨을 알아서 근본으로 삼는 것이고, 지선에 머무름을 아는 것은, 수신이 근본이 됨을 알아서 머무르는 것으로, 전체가 하나의 일이다. 서로 방법이 되는 것이 어디 있겠는가? 다만 병통처에 따라 처방책을 세우다 보니 이와 같이 제시하여 사람들이 수단을 가지게 하지 않을 수 없었다. 행하는 방법을 바꾸고 중심은 바꾸지 않았으니 또한 약으로 인해 발병하지는 않는다.

| 31-58 | 제가(齊家: 집안을 가지런하게 함)는 집안의 일을 끌어와 총괄하는 것이 아니다. 대개 집안에 있을 때는 집안을 자기 몸으로 여기는 것이 곧 수행하는 일이다. 치국(治國: 나라를 다스림)은 나랏일을 끌어와 총괄하는 것이 아니

兩分. 定則本有立而不搖, 靜則本體虛而能固, 安則本境融而常寂, 只是一個止的做手, 隨止淺深, 本地風光, 自漸見佳境也. 切不可懸空撈摸, 作空頭想也. 故本不知, 又是病在止也. 此予所謂交互法也." 其實知本者, 知修身爲本而本之也, 知止者, 知修身爲本而止之也, 總是一事, 有何交互之有? 但因病立方, 不得不如此提揭, 令人有做手耳. 換作法, 不換主腦, 且不因藥發病也.

| 31-58 | 齊家不是挱攬家, 蓋在家身家, 卽是修之事矣. 治國不是挱攬國, 蓋在國身國, 卽是修之

다. 대개 나라에 있을 때는 나라를 자기 몸으로 여기는 것이 곧 수행하는 일이다. 천하를 균평하게 하는 것은 천하의 일을 끌어와 총괄하는 것이 아니다. 대개 천하에 있을 때 천하를 자기 몸으로 여기는 것이 곧 수행하는 일이다. 그러므로 집안과 나라 그리고 천하는 분량의 차이이다. 가지런히 하고 다스리고 균평하게 하는 것은 하는 일의 실마리이다. 나는 일찍이 집안과 나라 그리고 천하가 수신修身하는 곳으로 이것이 천자와 서민이 하나가 되는 이유라고 말한 적이 있다. 본성의 측면에서 말하면 학문에 차등이 없는 것이다. 본성으로 타고난 것에서 말하는데 어떻게 외물과 나를 나누겠는가? 참으로 이른바 "하늘이 만물을 낳을 때 근본을 하나로 하게 하였다."[55]고 하는 것이니 근본을 두 가지로 하는 것은 없다.

**|31-59|** 어떤 이가 물었다. "치지致知와 격물格物은 배우고 묻는 공부에서 이것보다 더 핵심적인 것이 없는데, 유독 이것에 대해서만 전傳이 없는 것은 어째서입니까?" 내가 대답하였다. "치지致知의 지(知: 앎)는 다른 것이 아니라, 곧 분별하는 생각이 그것이다. 격물格物의 물物은 다른 것이 아니라 곧 감촉하는 지知가 그것

事矣. 平天下不是挽攬天下, 蓋在天下身天下, 卽是修之事矣. 故家國天下者, 分量也, 齊治均平者, 事緖也. 余嘗云家國天下者, 修身地頭也, 此所以天子與庶人一也. 說到性分上, 所以學無差等, 說到性分上, 如何分得物我, 眞所謂 "天之生物也, 使之一本"矣, 無二本也.

**|31-59|** 或問: "致知格物, 學問之功, 莫要於此也. 獨無傳者, 何與?" 曰: "知非他也, 卽意之分別者是也. 物非他也, 卽知之感觸者

---

**55** 하늘이 만물을 … 하게 하였다: 『孟子』「滕文公上」.

이다. 집안, 나라, 천하, 자신, 마음, 생각, 앎을 제외하고 별도로 사물이 없다. 격格,[56] 치(致: 남김없이 다 발휘함), 성(誠: 진실하게 함), 정(正: 바르게 함), 수(修: 닦음), 제(齊: 가지런하게 함), 치(治: 다스림), 그리고 평(平: 균평하게 함)을 제외하고, 별도로 지(知: 앎)가 없다. 그러므로 격물과 치지의 전傳이 없는 것은 한 부 전체의 글이 곧 격물과 치지에 전傳을 가하는 것이기 때문이다. 예를 들면, 성의(誠意: 생각을 진실하게 함)에 전을 가하면, 의(意: 생각함)가 격물의 물이고, 진실하게 하기 위한 방법이 치지의 지이다. 정심(正心: 마음을 바르게 함)에 전을 부가하면, 심(心: 마음)이 격물의 물이고 바르게 하는 방법이 치지의 지이다. 수신(修身: 자신을 닦음)에 전을 부가하면 신(身: 자기자신)이 격물의 물이고 닦는 방법이 곧 치지의 지知이다. 제가(齊家: 집안을 가지런하게 함)에 전을 부가하고, 치국治國과 평천하平天下에 전을 부가하면, 가(家), 국(國) 그리고 천하天下가 격물의 물이고, 가지런하게 하고 다스리고 균평하게 하는 방법이이 곧 치지의 지이다. 따라서 격물치지에 어찌 전이 필요하겠는가?"

是也. 除却家國天下身心意知, 無別有物矣. 除却格致誠正修齊治平, 無別有知矣. 故格致無傳者, 一部之全書, 卽所以傳格致也. 如傳誠意, 則意物也, 而所以誠之者, 卽知也. 傳正心, 則心物也, 而所以正之者, 卽知也. 傳修身, 則身物也, 而所以修之者, 卽知也. 傳齊家, 傳治國平天下, 則家國天下者物也, 而所以齊之治之平之者卽知也. 則格致奚庸傳哉?"

---

56 격(格): 格物의 格은 주자학에서는 궁구하다의 뜻으로 풀이하고 양명학에서는 바르게 한다는 의미로 풀이한다. 주자학에서는 사물을 궁구하여 이치를 아는 것을 의미하고, 양명학에서는 사물에서 양지의 실천을 바르게 하는 것을 의미한다. 이재는 양명학자이지만 주자학의 격물 개념을 함께 혼용하여 사용하고 있다.

물었다. "그렇다면 격格하고 치致하는 방법은 어떤 식으로 그 힘을 쓰는가?" 대답하였다. "이 질문은 경전(『대학』)을 살펴보지 않은 잘못이 있다. 예들 들면 자신을 속이는 것을 경계하고, 스스로 충분히 흡족하기를 추구하고, 홀로 있을 때[57]를 조심하여 반드시 그 생각이 일어남이 미색을 좋아하고 악취를 싫어하듯 하여 진실하지 않음이 없게 하면, 생각을 진실하게 하는 것을 격格하여 그 지知를 다 발휘하는 방법을 알 수 있다. 사람이 자신에 분노함이 있는 등 네 가지[58]는 마음은 그 바름을 잃게 만드는 원인이 그것이고, 마음이 가 있지 않음은 자신이 닦는 것을 그르치게 만드는 원인이 그것이니, 자신을 닦고 마음을 바르게 할 일을 격格하여 그 지를 다 발휘하는 방법을 알 수 있다. 그 (친애하거나, 천시하고 미워하거나, 긍휼히 여기거나, 오만하고 업신여기는) 데에서 치우침은 자신이 닦여지지 않는 원인이 그것이요 집안이 가지런해지지 않는 원인이 그것이니, 반드시 좋아하고 싫어함의 바름을 따르면, 자신을 닦고 집안을 가지런하게 할 일을 격하고 그 지를

曰: "然則所以格之致之者, 何如以用其力耶?" 曰: "此不攷於經者之過也. 如戒自欺, 求自慊, 愼其獨, 必其意之所發, 如好好色, 如惡惡臭, 而無有不誠, 而所以格誠意之物, 而致其知者可知也. 身之有所忿懥四者, 所以使心之失其正者此也, 心不在焉, 所以使身之失其修者此也, 而所以格修正之物, 而致其知者可知也. 之其所而辟焉, 身之所以不修者此也, 家之所以不齊者此也, 而必由其好惡之正, 而所以格

---

**57** 홀로 있을 때: '獨'은 생각이 일어나는 초기 자신은 알아차리지만 밖으로 표현되지 않아 남은 알아차리지 못하는 상태를 가리킨다.

**58** 사람이 자신에 … 네 가지:『大學』의 "所謂脩身在正其心者, 身有所忿懥, 則不得其正; 有所恐懼, 則不得其正; 有所好樂, 則不得其正; 有所憂患, 則不得其正."을 가리킨다. 곧 분노, 두려움, 좋아함, 근심 등의 네 가지 치우침이 자신에게 있을 때 마음을 바르게 되지 못함을 말한다.

다 발휘하는 방법을 알 수 있다. 자신을 바르게 하여 집안이 법도가 있게 하고, 집안을 벗어나지 않고 나라에서 교화를 이루니, 집안을 가지런하게 하고 나라를 다스리는 일을 격하여 그 지를 다 발휘하는 방법을 알 수 있다. 혈구絜矩로 좋아하고 싫어함을 같이하니, 나라를 다스리고 천하를 균평하게 하는 일들을 격하여 그 지를 다 발휘하는 방법을 알 수 있다. 그러므로 '경전을 살피지 않은 잘못이 있다'라고 한 것이다."【『격치의(格致義)[59]』】

┃31-60┃ "자신을 편안하게 한 뒤에 움직이고, 그 마음을 평순하게 한 뒤에 말을 하고 그 교제가 안정된 뒤에 추구함"[60]은 『주역』에서 말하였다. 모두 명확히 본말과 시종의 순서이지만 학자들이 깨닫지 못하였다. 단지 여기서 먼저 할 것과 나중에 할 것을 알지 못하면 곧 행보마다 뿌리에서 벗어나 있어 모든 곳에서 발을 디딜 수 없고 단지 소와 말처럼 자신을 만물에 부림을 당하는 것으로 삼으니, 채찍질하는 대로 달릴 뿐이다. 그러므로 한 가지 일과 하나의 사물에 나아가 말해도 본래부터 저절

修齊之物, 而致其知者可知也. 正其身以刑家, 不出家而成教於國, 而所以格齊治之物, 而致其知者可知也. 絜矩以同好惡, 而所以格治平之物, 而致其知者可知也. 故曰: '不攷於經者之過也.'"【『格致義』】

┃31-60┃ "安其身而後動, 易其心而後語, 定其交而後求", 『易』言之矣, 皆灼然本末始終之序, 而學者不悟也. 只於此不能知所先後, 卽步步離根, 到處無可着脚, 直以其身爲萬物之役, 如牛馬然, 聽其驅策而馳走矣.

---

**59**   『격치의(格致義)』: '格致義'는 '격물치지의 의미'라는 뜻이다. 李材의 이 저서는 『四庫全書存目』에 수집되어 있고, 『見羅先生書』(台南: 莊嚴文化事業有限公司, 1995年 無錫市圖書館藏明萬曆간본 영인본)에 들어 있다.

**60**   자신을 편안히 … 뒤에 추구함: 『周易』「繫辭下」.

로 본말과 시종이 있고, 일과 사물들을 총괄해서 말해도 또한 본말과 시종이 있다. 아래 조목에서 사물을 갖추어 열거하고 각각 선후를 나누어 놓으면서, 결단코 수신을 근본으로 삼은 것은 바로 이 때문이다. 이것을 깨달으면 참으로 쟁반에 구르는 구슬처럼 모든 곳에서 원만하게 성사되고 고정된 체와 또한 고정된 방향이 없이 근본이 항상 나에게 있다. 이것이 『대학』이 세상을 경영하는[經世] 방법이 되는 이유이다. 그러나 깨달음이 철저하지 못할 때는 푯대와 기준을 세우듯이 단지 수신을 근본으로 삼는 것을 확고하게 정해 놓으면, 또한 자연히 일이든 사물이든 이 기준에 따라 합당한 것을 취해서 근본은 항상 혼란해지지 않음을 보장한다.

|31-61| 일에 따라 사안에 따라 노력을 가하지만, 운용하는 정신精神은 항상 한곳에 있지 않은 적이 없다. 모름지기 이 몸을 점검하고 단속하여 어긋나거나 결실됨이 없게 하지만, 마음[主腦]은 근본에 귀의하여 하나의 당면한 정신을 거두어서 근본으로 되돌리고 새거나 빠져나감이 없게 하지 않은 적이 없다. 이것이 본성을 다 발휘하는[盡性] 학문이 되는 이유이다.

|31-62| 수신修身이 근본이 됨은 단지 하나뿐

故就一事一物言, 固自有個本末終始, 總事物言, 又只有個本末終始. 下條備擧事物, 各分先後, 斷以修身爲本, 正爲此也. 悟得此, 眞如走盤之珠, 到處圓成, 無有定體, 亦無定方, 而本常在我, 此其所以爲經世之竅.

|31-61| 未嘗不是逐事逐件著功, 而運量精神, 只是常在一處. 未嘗不是要得檢束此身, 俾無敗缺, 而主腦皈依, 只是收拾一副當精神, 使其返本還元, 無有滲漏. 此其所以爲盡性之學.

|31-62| 修身爲本,

인 근본이고, 자신이 응접하는 바에 따라 말단이 아닌 것이 없다. 연평(延平: 李侗)은 "일들이 어지럽게 전개되지만 도리어 내가 처리하는 것에 따른다."[61]라고 하였다. 천지를 주재하든 인간과 사물을 주재하든 운용하는 추기(樞機: 관건)는 모두 나에게 있다. 자신을 벗어나서 별도의 근본이 없다. 비록 천지, 군주, 부모, 스승이라고 해도 또한 말단이 된다.

**|31-63|** 물었다. "치지致知 두 글자는 양명이 제시하였을 뿐만 아니라 송대 여러 학자들도 공부에서 처음에 하는 일로 삼지 않음이 없습니다. 그런데 선생은 유독 지선에 머무를 줄 아는 것을 반드시 앞세우십니다. 이유가 무엇입니까?"

대답하였다. "작은 경영이라도 반드시 생각을 내는 것을 확정시켜야 한다. 어찌 돌아가 머무는 것이 막연한데 성공하는 이치가 있겠는가? 도끼를 나르는 자는 자루를 잡고, 해 그림자의 길이를 측정하는 이는 일중할 때의 길이를 취한다. 지선에 머무를 줄 아는 것 이 한 걸음이 없으면, 참으로 이른바 생각이 들어 있지 않은 문장이다. 성의정심과 격물치지가 장

只是一個本, 隨身所接, 無非末者. 延平曰: "事雖紛紜, 還須我處置." 畢竟宰天宰地宰人宰物, 運轉樞機, 皆是於我. 離身之外, 無別有本. 雖天地君親師, 亦末也.

**|31-63|** 問: "致知兩字, 不但陽明挈之, 有宋諸儒, 無不以爲學之始事. 先生獨以爲必先知止者, 何也?"

曰: "至小經綸, 也須定個主意, 豈有歸宿茫然, 可望集事之理? 運斤者操柄, 測景者取中, 若無知止這一步, 眞所謂無主意的文章. 正誠格致, 將一切渙而無統

---

**61**　일들이 어지럽게 … 것에 따른다: 『어류』 103-24: "李先生言: '事雖紛紛, 須還我處置.'"

차 모두 풀어져서 통서가 없게 된다. 다시 하나의 설이 더 있다. 마음에 바르지 못함이 있기 때문에 바르게 하는 공부를 사용하는 것이요, 생각에 진실하지 않음이 있기 때문에 진실하게 하는 공부를 사용하는 것이요, 앎에 다 발휘되지 않음이 있고 사물에 격格해지지 않은 것이 있기 때문에 다 발휘하고 격하는 공부를 사용하는 것이다. 지금 이 한때 너는 시험삼아 자신을 돌아보라, 느끼기에 마음에 여전히 바르지 못함이 있지 않은가?"

"없습니다."

"생각에 진실하지 못함이 있지 않은가?"

"없습니다."

"지(知: 앎)에 다 발휘하지 않음이 있고, 대상에 격해지지 않은 바가 있지 않은가?"

"이 가운데 공경히 응대하여 하나하나 분명하니 다 발휘하지 못하거나 격하지 못한 것이 없는 듯합니다."

"그와 같다면, 묻고 배우는 공부가 잠시라도 간격이 생기면 곧 빠진 것이 된다."

질문하였던 이가 얼른 깨닫고 말하였다. "진실로 선생님의 말대로입니다. 천명에 돌아가고 뿌리에 돌아가는 것이 전부 지선에 머무르

矣. 更有一說, 心有不正, 故用正之之功, 意有不誠, 故用誠之之功, 知有不致, 物有不格, 故用致之格之之功. 今此一時, 爾試反觀, 覺心尚有不正否?"

曰:"無有."

"意有不誠否?"

曰:"無有."

"知有不致, 物有不格否?"

曰:"此中祗對, 歷歷分明, 亦似無有不致不格."

曰:"如此, 則學問工夫一時間便爲空缺矣."

問者躍然有悟, 曰:"允若先生❺之言, 復命歸根, 全在

---

는 것 하나에 있고, 격물치지와 성의정심은 그 안의 모자라고 누락된 곳에 나아가 검속하고 살피며 이끌어서 항상 지선에 머무르는 데로 돌아가게 하는 것일 뿐입니다."

|31-64| 자신 이외에 집안과 나라 그리고 천하가 따로 있지 않음을 반드시 확신한 뒤에 본체가 하나가 된다. 자신을 닦는 것 이외에 격물치지와 성의정심이 따로 있지 않음을 반드시 확신한 뒤에 공부가 하나가 된다. 본체가 하나가 되면 정신이 밖으로 새거나 빠져나가지 않는 데 이른다. 공부가 하나가 되면 생각이 달리 내달려 찾지 않고 지선에 머무를 줄 안다.

『도성선편』

|31-65| 맹자는 우물에 빠짐을 말하였고, 또 어린아이가 우물에 빠짐을 말하였고, 또 우물에 빠지는 것을 잠깐 봄을 말하였다. 대개 우물에 빠지는 것은 가장 가련한 일이다. 어린아이는 사람에게 있어 가장 원한도 친함도 없는 처지이다. 잠깐 본다는 것은 가장 수습할 여지가 없는 것이다. 자신도 모르는 사이에 놀라고 측은한 마음이 나와 말로 표현하기 어려워 고심 끝에 한 개 "(천리에) 따른다[順]"는 말로만 형

一止, 格致誠正, 不過就其中缺漏處檢照提撕, 使之常歸于止耳."

|31-64| 必有以信身外之無有家國天下也, 而後本體一. 必有以信修外之無有格致誠正也, 而後工夫一. 本體一, 則精神不至外有滲漏; 工夫一, 則意念不復他有馳求, 而知止矣.

『道性善編』

|31-65| 孟子說個入井, 又說個孺子入井, 又說個乍見入井. 蓋入井者, 事之最可矜憐者也; 孺子於人, 最無冤親者也; 而又得於乍見, 是又最不容於打點者也. 不知不覺發

393

용한다. 대개 따르지 않으면 밖으로 요량하고 문식하는 바가 있어서 안과 서로 실증하는 것이 되지 않는다. 이것이 바로 이른바 자취를 가지고 성을 말하고 이로움으로 근본을 삼는 것이다.[62] 이를 통해 그와 같이 요량함을 허용하지 않는 것이 아니면 정情이 나오는 것이 곧 (천리에) 따를 수 없음을 보인 것이다. 어찌 정情이 선하다고 말할 수 있겠는가? 그러므로 진실로 성을 얻은 이후에 학문이 돌아가 머무는 곳을 가진다. 만일 정情이 선함을 말하였다고 여기면서 곧바로 정에서 근본으로 돌아간다면 측은한 정에는 측은하지 않은 정도 있을 수 있고, 부끄럽게 여기고 미워하는 정에는 그렇지 않은 정도 있을 수 있다. 선함과 선함이 뒤섞여 나오는데 어떻게 사람들에게 입각처로 삼게 할 수 있겠는가?

|31-66| 성性은 체體로서 고정된 역할이 있다. 그러므로 성은 체가 아님이 없다고 말한다. 정情, 의意, 지知, 능能은 용用으로서 고정된 역할이 있다. 그러므로 정, 의, 지, 능은 용이 아님

出怵惕惻隱, 苦口苦心, 只要形容一個順字. 蓋不順, 則外面的便有打點粧飾, 不與裏面的相爲對證矣. 此正所謂以故言性也, 以利爲本也, 以見非如此不容打點, 則情之所發, 便未必能順, 豈可便道情善? 故信得性, 而後學有歸宿. 若以爲道情善, 直於情上歸宗, 則有惻隱者, 亦容有不惻隱者矣, 有羞惡者, 亦容有不羞惡者矣. 善不善雜出, 敎人如何駐脚?

|31-66| 性有定體, 故言性者無不是體; 情意知能有定用, 故言情意知能者無不

---

62    이것이 이른바 … 삼는다는 것이다:『孟子』「離婁下」: "天下之言性也, 則故而已矣. 故者以利爲本."

이 없다고 말한다. 오직 심心은 그렇지 않다. 심은 정과 성을 통섭하는 것이다. 그러므로 정자는 "심은 하나이지만 체의 측면을 가리켜 말하는 것이 있고, 용의 측면을 가리켜 말하는 것이 있다."[63]라고 하였다. 체를 가리켜 말한다는 것은 어느 것이 체가 되는가? 성이 그 체이다. 용을 가리켜 말한다는 것은 어느 것이 용이 되는가? 정, 의, 지, 능이 그 용이다. 순의 조정에서 이른바 "인심은 위태롭고, 도심은 은미하다."[64]라고 하였지만, 사람이 어찌 두 가지 심心을 가지고 있겠는가? 이것은 역시 용을 가리켜 말한 것이다. 공자가 "잡고 있으면 보존되고 놓아 버리면 잃는다. 아무도 그 향하는 곳을 모르니 오직 마음을 가리켜 말한 것이다."[65]라고 하였지만, 심에 어찌 나가고 들어오는 것이 있는가? 이것 역시 이른바 용을 가리켜 말한 것이다. 맹자는 "인仁은 인심이다."[66]라고 하였다. 이것은 이른바 체를 가리켜 말한 것이지만 용이 그 안에 포함되어 있다. 다른 장에서 인을 말할 때는 성에 소속시켰지만, 이 장에서 인을 말한 것은 곧바로 마음에 소속시

是用. 惟心爲不然, 以心統性情者也. 故程子曰: "心一也. 有指體而言者, 有指用而言者." 指體而言者, 孰爲之體? 性其體也. 指用而言者, 孰爲之用? 情意知能其用也. 虞廷所謂 "人心惟危, 道心惟微". 人豈有二心? 此亦所謂指用而言者也. 孔子 "操則存, 舍則亡, 出入無時, 莫知其鄕, 惟心之謂與?" 心豈有出入? 此亦所謂指用而言者也. 孟子曰: "仁, 人心也." 此則所謂指體而言者也, 而用在其中矣.

---

63 심은 하나이지만 … 것이 있다: 『二程集』 권9, 「與呂大臨論中書」: "心一也. 有指體而言者,【寂然不動是也.】有指用而言者,【感而遂通天下之故, 是也.】"

64 인심은 위태롭고, 도심은 은미하다: 『尙書』 「大禹謨」.

65 잡고 있으면 … 가리켜 말한 것이다: 『孟子』 「告子上」.

66 인(仁)은 인심이다: 『孟子』 「告子上」.

컸다. 놓은 마음을 찾는다고 하지만 사람들은 그저 말만 늘어놓는다. 결국 어느 쪽에 대고 찾을 것인가? 앞의 생각이 뒷 생각을 상관하지 않고 뒷 생각이 앞 생각과 이어지지 않으니 양명 선생이 그 때문에 돌려서 말한 한마디가 매우 좋다. 선생은 "학문의 방법은 다른 것이 없다. 어질기를 구할 뿐이다."[67]라고 하였으니 또한 마음을 놓아 버리는데 자리가 따로 없고 놓은 마음을 찾는데 따로 의거할 것이 없으며, 오직 어질기를 구할 수 있음을 안다. 오직 어질기를 구할 수 있다는 것은 성은 항상 선한 것이기 때문이다. 이른바 "도는 하나일 뿐이다."라고 하였으니 하나에서 인지하여 취하지 않으면 어느 곳에서 근본으로 돌아가겠는가?

| 31-67 | 성性은 생(生: 낳음)의 리理이다. 생이 성이라는 것은 알면서도 생이 되게 하는 것을 모르면, 성을 아는 것이 아니다. 『주역周易』에 태극이 있으니 이것이 양의(兩儀: 음과 양)를 낳는다."라고 하였다. 양의兩儀 이외에 별도로 태극이 있다고 여기면 본래 옳지 않지만, 양의를 가리켜 곧 태극이라고 하여도 또한 옳지 않다.

他章之言仁, 必以屬性, 惟此章之言仁, 直以屬心. 求放心, 人只漫說, 畢竟向何方求? 前念不管後念, 後念不續前念, 陽明先生爲轉一語甚好, 曰: "學問之道無他, 求仁而已矣." 亦是見得放之不可爲方所也, 求之無可爲依據也, 惟仁可求. 惟仁可求者, 則性之有常善也. 所謂"夫道一而已矣". 不就一上認取, 何處歸宗!

| 31-67 | 性者生之理也, 知生之爲性, 而不知所以生者, 非知性者也. 『易』有太極, 是生兩儀", 謂兩儀外別有太極, 固不可, 指兩儀而卽謂

---

67    학문의 방법은 … 구할 뿐이다: 未詳.

그러므로 『중용』에서 은미하다고만 말하고, 아직 발동하지 않았다고만 말하고, 보고 들을 수 없다고만 말하였다. 대체로 드러나 보고 듣는 것은 모두 이른바 발동한 것이요, 바로 고자告子가 말한 생이다. 무릇 지각하고 운동함이 있는 것은 어느 것인들 생이 아니겠는가? 만약 그 생이 말미암는 것을 잃지 않으면서 그 볼 수 있는 자취에 의거하면, 예를 알고 의義를 아는 것도 본래 지각하는 것이요, 맛있는 음식을 알아보고 미색을 알아보는 것도 또한 지각하는 것이다. 맛있는 음식과 미색이 있음을 알면서 예의가 있음을 알지 못하는 것에 이르러서도 역시 지각하는 것이다. 똑같이 지각하는 것이고, 똑같이 활동하는 것인데, 어느 것인들 생이 아니라고 말할 수 있겠는가? 생이 이미 똑같이 생인데 어느 것인들 성이 아니라고 말할 수 있겠는가? 아, 맹자가 생을 성이라고 말한 것에 따르지 않았으니, 맹자가 이익으로 자취를 찾으면서도 반드시 그 선함이 나온 곳에 근본을 두었음을 알겠다.

| 31-68 | "그 정情은 선한 일을 행할 수 있다."[68]

之太極, 亦未可. 故『中庸』只說隱微, 只說未發, 只說不可睹聞. 大率顯見睹聞, 皆所謂發也, 正告子之所謂生者也. 凡有知覺運動者, 孰非生乎? 若不失其生之由, 而惟據其迹之所可見, 則知禮知義者, 固知覺也, 而知食知色, 亦知覺也, 以至于知有食色, 而不知有禮義, 亦知覺也. 同一知覺, 同一運動, 可云何者非生? 生旣是同, 可云何者非性? 噫! 孟子之不以生之謂性, 則知孟子之以利求故而必求❻其善之所自來矣.

| 31-68 | "乃 若 其

---

68 　그 정(情)은 … 수 있다:『孟子』「告子上」.
❻ 　求: 賈本과 備要本에 '本'으로 되어 있다.(原註) 해석은 賈本에 따랐다.

397

라고 하였다. 맹자는 성이 선하기 때문에 정이 선한 일을 행할 수 있다고 인정하였다. "선하지 않은 일을 행하는 것은 재능[才]의 죄가 아니다."[69]라고 하였다. 맹자는 정이 선하기 때문에 재능도 선하지 않음이 없다고 인정하였다. 사람들이 성이 선함을 믿지 않아 근본으로 되돌아갈 터전이 없어질 것을 염려하였기 때문에 지(知: 앎)와 능(能: 능력)의 본래적인 측면으로 성이 선함을 명확히 드러냈다. 지와 능의 본래적인 부분은 바로 이른바 정이 선한 일을 행할 수 있다는 것이다. 갓난아이도 부모를 친애할 줄 모르는 아이가 없다. 누가 하는가? 자라면 자신의 형을 공경할 줄 모르는 아이가 없다. 누가 하는가? 그러므로 "친한 이를 친애하는 것이 인仁이다."[70]라고 한 것이니, 곧 이른바 "측은하게 여기는 마음이 인의 단서이다."[71]라고 한 말이 그것이다. 성에 인이 없다면 갓난아이가 어떻게 부모를 친애할 줄 알겠는가? "어른을 공경하는 것이 의義이다."[72]라고 하였으니, 곧 이른바 "부끄럽게 여기고 미워하는 마음이 의의 단서이다."라고 한 말이 그것이

情, 則可以爲善矣. 乃所謂善也." 孟子認定了性善, 故情可以爲善. "若夫爲不善, 非才之罪也". 孟子認定了情善, 故才無不善. 只怕人不信得性善, 無地歸宗, 故又以知能之良者表之. 知能之良者, 則正所謂情之可以爲善者也, 才之無有不善者也. 孩提之童, 無不知愛其親者, 孰爲之也? 及其長也, 無不知敬其兄也, 又孰爲之也? 故曰: "親親, 仁也", 卽所謂 "惻隱之心, 仁之端" 者是也. 性中若無仁, 孩提之童如

---

**69**  선하지 않은 … 죄가 아니다: 『孟子』「告子上」. '才'에 대하여 주희는 『孟子集註』에서 "才猶材質, 人之能也. 人有是性, 則有是才. 性旣善, 則才亦善, 人之爲不善, 乃物欲陷溺而然, 非其才之罪也."라고 하였다.

**70**  친한 이를 … 것이 인(仁)이다: 『孟子』「盡心上」.

**71**  측은하게 여기는 … 인의 단서이다: 『孟子』「公孫丑上」.

**72**  어른을 공경하는 것이 의(義)이다: 『孟子』「公孫丑上」.

명유학안 권31, 지수학안

다. 성에 의가 없다면 갓난아이가 어떻게 어른을 공경할 줄 알겠는가? '달(達: 통용함)'이라는 한 글자를 보면 의미가 더욱 명확하니, 단지 '순(順: 따름)' 하나일 뿐이다. 이른바 "불이 타오르듯, 샘물이 이르듯, 충만하게 하면 사해를 보전할 수 있다."[73]는 말이 그것이다. 그러나 충만하다는 것은 과거에 놀라고 측은히 여겼던 것을 찾아서 충만하게 하는 것이 아니요, 통용한다는 것은 갓난아이가 친애하고 공경한 것을 찾아서 통용하는 것이 아니다. 그 성이 본래 선함을 신뢰하면서 근본으로 되돌아갈 바를 알아 성의 본래 선함을 통용하면, 지와 능을 사용함이 어느 것도 본래적이지 않은 것이 없게 된다.

何知愛親? "敬長, 義也", 即所謂 "羞惡之心, 義之端" 者是也. 性中若無義, 孩提之童如何知敬長? 達之一字, 義尤明白, 只是一個順, 所謂 "火然泉達, 充之足以保四海" 者是也. 然充者, 非是尋取既往之怵惕惻隱來充; 達者, 不是尋取孩提之愛敬來達. 信其性之本善, 而知所歸宗, 達其性之本善, 而知能之用, 莫非良矣.

『지본동참』[74]

『知本同參』

『흥고의문(興古疑問)』,[75] 온릉(溫陵) 왕임

『興古疑問』, 溫陵

---

73  불이 타오르듯 … 수 있다: 『孟子』 「公孫丑下」: "凡有四端於我者, 知皆擴而充之矣. 若火之始然, 泉之始達, 苟能充之, 足以保四海; 苟不充之, 不足以事父母."
74  『지본동참(知本同參)』: 근본을 알아 같이 참여한다는 뜻이다.
75  흥고(興古): 三國 蜀 시기(225) 설치되었던 郡의 명칭으로 현재 雲南 江川縣, 羅平縣, 文山縣 지역에 해당한다.

## 중(王任重)[76] 윤경(尹卿) 지음

|31-69| '보고[視]' '듣고[聽]' '말하고[言]' '움직인
다[動]'는 네 글자는 비록 유형의 실제 자취가
있는 것 같지만, '하지 말라[勿]'는 한 글자는 실
제로 발동하였지만 아직 형상이 없는 참된 마
음이다. 그러므로 참된 것을 체인하여, 보고
듣고 말하고 움직임이 예에 맞는 것이 아니면
곧 들리지 않고 보이지 않는 상태에서도 행하
지 말아야 한다는 한 생각을 가지는 것은, 곧
경계하고 조심하고 염려하고 두려워하는 마음
이다. 아직 발동하기 이전에 리理로 말하면 존
재하는 것이 되고, 형상으로 말하면 드러나지
않은 것이 된다. 살펴본다고 말한 것은 그 가
운데에서 그 리가 어떠한가를 조용히 탐색하
는 것이다. 어찌 정말 형상을 찾겠는가? 내가
일찍이 고요한 가운데 하나의 참된 깨어 있는
것으로 조용히 더불어 합일하였다. 오래되니
그 가운데 충만하여 중단되고 격리됨이 없음
을 보는 듯하였다. 그 가운데 엄숙하여 기울거
나 치우침이 없음을 보는 듯하였다. 또한, 그
가운데 홀로 우뚝하여 의지하거나 뒤따르는
바가 없음을 보는 듯하였다. 또한, 그 가운데

## 王任重尹卿著

|31-69| 視聽言動
四字, 雖若有形之實
跡, 而勿之一字, 則
實動而未形之眞心
也. 故體認得眞, 視
聽言動之非禮, 卽在
不睹不聞中, 而勿之
一念, 卽戒愼恐懼之
心也. 未發之前, 以
理言之, 則爲有, 以
象言之, 則爲無. 所
云看者, 亦於其中而
默探其理之何似耳,
豈眞以象求哉? 吾
嘗於靜中以一眞惺
惺者, 而默與之會.
久之若見其中之盎
然, 而無所間隔者
焉. 若見其中之肅
然, 而無所偏倚者
焉. 又若見其中特

---

76 왕임중(王任重): 자는 尹卿이다. 隆慶 戊辰년(1568) 進士에 급제하여, 廉州推官, 雲南
按察副使, 山東按察使, 太僕寺卿 등을 역임하였다. 저서로 『邊防要略』, 『王太守講章』
등의 저서가 있다. 『晉江縣誌』(道光版) 卷38 참조.

밝게 빛나 가려짐이 없음을 보는 듯하였다. 곧 그 충만한 것을 관대하고 온유한 기상으로 보면 될까? 곧 그 엄숙한 것을 장중하고 중정한 기상으로 보면 될까? 곧 그 홀로 우뚝한 것을 분발하고 굳센 기상으로 보면 될까? 곧 밝게 빛나는 것을 조리가 있고 세밀히 살피는 기상으로 보면 될까? 이것 역시 심령心靈이 성과 참으로 묵묵히 합일하여 그 유사한 기상을 보는 듯한 것이다. 어찌 실제로 볼 수 있는 기상이 있겠는가?

│31-70│ 근본은 하나이지만, 군주가 되어서는 군주의 직분에 있고, 신하가 되어서는 신하의 직분에 있고 부모가 되어서는 부모의 직분에 있고, 자식이 되어서는 자식의 직분에 있고, 국인과 교제할 때에는 국인과 교제하는 것에 있으니, 고정된 방향이 없는 것이 이와 같다. 그러나 군주가 되고 신하가 되는 것은 이 몸이고, 부모가 되고 자식이 되는 것도 이 몸이고, 국인과 교제하는 것도 이 몸이니 실로 두 몸이 있는 것이 아니다. 어찌 정해진 본분이 없었던 적이 있던가? 그러므로 선은 하나이지만, 군주는 인仁에 머무르고 신하는 공경함에 머무르

然, 而無所依隨者焉. 又若見其中之瑩然, 而無所遮蔽者焉. 卽其盎然者, 看作寬裕溫柔之氣象可乎? 卽其肅然者, 看作齊莊中正之氣象可乎? 卽其特然者, 看作發強剛毅之氣象可乎? 卽其瑩然者, 看作文理密察之氣象可乎? 此亦心靈與性眞默會, 若見其似則然耳, 而豈實有氣象之可見耶?

│31-70│ 本一也, 爲君在君, 爲臣在臣, 爲父在父, 爲子在子, 與國人交在交國人, 若是其無定方也. 然爲君爲臣此身, 爲父爲子此身, 與國人交此身, 實非有二身也. 何嘗無定分乎? 故善一也, 君曰止仁, 臣曰止敬, 子曰止孝, 父曰

고, 자식은 효에 머무르고 부모는 자애로움에 머무르고 국인과 교제할 때에는 신실함에 머물러서, 고정된 이름이 없는 것이 이와 같다. 그러나 인과 효가 나의 선이고, 공경함과 자애로움이 나의 선이고 신실함 역시 나의 선이어서 실로 다른 선이 있는 것이 아니다. 어찌 정해진 체體가 없었던 적이 있던가? 따라서 근본으로 되돌아가는 학문은 처한 곳에 따라 처지가 다르지만, 처지가 달라도 닦는 것은 같으며, 만나는 상황에 따라 때가 다르지만 때가 달라도 머무르는 곳은 같다. 비록 날마다 인륜과 사물이 교차하는 가운데에서 섞여 있지만 또한 날마다 근원적인 명맥의 곳으로 되돌아가 머무른다. 되돌아가 머무르는 곳에서 비록 소리도 냄새도 없는 은미한 데로 걸림 없이 들어가지만, 섞이는 곳에서 실로 지극히 기르고 지극히 움직이는 변화를 자세하게 다한다. 닦는 법이 원래 자취가 있는 것이 아니어서 구태여 말에 머무르기를 겸한 뒤에 알 필요가 없고, 머무르는 법이 원래 공적한 것이 아니어서 구태여 말을 닦기를 겸한 뒤에 알 필요가 없다. 이것은 세상을 경륜하는 실학으로 본성을 다 발휘하여 천명에 이르는 바른 종지이다.

『숭문록(崇聞錄)』, 낙안(樂安)[77] 진치화(陳致和)[78] 영녕(永寧) 지음

止慈, 與國人交曰止信, 若是其無定名也. 然仁孝吾身之善, 敬慈吾身之善, 信亦吾身之善, 實非有他善也. 何嘗無定體乎? 所以歸本之學, 隨所處而地異, 地異而修同; 隨所遇而時異, 時異而止同. 雖日錯綜于人倫事物之交, 亦日歸宿于根元命脈之處. 歸宿處雖妙入無聲無臭之微, 錯綜處實曲盡至頤至動之變. 可見修法原非粗迹, 不待兼止言而後知; 止法原非空寂, 不待兼修言而後知. 此經世之實學, 而盡性至命之正宗也.

『崇聞錄』, 樂安陳致和永寧著

|31-71| 물었다. "어린아이가 우물에 빠지는 것을 잠깐 사이에 보면 반드시 놀라고 측은히 여기는 마음이 생기니, 이것은 양지이다. 확충하여 충만하게 하면 사해를 보전할 수 있으니 양지를 다 발휘하는 것이다. 어떻게 양지를 다 발휘하는 것을 옳다고 여기지 않는가?"

대답하였다. "확충의 설은 원래 성이라는 근본으로부터 확충하는 것이다. 우물에 빠지는 것을 보고 측은히 여기는 마음이 생기는 것은 맹자가 말한 인의 단서이고 장자(張子: 張載)가 말한 천리가 발현한 것이다. 저절로 그러한 싹이니 반드시 단서로부터 싹으로부터 확충하면 충만하게 하지 못한다."

물었다. "어째서 충만하게 하지 못하는가?"
대답하였다. "사물이 나에게 감촉해 오는 것이 어찌 일정하던가? 선함의 단서가 감촉하여 응대하는 활동에서 발현하는 것은 한 가지가 아니다. 어린아이가 우물에 빠지는 것을 잠깐 보는 사이에 돌연 측은히 여기는 마음이 생기

|31-71| 問: "乍見孺子入井, 必有怵惕惻隱之心, 此良知也. 擴而充之, 足以保四海, 致良知也. 如何不以致良知爲是?"

曰: "擴充之說, 原從性根上擴充. 若見入井而有惻隱之心, 孟子所謂仁之端倪, 張子所謂天理發見. 自然之苗裔, 必欲從端倪上‧苗裔上擴充, 充不去矣."

曰: "何爲充不去?"

曰: "事物之感於我者何常, 而善端之發見於感應者非一. 乍見孺子入井, 勃然惻隱, 良矣, 是心之

---

77   낙안(樂安): 江西 撫州市 樂安縣 일대.
78   진치화(陳致和): 생몰년 미상. 자는 永寧이고 撫州 樂安 사람이다. 처음에 鄒守益과 羅汝芳에게 배우고 이어서 李材를 스승으로 삼았다. 李材가 좌천되어 閩에 戍役을 나갔을 때에도 이재와 교류하는 한편 이재를 대신해서 강론을 주도하였다. 만년에 道香서원을 창건하여 후학을 가르쳤다. 『撫州府志』 권24 「文苑」 참조.

는 것은 본래적인 것이다. 이 마음이 발동하는 것은 전광석화와 같고, 한번 지나가면 즉시 변화되는 것과 같다. 어찌 다시 남겨 두고 기억해서 뒤의 자산으로 삼겠는가? 이를 이어서 왕공의 높은 수레가 지나가면 공경하는 마음이 생긴다. 이때 슬퍼할 수 있는 마음이 아니다. 어찌 측은히 여기는 마음을 확충하여 이 큰 손님을 대하겠는가? 이윽고 왕공이 성을 내고 발로 차서 음식을 나에게 주면 부끄럽고 미워하는 마음이 생겨난다. 이때 역시 슬퍼할 수 있는 마음이 아니다. 어찌 측은히 여기는 마음을 확충하여 이 부끄러워할 만한 감촉에 응대하겠는가? 가령 앞을 못 보는 사람과 소리를 못 듣는 사람을 보면 정상인이 되지 못한 것에 대하여 내가 슬퍼한다. 고아나 홀아비를 만나면 나는 그가 호소할 데가 없는 처지에 대하여 슬퍼한다. 비록 우물에 빠지는 아이에 대하여 슬퍼하는 것과 동일한 기제이지만 결국 감촉하는 것에 따라 드러나는 것이고 앞의 생각과 뒤의 생각이 서로 조응하지 않는다. 어찌 일찍이 생각하여 '내가 전일 우물에 빠지는 아이에 대하여 슬퍼하였는데, 이제 그때의 슬퍼하는 마음을 확충하여 이 사람들을 슬퍼해야 한다'라고 하겠는가? 우물에 빠지는 아이에 대하여 슬퍼하는 마음을 반드시 확충한 뒤에야 뒤에 오는 슬퍼할 일에 대하여 슬퍼할 수 있다면, 매우 피곤하고 매우 협소한 것이다. 성체가 발용

發, 石火電光, 一過即化, 豈復留滯記憶以爲後來張本耶? 繼此而有王公高軒之過, 恭敬之心生矣, 當是時非可哀也, 豈容復擴充惻隱以待此大賓耶? 已而王公以嘑蹴之食加我, 羞惡之心生矣, 當是時亦非可哀也, 豈容復擴充惻隱以應此可羞之感耶? 藉令見聾瞽, 吾哀其不成人, 見孤獨, 吾哀其無告, 雖與入井之哀同一機括, 畢竟是隨感而見, 前念後念, 不相照應, 豈嘗思曰'吾前日哀入井矣, 今當擴充入井之哀以哀此輩'耶? 必擴充入井之哀, 而後能哀後來之可哀, 勞甚矣! 狹亦甚矣! 性體發用, 不如是矣!'

하는 것이 이와 같지 않다."

**|31-72|** 사단의 발동은 본래 저절로 성의 뿌리가 거기에 있다. 내가 내 성을 기르면 그에 따라 모두 지선이 유행하는 것이 된다. "그렇다면 성을 어떻게 기르는가?" "맹자가 성이 선하다고 말한 것은 천명의 체를 가리켜 말한 것이다. 천명의 성은 소리도 없고 냄새도 없는데, 어느 곳으로부터 착수하는가? 단지 하나 '함양한다[養]'는 글자를 사용할 수 있으니, 곧 '지선에 머무른다'의 '머무른다[止]'는 글자와 '본성이 보존되고 보존된다'[79]의 '보존된다[存]'는 글자가 그것이다. 함양하고 해침이 없이 성을 따라 움직이면서 천하에 두루 사용하면, 슬퍼할 만한 일을 만나면 측은히 여기고, 수치스런 일을 만나면 부끄러워하고 미워하며, 어른을 만나면 공경하고, 현명하거나 그렇지 않은 일을 만나면 시비를 가리면서, 털끝만큼도 잃지 않는다. 이른바 지선에서 머무르는 것으로부터 발동하여 헤아리니 어디를 가도 일부러 헤아리지 않아도 되는 양지가 아님이 없다. 양지에서 어떻게 확충을 가하겠는가? 확충을 가하면 곧 헤아린 뒤에 아는 것이니, 앎이 본래적인 것[양지]이 되지 않는다."

**|31-72|** 四端之發, 固自有性根在也. 吾養吾性, 隨在皆至善之流行矣. 曰: "然則性何如而養乎?" 曰: "孟子道性善, 指天命之體言也. 天命之性, 無聲無臭, 從何處下手? 只用得一個養字, 卽止'至善'之'止'字, 卽'成性存存'之'存'字是也. 養而無害, 順性而動, 達之天下, 見可哀而惻隱, 見可恥而羞惡, 見長上而恭敬, 見賢否而是是非非, 毫髮不爽. 所謂從止發慮, 無往而非不慮之良知矣. 良知上豈容更加擴充? 加擴充, 便是慮

---

79    본성이 보존되고 보존된다: 『周易』 「繫辭上」.

|31-73| 천지와 인물이 원래 하나의 주체에서 생겨난 것이고, 원래 한 몸인데 나누어진 것이다. 그러므로 "천지와 인물이 모두 나이다."라고 한다. 남과 나를 어떻게 나누겠는가? 그러므로 지위에 서기를 혼자 서지 않고 남과 함께 서고, 영달하기를 혼자 영달하지 않고 남과 함께 영달하고, 남을 자신과 같이 여기고 자신을 남과 같이 여기면서 혼연하게 하나의 인체仁體가 된다. 정자가 이른바 "자신으로 여기면 어느 곳인들 이르지 못하겠는가?"[80]라고 한 것이 그것이다. 만일 "내가 서고 내가 영달한 뒤에 비로소 천지 만물을 이해할 수 있다. 내가 미처 서지 못하였는데 어느 겨를에 남을 서게 해주겠는가?"라고 한다면, 곧 이것은 자신을 사사롭게 여기고 자신을 이롭게 하는 것이며, 울타리를 쳐서 격리시켜 너와 나를 나누고 천지 만물과 간극을 두어 서로 접촉하여 관련을 맺지 못하는 것이다. 곧 어질지 못한 것이다. 이른바 "내가 아니면 자연히 나와는 상관없다."고 하는 말이 그것이다.

|31-74| 묵식(默識: 조용히 체인함)은 바로 체인

而後知, 知非良矣."

|31-73| 天地人物, 原是一個主腦生來, 原是一體而分, 故曰: "天地人物皆己也." 人己如何分析得? 是故立不獨立, 與人俱立, 達不獨達, 與人皆達, 視人猶己, 視己猶人, 渾然一個仁體, 程子所謂"認得爲己, 何所不至"是也. 若曰: "己立己達後, 方能了得天地萬物. 吾未立何暇立人? 吾未達何暇達人?" 卽此便是自私自利, 隔藩籬而分爾我, 與天地萬物間隔不相關接, 便不仁矣. 所謂"若不爲己, 自與己不相干"是也.

|31-74| 默識, 正

---

80    자신으로 여기면 … 이르지 못하겠는가: 『二程遺書』권2상.

하여 인식한다고 할 때의 식별이다. 중궁仲弓이 인을 묻자 공자는 "자신이 바라지 않는 것을 남에게 시행하지 말라."라고 알려 주었다. 의미가 다 갖추어졌지만 또 반드시 이르기를 "대문을 나서면 큰 손님을 만나는 듯이 하고, 백성에게 일을 시킬 때에는 큰 제사를 받들 듯이 하라."[81]라고 말하였다. 본시 손님도 없고 제사도 없지만 손님을 만나듯 제사를 받들 듯 하는 것은 무슨 일인가? 자장子張이 행해지는 것에 대하여 묻자 공자는 "말이 충직하고 신실하고, 행동이 독실하고 공손하면, 비록 오랑캐의 지역에 가더라고 행해질 수 있다."라고 알려 주었다. 그리고 또한 반드시 "서 있을 때에는 앞에 참여하고 있음을 보고, 수레에 있을 때에는 형(衡: 가로장)에 의지해 있음을 본다."[82]라고 하였다. 말을 한 것도 행동을 한 것도 없는데, 충직하고 신실함이 독실하고 공경함이 또한 무슨 상관이 있는가? 이것이 바로 이른바 "묵묵히 체인하다."는 말에 담긴 내용이요, "지선에 머문다."는 것의 맥락이다. 학문에서 이 일보를 디디면 곧 은미함에 들어가고, 곧 근본을 알고, 곧 위로 천덕에 통달한다. 양명 선생이 산중의 한 노인을 만났을 때, 그 노인이 스

識認之識. 仲弓問仁, 夫子告之以"己所不欲, 勿施於人". 義備矣! 又必曰: "出門如見大賓, 使民如承大祭." 本無賓, 本無祭, 如見如承者, 何事? 子張問行, 夫子告之以"言忠信, 行篤敬, 雖蠻貊, 其可行矣." 又必曰: "立則見其參於前也, 在輿則見其倚於衡也." 無言無行, 忠信篤敬亦何有? 此正所謂"默而識之"的消息也, "止於至善" 之脈絡也. 學問有這一步, 纔入微, 纔知本, 纔上達天德. 陽明先生見山中一老叟, 自云做 "言忠信, 行篤敬"工

---

81    자신이 바라지 … 듯이 하라: 『論語』「顔淵」.
82    말할 때 … 있음을 본다: 『論語』「衛靈公」: "子張問行, 子曰: '言忠信, 行篤敬, 雖蠻貊之邦, 行矣; 言不忠信, 行不篤敬, 雖州里, 行乎哉?'"

스로 이르기를 "말을 충실하고 신실하게 하며 행동을 독실하고 공경히 하는" 공부를 39년간 하였다라고 하였다. 이 노인은 높이 살 만하지만, 그러나 이 묵식默識의 한 걸음을 내디뎠는지에 대해서는 모르겠다.

**┃31-75┃** "치중화(致中和: 중과 화를 이룬다)"[83]의 "치(致: 이룬다)"에 대하여 물었다. 대답하였다. "하늘로부터 부여받은 성은 듣고 볼 수 없지만, 이것은 희로애락의 뿌리가 되는 것이다. 본래 아직 발동하지 않았을 때부터 혼연하게 완전히 선하기 때문에 '중(中: 치우침이 없음)'이라고 한다. 군자는 여기에서 경계하고 조심하고 염려하고 두려워하니 공부가 모두 근저인 성에서부터 가해진다. 이것을 '치중(致中: 중을 이룸)'이라고 한다. 희로애락이 발동하여 모두 절도에 맞는 것, 이것은 성을 따라 발동하여 그 유행(流行: 두루 행해짐)이 주체에 합당하여 서로 들어맞고 어긋남이 없기 때문에 '화(和: 넘치거나 모자람이 없이 알맞음)'라고 한다. 군자는 성의 저절로 그러한 바에 따라 순응할 뿐이다. 순응하면 도가 거기에 있다. 이것을 '치화(致和: 화를 이룸)'라고 한다. '치(致: 이룬다)'자는 모

夫三十九年. 此其人亦可尚矣, 只此默識一步, 未之知耳.

**┃31-75┃** 問致中和致字, 曰: "天命之性, 不可睹聞, 此喜怒哀樂之所以爲根者也. 本自未發, 渾然至善, 故謂之'中'. 君子於此乎戒愼恐懼, 工夫都從性根上用, 是曰'致中'. 喜怒哀樂發皆中節, 此順性而動, 其流行恰當主腦, 適相吻合而無所乖戾, 故謂之'和'. 君子亦順性之自然, 率之而已矣, 率之則道在矣, 是曰'致和'. 致字須如此

---

**83**　치중화(致中和):『중용』1장: "喜怒哀樂之未發謂之中, 發而皆中節謂之和, 中也者天下之大本也, 和也者天下之達道也. 致中和, 天地位焉, 萬物育焉."

름지기 이와 같이 이해해야 한다. 만일 생각과 사태에서부터 화를 이루고자[致] 하면, 아마도 하늘에서 부여받은 성性과는 오히려 멀어질 것이다."

看, 若從念上與事爲上去致, 恐去天命之性尙遠."

|31-76| 심은 성이 발동하여 영활한 것으로 이것은 살아 있는 것이요, 이것은 용用이 신묘하게 작동하고 있는 것이다. 오제와 삼왕이 이 마음을 사용하여 백성을 보호하였고, 걸桀과 주紂가 이 마음을 사용하여 욕심을 좇았고, 학문이 깊은 선비들이 이 마음을 사용하여 널리 배우고 힘써 익혔고, 과거를 준비하는 유생들이 이 마음을 이용하여 기교를 부리고 새로운 것을 추구하였고, 장의張儀[84]와 소진蘇秦[85]이 이 마음을 이용하여 연횡책과 합종책으로 경쟁하였고, 선가(仙家: 양생을 추구하는 도교)는 이 마음을 사용하여 호흡법으로 장생하였고, 불교는 이 마음을 이용하여 (업을 일으키는) 마음을 소멸시키고 (업을 일으키는) 성(性: 識)을 멸진시키며, 농부와 공인, 의사와 점술가가 제각기 사

|31-76| 心者性之發靈, 是活物, 是用神. 帝王用之以保民, 桀・紂用之以縱欲, 宿儒用之以博聞強記, 擧子用之以弄巧趨新, 儀・秦用之以縱橫捭闔, 仙家用之呼吸長生, 佛氏用之灰心槁性, 農工醫卜各有所用. 『大學』教人收攝此心, 歸止至善, 亦臨亦保, 如見如承, 直用他歸根復命, 庶源潔而流自

---

84 장의(張儀): ?~기원전 309년. 魏 출신으로 秦惠王에게 6國을 진과 연대하게 유도하는 連橫策을 건의하고, 相國을 맡아 6國을 돌아다니면서 진에게 연대하게 유세하였다. 秦武王이 등극한 뒤 실각하여 魏의 상국이 되었다가 1년 만에 사망하였다.

85 소진(蘇秦): ?~기원전 284년. 戰國 時期 合從策으로 6국의 제후들에게 연합하여 진과 대항하도록 설득하여 6국의 재상을 겸하였다. 뒤에 합종책이 와해된 뒤 제의 客卿이 되어 연의 反間으로 활동하다 사망하였다. 저서로 『蘇子』 31편이 『漢書』 「藝文志」에 수록되었으나 실전되었다.

용하는 바가 있다. 『대학』에서는 사람들이 이 마음을 수렴하고 통섭하여 지선에 머무르는 데 돌아가게 하고, 깊은 물에 다가가듯이 어린 아이를 돌보듯이 큰 손님을 만나듯이 큰 제사를 지내듯이 하면서 곧바로 그 마음을 사용하여 뿌리로 돌아가고 천명으로 돌아가게 하여, 근원이 깨끗하여 지류가 절로 맑아지고 뿌리가 깊어 잎새가 절로 무성해져 덕이 밝지 않음이 없고 백성들은 친하지 않음이 없고, 천덕과 왕도가 하나로 관통하게 하니, 이것은 성으로 되돌아가는 종지이다.

淸, 根深而葉自茂, 德無不明, 民無不親, 天德王道, 一以貫之, 此復性之宗.

## 『정천췌측(井天萃測)』, 남해(南海) 위헌문(韋憲文)[86] 순현(純顯) 지음

『井天萃測』, 南海韋憲文純顯著

|31-77| 천옹(泉翁: 湛若水)이 "사물이 이른 이후에 의義가 생기고, 의가 생긴 뒤에 조처할 바가 있음을 안다. 조처할 바가 있음을 안 뒤에 격格한다. 그 사물을 감촉하지 않았을 때에는 미리 격할 필요가 없다."라고 하였다. 우리 스승[李材]이 '격하는 것은 단지 발용의 기미에 당면하였을 때의 사물이다'[87]라는 설명과 상당히

|31-77| 泉翁云: "物至而後義生, 義生而後知有所措. 夫知有所措而後格之, 則未履其物, 不必豫格之也." 與吾師"所格只當機之

---

**86** 위헌문(韋憲文): 字는 純顯, 또는 洪初로 順德 사람이다. 嘉靖 31년(1552) 擧人이 되고 調黑鹽井劑提擧, 終靖江長史 등을 지냈다. 만년에 會城으로 돌아와 石渠洞을 열고 문인들과 스승의 설을 밝혔다. 그의 학문은 江門과 餘姚 계열이 합해져 있고, 李材의 설을 종지로 삼았다. 저서로 『學測集』이 전한다. 『廣東通志』(道光本)에 傳이 있다.

부합한다.

物"頗合.

**|31-78|** 세간의 유자들은 앎[知]을 밖에서 구하는 사람이라면 문성(文成: 王守仁)은 앎을 안에서 구하는 사람이다. 학문은 다르지만 중점을 두는 바가 앎인 것은 같다. 견라(見羅: 李材)선생의 학문은 앎을 통섭하여 지선에 머무르는 데로 돌아간다. 그러므로 그의 말에 "앎을 사용하여 지선에 머무르는 데로 들어감은 이른바 앎은 원래 지선에 머무름의 발용이 신묘한 것이기 때문이다. 그러나 앎에 중점을 두어서 앎을 다 발휘하기를 구하면 이른바 다 발휘한다는 것이 아마도 선으로 돌아가 머무는 것이 아닐 것이다. 그러므로 지선에 머무르는 것이 얕은 곳에서부터 깊은 곳으로 나아가면 정해짐이 있고, 고요하고, 편안하고, 헤아리는 것의 차이가 있다. 자신을 닦기를 안에서부터 시작하여 밖으로 미치면, 격물, 치지, 성의, 정심, 수신, 제가, 치국, 평천하의 구분이 있다."라고 하였다.

**|31-78|** 俗儒求知于外者也, 文成求知於內者也, 學不同而所主同於知也. 見羅先生之學, 攝知歸止, 故其言曰: "用知以入止, 則所云知者, 原是止之用神; 主知以求致, 則所云致者, 恐非善之歸宿. 是以止自淺而入深, 則有定靜安慮之異; 修由內而及外, 則有格致誠正修齊治平之分."

**|31-79|** 의(意: 생각)는 심이 운용하는 것으로 심에서 통섭되지만 아직 정情으로 발동하지 않은 상태이다. 서산(緒山: 錢德洪)이 "지知는 의意

**|31-79|** 意爲心之運用, 則統之於心, 尙未發之於情. 緒

---

87　격하는 것은 … 때의 사물이다: 31-27에 "格物者格其一物, 當幾之物也."라고 하였다.

의 체이다."라고 한 것은 의意가 이미 발동된 것이기 때문에 지知를 체라고 여기지 않을 수 없음을 또한 말한 것이다. 따라서 옳지 않다.

| 31-80 | 당인경(唐仁卿: 唐伯元)[88]은 석경石經본 『대학』을 신뢰하여 "지지(知止: 머무를 바를 앎) 와 능득(能得: 능히 머무를 바를 얻음)을 격물 앞에 배치한 것은 깊은 것을 먼저 하고 얕은 것을 나중에 하는 것에 가깝다."고 하였다. 이것은 성학聖學에서 지선에 머무르는 것이 창구이고 수신이 공부임을 전혀 모르는 말이다. 당인경은 "유자가 배우고 묻고 생각하고 변석하는 공부에 팔조목 안에 포함되는 바가 없다."라고 하였다. 이것은 지지知止가 단 하나의 법이지만 수신은 여러 방법이 있고, 체에 만물이 다 갖추어져 있지만 기미처에서 만나는 사물을 격格하는 뜻을 전혀 모르는 것이다. 당인경은 "'사물에는 본과 말이 있다'는 한 조목이 '치지 는 격물에 있다'는 한 조목 다음에 배치되어 격물을 풀이한다."라고 하였다. 이것은 '사물에는 본과 말이 있다'는 조목이 사람들에게 지지

山謂"知爲意之體"者, 亦謂意爲已發, 故不得不以知爲體, 所以未妥.

| 31-80 | 唐仁卿信石經『大學』, 謂"置知止能得於格物之前, 似乎先深而後淺", 殆不知聖學之止爲入竅, 修爲工夫也. 謂"儒者學問思辨之功, 無所容於八目之內", 殆不知止惟一法, 修有多方, 萬物皆備, 格其當機之旨也. 謂"物有本末一條, 次致知在格物之下, 以釋格物", 殆不知此條教人以知止之法, 是混止而爲修也.

---

**88** 　唐伯元: 1535~1598. 자는 仁卿, 호는 曙台로 澄海(廣東 澄海縣) 사람이다. 萬歷 2년 (1574) 진사에 급제하고, 泰和知縣, 南京戶部主事, 郎中, 尙寶司丞 등을 지냈다. 程朱理學을 옹호하고 陽明學을 비판하였고, 王守仁의 孔廟從祀를 반대하였다가 海州判官으로 좌천된 적이 있다. 귀향한 뒤 潮州城 서쪽 호숫가에 醉經樓를 축조하여 청빈하게 지냈다. 저서로『醉經樓集』6권, 『二程類語』, 『二程年譜』, 『禮篇』, 『易注』, 『銓曹儀注』, 『陰符經註』, 『白沙文編』 등이 있다.

知止의 법으로 가르친 것임을 전혀 모르는 것이다. 이것은 지선에 머무르는 것을 혼동하여 수신修身으로 삼는 것이다.

**| 31-81 |** 근래의 폐단은 오로지 지각知覺에서 노력을 가하고 지知를 가지고 지선에 머무르는 데로 돌아갈 줄 모르는 것이다. 인경(仁卿: 唐伯元)은 치우침을 교정할 때 오로지 법상(法象: 드러난 형상)에서 천명을 편안히 여기는 것에 힘쓰고, 지선에 머무르는 것으로 자신을 닦는 것을 추구할 줄은 몰랐다. 이 학문은 허(虛: 비어 있음)를 귀중히 여기지 않은 적이 없고, 적(寂: 고요함)을 귀중히 여기지 않은 적이 없다. 단지 수신修身으로 근본을 삼아 일체가 모두 참된 체가 된다. 이 학문은 치지致知를 행하지 않은 적이 없고 격물을 행하지 않은 적이 없다. 단지 수신을 근본으로 삼아 일체가 참된 공부가 된다.

**| 31-82 |** 근본을 아는 것은 안과 밖을 구분하여 말하지 않는다. 절로 안과 밖이 합일하는 체이다. 지선에 머무름을 아는 것은 동動과 정靜을 나누어서 말하지 않는다. 저절로 동과 정이 합일하는 묘용妙用이다. 지선에 머무름과 자신을 닦는 것의 법을 논하여 이단사설을 막으니, 이것보다 더 나은 것이 없다.

**| 31-81 |** 近代之流弊, 旣專於知覺上用功, 而不知以知歸止. 仁卿之矯偏, 又專於法象上安命, 而不知以止求修. 此學未嘗不貴虛, 未嘗不貴寂, 只以修身爲本, 一切皆爲實體. 未嘗不致知, 未嘗不格物, 只以修身爲本, 一切皆爲實功.

**| 31-82 |** 知本不言內外, 自是內外合一之體, 知止不言動靜, 自有動靜合一之妙. 談止修之法, 以爲異說之防, 莫過於此.

『일신려측(日新蠡測)』.[89] 초웅(楚雄) 주만원(朱萬元)[90] 여항(汝桓) 지음

『日新蠡測』, 楚雄朱萬元汝桓著

|31-83| 선은 하나일 뿐이지만, 주재主宰의 측면에서 말한 것이 있고, 유행流行의 측면에서 말한 것이 있다. '집희경지(緝熙敬止: 계속 빛나고 공경하여 머무르는 바를 편안하게 여기셨네)'라는 것은 이른바 선함이 주재하고 있는 것이고, 지선에 머무름이 근본에 돌아가 머무는 것이다. 어질고, 공경하고, 효도하고, 자애롭고, 신실한 것은 선함이 유행하는 것이고, 지선에 머무름이 감촉하고 응대하는 것이다. 도는 돌아가는 곳이 있어, 본래 사물을 좇아서 정밀하게 살피지 않는다. 학문에는 요령이 있어 또한 단지 특정한 곳에서 종지로 돌아간다. 이것은 공문에서 지선에서 머무르면서 수신을 하고 널리 배우면서 요약하는 방식으로 바로 일관된 전법이다.

|31-83| 善一而已, 有自主宰言者, 有自流行言者. 緝熙敬止, 所謂善之主宰, 止之歸宿; 而仁敬孝慈信, 則善之流行, 止之應感者也. 道有旨歸, 原不向逐事精察, 學有要領, 亦只在一處歸宗. 此孔門之止修博約, 正一貫之眞傳也.

|31-84| 성인이 항상 지선에 머무르고 현인이 지선에 머무를 줄 아는데, 과연 한 조각 영광

|31-84| 聖人常止, 賢人知止, 果在一點

---

89 『일신려측(日新蠡測)』: 날마다 진보해 가면서 자신의 성찰을 기록한 것을 뜻한다. '좀벌레의 헤아림[蠡測]'은 자신의 견해를 겸손하게 표현한 것이다.

90 주만원(朱萬元): 楚雄縣 사람. 萬歷 임오년(1582) 擧人이 되었고, 鞏昌府同知를 지냈다. 李材에게 수학하였고, 이재가 하옥되었을 때에도 蔣希堯 등과 함께 옥중으로 이재를 문안하여 義를 지켰다. 『雲南通志』 권21 '朱萬元' 조항 참조.

(靈光: 良知)에서 노력을 가하는 것인가? 아니면 미발 중에 착수하는 것인가? 경계하고 두려워하기를 반드시 보이지 않고 들리지 않는 곳에서 하는 것과 하늘의 일은 저절로 그러하여 소리도 없고 냄새도 없는 것은 모두 앎[知]으로 이름을 붙일 수 없다. 그러므로 "성인은 앎이 없다."[91]고 말한다.

|31-85| 『대학』은 오로지 지선에 머무를 줄 아는 것을 가르치며, 자신을 닦는 공부는 하나 점검하여 이끌어서 항상 지선에 머무르는 데 돌아가게 하는 것에 지나지 않는다.

|31-86| 옛날부터 성현은 항상 자신이 옳지 않음을 보고, 항상 자신이 부족함을 알아서 시시각각으로 자신을 반성하고 극복하는 공부를 행한다. 그러므로 공자와 같은 성인도 또한 선하지 않음을 고치지 못한 것으로 걱정을 하였고 큰 잘못이 없을 것이라고 자신을 부족하게 여겼다.[92] 이것이 어찌 겸사인가? 참으로 자신 전체에 모두 성명이 유행하고 있고, 자신 전체

靈光着力乎? 抑在未發之中下手乎? 戒懼必於不睹不聞, 天載自然, 無聲無臭, 皆不可以知名也, 故曰 "聖人無知".

|31-85| 『大學』專教知止, 而修之工夫, 不過一點檢提撕, 使之常歸於止耳.

|31-86| 自古聖賢, 常見自己不是, 常知自己不足, 時時刻刻用省身克己工夫, 故聖如孔子, 且以不善不改爲憂, 無大過自歉. 此豈謙詞? 眞見得渾身皆性命之流

91　성인은 앎이 없다: 『張子全書』 권14 「性理拾遺」: "或謂: '聖人無知, 則當不問之時, 其猶木石乎?' 曰: '有不知則有知, 無不知則無知. 故曰 「聖人未嘗有知. 由問乃有知也.」'" 앎이 없다는 것은 앎에 대해 미리 예상하거나 작위적인 의식을 가지지 않고 본성으로 주어진 것에 따라서 자연스럽게 발용한다는 뜻이다.

92　선하지 않음을 … 부족하게 여겼다: 『論語』 「述而」: "子曰: '德之不修, 學之不講, 聞義不能徙, 不善不能改, 是吾憂也.'"; "子曰: '加我數年, 五十以學易, 可以無大過矣.'"

에 지선이 충만해 있음을 본다. 종지로 돌아가는 곳에서 어찌 뿌리인 성에 곧바로 투철하지 않을 수 있겠는가? 착수하는 곳에서는 단연코 수신이 근본이 된다.

|31-87| 수신이 근본이 되는 것은 곧 지선에 머무르는 것이다. 타고난 기질[刑]에 따라 실행하는 것이 선을 다 발휘하는 것이 되고, 기질[刑]과 신명[神]이 함께 묘합하는 데에는 이보다 더 잘 갖추어진 것이 없다. 지선에 머무르는 것이 안정됨에 이를 때 자신 전체가 모두 선한데, 심술과 인품을 어찌 거론할 필요가 있는가? 수신이 지극한 수준에 이르면 자신 전체가 모두 인仁이 되는데, 또한 오래가는지 여부나 막히고 통하는 것을 어찌 헤아릴 필요가 있겠는가?

|31-88| 한편으로 지선에 머무르면서 한편으로 자신을 닦는 것은 곧 한편으로 요약하면서 한편으로 넓히는 것이니 함께 서로 사용하고 치우치지 않는다.

『경학록(敬學錄)』,　오흥(吳興)[93] 육전(陸典)[94] 이전(以典) 지음

行, 通體皆至善之充周也. 歸宗處, 豈不直透性根? 落手處, 斷然修身爲本.

|31-87| 修身爲本, 卽是止於至善, 踐形乃所以盡善, 形神俱妙, 莫備於此. 止到穩時, 渾身皆善, 又何心術人品之足言? 修到極處,　通體皆仁, 又奚久暫窮通之足慮?

|31-88| 一止一修, 卽一約一博, 互用而不偏.

『敬學錄』,　吳興 陸典以典著

---

**93**　오흥(吳興): 浙江 湖州市 吳興區 일대.

| 31-89 | 인성에 비록 한 가지도 더 첨가할 수 없지만, 그러나 한번 형체를 가지면 곧 하늘이 일삼음이 없는 바를 행하는 것과 같지 못하다. 그러므로 요임금이 "중中을 견지한다."[95]라고 하고, 공자가 "선을 택하여 굳게 견지한다."라고 한 것과 자사子思의 "신독愼獨",[96] 맹자의 "곧음으로 기르고 해침이 없는 것",[97] 주자(周子: 周敦頤)의 "고요함을 위주로 하여 표준을 세우는 것"[98]은 모두 태허太虛 가운데에 나아가 묵묵히 보존하고 견지해 가는 것이다. 있다고 말해도 형상을 드러낸 적이 없고, 없다고 해도 공허에 떨어진 적이 없으니 참으로 천지와 사람과 만물을 주재하는 근원이다. 세간의 유자들은 "한번이라도 공부를 가하면 곧 본체와 어긋난 것이다."라고 말하는데, 이것은 기본적으로 성性과 명命은 일체 어떤 것도 두지 않는 것으로 리理에서는 리를 없애기를 다하고 성에서는 성을 의식하지 않기를 다하여, 리와 성 모두 마음에 두지 않기를 다하고서 비로소 천명에 이른다

| 31-89 | 人性上雖不容添一物, 然一墮形骸, 便不若天之行所無事. 故堯曰"執中", 孔曰"擇善固執", 子思"愼獨", 孟子"直養無害", 周子"主靜立極", 皆就太虛中默默保任. 謂其有, 曾不著相, 謂其無, 曾不落空, 眞宰天地人物之根源. 世儒云"一著工夫, 便乖本體", 大抵認性命一切無有, 理窮無理, 性盡無性, 理性俱盡, 方至於命. 某則謂性命雖無聲臭, 而其顯於喜怒哀

---

94    육전(陸典): 崇德 사람. 萬曆 신축년(1601) 진사에 급제하였다. 惠潮副使를 지냈다.

95    중(中)을 견지한다: 『論語』「堯曰」: "堯曰, '咨, 爾舜! 天之厤數在爾躬, 允執其中. 四海困窮, 天祿永終.'"

96    자사(子思)의 '신독(愼獨)': 『中庸』 1장: "莫見乎隱, 莫顯乎微, 故君子愼其獨也."

97    곧음으로 기르고 … 없는 것: 『孟子』「公孫丑上」: "其爲氣也, 至大至剛, 以直養而無害, 則塞于天地之間."

98    고요함을 위주로 … 세우는 것: 『周元公集』 권1, '太極圖說' 부분: "聖人定之以中正仁義, 而主靜, 立人極焉."

고 이해하는 것이다. 나는 성과 명이 비록 소리도 냄새도 없지만 희로애락의 정과 날마다 사용하는 인륜 가운데 드러남이 실로 저절로 그러한 조리가 있기 때문에, 조리에서 시작하여 근원과 말류를 다 궁구하여 모든 곳에서 충만하여 결핍된 것이 없게 되면 성명은 곧 이 관통하는 공부로 실로 본체와 합일되어 있다. 어찌 일체를 제거하겠는가?

| 31-90 | 왕남당(王塘南: 王時槐)[99] 선생은 말하였다. "성현의 수천수만 마디는 사람들이 성의 본체를 알게 하려는 말이 아닌 것이 없다. 학문의 수천수만 가지 갈래가 단지 성의 본체를 회복하기를 구하는 것이다." 이 말은 매우 확실하다. 다만 성은 정식(情識: 정이 들어간 이해)을 말하는 것이 아니다. 희로애락이 감촉에 따라 발동하여도 이 체는 그대로이고 움직이지 않는다. '중(中: 치우침이 없음)'이라고 하고, '미발(未發: 아직 발동하지 않음)'이라고 하여 성현이 지시한 바가 매우 은미하니, 그 공부 또한 은미한 곳으로부터 묵묵히 체인하는 것이다. 그러므로 당옹(塘翁: 왕시괴)은 "성에 근본하여 정으로 나아간다."라고 하였고 "반드시 사려가 없고 작위가 없는 곳으로부터 들어간다."라고

樂・人倫日用, 實有自然之條理, 從條理處究極源委, 到得色色完滿, 無有缺欠, 則性命卽此貫串工夫, 實與本體合, 而豈一切掃除也乎?

| 31-90 | 王塘南先生云: "聖賢千言萬語, 無非欲人識其性之本體, 學問千頭萬緒, 亦只求復其性之本體." 斯言甚確. 但性非情識之謂, 喜怒哀樂隨感隨發, 而此體凝然不動. 曰中, 曰未發, 聖賢指點甚微, 其工夫亦從微處默默體認, 故塘翁云"本性以之情", 云"必從無思無爲而入", 云"學者奈何役

---

하였고, "공부하는 사람이 어떻게 음양오행에 골몰하면서 근원인 태극太極을 체회하지 않는가? 태극을 체회하였다면 음양오행의 발용이 없음을 어찌 걱정하겠는가?"라고 하였다. 이해함이 깊다. 이에 질의하였다. "결국 이 리理는 어떻게 궁구하는가? 성은 어떻게 깨닫는가?" 선생은 대답하였다. "반드시 말단에서부터 근본을 찾아 올라가야 하고 용에서부터 체를 찾아 올라가야 한다." 사람들이 막막한 가운데에서 찾을까 염려하였기 때문에 이런 절실한 말을 한 것인가? 아니면 사람이 태어나 고요한 것 이상은 말할 수 없어 곧 거기에서 찾으면 안 되기 때문인가? 내가 생각하건대, 말할 수 없는 것은 그 체가 소리도 없고 냄새도 없기 때문이다. 그러나 소리도 냄새도 없음은 바로 우리 인간이 이해해야 하는 부분이다. 그러므로 명덕(明德: 덕을 밝힘)과 친민(親民: 백성을 친애함)을 논할 때 반드시 선에 머무르는 데로 돌아가 종지로 삼는다. 대개 지선은 그 체이고 명덕은 그 발용이다. 지선에 머무르는 것은 근본에 돌아가 머무르는 것[歸宿]이요, 밝히고 친애하는 것은 두루 행하는 것[流行]이다. 염계(濂溪: 周敦頤)가 이미 "중정(中正: 치우침이 없이 바름)과 인의仁義로 확립한다."라고 하고, 또 "고요함을 위주로 하여 사람의 표준을 확립한다."라고 한 것과 같다. 중정과 인의가 이해되지 못할 것이 무엇이 있어, "고요함을 위주로 한다[主靜]."는

役於陰陽五行, 而不會太極之原? 旣會太極, 何患無陰陽五行之用?" 深於解矣. 乃問: "畢竟是理如何窮? 性如何悟?" 先生曰: "只須從末上去求本, 從用上去求體." 豈恐人求之杳杳冥冥, 故爲此切實之詞? 抑人生而靜以上不容說, 卽不可求乎? 某謂不容說者, 其體之無聲無臭, 而無聲無臭, 正吾人所當理會, 故論明德親民, 必歸宗止善. 蓋至善其體, 明德其用, 止至善其歸宿, 明親其流行. 如濂溪旣云"定之以中正仁義", 又云"主靜立人極". 夫中正仁義有何不了, 而必申之主靜? 豈非靜體未窺, 則所云仁義中正者, 終在情識上揀

말로 기어코 거듭 설명하는가? 고요함[靜]의 체는 지각되지 않으므로 언급한 중정과 인의가 끝내 정식의 수준에서 변별되고 참된 성명이 발용하는 것이 되지 않기 때문이 아니겠는가?

別, 而非眞性命用事乎?

|31-91| 이미 "고요함이 오래되면 자연히 깨달을 수 있다."고 말하면서도, 또 "리理를 궁구하면 곧 깨닫는다."라고 하였는데, 고요함만으로는 리理를 다 알기 부족하여 반드시 궁구하는 과정을 빌려야 하기 때문이 아닌가? 대답하였다. "고요함으로 리를 다 알지 못한 적이 없다. 다만 아는 것이 참되지 않을까 염려해서다. 천성이 본래 고요함을 정말로 알아서 항상 정신을 수렴하여 여기에서 관리하고 단속하면, 뿌리가 착근하여 조리가 저절로 생겨난다. 반드시 일일이 힘들여서 경전을 탐구하지 않아도, 생각하고 활동하는 곳에서 경전과 대략 부합한다. 곧장 경전을 가지고 내가 아는 것[知見]을 밝히면 경전에서 말한 것이 총체적으로 나에게 인증을 해 준다. 이것을 가리켜 '한 번 얻음에 만 가지가 완료된다'고 하며, 이것을 가리켜 '마음이 재계하여 신묘하고 밝다'고 한다. 따로 일단의 궁구하는 공부가 주정(主靜: 고요함을 위주로 함)과 짝을 이루고 있는 것이 아니다. 곧 정자(程子: 程頤)가 '함양에는 반드시 경敬을 사용해야 하고, 배움의 진보는 치지(致知: 앎을 다 궁구함)에 있다'[100]라고 말한 것과 같이, 또한

|31-91| 旣云"靜久能自悟", 又云"窮理斯悟", 不一靜不足盡理, 必假探索乎? 曰: "靜未嘗不盡理, 特恐認得不眞耳. 果知天性本靜, 而時時收拾精神, 管束於此, 則本根旣植, 條理自生, 不必屑屑焉攷之經傳, 而念頭動處, 槪與經傳合. 卽時取經傳發吾知見, 而經傳所言總與吾心印. 此之謂一得萬畢, 此之謂齋戒神明, 而非別有一段窮索工夫與主靜作對也. 卽如程子所言 '涵養須用敬, 進學在致知', 亦須問所養所學者何物, 則養

어떤 것을 함양하고 배웠는지 물어야 한다. 그렇게 하면 함양이 곧 배움이 되고, 경敬은 곧 앎이 되고, 노력을 가하는 것이 곧 진보함이 된다. 그렇지 않으면 경이라고 하는 것이 겨우 공허하게 정좌하는 것이 되고, 앎이라고 하는 것은 사물마다 따져 구하는 것이 되어 말학의 지리한 병폐가 이로부터 생겨난다."

| 31-92 | 마음[心]을 논하는 이가 마음이 나오는 곳에 근본을 두지 않으면 곧 욕망과 리가 섞여 나와 의거하기 어렵다. 마음을 통섭하는 자가 마음이 나오는 곳에서 배양하지 않으면 욕망을 막는 것과 천리를 견지하는 것이 힘만 들고 이루기 어렵다. 마음이 나오는 곳은 성性이다. 성이 나오는 곳은 천天이다. 천성이 사람에게 있음은 희로애락과 떨어져 있지 않지만, 실로 희로애락에 붙어 있지 않으면서 혼연하게 보이지도 들리지도 않는 체體가 이른바 "사람이 태어나서 고요한 것"이 그것이다. 어찌하여 도심道心이 되고 어찌하여 인심人心이 되는가? 어찌하여 은미하고 어찌하여 위태로운가? 자체로 고요한 것이 감촉하지 않을 수 없다. 감촉하면 움직이지 않을 수 없고 이때 욕망[欲]이라는 이름이 성립하니, 곧 본성으로 타고난

卽是學, 敬卽是知, 用工卽是進步. 不然, 則敬之爲言, 僅空空兀坐, 而知之爲說, 須物物討求, 末學支離, 從此起矣."

| 31-92 | 論心者不根極於心所自來, 則欲與理雜出而難據. 攝心者不培養于心所自來, 則遏欲與存理勤苦而難成. 心所自來者性也, 性所自來者天也, 天性在人, 不離于喜怒哀樂, 而實不着於喜怒哀樂, 渾然不睹不聞之體, 所謂"人生而靜"是也. 何道何人? 何微何危? 自靜者不能不感, 感者不能不動, 於是有欲之名

---

100　함양에는 반드시 … 치지(致知)에 있다: 『二程遺書』 권18.

것의 자연스런 용用이다. 마음은 곧 사욕이 되는 것이 아니다. 돌아보건대, 성으로부터 발동하는 것이 있고 성으로부터 발동하지 않는 것이 있다. 성으로부터 발동하면 도심이라고 하는데, 가리고 가로막음이 극렬해도 끝내 없어지지 않는 것이 있다. 그러므로 도심은 은미하다고 말한다. 성을 따르지 않고 발동하면 인심이라고 하는데, 아무리 촘촘하게 금지하고 제지해도 항상 외물을 따라 빠지는 것이 있다. 그러므로 인심은 위태롭다고 말한다. 이 위태롭고 은미한 사이는 귀착지가 될 수 없다. 이 선함을 버리고 마음을 바르게 하기를 구하면, 마음은 바르게 될 수 있는 경우가 없다. 그 바르게 하기 위해 구태여 교정하는 것에 종사할 필요가 없다. 치우침이 없는 성에 나아가는 것이 곧 바르게 하는 것이다. 성을 존양하는 것을 버려두고 마음을 다 발휘하기를 구하면, 마음이 다 발휘되는 경우가 없다. 다 발휘하기 위해서 구태여 확충하는 것에 종사할 필요가 없다. 곧 부족함이 없는 성에 나아가는 것이 곧 다 발휘하는 것이다. 지각이 외물과 감촉하여 생각을 일으킬 때, 도심과 인심은 서로 맞서는 것 같지만, 천성의 본래 그러한 채로 마음을 되돌리면 어찌 인심만 없겠는가. 곧 이른바 도심이라고 하는 것도 또한 혼륜하여 살필 수 없다. 어찌 위태롭지 않을 뿐이겠는가? 이른바 은미하다는 것도 또한 아득하여 붙잡을

焉, 則所性自然之用也. 心也, 非卽爲私欲也, 顧有從性而出者, 有不從性而出者. 從性而出曰道心, 卽蔽錮之極, 而終有不可泯滅者在, 故曰微. 不從性而出曰人心, 卽禁制之密, 而常有逐物而流者在, 故曰危. 此危微間, 不可爲歸宿地也. 舍此善而求正心, 心未有能正者也. 其正也, 不必從事於矯, 就性之無偏倚處, 卽正也. 舍養性而求盡心, 心未有能盡者也. 其盡也, 不必從事于擴, 就性之無虧欠處, 卽盡也. 當知感物動念之時, 兩者似乎相對, 而反之天性本然之體, 豈惟無人, 卽所謂道者, 亦渾淪而不可窺; 豈惟不危,

수 없다. 이것은 진실로 천지와 사람 그리고 만물을 낳는 큰 근원이고 성인으로 들어가는 참된 창구가 된다.

## 『명종록(明宗錄)』,[101] 풍성(豊城) 서즉등(徐卽登)[102] 헌화(獻和) 지음

**| 31-93 |** 격물과 성의, 정심에 어찌 구체적인 사실이 없겠는가? 제가와 치국과 평천하에 어찌 규제하여 행하는 것이 없겠는가? 그렇지만 오직 일체를 수신으로 근본을 삼는다. 따라서 규획하고 조처함에 하나라도 부당한 것이 있고 희로애락에 하나라도 절도에 맞지 않음이 있으면, 근원처에서 분명함이 부족한 것을 질책해야 하며, 사안에 따라 보충하여 새는 것을 막을 수 있는 것이 아니다.

**| 31-94 |** 사람이 세상에 처해서, 자신의 발 아래 단지 이 하나 터전이 있기에 밝고 맑아 탄탄대로라고 부를 수 있다. 여기서 한 걸음을

卽所謂微者, 亦渺茫而不可執. 是誠生天地人物之大原, 而爲入聖之眞竅也.

## 『明宗錄』, 豊城徐卽登獻和著

**| 31-93 |** 格物誠正, 豈無事實? 齊治均平, 豈無規爲? 惟一切以修身爲本, 則規畫注厝一有不當, 喜怒哀樂一不中節, 只當責本地上欠淸楚, 非可隨事補苴抵塞罅漏已也.

**| 31-94 |** 人處世中, 只有自己腳下這一片地, 光光淨淨可稱

---

101 명종록(明宗錄): 종지를 밝힌 것의 기록이라는 뜻임.
102 서즉등(徐卽登): 자는 獻和, 또는 德竣이고, 호는 匡嶽이며 豊城 사람이다. 萬曆 11년 (1583) 진사에 급제하였다. 河南按察使를 지냈다. 李材에게 수학하여 이재가 옥에 갇혔을 때도 찾아가 배웠다. 저서로 『周禮說』(14권), 『春秋說』(11권), 『儒學明宗錄』(25권), 『正學堂稿』(26권) 등이 있다. 『江西通志』 권69.

벗어나면 가시밭길에서 빠져나오지 못하니 곧 험난한 처지가 된다. 그러므로 자신에게 있을 때에는 본래 있는 것이라고 하고 평탄하다고 하지만, 남에게 있는 것일 때에는 밖에 있다고 하고 험난하다고 한다.

| 31-95 | 자신은 선함의 체(體)여서 동정에 상관없이 닦여지지 않음이 없으니, 곧 동정에 상관없이 지선에 머무르지 않음이 없다. 그런데도 허공에 대고 하나의 지(止: 지선에 머무름)를 말하면 공허한 데 떨어져 아득히 기준이 없는 데로 더불어 내달린다.

| 31-96 | 『주역』에서 리(理)를 궁구함이 성을 다 발휘하는 공부인 것은 반드시 궁구하는 것은 이 성이기 때문이다. 『상서』의 정밀하게 살피는 것이 전일하게 하는 공부인 것은 반드시 그 정밀하게 살피는 것이 이 전일하게 하는 것이기 때문이다. 문장제도를 널리 배움이 예로 요약하는 공부인 것은 반드시 문장제도에서 예를 구하기 때문이다. 도문학(道問學: 배우고 묻는 공부) 공부가 존덕성(尊德性: 자신의 덕성을 고양하는 공부)인 것은 반드시 그 덕성을 배우기 때문이다. 그렇지 않으면 중심되는 뜻이 먼저 정립되지 않아 일체의 공부가 그로 인해 방향이 틀어진다. "자신을 닦는 곳이 지선에 머무름이 아님이 없다."고 기어코 견지하면, 우연히 의

坦途, 離此一步, 不免荊棘, 便是險境. 故己分上謂之素, 謂之易; 人分上謂之外, 謂之險.

| 31-95 | 身是善體, 無動無靜而無不修, 卽無動無靜而無非止. 倘若懸空說一止, 其墮於空虛, 與馳于汗漫等耳.

| 31-96 | 『易』之窮理是盡性工夫, 必其所窮者爲此性也. 『書』之惟精是惟一工夫, 必其所精者爲此一也. 博文是約禮工夫, 必其求禮于文者也. 道學問是尊德性工夫, 必其以德性爲學者也. 不然主意不先定, 一切工夫隨之而轉. 必執曰"修處無非止也", 則義襲者亦謂

에 맞게 한 행동에서 의를 자처하는 것[義襲]도 또한 본성에 따른 것이라고 말한다.

|31-97| 『대학』은 근본으로부터 종지를 세운다. 단지 일체의 격물치지를 안으로부터 궁구하는데 들어가면 들어갈수록 은미해진다. 후대 유자들은 종지를 세우는 것만 알아서 한번 지각함이 있으면 곧 밖을 향해서 탐구하니, 이르면 이를수록 더욱 이탈한다. 선에 머무르는 학문은 성학性學이다. 근본으로 돌아가면 성과 점차 가까워지지만 근본에서 떨어지면 성과 점차 멀어진다. 근본을 아는 것이 앎이 지극해진 것[知至]이 되는 이유이다. 인심을 이미 잃었는데 무엇 때문에 새벽에 자각되는 맑은 기氣를 가지고 있는가? 인의仁義의 근본이 도모하기 때문이다. 군자가 이 점을 잘 살피면 성을 알 수 있다. 기가 청명한 것이 무엇 때문에 반드시 새벽이어야 하는가? 밤낮으로 자라는 것이 그렇게 하기 때문이다. 이 점을 잘 살피면 함양하는 법을 알 수 있다.

|31-98| 복復103이란 말은 가서 되돌아온다는 뜻이다. 비유하면 사람은 각자 집이 있다. "미

之率性矣.

|31-97| 『大學』從本立宗, 一切格致, 只從裏面究竟, 而愈入愈微. 後儒從知立宗, 一有知覺, 便向外邊探討, 而轉致轉離. 止善之學, 性學也, 反本則與性漸近, 離本則去性漸遠, 所以知本爲知之至也. 人心旣喪, 曷爲有平旦之氣乎? 則仁義之本有爲之也. 君子察此, 可以知性矣. 氣之淸明, 曷爲必於平旦乎? 則日夜之息爲之也. 察此可以知養矣.

|31-98| 復之爲言, 往而返也. 譬之人

---

103   복(復): 『周易』復卦의 復을 뜻한다. 卦辭에 "復, 亨, 出入无疾, 朋來无咎, 反復其道, 七日來復, 利有攸往."이라고 하였다.

복(迷復: 미혹된 복)"104은 가서 되돌아오지 못함
이니 자신의 집을 잃어버린 것이다. "빈복(頻
復: 반복하여 잘못하는 복)"105은 하루나 한 달에
한 번 잠시 집에 돌아오는 것이다. "불원지복
(不遠之復: 멀리 가지 않은 복)"106은 줄곧 집에 머
물면서 우연히 대문을 나갔다가 곧 되돌아오
는 것이다. 한번도 이동하여 가지 않기 때문에
"옮기지 않는다[不遷]."고 하고 별도로 처신함이
있지 않기 때문에 "다시 반복하지 않는다[不
貳]."107라고 한다. 이것으로 안자의 학문이 항
상 지선에 머무르는 학문임을 안다.

**│31-99│** "솔개가 하늘을 날고 물고기가 연못
에서 뛰어오르는 것은 곧 성에 따르는 것이
다." 아니다. 다시 물었다. "어떻게 날고 뛰는
가?" 대답하였다. "성에 따르는 것이다." 날아
다니는 것은 저절로 날지만 나는 이치를 모른
다. 뛰어오르는 것은 저절로 뛰어오르지만 뛰

各有家, "迷復"者,
往而不返, 喪其家者
也; "頻復"者, 日月
一至, 暫回家者也;
"不遠之復", 則一向
住在家中, 偶出門
去, 便卽回來. 未嘗
移徙, 故曰不遷; 未
有別處, 故曰不貳.
以此見顏子之學, 常
止之學也.

**│31-99│** "鳶之飛,
魚之躍, 便是率性."
不可. 復問: "何以
飛躍?" 曰: "率性."
飛者自飛, 不知其所
以飛; 躍者自躍, 不

---

104 미복(迷復): 『周易』 復卦 上六 爻辭에 "上六迷復, 凶, 有災眚, 用行師, 終有大敗, 以其
國君凶, 至于十年不克征."이라고 하였고, 象傳에 "象曰: '迷復之凶, 反君道也.'"라고 하
였다.

105 빈복(頻復): 『周易』 復卦 九三 爻辭에 "六三頻復, 厲无咎"라고 하였고 象傳에 "象曰:
'頻復之厲, 義无咎也.'"라고 하였다.

106 불원지복(不遠之復): 『周易』 復卦 初九 爻辭에 "初九不遠復, 无祗悔, 元吉."이라고 하
였고, 象傳에 "象曰: '不遠之復, 以修身也.'"라고 하였다.

107 옮기지 않는다 … 반복하지 않는다: 『論語』 「雍也」에 "哀公問: '弟子, 孰爲好學?' 孔子
對曰: '有顏回者, 好學, 不遷怒不貳過, 不幸短命死矣. 今也則亡. 未聞好學者也.'"라고
하였다.

어오르는 이치를 모른다. 볼 수 있는 것은 사물이지만, 볼 수 없는 것은 성이다. 솔개와 물고기만 그러한 것이 아니다. 이것을 일러 '보이지 않고 들리지 않는다'라고 하는 것으로 그 지극함에 이르면 성인도 알지 못하고 할 수 없다는 것이다. 이것을 보는 것을 가리켜 견성見性이라고 하고, 이것을 조심하는 것을 가리켜 신독愼獨이라고 한다. 선생은 "나에 의거해서 책을 보면 곳곳에서 이익을 얻지만, 책에 의거해서 나를 넓히면 책만 덮으면 막연해진다."라고 하였다. 독서 한 가지에 나아가 보아도 학문이 근본에 돌아가지 않는다고 하면 옳겠는가? 자신에게 근본을 두지 않는다고 말하면 옳겠는가?

## 『증학기(證學記)』, 남창(南昌) 도종준(涂宗濬)[108] 급보(及甫) 지음

┃31-100┃ 후대 유자는 지선에 머무는 것을 명덕을 밝히고 백성을 친애하는 일을 하여 지극함에 이르는 것에 있어서 말단의 한 가지 일에 소속시켰다. 정말로 그렇다면, 그러나 안자(顏子: 顏淵)와 증자(曾子: 曾參)는 모두 벼슬에 나아

知其所以躍. 可見者物, 不可見者性也, 不但鳶魚爾也. 此之謂不睹不聞, 及其至而聖人不知不能者也. 見此者謂之見性, 愼此者謂之愼獨. 先生云: "以我觀書, 在在得益, 以書博我, 釋卷茫然." 卽讀書一端觀之, 而謂學不歸本可乎? 謂本不於身可乎?

## 『證學記』, 南昌 涂宗濬及甫著

┃31-100┃ 後儒將止至善做明明德親民到極處, 屬末一段事. 審爾則顏・曾並未出仕親民, 止至

---

108 　도종준(涂宗濬): 자는 鏡源이고, 시호는 恭襄으로, 南昌 사람이다. 萬曆 11년(1583) 진사에 급제하였고, 山東道御史, 兵部尙書를 지냈다. 저서로 『續韋齋易義虛裁』(8권), 『證學記』(3권) 등이 있다. 『江西通志』권69.

가 백성을 친애하는 일을 한 적이 없지만, 지선에 머무르는 것은 끝내 그들에게서 분리됨이 없었다.

| 31-101 | 지선至善 두 글자는 형용할 수 없다. 허(虛: 비어 있음)로 설명하는 것이 또한 잘 형용하는 것에 가깝다. 그러나 성인은 단지 지선至善이라고만 말하고 허虛라고 말하지 않았다. 바로 지선이 비어 있으면서도 차 있고, 또한 차 있으면서도 비어 있는 것이기 때문이다. 선善이라고 말하면 허虛가 그 속에 들어가 있지만, 허虛라고 말하면 실(實: 차 있음)을 겸할 수 없기 때문이다. 정자程子는 "사람이 태어나서 고요한 것 그 이상은 말로 설명할 수 없다. 성이라고 설명하자마자 이미 성이 아니게 된다."[109]라고 하였다. 정情이라고 설명할 수 있다고 말하면 곧 성이 아닌 것과 같다. 말로 설명할 수 없기 때문에 성을 통투하게 얻는 것은 단지 지선에 머무르는 것이다.

| 31-102 | 오늘날 학인들이 성학聖學에 들어가기 어려운 이유는 송대 유학자들이 거경(居敬: 경을 견지함)과 궁리(窮理: 이치를 궁구함)를 별도의 일로 나누어 놓았기 때문이다. 두 가지 별

| 31-101 | 至善兩字, 形容不得, 說虛字亦近之. 然聖人只說至善, 不說虛, 正爲至善是虛而實的, 又是實而虛的, 言善則虛在其中, 言虛則兼不得實也. 程子云: "人生而靜以上不容說, 才說性時便已不是性也." 如云可說卽是情, 不是性矣. 旣不可說, 故透性只是止.

| 31-102 | 今日學人, 所以難入門者, 只爲宋儒將居敬窮理分作兩事, 分作兩時,

---

**109**　사람이 태어나서 … 아니게 된다:『二程遺書』권1.

도의 일로 구분할 때, 먼저 사물의 리理를 궁구하여 궁구하는 곳마다 명료하게 강마하고 나서 비로소 몸소 실천하고자 한다. 이것은 공자의 가르침과 참으로 현격하게 다르다. 만일 참으로 바르게 성학에 들어가면, 곧바로 평소의 습기, 헛된 지견, 허다한 망상, 그리고 각종의 재주와 지혜를 모두 쓸어 버려서 한 올도 마음에 두지 않고 안으로 생각을 만들지 않고 밖으로 형상[相]을 만들지 않아 사방과 상하로 일절 의지하는 바가 없다. 이때 자연히 맛이 있음을 볼 수 있다. 이로부터 정밀히 살피면서 곧바로 들어가 더는 머리를 돌리지 않고 더는 이리저리 근심하거나 생각하지 않으면 외부의 사물들에 대하여 비록 다 알지는 못하지만 그러나 큰 근본이 이미 확립되어 있기 때문에 장차 관통하는 때가 자연히 온다.

| 31-103 | 우리 유자가 성을 다하는 것은 곧 생사를 초탈하는 것이다. 살고 죽는 것은 기氣이지 성이 아니다. 성이란 (하늘로부터 받은) 명命이다. 태어남으로 인해 생겨나지 않으며, 죽음으로 인해 소멸하지 않으며, 원래 태허(太虛: 우주의 본체)와 같은 체이다. 유학에서 성학으로 들어가는 것은 지선에 머무름을 아는 것[知止]이다. 지선에 머무를 줄 알면 성을 안다. 성을 알아 성을 다 발휘하면 천덕天德에 통하고,

先要究窮物理, 講得處處明了, 方來躬行, 與孔子之教, 眞是天淵. 若眞正入聖門頭, 便將平時習氣, 虛知虛見, 許多妄想, 各樣才智伎倆, 盡數掃蕩, 一絲不掛, 內不着念, 外不着相, 四方上下, 一切俱無倚靠, 當時自有滋味可見. 由此併精直入, 更不回頭, 再不用東愁西愁, 東想西想, 卽外邊事物, 雖或不能盡知, 然大本已立, 將來自有通貫時節.

| 31-103 | 吾儒盡性, 卽是超生死. 生死氣也, 非性也. 性也者, 命也, 不因生而生, 不因死而死, 原與太虛同體. 儒學入門, 卽知止. 知止, 卽知性. 知性而盡性, 達天德矣, 超而

초탈하여 올라간다.

**| 31-104 |** 사람이 몸을 가진 이래 백 마디 뼈와 아홉 구멍, 오장육부, 칠정과 육욕六欲[110]이 모두 생사의 뿌리이다. 부귀와 빈천과 환난, 성색(聲色: 음악과 미색)과 화리(貨利: 재물과 이익), 옳고 그름 그리고 칭찬과 비방, 행동거지, 나아가고 물러남 그리고 드러내 행하는 것과 감추는 것, 사양하고 받고 취하고 주는 것 등은 모두가 생사의 경계이다. 만일 생사의 경계를 좇아 정을 남기면 참된 것에 대하여 미혹하고 유(有: 형상)에 얽매여 곧 생사의 연기와 업 속에 있게 된다. 만일 일에 순응하여 정을 두지 않고 말단을 수렴하여 근본으로 돌아가 하나가 되어 둘이 되지 않고, 응결되어 빠져나가지 않으면, 곧 생사를 벗어나는 법문이다. 대개 참된 성은 본래 적연하여 소리도 냄새도 없다. 다시 무엇이 있어 저 생사를 받겠는가?

**| 31-105 |** 성학聖學에서는 몸과 마음이 본래 구분이 없다. 형색이 곧 천성이다. 몸이 깨끗한

上之矣.

**| 31-104 |** 人自有身以來, 百骸九竅, 五臟六腑, 七情六欲, 皆生死之根. 富貴貧賤患難, 聲色貨利, 是非毀譽, 作止語默, 進退行藏, 辭受取與, 皆生死之境. 若逐境留情, 迷眞滯有, 便在生死的緣業. 若順事無情, 攝末歸本, 一而不二, 凝而不流, 卽是出生死的法門. 蓋眞性本寂, 聲臭俱無, 更有何物受彼生死!

**| 31-105 |** 聖學身心本無分別, 形色卽是

---

110 육욕(六欲): 첫째, 삶, 죽음, 소리, 색, 맛, 냄새를 가리킨다. 『呂氏春秋』 「貴生」 "所謂全生者, 六欲皆得其宜也."의 高誘注: "六欲, 生・死・耳・目・口・鼻也." 둘째 불교에서는 六根에서 나오는 欲情을 가리킨다. 곧, 미색[色], 외모[形貌], 아름다운 자태[威儀姿態], 음성[言語音聲], 매끄러운 피부[細滑], 사랑스런 인상[人相]에 대한 욕망을 가리킨다.(『大智度論』 권21)

것은 마음이 깨끗한 것이 아니고 마음이 깨끗한 것은 몸이 깨끗한 것과 다르다고 말해서는 안 된다. 공자가 넓고 크며 간절하고 지극한 모습[111]은 모두 벼슬하고 그만둠이 오래가고 빠른 사이에서 드러난다.

┃31-106┃ 오늘날 사람들은 단지 천하와 국가에서 이해하고 자신은 도리어 한곳에 방치한다.

┃31-107┃ 수렴하여 정좌하는 것은 고요함[靜]을 취하여 수행으로 삼는 것이다. 고요함의 경계라고 말할 수 있지만 고요함의 체라고 말할 수는 없다. 사람이 태어나서 고요하다고 할 때의 고요함은 곧바로 고요함의 체를 말한 것이다. 그러므로 지선에 머무는 곳이 의지할 수 있다. 활동하고 고요함의 고요함과 상대해서 말하는 것이 아니다.

『숭행록(崇行錄)』, 풍성(豊城) 유건초(劉乾初) 덕이(德易) 지음

┃31-108┃ 근래 지수(止修: 지선에 머물러서 자신을 닦는 것)의 학문을 논하는 이 가운데 지선에

天性. 不可謂身乾淨不是心乾淨, 心乾淨不是身乾淨. 孔子皜皜肫肫, 全在仕止久速上見.

┃31-106┃ 今人但在天下國家上理會, 自身却放在一邊.

┃31-107┃ 打疊靜坐, 取靜爲行, 可以言靜境, 未可以言靜體. 人生而靜之靜, 直言靜體, 故止地可依, 不對動靜之靜而言.

『崇行錄』, 豊城劉乾初德易著

┃31-108┃ 近來談止修之學者, 有重止

---

111  공자가 넓고 … 지극한 것: 『중용』 32장 "肫肫其仁, 淵淵其淵, 浩浩其天."을 가리킨다.

머무르는 것[止]을 중시하는 이는 자신을 닦는 것[修]을 소략하게 말하여, 마침내 황탄하고 선禪에 빠졌다는 비판을 얽어맨다. 자신을 닦는 것[修]을 중시하는 이는 지선에 머무르는 것을 소략하게 말하여 절실하고 핍진하다는 소문에 올라타는 데 이른다. 그러나 사실은 한 가지 수단에 투철하면 잘못이 없을 수 없다. 지선에 머무르는 것과 자신을 닦는 것은 두 가지 체가 아니다. 근본으로 돌아가는 것과 공부하는 것을 논하면서 부득이하게 양쪽으로 나누어 제시한 것이지, 핵심적인 의미를 궁구하면 둘은 도리어 본래 혼연하게 합일되어 있어 분리되지 않는다. 지선에 머무르지 않고 자신을 닦을 수 있는 경우도, 또한 자신을 닦지 않고 지선에 머무를 수 있는 경우도 없다. 다만 지선에 머무름이 근본으로 돌아가는 것이 됨은 곧 자신을 닦는 것에 토대하는데, 체에 투철하여 뿌리로 되돌아가는 것이 유행流行의 용用으로 결코 전락하지는 않으면서 격물치지와 성의정심이 그물이 그물의 벼리에 꿰어져 있듯 하면, 이것이 곧 참된 소식에 곧바로 이르는 것이다. 우리들이 지선에 머무름에 힘을 아직 얻지 못하여 결국 자신을 닦는 공부가 상대적으로 더 많고 무겁게 사용되지만, 그러나 결국 한 가지에 철저하면 전체가 지선에 머무르는 것의 제방에 속한다.

者, 則略言修, 遂搆荒唐入禪之誚; 有重修者, 則輕言止, 至騰切實近? 之聲, 其實於透底一著, 不能無失. 夫止修非二體, 論歸宿工夫, 不得不判分兩挈, 究血脈消息, 却自渾合不離. 未有不止而能修, 亦未有不修而能止者. 第止之歸宿, 直本修身, 透體歸根, 畢竟不落流行之用, 而誠正格致, 則有若網之在綱者, 是則直下眞消息也. 吾儕止未得力, 畢竟修的工夫, 還用得較多且重, 然究竟徹底一著, 總屬止的隄防.

| 31-109 | 단지 자신으로 한 걸음만 되돌리면 곧 뿌리에 돌아가고 천명으로 돌아가며, 곧 적연하면서 감응하는 신묘함이 있다. 그러나 단지 근본에서 한 걸음만 떨어져 나와도, 곧 마음과 생각, 앎과 사물을 따라가고, 곧 집안과 국가와 천하 사이에서 정신이 분산되어, 가 버리고 되돌아옴이 없고, 더는 잘 안착함이 없게 된다.

| 31-110 | 단지 자신에게 돌아가면 곧 도리에 따르는 것이 되어 길하다. 줄곧 남의 영역에 있으면 곧 도리를 거스르는 것을 따르는 것이 되어 곧 흉하다. 기미에서 어긋나지만 하늘과 땅 사이처럼 서로 달라진다.

| 31-111 | 마음과 생각, 앎과 사물에 떨어지면, 곧 후천後天의 유행하는 용用을 행하여, 곧 볼 수 있고 들을 수 있는 것과 소리도 있고 냄새도 있는 것이 있어서, 그렇게 각고의 노력을 하지만, 천리를 보존하고 인욕을 막는 공부가 결국 용用에 입각하여 선천先天의 참된 체와는 멀어진다. 그러므로 성인의 학문은 곧바로 지선에 머무르는 것으로부터 은미함으로 들어간다. 후대 유자의 공부는 단지 자신을 닦는 법에 착수하여 그것을 통해 성인이 마음으로 전한 것에 도달하고자 하니 그 문을 찾아 들어갈 수 없는 것이다.

| 31-109 | 只反身一步，便是歸根復命，便有寂感之妙．只離本一步，便跟著心意知物走，便逐在家國天下去，精神渙散，往而無歸，無復有善著矣．

| 31-110 | 只歸到己分上，便是惠迪，便吉．一走向人分上，便是從逆，便凶．幾微之差，霄壤相判．

| 31-111 | 只落了心意知物，便有後天流行之用，便是可睹可聞有聲有臭的，恁是刻苦下工，存理遏欲，畢竟是用上着腳，去先天眞體遠矣．故聖人之學，直從止竅入微，後儒之工，只向修法下手，以此而欲上達聖人心傳，不得其門而入

| 31-112 | 정情, 성性, 재才 세 글자는 맹자가 단지 세 가지 측면을 가리켜 말한 것으로, 일단 정과 재에 속하면 곧 이익이 되는 것과 되지 않는 것이 있어 사람들에게 이익이 되는 것으로부터 성의 체를 파악하여 취하게 하였다. 고자가 타고난 그 자체가 성이라고 한 것은 분명히 재才를 성으로 가리켜 말한 것이지만, 재에서 성을 보면 성이 어떻게 온전하게 선함을 가질 수 있겠는가?

## 『천중습과(天中習課)』, 풍성(豐城) 웅상문(熊尚文)[112] 익중(益中) 지음

| 31-113 | 물었다. "처음 공부하는 자는 지선에 머무르고자 하면 한편으로 자신을 닦아야 할 것으로 느껴져 곧 자신을 닦지만, 또한 지선에 머무르지 못합니다. 어떻게 착수해야 하는지 모르겠습니다."

대답하였다. "예가 아니면 보지도 듣지도 말하지도 행동하지도 말라는 것이 지선에 머무

| 31-112 | 情性才三字, 孟子特地拈出三個眼目, 一屬情與才, 便有利有不利, 教人只從利上認取性體. 告子生之謂性, 分明是指才爲性, 到才上看性, 性安得有全善者乎!

## 『天中習課』, 豐城熊尚文益中著

| 31-113 | 問: "初學纔要止, 又覺當修, 纔去修, 又便不止, 未知下手處?"

曰: "非禮勿視聽言動, 是止不是止?"

---

112　웅상문(熊尚文): 자는 益中, 호는 思城으로 江西 豐城 사람이다. 萬曆 33년(1605) 진사에 급제하였다. 福建提學, 湖廣督學, 浙江參議官, 工部右侍郎을 역임하였다. 『見羅李先生觀我堂稿』를 편찬하였다. 저서로 『蘭曹讀史日記』, 『重訂賦役成規』, 『語錄』, 『經濟錄』, 『天中明刑錄』, 『天中習果』, 『蘭臺讀史日記』, 『從祀疏稿』, 『閩學移抄』, 『倭功始末』, 『督撫楚臺奏議』, 『周易家訓』, 『符司記』, 『天中明刑錄』 등이 있다.

는 것인가 아닌가?"

"지선에 머무는 것입니다."

"이것이 자신을 닦는 것인가 아닌가?"

"자신을 닦는 것입니다."

"그렇다면 언제 어느 곳인들 착수처가 아니겠는가? 그러나 공자가 먼저 예로 돌아가라고 말하자 안자(顏子: 顏淵)와 같이 총명한 사람도 다시 묻지 않을 수 없었다. 공자가 한 번 보고 듣고 말하고 행동하는 것 네 마디를 제시하자, 안자가 비로소 착수처의 비결임을 믿었다."

| 31-114 | 보고 듣고 말하고 행동하는 것은 형이하자이다. 누가 이들을 주재하고 누가 이들을 조종하는가? 곧 형이상자이다. 그러나 어찌 허공에 따로 형이상의 도리가 있겠는가? 형이상은 곧 형이하 가운데 있다. 그러므로 수신(修身: 자신을 닦는 것)을 성에 근본을 두는 공부라고 한다.

| 31-115 | 사물이 비록 분분하게 어지럽지만 어찌 각각 천연의 본말이 있지 않겠는가? 일들이 비록 복잡하지만 각각 자연적인 시말이 있지 않은 것이 없다. 사람이 오직 특정한 상황을 만나 기미처를 당면해서 먼저 할 바를 모르면 정신이 안착할 곳이 없다. 비유하면 바둑을 둘 때, 판단이 조리가 없어 어디에 두어야 하

曰: "是止."

曰: "卽此是修不是修?"

曰: "是修."

曰: "然則何時何地不是下手處? 雖然夫子先說個復禮, 以顏子之聰明, 不得不復問, 子一點出視聽言動四字, 始信是下手妙訣矣."

| 31-114 | 視聽言動, 形而下者, 孰主宰是, 孰隆施是, 便是形而上者, 豈是懸空另有個形上的道理! 唯形上卽在形下之中, 故曰修身爲本性學也.

| 31-115 | 物雖紛紜, 豈不各有個天然的本末, 事雖雜冗, 莫不各有自然的始終. 人惟臨局當機, 莫知所先, 則精神無處湊泊. 譬之弈然, 畫東

는지 막연한 것은 단지 그 먼저 두어야 하는 곳을 알지 못하기 때문이다. 하나의 근본이 되고 시작이 되는 것을 파악하고 확정하여 먼저 해야 할 것을 먼저하면 곧바로 자연스럽게 지선에 머무는 데로 돌아간다. 여기에서 물론 지(知: 앎)를 사용하지 않은 적이 없지만, 그러나 지에 입각하지 않기 때문에 '앎을 통섭하여 지선에 머무는 데로 돌아간다[攝知歸止]'고 말한다.

指西, 茫無下手, 只緣認不得那一着該先耳. 夫旣認定一個本始, 當先而先之, 則當下便自歸止. 此固未嘗不用知, 然却不在知上落脚, 故曰攝知歸止.

**| 31-116 |** 본체는 순수해서 경계할 만한 곳도 찾을 만한 곳도 없다. 그러므로 그 공부는 지선에 머무르는 데 있다. 지선에 머무르는 것은 곧 경계하고 조심하고 염려하고 두려워하는 것을 말한다.

**| 31-116 |** 本體粹然, 何所可戒, 而亦何所可求, 故其功在止. 止卽戒愼恐懼之謂.

**| 31-117 |** 마음은 바로 붙잡아 둘 수 없는 활물活物이다. 반드시 지선에 머무를 때 비로소 존양한다고 말할 수 있다. 대개 형상이 생기고 정신이 발동한 이후 이 영명靈明한 마음은 단지 밖을 향해 내달리니 잠을 잘 때도 마음은 꿈속에서 이리저리 변한다. 그러므로 이 영명한 마음 자체에서는 손을 쓸 수 없다. 다만 이 영명함이 어디에서 나오는지 알아야만 곧 그 나오는 곳으로부터 지선에 머무를 수 있다.

**| 31-117 |** 心是把捉不得的活物, 必須止得住, 方可言存養. 蓋形生神發後, 這靈明只向外走, 就是睡着時, 他也還在夢? 走滾, 故這靈明上無可做手. 但要識得這靈明從何處發竅, 便從那發處去止.

# 『시습록(時習錄)』, 온릉(溫陵) 왕악(王鍔)[113] 한야(漢冶) 지음

| 31-118 | "자취는 이로움을 가지고 근본을 삼는다."[114]는 말에서, 자취의 이로움은 곧 측은히 여기는 마음 등 사단四端의 마음이다. 측은히 여기지 않고, 부끄럽게 여기거나 미워하지 않고, 사양하지 않고, 시비를 따지지 않는 마음은 있을 수 있다. 그러나 인의예지가 되지 않는 성性이 어찌 있겠는가? 이것이 마음과 성이 구별되는 점이다.

| 31-119 | 수신을 근본으로 삼는 종지는 반드시 자신의 몸에서 체험해야 한다. 몸으로 체험하는 데에는 반드시 유래하는 근원이 어디인지, 조처를 취하는 관건이 무엇인지, 장차 적용은 어떻게 하는지 반드시 조사해야 비로소 결단하여 시험할 수 있다. 유래하는 근원으로 말하면, 사람이 태어나서 고요한 것 이전을 시작으로 삼을 것인가? 아니면 사람이 태어나서 고요한 것 이후로 시작을 삼을 것인가? 마음과 생각과 앎[知]은 사람이 태어나서 고요한 것 이

# 『時習錄』, 溫陵 王鍔漢冶著

| 31-118 | "故者以利爲本", 所謂故之利者, 卽惻隱四端之心也. 容有不惻隱・不羞惡・不辭讓・不是非之心矣, 而豈有不仁義禮智之性哉? 此心性之辨也.

| 31-119 | 修身爲本之宗, 須實以身體勘. 以身體勘, 必查來歷源頭何如, 做手訣竅何如, 將來受用何如, 方可斷試. 以來歷源頭言之, 將人生而靜以上者爲始乎? 人生而靜以下者爲始乎? 心意知

---

113 왕악(王鍔): 자는 淑甫, 호는 元液이다. 漢冶先生으로 불리었다. 李材와 徐卽登에게 수학하였다. 저서로 『四書五焚存稿』, 『易經七削存稿』, 『詩經三百大意』, 『時習諸說』 등이 있다. 『閩中理學淵源考』 권76.

114 자취는 이로움을 … 근본을 삼는다: 『孟子』 「離婁下」.

전인가? 아니면 사람이 태어나서 고요한 것이 후인가? 따라서 지선에 머무르는 것이 성학으로 들어가는 것의 제일의(第一義: 궁극적인 것)임이 분명하다. 조처를 취하는 관건으로 말하면 지선 자체는 아득하고 막막하여 지선에 머물고 싶어도 의거할 방법이 없다. 세상을 경영하는 사람들은 날마다 마음과 생각과 앎을 가지고 천하와 국가를 서로 얽어 결부시키지만 또한 잠시도 지선에 머무를 수 없다. 사물상에서 본말과 시종을 헤아려 수신이 근본이 됨을 도출해 내는 것이 아니라면, 지선은 어디에서 포착하며, 지선에 머무르는 것은 어디로부터 들어가는가? 따라서 조처를 취하는 관건은 수신을 근본으로 삼는 것보다 더 신묘한 것이 없음이 분명하다. 장차 적용하는 것으로 말하면, 근본을 떠나서 종지를 세우고 지선에 머무르는 것을 떠나 발동하여 헤아리는 자가 천지와 만물의 종주가 될 수 있는가? 아니면 근본으로부터 따라 종지를 세워서 지선에 머무르는 것으로부터 발동하여 헤아리는 자가 천지와 만물의 종주가 될 수 있는가? 따라서 적용함에 어느 것도 이보다 더 광대하지 않음이 분명하다. 그렇다면 이 학문은 진실로 모든 시대에 불변하는 종지로 확정할 수 있다.

爲人生而靜以上者乎? 抑人生而靜以下者乎? 則止至善之爲入門第一義也決矣. 以做手訣法言之, 至善杳冥, 欲止而無據, 而經世之人, 日以其心意知與天下國家相搆, 又頃刻不能止者, 非從事物上稱量本末始終, 討出修身爲本, 至善于何握着? 而止於何入竅乎? 則做手訣法之莫有妙於修身爲本也信矣. 以將來受用言之, 離本立宗, 離止發慮者之能爲天地萬物宗主乎? 從本立宗, 從止發慮者之能爲天地萬物宗主乎? 則其受用之莫有大也信矣. 然則此學信乎其可以定千世不易之宗也.

# 인명 · 개념어 · 서명/편명 색인

**저자**

## 황종희(黃宗羲, 1610-1695)

중국 명말청초(明末淸初)의 학자이다. 자는 태충(太沖), 호는 남뢰(南雷) 또는 이주(梨洲)이며,
절강성(浙江省) 여요(餘姚) 사람으로 동림파(東林派) 관료였던 황존소(黃尊素)의 아들이다.
청년 시절 동림의 후예이자 복사(復社)의 명사로서 활약하며 정치 운동에도 참가하였고, 청(淸)
나라 군대가 남하하자 의용군을 조직하여 저항하였다. 명조(明朝) 회복의 희망이 사라진 뒤에
는 학문과 저술에 전념하며 청조(淸朝)의 부름을 거절하고 명(明)의 유로(遺老)로서 일생을 마
쳤다.
스승인 유종주(劉宗周)를 통해 양명학(陽明學)의 온건한 측면을 계승하고 관념적인 심학(心學)
의 횡류(橫流)를 비판하였으며, 경세(經世)를 위한 경학(經學)과 사학(史學)을 제창하여 청대
고증학의 형성에 기여하였다. 저술로는『명이대방록(明夷待訪錄)』,『명유학안(明儒學案)』,『역
학상수론(易學象數論)』등 다수가 있다.

**역주자**

## 이봉규(李俸珪)

서울대학교 대학원 철학과에서 박사학위를 취득하고, 현재 인하대학교 철학과 교수로 재직 중
이다. 주요 연구 분야는 조선시대 성리학, 예학, 실학이다. 논문으로「조선시대 유학연구 재독」
(2003),「실학의 유교사적 맥락과 유교 연구 탐색」(2015),「이황의『가례』연구와 전승」(2020),「발
전사의 시야에서 본 이이의 이(理)개념」(2021) 등이 있고, 공저로『조선시대 충청지역의 예학과
교육』(2001),『다산 정약용 연구』(2012),『풍석 서유구 연구 하』(2015),『서학의 충격과 접변』
(2019),『밀암 이재 문파 연구』(2021) 등이 있다. 역서로『정체전중변』(공역)(1995),『역주시경
강의』(공역)(2010),『의례역주8』(공역)(2015),『역주예기천견록5』(2021),『상서고훈』(공역)(2021)
등이 있다.

## 명유학안 역주

An Annotated Translation of
"Records of the Ming Scholars"